"211工程"三期建设项目"世界历史整体发展中的社会转型与文化变迁研究"成果
武汉大学基础学科振兴行动计划资助出版

亚太经济和历史论文集

张德明　著

商务印书馆
2010年·北京

图书在版编目(CIP)数据

亚太经济和历史论文集/张德明著.—北京：商务印书馆，2010
（珞珈史学文库）
ISBN 978-7-100-06997-7

Ⅰ.亚… Ⅱ.张… Ⅲ.①经济史－亚太地区－文集 ②亚太地区－历史－文集 Ⅳ.F130.9-53 K330.0-53

中国版本图书馆CIP数据核字(2010)第034078号

所有权利保留。

未经许可，不得以任何方式使用。

亚太经济和历史论文集
张德明 著

商 务 印 书 馆 出 版
（北京王府井大街36号 邮政编码 100710）
商 务 印 书 馆 发 行
三河市尚艺印装有限公司印刷
ISBN 978-7-100-06997-7

2010年8月第1版　　开本 787×960　1/32
2010年8月北京第1次印刷　印张 23 3/4
定价：40.00元

总 序

"珞珈史学文库"是武汉大学历史学院教师学术研究成果的结集。第一批推出的是二十多位教授的文集。以后将根据情况,陆续推出新的集子。

武汉大学历史学科具有悠久而辉煌的历史。早在1913年,武汉大学的前身国立武昌高等师范学校就设置历史地理部。1930年武汉大学组建史学系,1953年改名历史学系,2003年组建历史学院。一批又一批著名学者,如李汉俊、李剑农、雷海宗、罗家伦、钱穆、吴其昌、徐中舒、陈祖源、周谱冲、郭斌佳、杨人楩、梁园东、方壮猷、谭戒甫、唐长孺、吴于廑、吴廷璆、姚薇元、彭雨新、石泉等,曾在这里辛勤耕耘,教书育人,著书立说,在推动武汉大学历史学科和中国现代史学的发展、繁荣的同时,在武汉大学和中国史学史上也留下了嘉名。其中,唐长孺、吴于廑两位大师贡献最为卓殊。

改革开放30年间,武汉大学历史学科建设成效显著。1981年,中国古代史和世界史获得全国首批博士学位授予权。1987年,历史地理学获得博士学位授予权。1988年,中国古代史被列为国家重点学科。1995年,历史系被批准为国家文科基础学科人才培养和科学研究基地。1997年,获得历史学一级学科博士学位授予权。1999年,建立历史学博士后流动站。2001年,中国古代史再次被列为国家重点学科。2007年，中国古代史第三次被评为国家重点学科，世界史新增为国家重点学科。2008年，历史学一级学科入选湖北省重点学科。2001年，以中国古代史为核心的国家"211工程"二期建设项目"中国文明进程与世界历史整体发展"启动。2008年，分别以中国古代史与世界史为中心的"211工程"三期建设项目"新资料整理与中国古代文明进程研究"与"世界历史整体发展中的社会转型与文化变迁研究"启动。目前，历史学院设有历史学、世界历史、考古学三个本科专业；史学理论及史学史、考古学及博物馆学、历史地理学、历史文献学、专门史、中国古代史、中国近现代史、世界史、中国文化史、中国经济史、国际关系与中外关系史和地区国别史等12个二级学科。在研究机构方面，设有中国3至9世纪研究所、世界史研究所、历史地理研究所、中国文化研究所、中国经济与社会史研究所、15至18世纪世界史研究所、第二次世界大战与战后世界研究所，以及简帛研究中心、科技考古研究中心。在前一辈学者奠定的基础上，经过后继者的持续努力，逐步形成了严谨的学风和优良的教风，确立了理论探讨与实证研究相结合，断代史与专门史、地区史与国别史相结合，传世文献与出土资料并重的学术特色，成为武汉大学在海内外学界具有重要影响的学科之一。

历史学院的老师，在辛勤教书育人的同时，也为科学研究倾注了大量心血，在各自从事的方向或领域，推陈出新，开拓前行，撰写了一大批有价值的专著和论文。学院决定编撰教师个人的学术文集，是希望各位老师把自己散见于海内外各种出版物上的代表性论文加以整合。这样，通过一种文集，可以约略体现教师本人的研究历程和领域；而于整体方面，也可在一定程度上展示武汉大学历史学的学科格局和学术风格。

每本文集的选篇和修订，由作者各自负责。学院教授委员会对入选文集进行遴选,并提出一些指导性的建议。

"珞珈史学文库"的出版,得到了国家"211工程"三期建设项目的支持,得到了武汉大学"基础学科振兴行动计划"的支持,得到了商务印书馆各位领导和相关编辑先生的支持。在此致以诚挚的谢意。

2010年2月

目录 Contents

前　言 1

亚太经济史研究

金银与太平洋世界的演变 7

法国殖民统治对"太平洋阳台"经济的影响 25

浅谈环太平洋经济网络的产生 38

从保护主义到自由贸易
——略论20世纪三四十年代美国外贸政策的历史性变化 54

美国在亚洲的石油扩张（1860—1960）...... 71

论战后初期美日亚太经济战略的形成和一致性 92

冷战前期美国亚太政策对海峡两岸经济发展的影响 116

亚太经济中美日"蜜月"初探（1947—1965）...... 135

略谈亚太经济中的美日竞争（1965—1985）...... 153

论美日经济同盟的瓦解 170

亚太经济中的美日关系影响因素 187

美国、日本与东亚金融危机 205

美日关系对亚太经济的影响 219

美日关系的启示 244

东西文明的融合与亚太经济的发展
　　——亚洲经济奇迹和金融危机原因新探 255

亚太历史研究

论16世纪葡萄牙在亚太地区扩张活动的性质 275

论17世纪中国的开放倾向
　　——中西文明在北太平洋首次较量之初探 289

国际机遇的利用与美国向太平洋的领土扩张
　　——"路易斯安那购买"和"阿拉斯加购买"新探 306

论经济关系在民族国家统一中的作用 326

太平洋外交与中国的统一 334

论美国坚持"一个中国"政策的原因 348

作者主要著述列表 367

后　记 370

前　言

本书是笔者从事亚太地区经济史和亚太地区历史研究的心得和体会，它包括两大方面的内容：

第一，亚太经济史研究，共15篇。其中，论殖民地和半殖民地时期亚太经济的文章3篇：《金银与太平洋世界的演变》、《法国殖民统治对"太平洋阳台"经济的影响》和《浅谈环太平洋经济网络的产生》；关于美国外贸和外交政策的3篇：《从保护主义到自由贸易》、《美国在亚洲的石油扩张（1860—1960）》和《冷战前期美国亚太政策对海峡两岸经济发展的影响》；探讨当代东亚经济奇迹和金融危机原因的1篇：《东西文明的融合与亚太经济的发展》；其余8篇为东亚经济中美日关系系列论文：《论战后初期美日亚太经济战略的形成和一致性》、《亚太经济中美日"蜜月"初探（1947—1965）》、《略谈亚太经济中的美日竞争（1965—1985）》、《论美日经济同盟的瓦解》、《亚太经济中的美日关系影响因素》、《美国、日本与东亚金融危机》、《美日关系对亚太经济的影响》和《美日关系的启示》。

第二，亚太历史研究，共6篇。其中，关于葡萄牙16世纪在印度洋地区和西太平洋地区的扩张以及美国18世纪向太平洋扩张的论文各一篇:《论16世纪葡萄牙在亚太地区扩张活动的性质》、《国际机遇的利用与美国向太平洋的领土扩张》;中国对17世纪西学东渐的反应一篇:《论17世纪中国的开放倾向》;探讨中国统一的三篇:《太平洋外交与中国的统一》、《论美国坚持"一个中国"政策的原因》和《论经济关系在民族国家统一中的作用》,这最后一篇实际上是论经济关系在19世纪德国和意大利统一中的作用,但其目的在于为中华民族的统一提供历史经验。

本书中有5篇选自拙著《东亚经济中的美日关系研究》的内容,稍有修改。其余16篇都是载于学术期刊上的论文,内容依旧,只是统一了注释。原来的注释形式有的是脚注,有的是尾注;有的将英文著述名称译成了中文,有的没有。本书一律采用页下脚注,保留英文著述原来的英文名称,暂不译成中文。

最后谈谈本书中的两个主要地理概念。其一,"亚太地区"。在学术界,"亚太地区"是一个不确定的概念:从广义上来讲,它是"亚洲和太平洋地区"的简称(英文为Asia-Pacific Region或者Asia and Pacific Region);就狭义而言,它指"亚洲的太平洋地区"(Asian Pacific Region),即西太平洋地区或东亚地区;有时它又指"环太平洋地区"(The Pacific Rim),如,"亚太经合组织"(Asia-Pacific Economic Cooperation)截至2008年11月共有21个成员[①],21个成员全是太平洋周边的国家或地区。本书中诸篇论文中的"亚太地区"的概念不尽相同,但就单篇文章而言,"亚太地区"被严格界定,其概念明确无误。其二,"东亚"。"东亚"的传统概念包括中国、日本

[①] 澳大利亚、文莱、加拿大、智利、中国、中国香港、印度尼西亚、日本、韩国、马来西亚、墨西哥、新西兰、巴布亚新几内亚、秘鲁、菲律宾、俄罗斯、新加坡、中国台北、泰国、美国和越南。

和韩国、朝鲜。本书中的"东亚"大致指西太平洋地区,含东南亚和传统的东亚两个地区。

由于笔者的水平十分有限以及资料等的限制,本书中可能存在着不少缺点和谬误,敬请方家同仁雅正!

亚太经济史研究

金银与太平洋世界的演变

哥伦布"发现"美洲,不仅对欧洲资本主义的发展,而且对太平洋世界的演变具有划时代的意义。500年前,美洲太平洋(简称美太)地区和南太平洋(简称南太)地区均处在前铁器时代的各个发展阶段,亚洲太平洋(简称亚太)地区封建自然经济占主导地位,而且太平洋这一天然障碍使这些地区彼此隔绝。今天,美太地区和大洋洲都处于高科技时代,亚太地区商品经济也异常活跃,成为全球发展最快的地区,而且彼此被经济、政治和文化的纽带紧紧连在一起。太平洋世界的这种变化是由许多主、客观因素引起的,本文试图从宏观上考察金银欲和金银矿对美太、南太地区乃至整个太平洋世界所产生的影响。

黄金诱至欧洲文明

在大西洋的东北地区,高加索种族创造了欧洲文明。15世纪,西欧已开始进入从封建主义向资本主义的过渡时期。资本主义原始积累已在封建社会的躯壳里进行。因此,黄金对这一时期的欧洲文明来说成为头等重要的东西。正当欧洲人迷恋黄金之际,东方成了传说中盛产黄金的地方。《马可·波罗先生的书》记载:"希潘戈（日本）……的黄金要多少有多少,简直用不完,而且金矿又是采不尽,挖不绝的。……宫殿的屋顶盖着薄金片,就像我们把铝盖在教堂的屋顶上一样。客厅的天花板也是用这种贵重金属制作的,不少房间有用厚实而沉重的金子做的小桌子,窗户上可以看到许多镂金饰物。"① 此书的手抄本"无计其数",在欧洲广泛流传。正是东方盛产黄金的传说将欧洲文明诱入了太平洋世界。葡萄牙和西班牙成为欧洲文明对外扩张的"两根触角"。

葡萄牙人遵循普通的地理常识,从东路探索去东方的海道,其目的就是寻求黄金和香料。② 他们在非洲掠夺大量黄金,沿非洲西海岸而下,绕好望角、渡印度洋,1511年攻入西太平洋的门户——马六甲,掠夺财富100万杜卡特。③ 在亚太地区,葡萄牙人控制了香料贸易,在从长崎到马六甲的广大海域建立了贸易网络,成功地传入了基督教,使其在日本和中国等地传播。

正当葡萄牙人摸索着进入东方的东海道时,哥伦布正琢磨着进入东方的西海道。黄金,将他引到了美洲。哥伦布这位伟大的航海家和探险家本身就是西欧追求黄金狂热时代的产物。哥伦布道出了早期资产阶级的心声:"黄金是最宝贵的商品;黄金构成财富,谁占有了它谁就有了世界上他所需要的一切。黄金也是拯救灵魂于炼狱并使他们重享天堂之乐的手段。"④ 日本盛产黄金的传说使他注意到

---

① [德]保罗·维尔纳·朗格撰,张连瀛、李树柏译:《哥伦布传》,新华出版社1986年版,第22—23页。
② John P. McKay, et al., *A History of World Societies*, Boston: Houghton Mifflin Company, 1988, p. 550.
③ 周一良、吴于廑:《世界通史》"中古部分",人民出版社1980年版,第356页。
④ Nile N. McAlister, *Spain and Portugal in the New World, 1492—1700*, Minneapolis: University of Minnesota Press, 1984, pp. 80—81.

了由西路去东方的古代思想。他能发现美洲的关键是他继承了由西路去东方的古代思想。两位古代学者在其著作中提出，如果大西洋不是宽不可测，那它就可以被横渡；而且如果沿着同一条纬度航行，那就能从伊比利亚半岛到达印度（"印度"泛指东方）。"但是，古代学者的著作引起克里斯托弗·哥伦布的注意，仅仅是在他读了威尼斯人马可·波罗写的有关他13世纪的东亚游记之后。"[1] 这是《哥伦布传》的作者保罗·维尔纳·朗格潜心研究后得出的结论。一封关于日本黄金的信使他坚定了越大西洋去东方的信念。当时，佛罗伦萨医生和学者托斯堪内里是致力于研究由西路去东方的另一人。哥伦布设法弄到了他给一位牧师的重要信件和他绘制的北大西洋地图。信中说：绕过安蒂利亚岛，"经过两千海里，你会碰上妙不可言的希潘戈岛，它盛产黄金、珍珠和宝石，这里庙宇和宫殿的房顶盖的是纯金"[2]。尽管托氏所谈的日本黄金的消息无疑也来自马可·波罗的书，但正是这种三人成虎的传说和那幅北大西洋地图坚定了哥伦布由西路去日本的信念。1492年抵达西印度时，哥伦布还一直在寻找日本："为了不浪费时间，我希望前去看看能否到达齐（希）潘戈岛。"[3] 由于首跨大西洋的成功，哥伦布完成了从西路进入太平洋世界的最重要的一步。

哥伦布并没有为西班牙找到许多黄金。于是，黄金进一步将西班牙人引入美太地区。殖民探险家科尔特斯初到西印度时声称："我是来找黄金而不是像农民那样来耕地的。"[4] 16世纪初，他和皮萨罗先后侵入阿兹特克"帝国"和印加"帝国"。前者找到了由金块和金

---

[1] [德]保罗·维尔纳·朗格撰，张连瀛、李树柏译：《哥伦布传》，第22页。
[2] 同上，第25页。
[3] [意]哥伦布：《航海日记》，转引自《世界历史》1990年第3期，第51页。
[4] William H. Prescott, *Conquest of Mexico*, New York: The Book League of America, 1934, p. 15.

制品构成的"蒙特苏马宝藏",价值15万金比索,[1]后者勒索了填满一间长22英尺、宽17英尺、高9英尺房间的黄金。[2]至此,西班牙人的黄金梦得以初步实现。

在黄金的诱惑下进入美太地区的西班牙人给该地区带来了三大后果:(1)印第安文明的毁灭,(2)欧洲文明的移植,(3)南、北美太地区孤立状态的结束。西班牙的铁蹄使印第安文明程度最高的两个社会政治组织即拥有600万人口的阿兹特克"帝国"和1000多万人口的印加"帝国"土崩瓦解。印第安文明的结晶——特诺奇蒂特兰城、庙宇、陵墓和古迹被夷为平地。文书、档案被毁灭殆尽。印第安文明的载体印第安人口也损失大半,到1570年,西半球损失数达39224850人,损失率为81%。[3]在西半球古文明的废墟上移入了欧洲文明。西班牙在南从内格罗河北到加利福尼亚的美太地区和部分大西洋地区建立了庞大的殖民帝国。西班牙封建专制的行政、法律和军事制度统统被搬到殖民地,经济上建立了由大牧场和大庄园构成的封建大地产制。天主教渗入各个角落,成为殖民统治的精神支柱,印第安人被迫皈依天主教。西班牙语言、文字成了殖民地的语言、文字。白种人及其奴隶黑种人首次进入美太地区,1570年有白人10.55万人,黑人和混血种人16.4万人。[4]南、北美太地区彼此之间及其与欧洲和亚洲之间的隔离状态已一去不复返。西属美太地区与欧洲联系最紧,但前者处于从属地位。总之,美太地区发生了自印第安人由亚洲进入美洲以来最大的变化。

在黄金的引诱下,西方文明打开了太平洋世界东西两侧的大

---

[1] 李春辉:《拉丁美洲史稿》上册,商务印书馆1983年版,第56页。
[2] John P. McKay, et al., *A History of World Societies*, p.558.
[3] Nile N. McAlister, *Spain and Portugal in the New World*, 1492—1700, p.120.
[4] Ibid., p.131, 取太平洋国家之数字之和。

门。西方文明的不断冲击与太平洋世界的反冲击使太平洋世界发生持续的演变。

"银桥"贯通东西两岸

侵入美太地区后，西班牙人在墨西哥和秘鲁发现好几处极为丰富的银矿。当时，墨西哥提供全世界用银量的三分之一，秘鲁的波托西的银产量超过全世界银总量的二分之一。[①] 仅1571年至1700年西属美太地区生产白银至少有12.714亿比索。[②] 巨额的白银不仅引起了欧洲的价格革命，而且为太平洋东西两部分联成一气创造了条件。

1565年，菲律宾开始沦为西班牙的殖民地，属美洲新西班牙总督区直辖，直至1821年。菲律宾既不产金银又不产香料，于是西班牙人利用美太地区的白银和运销马尼拉的中国产品发起了横太平洋大帆船贸易（1571—1811）。[③] 大帆船贸易为西班牙王室所垄断（1593年起），规定每年2艘大帆船来往于菲律宾和墨西哥之间，使西班牙人获取了丰厚的利润（高达800%）。[④] 同时，大帆船把美太地区的白银带到菲律宾，以弥补殖民政府的财政赤字。这样，在美太与亚太地区之间形成一座"银桥"。

"银桥"使亚太和美太地区之间首次发生了经济联系，给其经济

[①] 李春辉：《拉丁美洲史稿》上册，第91页。
[②] Nile N. McAlister, *Spain and Portugal in the New World, 1492—1700*, p.369.
[③] 横太平洋大帆船贸易为1571—1811年，见 Milton W. Meyer, *Southeast Asia: A Brief History*, Totowa, New Jersey: Littlefield, Adams & Co., 1971, p.72，另一说为1565—1815年，见中山大学东南亚历史研究所：《东南亚历史论丛》1979年第1集，第226页。
[④] 《东南亚历史论丛》1979年第1集，第199页。

带来了重要影响。

麦哲伦以前，两地区彼此不知对方的存在，更谈不上经济交往。"银桥"使两地经济首次携手。墨西哥的阿卡普尔科和菲律宾的马尼拉成了"银桥"的"桥头堡"。大帆船在马尼拉将中国丝绸、棉织品、亚麻布、瓷器、香料、琥珀、麝香、香木等亚洲珍品运到阿卡普尔科，在那里货物被分散到美太地区各地。从阿卡普尔科，大帆船满载白银返回马尼拉，从那里白银又被分流到亚太各地。这种以白银换物产的简单贸易使亚太手工业品第一次进入了美太市场。

马尼拉成为横太平洋贸易的中转站，"每年有 13000 名到 14000 名商人聚集在市集"，使它成为远东最主要的贸易中心，被誉为东方的"威尼斯"。① 马尼拉带动了亚太地区商品经济的发展。中国、日本、马六甲、大城府、爪哇、柬埔寨、摩鹿加等地的商人纷纷将本地特产运销马尼拉，② 其中受益最大的是中国经济。在横太平洋贸易中，"最重要的是中国丝绸，它构成船货的最贵重部分"③。中国的衣物和丝织品在墨西哥的进口总额中有时占二分之一以上。④ 大帆船贸易为中国开辟了另一条"海上丝绸之路"。有人估计，1565 年至 1820 年，"墨西哥向马尼拉输送白银 4 亿比索，绝大部分流入中国"⑤。据《厦门志》载，由于厦门准吕宋等夷船入口贸易，至 1796 年"有洋行 8 家，大小商行 30 余家，洋船、商船千余号"⑥。美太地区，阿卡普尔科由一个普通小镇一跃而成为当时"世界上最繁

---

① 《东南亚历史论丛》1979 年第 1 集，第 212 页。
② D. J. M. Tate：*The Making of Modern South-East Asia*，New York：Oxford University Press，Volume 2，1979，p. 424.
③ 《东南亚历史论丛》1979 年第 1 集，第 211 页。
④ 李春辉：《拉丁美洲史稿》上册，第 326 页。
⑤ 同上，第 329 页。
⑥ 同上，第 328 页。

盛的市集之一"①。南、北美太地区之间陆上和海上贸易也显示出兴旺景象。18世纪末，墨西哥内地各商路上，有7.5万头骡子在驮运进口的中国货物。②带着大量白银的利马商人乘海船到阿卡普尔科购买东方进口货。③

横太平洋贸易不仅促进了两个地区商品经济的发展，而且影响着它们的生产。马尼拉官员由于被大帆船贸易的高额利润所吸引而忽视了殖民生产，使大量土地落入教会之手，严重地阻碍了菲律宾的农业发展。由于西班牙严禁墨西哥从事养蚕业，使墨西哥的丝织业全靠中国供应生丝。④无论是积极还是消极的后果，都说明东西两地区的经济是互相关联的。

"银桥"引发了最初的移民运动。其一，亚太地区移民运动开始出现。早在海道大通之前，中国人就开始移居菲律宾，"银桥"贯通两岸后才真正出现了太平洋周边的移民运动。1571年马尼拉有华侨150人⑤，1586年增至1万人⑥，1602年达3万人⑦。中国人大批移居菲律宾的根本原因在于白银的吸引。他们在菲律宾经商、从业，凭其勤劳和智慧能挣到较多的白银。菲律宾的日本侨民也渐渐增多，1570年20人，1592年300人，后来达到3000人，日本锁国后人数迅速下降。⑧其二，横太平洋移民现象首次发生。据哈利的《西班牙的美洲帝国》载："在16世纪，墨西哥城即有了唐人街。"⑨1585年

---

① 李春辉：《拉丁美洲史稿》上册，第327页。
② 同上，第327页。
③ Nile N. McAlister, *Spain and Portugal in the New World, 1492—1700*, p.372.
④ 《东南亚历史论丛》1979年第1集，第212页和李春辉上引书第324页。
⑤ 同上，第2集，第267页。
⑥ 同上，第1集，第207页。
⑦ 同上，第2集，第276页。
⑧ D. J. M. Tate, *The Making of Modern South-East Asia*, Volume 2, p.453.
⑨ 李春辉：《拉丁美洲史稿》上册，第324页。

中国人开始去墨西哥，1635年墨西哥城已有中国人开的理发店以及中国的成衣匠、银器匠、木匠等。[①]西班牙人是跨太平洋的最早移民，19世纪前夕在菲律宾的有三四千人。[②]亚太地区的移民运动帮助了菲律宾的开发。16世纪末，菲律宾社会发展水平低下，西班牙人只是掠夺，并不想从事艰苦的生产，华侨正好适应了菲律宾社会的需要，成为殖民者与土著之间的桥梁。他们带来了先进的生产技术，从事商业和各种艰苦的劳动，为菲律宾的发展作出了重要贡献。西班牙人虽不多，却是菲律宾的主宰，其统治决定了菲律宾的命运。横太平洋移民现象成为19世纪大规模移民运动的先驱。

"银桥"成为基督教向亚太地区扩张的渠道。大帆船从阿卡普尔科"满载着银子与教士"抵达马尼拉。[③]由"银桥"而来的传教士壮大了亚太地区的基督教势力。他们的作用之一是将菲律宾基督教化。1591年，菲律宾有传教士140人[④]，1600年达400人[⑤]，到西班牙统治末期，600多万菲律宾人皈依天主教，菲律宾成为亚太地区唯一的天主教国家。[⑥]其作用之二是以菲律宾为"踏脚石"，向亚太国家进行宗教扩张，其中对日本影响最大。西班牙圣方济会的教士为在日本扩大势力范围与葡萄牙耶稣会士发生激烈冲突。这是导致日本锁国的外因之一。

虽然白银产于西班牙殖民地，大帆船贸易为西班牙王室所垄断，但它们的作用与影响大大超出了西班牙殖民帝国的范围，使原来互相隔离的太平洋世界东西两部分开始联系在一起。不过两者间的交往很有限，它的发展则要等到19世纪金矿的发现。

[①] 李春辉：《拉丁美洲史稿》上册，第324页。
[②] D. J. M. Tate, *The Making of Modern South-East Asia*, Volume 2, p.454.
[③] 李春辉：《拉丁美洲史稿》上册，第323页。
[④] D. J. M. Tate, *The Making of Modern South-East Asia*, Volume 1, p.344.
[⑤] Milton W. Meyer, *Southeast Asia: A Brief History*, p.71.
[⑥] D. J. M. Tate, *The Making of Modern South-East Asia*, Volume 1, p.345.

"金山"加速周边开发

19世纪下半叶,在加利福尼亚、澳大利亚和加拿大的克朗代克先后发现金矿。中国人称前两处金矿为"旧金山"和"新金山"。"金山"的发现加速了这些太平洋周边地区的开发。

19世纪40年代末,格朗德河与北纬49°之间的美太地区已被美国兼并。发现金矿的前夕,美国西进运动的前沿已抵"最后边疆"——美国太平洋部分的东部边界。从该边界直至太平洋的广大地区仍是人烟稀少的荒野地带。1848年,在加利福尼亚发现金矿。1859年至1882年在今天的科罗拉多、内华达、亚利桑那、爱达荷、蒙大拿和怀俄明诸州发现一系列金银矿。1860年至1890年,美国太平洋部分共产价值1241827032美元的黄金和901160660美元的白银。[1]"金山"除了其本身的价值外,更重要的是引起了美太地区的巨变。

"金山"导致了印第安原始文明的最终灭亡。19世纪40年代,格朗德河以北的美太地区仍是印第安人的天下。金银矿的发现预示着印第安人灭顶之灾的降临。因为:印第安人是赴西部淘金的美国人的最大障碍和威胁;不少金银矿就在被许诺给印第安人的保留地里。美国边疆居民认为:"最好的印第安人是死了的印第安人。"[2]因此,他们用柯尔特式自动手枪对付印第安人。1850年加利福尼亚的印第安人有10万,10年后只剩下3.5万。[3]美国大平原和洛基山脉的22.5万印第安人大多数被杀,少数幸存者被赶入最后圈定的200个保留地里。[4]

---

[1] Samuel Eliot Morison, *et al.*, *The Growth of the American Republic*, Volume 2, New York: Oxford University Press, 1980, p.15.
[2] *Ibid.*, p.8.
[3] Samuel Eliot Morison, *et al.*, *The Growth of the American Republic*, Volume 2, p.5.
[4] *Ibid.*, pp.5 and 9.

"金山"促进了美国太平洋部分的发展。黄金吸引来了世界各地的大量淘金者。1848年黄金的消息传开后,"仅在两年之内便有8万多人像染上迁徙病毒一样涌到加利福尼亚"①。随着科罗拉多和其他地方金银矿的相继发现,人流一浪接着一浪地涌入太平洋地区。到19世纪60年代,墨西哥与加拿大边界之间的洛基山脉至少部分地区被星罗棋布的淘金点覆盖。②淘金狂平息后,人们纷纷转向农、商、林、渔以及其他行业,成为开发太平洋地区的劳动力。黄金导致了城市的崛起和州的成立。三藩市原是个只有800人的村庄,发现黄金几个月后便发展成2.5万人的城市。其他一系列城市也在金银矿附近如雨后春笋拔地而起。新城市的出现和人口达到一定数量就产生了新的行政区域。科罗拉多、内华达、亚利桑那、爱达荷、蒙大拿和怀俄明等准州和州都是在黄金的气氛中成立的。淘金带动了采矿和其他行业的发展。随着采金难度的增大,公司、资金和设备等应运而来。有时铜矿、铅矿也随淘金而发现,这样采矿业就由低级到高级,从单种矿到多种矿逐渐发展。与采矿相联系的木材、铸铁、运输业也随之兴起。最后,由于淘金狂揭示了美太地区丰富的自然资源和广阔的发展前景,牧人、农民接踵而来,开辟牧场和农场。到19世纪90年代,美国的太平洋部分已被初步开发,"最后边疆"消失了。

横贯北美的铁路落成是"金山"的直接结果。1848年以前,与亚太地区的贸易已使美国人萌发了修建连接东西海岸的铁路的想法。1845年,从事中国贸易的商人阿萨·惠特尼向国会递交请愿

---

① [美]贝阿德·斯蒂尔撰、张禹九译:《美国西部开发纪实(1607—1890)》,光明日报出版社1988年版,第5页。
② Harold Underwood Faulkner, *American Economic History*, New York: Harper & Brothers, 1949, p.363.

书，敦促建筑一条从芝加哥到太平洋的铁路。加利福尼亚金矿的发现和大量"49年客"的涌入，使铁路事宜提上日程。1849年10月首次讨论建筑横贯大陆铁路的路线和方法的会议在圣路易斯召开。[1] 20年后，第一条横贯大陆的联合中央太平洋铁路竣工。到1893年，连接大西洋地区的南太平洋铁路、圣菲铁路系统、北太平洋铁路和大北方铁路等四条太平洋铁路完工。

加利福尼亚发现金矿的第三年，在澳大利亚的维多利亚发现"新金山"。19世纪70年代在昆士兰和90年代在西澳大利亚又连续发现金矿。西方学者指出："澳大利亚的历史虽然不是1851年开始的，但它深受该年2月爱德华·哈格里夫斯在巴瑟斯特发现黄金后果的影响。"[2]

"新金山"吸引来了大量开发澳大利亚的人力。18世纪70年代，英国殖民探险家詹姆斯·库克声称澳大利亚和新西兰为英国所有。从1788年到1850年，虽然英国已在澳大利亚殖民62年，但只有东南沿岸的新南威尔士和维多利亚地区得到初步开发，其余地方除若干零星的殖民点之外都是处女地，770余万平方公里的版图上总共才40.5万人。1829年至1850年的21年间，到澳大利亚的自由移民仅17.8万。[3] "新金山"发现后，其速度猛增。1852年至1857年的5年内移民人数达26.03万，[4] 到1860年澳大利亚人口增至114.6万。贵金属特有的魅力"将人力、资金和机器吸引到澳大利亚的所有地方：荒凉的南澳大利亚海岸、雨水侵蚀的塔斯马尼亚山脉、新

---

[1] Chitoshi Yanaga, *Japan since Perry*, Westport, Conn.：Greenwood Press, 1975, p.15.

[2] *The Encyclopedia Americana*, Volume 2, Danbury, Conn.：Americana Corp., 1980, p.767.

[3] Bruce Mitchell, *The Australian Story and Its Background*, Melbourne：F. W. Cheshire Pty Ltd., 1965, p.69.

[4] W. H. Blackmore, et al., *Landmarks：A History of Australia to the Present Day*, South Melbourne：The Macmillan Company of Australia Pty Ltd., 1969, p.63.

南威尔士西北部令人生畏的沙漠、昆士兰北部的热带丛林和与世隔绝的辽阔的西澳大利亚内陆平原"①。多数淘金的移民后来转而从事牧业、农业、商业和工业等。移民补充了殖民地人力的严重不足，开始了澳大利亚的全面开发时期。

"金山"促进了经济的发展。农业和养羊业是殖民地最主要的经济部门。金矿发现之前，土地为殖民当局所控制和牧场主阶级所垄断。未能实现黄金梦的移民强烈要求得到土地，殖民当局被迫让步。例如，1861年新南威尔士通过《罗伯逊土地法》，规定任何人只要每英亩付1/4英镑就可得到40英亩到320英亩的公有土地。②土地的开放加快了农业的发展。维多利亚的农田从1851年的5.7万亩扩大到1861年的44万亩。③南澳大利亚成为小麦的主要产区。19世纪40年代以来，养羊业一直存在正常盈利不足、资金和劳力短缺等问题。金矿的发现使这些问题迎刃而解。牧场主利用淘金狂提供的巨大市场，通过销售羊肉而获巨利，不少淘金者成了牧场主的劳力。黄金展示了殖民地的发展前景，使英国人将更多的资金投入养羊业。黄金促进了工业、交通的发展，城市的建立和殖民地的分立。1851年以前，澳大利亚只有几家民用工厂。"金山"发现之后工业的发展有了充足的资金。1851年至1903年黄金总产量约为1.13亿盎司，④黄金被用来购买母国的工业产品和机器设备。铸铁厂等重工业企业开始建立，轻工业工厂也不断增多。19世纪50年代创建的金属采矿业成为最主要的工业部门。1855年建成第一条铁路，随之铁路线在维多利亚和新南威尔士迅速伸展。19世纪的内陆城市都是金

---

① Bruce Mitchell, *The Australian Story and Its Background*, p. 139.
② *Ibid*., p. 146.
③ *Ibid*., p. 101.
④ W. H. Blackmore, *et al*., *Landmarks*：*A History of Australia to the Present Day*, p. 65.

矿的直接产物,墨尔本成为最大的城市和财政中心,并保持这一地位达半个世纪之久。黄金促使维多利亚和昆士兰发展为单独的殖民地,先后于1852年和1859年从新南威尔士分离出去。

金矿给澳大利亚的社会和政治带来很大影响。澳大利亚本是英国的一个罪犯流放地。金矿的发现似乎使被流放的罪犯最终得到的不是惩罚而是幸运,加上殖民地自由移民的强烈反对,导致了母国1868年以后停止了向澳大利亚输送罪犯。1850年,新南威尔士人口的一半是罪犯和罪犯的后裔。[1]淘金狂大大提高了自由移民在总人口中的比例,从而在很大程度上改变了殖民地社会的性质。金矿还使自由资产阶级的影响大为增强。19世纪50年代的移民中,自由职业者、熟练工会会员、商人和白领工人的比例很大,使资产阶级保守派在殖民地的影响大大降低。他们带来了1848年欧洲革命的精神,发动了反对征收淘金执照费的尤里卡起义(1854)。资产阶级民主势力的增强对澳大利亚从保守政治向民主政治转化起了重要作用。到1858年底,人口最多的几块殖民地——维多利亚、新南威尔士和南澳大利亚的宪法处于当时世界上最民主的宪法之列,[2]居民得到不少资产阶级民主权利。

1896年,在加拿大的克朗代克发现金矿。与前两次金矿的作用一样,它加速了加拿大太平洋部分的开发。不仅如此,由于该地区与阿拉斯加毗邻,这次金矿的发现标志着现代阿拉斯加的开端。[3]1867年,美国买得阿拉斯加后,并未发现其经济价值,克朗代克金矿的发现引起了美国对它的重视。美国政府开始了对阿拉斯加的开发,使之成为美太地区重要的煤炭基地。

---

[1] Bruce Mitchell, *The Australian Story and Its Background*, p. 29.
[2] W. H. Blackmore, *et al.*, *Landmarks: A History of Australia to the Present Day*, p. 83.
[3] Samuel Eliot Morison, *et al.*, *The Growth of the American Republic*, Volume 2, p. 15.

总之，三处金矿的发现使格朗德河以北的美太地区和澳大利亚的大部分地区由原始文明阶段一跃而进入了工业革命的时代。

淘金密切区际关系

金矿及其所引起的三大淘金狂不仅加速了美太和南太地区自身的开发，而且密切了太平洋周边地区间的关系。

淘金狂使地区之间产生了相互影响，加强了它们间的人员交往。首先，由于淘金狂的作用，一处金矿导致另一处金矿的发现。澳大利亚的金矿发现者哈格里夫斯就是参加过加利福尼亚淘金狂的"49年客"。1851年他回到悉尼，根据自己在美国的淘金经验，帮助人们发现了金矿。1861年另一个加利福尼亚老矿工在新西兰发现了金矿。① 其次，淘金触发了太平洋世界范围内大规模的移民运动。"旧金山"和"新金山"吸引了大批亚太地区尤其是中国的移民。据美国官方记录，1820年至1850年移往美国的中国人仅46人，当金矿的消息传到中国后，赴美华人激增，1850年至1859年间年均抵加利福尼亚者达6680人，仅1860年在美定居的华人就有34933人，1868年至1877年又有13万名华人到美国，其中7万人留居美国。② 1852年至1857年参加维多利亚淘金狂的中国人达2.5万，③ 到1890年，澳大利亚有4.97万名华人。④ 在三藩市和墨尔本

---

① [美] J. B. 康德利夫等撰、广东工学院《新西兰简史》翻译组译：《新西兰简史》，广东人民出版社1978年版，第178页。
② 邓蜀生：《美国与移民》，重庆出版社1990年版，第209页。
③ W. H. Blackmore, et al., Landmarks: A History of Australia to the Present Day, p. 63.
④ [澳] 杨进发著、姚楠等译：《新金山澳大利亚华人1901—1921年》，上海译文出版社1988年版，译者序第2页。

都形成了唐人街。此外，也有不少华人赴加拿大淘金。在美太与南太地区之间也出现同样的现象。哈格里夫斯只不过是赴美淘金的众多澳大利亚人中的一个。维多利亚淘金狂中有 3000 名美国人。[①] 太平洋周边地区之间的这种大规模的人员来往和移民运动是空前的。这种现象不仅帮助了周边地区的开发而且促进了东西方文明的交流与融合。

淘金狂使周边地区间的贸易得到发展。淘金狂直接促成了区际贸易。例如，"加利福尼亚和澳大利亚先后出现的淘金热"为新西兰的粮食提供了市场，使"新西兰的欧洲人和毛利族人的劳动都得到了良好的报酬"[②]。更重要的是淘金狂给太平洋贸易带来的深远影响。几次淘金狂加速了周边地区的开发，促进了其工农业的发展。同时，大量的移民又形成了巨大的消费市场，这就为周边地区间贸易关系的发展创造了条件。美国、澳大利亚原来的主要贸易伙伴是英国。现在，由于生产的发展，英国无法容纳其全部农副产品，更不可能成为它们的工业品的市场。于是，美国逐步视太平洋周边地区为原料产地和商品市场。澳大利亚也在太平洋世界物色贸易伙伴。1870 年，美国对太平洋周边诸地区的出口占其总出口的比重分别是：北美 13.0%，南美 4.09%，亚洲 2.07%，大洋洲 0.82%；到 1900 年则为：北美 13.45%，南美 2.79%，亚洲 4.66%，大洋洲 3.11%。[③] 由于同是西半球国家，淘金狂之前美国同北美的贸易关系就比较密切。值得注意的是它与亚洲和大洋洲的贸易，虽然在其总额中占的比例很小，但变化的幅度较大。30 年内，美国对亚洲的出

---

① W. H. Blackmore, et al., *Landmarks: A History of Australia to the Present Day*, p. 63.
② [美] J. B. 康德利夫等撰，广东工学院《新西兰简史》翻译组译：《新西兰简史》，第 125、177 页。
③ Harold Underwood Faulkner, *American Economic History*, p. 533.

口增加1倍多,对大洋洲的出口增加近3倍。美国从亚洲的进口占其总进口的比重是：1870年6.8%,1900年16.5%,[1]增加近1.5倍。澳大利亚与美国和日本的贸易额也呈螺旋式的上升。它对美国的出口占其总出口的比重约为：1900年8.9%,1915年24%。对日本的出口,1900年几乎为零,1915年为4.7%。它从美国的进口占其总进口的比重约为1900年11.6%,1916年25%；从日本的进口1900年0.4%,1916年8.1%。[2]上述数据充分说明,淘金狂之后,太平洋周边地区之间的贸易关系越来越密切。

淘金狂加速了美国由大西洋国家演变成太平洋国家的进程,从而对太平洋周边地区的政治关系产生重要后果。三藩市成为东太平洋的首要港口,横贯北美铁路的竣工,以及美太地区开发的初步完成是美国成为太平洋国家的三大标志。美国诞生不久,就把触角伸入太平洋世界：从1784年开赴广州的"中国皇后"号船到1823年抗议俄国在北美沿岸建立殖民点的《门罗宣言》。[3]再到1844年《中美望厦条约》,渗透步步增强。但由于美国是个大西洋国家,国力也不太强,因此在太平洋事务中只不过是英国的配角。在加利福尼亚淘金狂以后的四五十年里,美国完成了从大西洋国家向太平洋国家、从自由资本主义向帝国主义的过渡,大大增强了在太平洋世界的经济和政治地位,成为太平洋世界的头等强国。它以三藩市为基地,在太平洋世界大肆进行扩张：1854年打开了日本的大门,1867年购买了阿拉斯加,1898年占领关岛、菲律宾,兼并夏威夷,1899年控制了半个萨摩亚,对中国提出"门户开放"政策。1846年密苏

---

[1] Harold Underwood Faulkner, *American Economic History*, p.533.

[2] Russel B. Ward, *The History of Australia: The Twentieth Century*, London: Harper & Row, Publishers, pp.448—449.

[3] William Bridgwater, et al., *The Columbia Encyclopedia*, New York: Columbia University Press, 1963, p.1047.

里州参议员托马斯·哈特·本顿就狂妄地预言:"高加索种族的先锋队抵达冲刷东亚海岸的大海之滨意味着将给地球带来有史以来的最大变化。高加索种族必须唤醒和复苏亚洲冬眠的身体。"[1]当美太部分这一"最后边疆"消失后,太平洋岛屿和亚太地区成了美国的"最后边疆"。美国的扩张对太平洋周边地区,尤其对亚太诸国的历史进程以及太平洋周边国际关系产生重大影响。

淘金狂在使澳大利亚从殖民地变成民族国家的过程中起了重要作用,并为它完全成为一个太平洋国家奠定了雄厚的经济基础。1901年澳大利亚六个殖民地组成澳大利亚联邦,成为英国的自治领。20世纪50年代末以后,它与太平洋国家的经济关系超过与英国的经济关系。

从以上论述可见,金银与太平洋世界的演变之间的确有着不解之缘。在其纵向发展中,欧洲文明的侵入、印第安文明的灭亡、格朗德河以南的美太地区由部落公社制跃为封建—资本主义制度、格朗德河以北的美太地区和澳大利亚大部分地区的开发从而从狩猎时代跨入工业革命时代等都是由金银引起的。在其横向发展中,金银对亚太、美太地区的首次携手和周边地区间移民运动的发展,还有贸易关系的扩大以及美国成为太平洋强国而对太平洋世界的政治产生影响等都起了重要的促进作用。从金银的作用还可以得出这样的结论:经济是促进太平洋世界演变和发展的主要动力之一。不可忽视的是,在这种演变和发展过程中充满着野蛮和残酷。

黄金促使太平洋世界演变的作用并未消失。1991年年底夏威夷檀香山"东西方中心矿产政策规划处"主任埃伦·克拉克在同其他几位矿产专家花了10年时间对西南太平洋地区的产金能力进行研究

---

[1] Chitoshi Yanaga, *Japan since Perry*, Westport, Conn.: Greenwood Press, 1975, p.17.

后证实，在巴布亚新几内亚、斐济和所罗门群岛等地蕴藏着相当大的金矿，并预言该地区将成为世界主要的黄金产地。[①]与一个多世纪以前相比，今天的太平洋世界已处在更高的发展水平上，新金矿的探明与开采将对太平洋世界的发展产生更积极的作用。

（原载《武汉大学学报》[哲学社会科学版] 1993年第1期。全文转载于中国人民大学复印报刊资料《世界史》1993年第5期）

---

① Morning News, Voice of America, December 19, 1991.

法国殖民统治对"太平洋阳台"经济的影响

尽管17世纪初法国宗教势力已渗入印度支那,在欧美国家对亚太地区的侵略中,法国却晚到一步。拿破仑三世上台后,它才积极行动起来,占领印度支那就是其中的一个重要步骤。法国1858年入侵印支,1862年至1893年吞并越南、柬埔寨和老挝,并将它们合并为"印度支那联邦"。①

19世纪60年代到1941年太平洋战争爆发前夕,是法国征服和统治印度支那最有效的时期。在此期间,法国自身也经历着重要事变。19世纪下半叶,法国完成工业革命并向垄断资本主义过渡。同时,由于在普法战争中的失败,它不仅丧失了重要的矿产地和工业区,而且还面临着比自己强大又咄咄逼人的德国的威胁,从而需要大量的工业原料和战略物资。因此,法国急于夺取海外原料产地、商品市场和投资场所。正是在这种背景下,法国将"印度支那联邦"纳入了自己的经济和战略轨道,把印度支那地区变成了自己的"太平洋阳台"。②

法国统治的影响之一是使"太平洋阳台"成了宗主国的"田

---

① 联邦1887年建立,1893年老挝被并入。
② Milton W. Meyer, *Southeast Asia*, Totowa, New Jersey: Littlefield, Adams & Co., 1971, p.58.

园"和"矿山"。

印度支那既不像西属东太平洋地区能为宗主国提供白银,又不像荷属东印度群岛能提供香料,如何使它为法国生财呢?殖民当局看中了水稻。印度支那原来就以产稻著名,由于自然经济之故,稻米主要用于消费,很少出口。法国人将水稻作为重要的出口农产品加以大力发展。交趾支那是个典型例子。它的所在地湄公河三角洲水稻生产历史悠久,但因人烟稀少,自然条件不如红河三角洲,水稻种植十分有限。从19世纪60年代起,殖民当局利用来自越南北方的移民和本国的剩余资本大规模开发湄公河三角洲,尤其是巴萨河以南和以西的土地。每年以110平方英里的速度开垦,到1937年,已有3500多平方英里的新垦地。[1] 同时河渠灌溉网也初步形成。殖民者在新辟地上种植水稻,其种植面积占该三角洲可耕面积的90%。1880年至1940年,土地价值上涨相当于土地成本的3倍以上,人口增至3倍,西贡的稻米出口增加5倍。[2] 交趾支那的水稻种植占越南的一半以上,稻米出口占越南粮食出口的90%以上,[3] 以致成为重要的水稻中心。除交趾支那、红河三角洲外,还有安南的河湾地区、柬埔寨的湄公河、巴萨河与洞里萨湖构成的三角区、柬埔寨与交趾支那相邻地区以及洞里萨湖西岸地区也盛产水稻。随着生产的发展,印度支那大米输出量也与日俱增:1880年为294263吨,1920年为1188828吨,1935年为1765585吨,1939年虽有所减少,仍为1692000吨。[4]

---

[1] D. J. M. Tate, *The Making of Modern South-East Asia*, Volume 2, Kuala Lumpur: Oxford University Press, 1979, p. 315.

[2] *Ibid.*, p. 317.

[3] *Ibid.*, p. 315.

[4] [苏]瓦·巴·科切托夫撰、东北师范大学历史系翻译室译:《东南亚及远东各国近代现代史讲义》第三册,高等教育出版社1960年版,第753页。

法国利用印度支那的土地资源、廉价劳力、生产技术和气候条件，将稻谷发展成为出口产品，为自己带来了财富。稻谷，这一普通的粮食作物，变成了法国获取丰厚利润的"经济作物"。"太平洋阳台"成了法国的"稻田"。

19世纪印度支那丛林中的野生橡胶已被发现和利用。1897年法国人将高产的巴西三叶胶从外地成功地移植到越南。从此，天然橡胶的生产在印度支那发展起来。橡胶种植起初出现在西贡周围的灰土地带，然后延伸到人烟稀少的丛林地区，最后扩大到更远而理想的红土地带。在越南，橡胶种植面积1921年为7万英亩，1925年达25万英亩[1]，1938年又扩大5%[2]，在柬埔寨，1921年仅为45英亩，1941年达8万英亩[3]。1940年前夕，印度支那天然橡胶产量为7.5万吨。[4]

法国在印度支那发展橡胶生产并非偶然。19世纪下半叶由于电绝缘工业的发展和充气轮胎的发明以及略后列强的穷兵黩武，使橡胶成为宝贵的工业原料和战略物资。19世纪90年代国际市场橡胶价格异常昂贵。英国人在锡兰、马来亚等地移植巴西橡胶树首获成功。面对本国对这种工业原料的渴求和国际市场的有利行情，加之印度支那南部适宜的自然条件，殖民当局十分重视橡胶生产，采取各种鼓励和保护措施。首先制定法律，禁止将能种植橡胶树的土地转让给非法国籍公民。[5] 在此政策的鼓励下，法国资本家纷纷到印支经营橡胶园或投资于橡胶业。到1921年，投资为0.4亿法郎，1925

---

[1] D. J. M. Tate, *The Making of Modern South-East Asia*, Volume 2, p. 324.
[2] *Ibid.*, p. 325.
[3] *Ibid.*, p. 378.
[4] *Ibid.*, p. 577.
[5] *Ibid.*, p. 324 and Note 10 on p. 328.

年至1929年间达7亿法郎。① 其次，为了避免种植园主在1929年的经济危机中破产，殖民当局采取了积极的财政措施。② 最后，成立了"农林研究所",③ 以提高橡胶的产量和质量。橡胶种植完全控制在法国人手中。"太平洋阳台"成了法国的"橡胶园"。

印度支那矿产资源丰富，主要分布在东京和老挝北部。此外，安南和柬埔寨也有少许。因交通不便，老挝的矿藏不易开发。东京是印度支那最主要的矿区，有煤、钨、铅、锌、银、锡、锑、金、磷酸盐、石墨、赤铁、磁铁等矿产，其中经济价值最大的是煤、锡和锌。早在法国人到来之前，在中国人的帮助下，印度支那人对煤等矿藏的开采已有几个世纪了。法国人侵占印度支那后，竭力开采。煤是印度支那首要的矿产。到1939年东京的煤产量占印度支那煤总量的90%，且质量好。产量最高的1937年达200万吨，其中三分之二出口。在亚太地区，越南成为仅次于中国东北的第二大煤出口者。④ 第二是锡。1937年越南锡的产量相当于印度支那锡总量的2/5。⑤ 对法国来说，锡是老挝唯一有经济价值的矿产。20世纪30年代后期，老挝锡的出口占印度支那出口总值的2%。⑥ 早在20年代结束时，老挝锡的产量已超越东京。1923年至1940年，年均产量为1800吨。⑦ 第三是锌。1928年印度支那锌的出口仅次于煤，之后其出口量被锡超过而居第三位。1937年越南锌的产量为1万吨。⑧

印度支那矿藏的迅速开采是与重工业的发展和宗主国对原料的

---

① D. J. M. Tate, *The Making of Modern South-East Asia*, Volume 2, p. 324.
② *Ibid.*, p. 325.
③ *Ibid.*, p. 323.
④ *Ibid.*, p. 325.
⑤ *Ibid.*, p. 328.
⑥ *Ibid.*, p. 407.
⑦ *Ibid.*, p. 407.
⑧ *Ibid.*, p. 328.

需要紧密相连的。19世纪下半期至20世纪初一场新的技术革命推动了重工业的发展，而重工业的主要原料就是各类矿产。普法战争使法国丧失了铁矿丰富的两个省。法国煤的储藏量也很少，炼焦煤更缺乏。夺取鸿基矿藏是导致法国在19世纪80年代征服东京的重要原因之一。[1] 丰富的矿产资源使法国如获至宝，政府以"立法和其他手段"制定一系列优惠政策，鼓励法国资本家赴印度支那经营矿业。[2] 法国1885年开始控制煤的生产，19与20世纪之交，"重新发现"了被越南人遗弃的锡矿，1906年开始在越南开采锌矿。三种矿产的开采为6家法国公司所垄断。[3] 1924年至1930年法国对矿业的总投资为6.537亿法郎[4]，在印度支那雇用的煤矿工人为5万[5]。利用本国的剩余资本、先进技术和印度支那廉价劳力，法国人拼命地掠夺印度支那的资源。"太平洋阳台"又成了法国的"矿山"。

"太平洋阳台"水稻、橡胶种植和采矿业的发展对宗主国有着重要的意义。第一，使经济发展相对落后的法国有了充足而廉价的农产品和工业原料。出口稻米的一半（1939年），橡胶（1936年以前）、锡和锌的全部，煤的一部分，均为法国所吸收。[6] 第二，为法国剩余资本找到了重要出路。第三，为法国提供了若干种在国际市场上赢利丰厚的重要商品。难怪法国人骄傲地说："无论从哪个角度讲，印度支那都是我们最重要、最发达和最成功的殖民地。"[7]

法国统治的影响之二是使"太平洋阳台"成为法国垄断的商品

---

[1] D. J. M. Tate, *The Making of Modern South-East Asia*, Volume 2, p. 325.
[2] *Ibid.*, p. 326.
[3] *Ibid.*, pp. 326, 328, 407.
[4] ［苏］瓦·巴·科切托夫撰、东北师范大学历史系翻译室译：《东南亚及远东各国近代现代史讲义》第三册，第758页。
[5] D. J. M. Tate, *The Making of Modern South-East Asia*, Volume 2, p. 328.
[6] *Ibid.*, Note 7 on p. 369 and Note 13 on p. 370.
[7] *Ibid.*, p. 344.

市场和在亚太地区进行经济扩张的基地。

印度支那国家很早就与中国、日本等亚太地区国家有商业来往，16世纪后又与葡萄牙、荷兰、英国、法国建立了贸易关系。① 直至18世纪中期，它们以独立和平等的地位与东西方国家贸易：由于欧洲人的侵略行径和掠夺性贸易，18世纪下半期越南嘉隆皇帝效法中国清王朝开始奉行闭关政策。19世纪50年代末法国以武力打开了越南的大门，随后占领了印度支那，控制了三国的关税大权，使它们在国际贸易中丧失了独立、平等的地位。

在与法国的贸易中，印度支那作为商品市场和农业附庸而受剥削。1879年起殖民当局予法国商人若干特权，法国货关税为2.5%，别国货为5%。② 然而法国商人仍竞争不过别国商人。1887年，政府颁布新关税条例，对别国货课以重税，使别国货的输入在同年下半年就减少56%。③ 5年后，该条例又得到进一步补充：将越南当成法国一部分，对法国货关税全免，对外国货课税更重。结果别国商品受到严重排斥，而法国商品却日益增多。1888年至1913年的25年中，法国商品增加了3倍。④ 到1930年，法国商品在印度支那进口商品中所占的比例由17年前的37%上升到62%。⑤ 法国人以关税手段一步一步地把印度支那变成了法国垄断的商品市场。"这种垄断市场的制度使得越南一般输入商品的价格，比其他国家高了两三倍之多。"⑥ 另一方面，为了进一步鼓励殖民地生产和宗主国吸收农产品

---

① 越南社会科学委员会撰、北京大学东语系越南语教研室译：《越南历史》，人民出版社1977年版，第354页。
② [越] 陈辉燎著，范宏科、吕谷译：《越南人民抗法八十年史》第一卷，生活·读书·新知三联书店1973年版，第316页。
③ 同上，第317页。
④ 同上，第317—138页。
⑤ 同上，第306页。
⑥ 同上。

和原料,一些进入法国的印度支那货物也免缴关税。这种互免关税的贸易似乎平等,其实不然。工业宗主国与农业殖民地之间的贸易,如果互免关税,就意味着后者完全处于受前者剥削的地位。例如,平均每年法国从印度支那进口的货物的价值,1884年至1888年间为0.34亿金法郎,1904年至1908年间为4.04亿金法郎。同一时期平均每年法国向印度支那出口的货物的价值分别为2.57亿和9.83亿金法郎。① 作为原料产地的印度支那为宗主国提供的农产品和原料是大量的,而其价值却比法国货物的价值少得多。这是法国工业品价格比印度支那农产品和原料价格高得多的缘故。上述两个方面的事实说明:印度支那在与法国的贸易中处于极不平等的地位。

在与亚太国家的经济关系中,印度支那再也不是独立、平等的贸易伙伴,而成为法国对亚太地区进行经济渗透的基地。总督杜美(1897—1902年在职)就说过:"印度支那将为法国在远东带来一个坚固的经济和政治根据地。"② 印支作为基地的作用之一是为法国抢占亚太诸国市场提供丰富的物产。亚太地区是一个理想的市场不仅因其地广人多,还由于一些国家因殖民者的侵略和统治使谷物生产受到影响而缺粮;正在崛起的工业国日本需要大量原料,半殖民地半封建的中国是个倾销商品的好地方。而印度支那生产的农产品和原料远远超过法国的需要。因此,法国竭力向亚太地区倾销印度支那物产。日本在20世纪20年代就是印度支那煤的最大顾主,太平洋战争前夕采购了越南出口煤总量的一半。③ 菲律宾次之。越南的橡胶销往日本,水泥进入中国、泰国、马来亚、印尼、菲律宾。柬埔寨的胡椒出口到中国,干鱼运往新加坡、马来亚,牛出口到菲律宾、

---

① [越]陈辉燎著,范宏科、吕谷译:《越南人民抗法八十年史》第一卷,第318页。
② 同上,第124页。
③ D. J. M. Tate, *The Making of Modern South-East Asia*, Volume 2, p. 326.

新加坡、中国香港。更不用说稻米倾销到中国、日本、印尼诸国了。印度支那作为基地的作用之二是成为法国对中国进行经济扩张的跳板（且不谈它成为法国对中国和泰国进行军事侵略的根据地）。根据"杜美计划"优先修建的将海防、河内和昆明连在一起的"云南铁路线"的目的在于：把云南省变成远东欧洲人游览的山区胜地和开发巨大的中国市场的基地。① 结果该线竣工后，1921年印度支那与云南的进出口贸易总额为6亿法郎，而当时法属西非的进出口贸易仅为2.5亿多法郎，马达加斯加将近1.17亿法郎。②

法国统治的影响之三是给"太平洋阳台"带来若干严重后果。

其一，生产力发展水平低下。其主要标志是工业发展缓慢。印度支那近代化工业极少。1913年以后，法国人才开始在印度支那（主要在越南）开办工厂，其中绝大多数是与农业和矿业相关的加工工厂和小型民用工厂，如碾米、酿酒、锯木、砖瓦、水泥、造纸、烟、糖、肥皂、纽扣等厂。比较重要的有西贡和海防的造船厂和修船厂。规模最大的是海防的水泥厂和西贡的兵工厂。后者有工人5000人，前者4000人，1938年产水泥26.6万吨③，出口12万吨④。其余的厂只有数百、数十人。⑤ 然而，1941年以前越南占统治地位的工业形式仍是传统的家庭手工业。越南是印度支那工业水平最高的地区，可是，1938年完全以手工业为生者达125万人。⑥ 若加上以手工业为生计补充手段的人就更多了。最重要的家庭手工业是食品加工，其次是纺

---

① D. J. M. Tate, *The Making of Modern South-East Asia*, Volume 2, p. 361.
② [越] 陈辉燎著，范宏科、吕谷译：《越南人民抗法八十年史》第一卷，第140页。
③ [苏] 瓦·巴·科切托夫撰、东北师范大学历史系翻译室译：《东南亚及远东各国近代现代史讲义》第三册，第759页。
④ D. J. M. Tate, *The Making of Modern South-East Asia*, Volume 2, p. 329.
⑤ [苏] 瓦·巴·科切托夫撰、东北师范大学历史系翻译室译：《东南亚及远东各国近代现代史讲义》第三册，第759页。
⑥ D. J. M. Tate, *The Making of Modern South-East Asia*, Volume 2, p. 357.

织、木工、制陶等。此外还有不少穿行于乡村之间服务上门的成衣匠、漆匠、雕匠等。越南尚且如此,柬埔寨、老挝的工业水平就更低了。

印度支那有丰富矿产资源、高质量的天然橡胶,又有大量的廉价劳动力,发展工业的条件得天独厚,为什么工业如此落后呢?1910年"法国工农业协会"主任梅莱因(Meline)作了"回答":"在一个健全的殖民体系里,殖民生产必须限于为母国提供原料或非竞争性产品。如果殖民生产脱出了这一范围,造成对我们生产灾难性的竞争,那么它可能成为危险的对手。"① 这就是说,根据法国的利益,印度支那只能发展农业和采矿业,以确保永远是宗主国的原料产地;不能发展与法国制造品相竞争的工业,以确保永远是宗主国的商品市场。正因为如此,"尽管五花八门的家庭手工业的普遍存在是一个国家(越南)经济发展缓慢和居民生活水准低的标志,然而官方的政策却鼓励这种手工业"②。显而易见,为了自己的殖民利益,法国有意地限制印度支那工业的发展,有意地保持其落后的家庭手工业。工业的异常落后与水稻、橡胶种植和采矿业的较快发展不仅不矛盾,而且是完全一致的。这种工农业的畸形发展正是印度支那生产力水平低下的综合表现。

其二,人民赤贫。法国的殖民掠夺使印度支那人民陷入极度贫困的境地。占人口绝大多数的农民普遍受穷,主要表现在如下两个方面:第一,农民赖以维持生计的土地完全或者部分被剥夺。殖民当局以公然没收、土地登记以及迫使封建统治者转让土地等手法剥夺农民和村社的大量的土地。1930 年,仅在越南被剥夺的土地就达

---

① D. J. M. Tate, *The Making of Modern South-East Asia*, Volume 2, p. 314.
② Ibid., p. 358.

76万公顷，占越南总耕地面积的1/6。①殖民当局还推行土地商品化的政策，使农民和村社进一步丧失土地。到20世纪30年代，东京60%的农民平均占地不到9/10英亩，30%的农民远不到2/5英亩，②交趾支那200万人完全没有土地。③农民和村社所丧失的土地都落入法国人和印度支那富人之手，这些新地主占有大量的土地。在交趾支那80%的稻田为地主所有④，法国大地主每人有2000至20000公顷不等的稻田。⑤在人多地少的东京和安南，法国地主也占有成千亩稻田。⑥第二，农民身受层层盘剥。法国和印度支那的地主采取封建的剥削方式——租佃制。大地主将大地产分成7至25英亩的小块土地分租给佃农，佃农将收成的40%—50%交租。⑦佃农还必须为地主服封建义务。在交趾支那，近2/3的稻田实行这种租佃制，被卷入的农业人口达一半以上。⑧对处于贫困之中的农民，地主乘机放高利贷，8个月到1年的利息至少高达50%，常常升到70%，如果遇到职业高利贷者，利息还要高。高利贷者有权处理佃户的庄稼，要求佃农为其服封建性义务。租佃制、高利贷遍及印度支那各个角落。⑨此外，农民还须向殖民当局缴纳各种苛捐杂税。在殖民当局、地主和高利贷者的层层剥削下，农民陷入极度贫穷的境地。

在橡胶园里干活的苦力工资少得可怜，20世纪30年代，每人每

---

① [越] 陈辉燎著，范宏科、吕谷译：《越南人民抗法八十年史》第一卷，第305页。
② D. J. M. Tate, *The Making of Modern South-East Asia*, Volume 2, p. 349.
③ [苏] 瓦·巴·科切托夫：《东南亚及远东各国近代现代史讲义》第三册，第754页。
④ D. J. M. Tate, *The Making of Modern South-East Asia*, Volume 2, p. 348.
⑤ [越] 陈辉燎著，范宏科、吕谷译：《越南人民抗法八十年史》第一卷，第133页。
⑥ 同上，第304页。
⑦ D. J. M. Tate, *The Making of Modern South-East Asia*, Volume 2, p. 348.
⑧ *Ibid.*, p. 348.
⑨ *Ibid.*, p. 350.

天为 0.2 至 0.4 皮阿斯特。① 城市工人的收入和农民一样低，甚至处境更坏。30 年代印度支那工人的平均工资不及法国工人的 1/12，东京地区工人的工资比平均水平还要低得多。他们也受高利贷的剥削，每借 1 皮阿斯特需要 10 天的劳动才能还清。② 知识分子的境况也很差，一个在巴黎获得博士学位的越南教授的基本工资还不如河内大学一个法国看门者。③

印度支那人民普遍负债。例如，1930 年，越南南方农村的债务相当于 1900 年的 4 倍。④ 当时在印度支那的一位观察家真实地记述了印支人民的赤贫状况："动物的劳动和人的劳动一样贵，因为人所挣得的并不比糊口所需要的多许多，喂养一个动物与养活一个人花费一样。"⑤ 印度支那人民如此一贫如洗，他们创造的巨额财富都到哪里去了呢？从《印度支那海关制度》（1912）一书的作者——法国人 L. 费里的一段话里可以得到答案。他说："我们为（得到）这些殖民地作出了巨大奉献；20 年来我们泼洒了战士的鲜血，花费了纳税者的金钱。这样的牺牲不应该没有报酬。"⑥ 不言而喻，殖民掠夺是印度支那三国长期贫穷落后的重要原因之一。

其三，法国以越南为政治中心而统治整个印度支那地区的殖民传统给日后印度支那国家间的关系留下了严重的后遗症。在政治上，法国将印度支那分为五个殖民地：交趾支那、安南、东京、柬埔寨和老挝。其中，交趾支那为"直辖领地"，其余为"保护领地"

---

① [苏] 瓦·巴·科切托夫撰、东北师范大学历史系翻译室译：《东南亚及远东各国近代现代史讲义》第三册，第 761 页。
② D. J. M. Tate, *The Making of Modern South-East Asia*, Volume 2, p. 345.
③ Gilbert Khoo, *A History of South-East Asia since 1500*, Singapore：Oxford University Press, 1979, p. 151.
④ D. J. M. Tate, *The Making of Modern South-East Asia*, Volume 2, p. 345.
⑤ *Ibid.*, p. 344.
⑥ *Ibid.*, p. 314.

或"半保护领地"。西贡是"印度支那联邦"的首府。在经济上,殖民当局把越南当成印度支那的重点地区加以发展,使其殖民经济水平大大超过柬埔寨和老挝。农业方面,越南提供世界稻米的1/4,成为世界第三大稻米出口国和第三大橡胶出产国。[1] 采矿方面,其煤产量占印度支那煤总产量的90%以上,成为亚太地区第二大煤出口国,此外还出口锡和锌。工业方面,印度支那仅有的一点近代化工业几乎全部集中在越南,而且,它还是亚太地区最大的水泥生产者。交通方面,它有两条重要的铁路线,到1941年,其铁路总长度为1250英里。[2] 重要的贸易海港有三个:西贡、海防和鸿基。国际机场也有三个:河内、西贡和岘港。柬埔寨的农业虽有发展,但不能与越南相比。1940年其水稻种植面积仅为越南的17.8%(80万公顷:450万公顷);[3] 橡胶种植面积为越南的30%(8万英亩[1941年]:26.5万英亩[1938年])。只有一条由金边抵泰国边境的铁路,全长236英里。[4] 老挝经济发展水平最低,每年的财政赤字都是由印度支那其他殖民地的税收来弥补。[5] 1941年以后,老挝稻米还需从泰国进口。[6] 可见,在印度支那殖民经济中,越南占绝对优势,而柬埔寨和老挝只不过是配角而已。法国以越南为中心统治柬埔寨和老挝的殖民传统和越南殖民经济的相对强大给独立后印度支那地区的国际关系和政治、经济带来了极为严重的后果。

独立后,印度支那地区再不是法国的"太平洋阳台"了,越、柬、老三国经济发生了根本的变化,但是法国的统治给其经济打下

---

[1] D. J. M. Tate, *The Making of Modern South-East Asia*, Volume 2, p. 315.
[2] *Ibid.*, p. 561.
[3] *Ibid.*, p. 371.
[4] *Ibid.*, p. 383.
[5] *Ibid.*, p. 405.
[6] *Ibid.*, p. 410.

了某些烙印，对今后经济的发展还会长期产生影响。在柬埔寨问题已获全面政治解决的今天，认真探讨一下法国殖民统治对印度支那经济的影响对研究和预测印度支那三国的经济发展不会没有裨益。

(原载《法国研究》1992年第2期)

浅谈环太平洋经济网络的产生

近二三十年来，环太平洋经济网络（或经济圈）举世瞩目，成为世界经济发展中的最大动力区。对于开始腾飞的中国来说，太平洋世界自然是其对外开放的主要场所。深入地了解和研究太平洋经济已成为国内外学术界的热门课题。本文试图对环太平洋经济网络的产生作一初步探讨。

所谓环太平洋经济网络，必须具备两个要素：一是主要参与者必须是本洋周边的国家或民族；二是经济联系的范围必须至少是环太平洋的大部分地区，在本洋形成纵横交错的经贸网。离开这两点之一的任何太平洋经济活动和联系都不能被称为环太平洋经济网络。在16世纪以前，曾长期存在的以中国为中心的亚太（亚洲的太平洋地区）贸易和16—19世纪中期以前以联系菲律宾和墨西哥的马尼拉大帆船贸易（1565—1815）为代表的太平洋经贸活动都不能视为环太平洋经济网络。因为前者只局限于亚太，未扩及美太（美洲的太平洋地区）和南太（南太平洋地区）。后者则为非太平洋国家所控制，且涉及的地域和商贸规模都十分有限。从19世纪中期起的半个世纪里，太平洋世界发生了一系列重要事情和变化：美国西部的开发使之成为太平洋国家并开始向太平洋大举推进；明治维新后的日本有意识地进入了太平洋并崛起为工业国；国门被打开后中国卷入了太平洋经济，华人积极参与海上贸易；由于黄金的发现和随之而来的开发，澳大利亚和加拿大与太平洋发生了经济关系；拉美太平洋诸国、南太平洋诸岛也都渐渐卷入太平洋经济。这一系列事变及其相互作用使太平洋经贸关系发生了质变：第一，环太平洋国家或民族差不多都不同程度地进入或卷入太平洋经济。第二，亚太、美太和南太——太平洋世界这三大"板块"互相发生经济联系。因此，我们说环太平洋经济网络产生于从19世纪中期起的半个多世纪里，是符合历史事实的。

一

环太平洋经济网络之所以从19世纪中期开始产生，这是太平洋周边地区经济发展和演变决定的。

1848年加利福尼亚金矿的发现对环太平洋经济网络的产生起了多功能的催产作用。首先，它加速使美国从一个大西洋国家变成太平洋国家。19世纪中期美国西进运动的前沿还不到西经97°线，美国仍是一个大西洋国家。西海岸黄金的发现加速了西进运动的进程。至1890年美国的"最后边疆"消失，97°线以西半个荒野的美国为矿区、牧场和农场所代替。1869年第一条横贯北美大陆的联合中央太平洋铁路竣工，到1893年又有4条太平洋铁路完工。这些铁路将美国东西两部分经济连成一体。三藩市从1848年只有800人口的渔村，4年后跃为拥有4.2万人的城市，成为美国西海岸的最大港口和与亚太、夏威夷以及阿拉斯加贸易的中心。西部的开发、太平洋铁路系统的建立和三藩市成为美太最重要的港口，此三者标志着美国已成为太平洋国家。西部的物产和东部的工业品为美国进入太平洋经济准备了重要的物质基础。太平洋铁路系统和三藩市港为美国发展与太平洋国家的贸易提供了前所未有的便利条件。其次,它引发了泛太平洋的人口流动。特别是亚太的劳动者一拨接一拨地涌入美太,给太平洋经济交往注入了新因素。再次,它在南太地区引起了连锁反应。正是参加过加利福尼亚淘金狂的"49 年客"哈格里夫斯根据他在美国的淘金经验帮助人们在澳大利亚发现了"新金山"。另一位加州老矿工于 1861 年在新西兰也发现了金矿。这些发现又刺激了南太地区经济的发展。黄金的发现所导致的西部开发使美国在太平洋的地位大为提升,美国迅速向西推进,打开了日本的大门。

日本被美国的"黑船"打开国门之后,经过明治维新,摒弃了封建制度,走上了资本主义道路。社会制度的变更使日本与太平洋国家的经济关系发生了根本性的变化。"黑船"来航以前,日本锁国 200 余年,除了与中国维持着微弱的贸易关系外,与太平洋世界基本上是隔离的。日本为实现"富国强兵"的目标,大力推行"殖产兴业"、发展资本主义工商业的经济政策。但由于日本资源贫乏,国内市场狭小,为发展资本主义,便积极在亚太地区寻求资源和开拓市场,使日本经济在工业化过程中,与太平洋经济紧密地结合在一起。

中国的大门被英国打开后,几亿人的巨大市场、丰富的资源和理想的投资场所开始被迫对外开放。与菲律宾、印尼等不同,中国不是某一国独占的殖民地,而是列强均可"分享"的半殖民地。最初它主要为以英国为首的欧洲国家所掠夺。随着美日在太平洋的崛起,它们必将以其经济和地理优势与欧洲国家来争夺中国这块"肥肉",于是中国被卷入太平洋经济。同时,中国的被开放为中国人走出国门、为东南亚华人扩大经贸活动范围提供了机会。

19 世纪下半叶是澳大利亚的重要开发时期。1788 年至 1850 年虽然英国在此地殖民 62 年，但只有东南沿岸的新南威尔士和维多利亚地区得到初步开发，其余地方除若干零星殖民点之外都是处女地。然而，从 1851 年始情况发生了变化。1851 年在维多利亚、19 世纪 70 年代在昆士兰、90 年代在西澳大利亚发现金矿。三次淘金狂将人力、资金和机器卷到澳大利亚的所有地方，[①] 使之进入了全面开发阶段，从而开始将它卷入太平洋经济。首先，在黄金吸引下，亚太的劳工和美太的移民首次并持续进入澳大利亚，为其经济的发展补充了急需的劳动力。其次，全面开发促进了它与周边地区的贸易。"加利福尼亚和澳大利亚先后出现的淘金热"所产生对粮食的需求，使"新西兰的欧洲人和毛利族人的劳动都得到了良好的报酬"。[②] 再次，淘金带动了澳大利亚矿业、牧业和农业迅速发展，经济规模不断扩大，从而在南太出现了一个新而大的商品市场、原料地和投资场所。这些自然主要为宗主国英国所占有，但美国、日本这些"近水楼台"怎肯让英国独得"月"呢？远在两洋之外的英国也不可能及时满足澳大利亚经济发展的要求。澳大利亚必然与太平洋国家发生更密切的经贸往来。加拿大西海岸黄金的发现同样具有将其带入太平洋经济的作用，不必一一赘述。

总之，周边地区经济的发展和演变为网络的产生准备了条件。它为各地区间的经济交往奠定了物质基础，使美日成为最重要的太平洋国家，将欧洲国家的半殖民地殖民地中国、澳大利亚和加拿大

[①] Bruce Mitchell, *The Australian Story and Its Background*, Melbourne: F. W. Cheshire Pty Ltd., 1965, p. 139. 黄金特有的魅力"将人力、资金和机器吸引到澳大利亚所有地方：荒凉的南澳大利亚海岸、雨水侵蚀的塔斯马尼亚山脉、新南威尔士西北部令人生畏的沙漠、昆士兰北部的热带丛林和与世隔绝的辽阔的西澳大利亚内陆平原"。
[②] [美] J. B. 康德利夫等撰、广东工学院《新西兰简史》翻译组译：《新西兰简史》，广东人民出版社 1978 年版，第 125、177 页。

等卷入太平洋经济。同时，在各地经济发展和相互作用的过程中，它们间的经济联系已经开始了。

二

如果说周边地区经济的发展和演变为网络准备了"原材料"，那么太平洋各民族，尤其美国、日本和华人则是网络的"编织者"。

1852年11月，美国代理国务卿康拉德（Charles M. Conrad）对待命远征日本的佩里指示道："近来的事件——汽船航行太平洋、本国获得并迅速开发和殖民于太平洋岸的广阔领土，该地区黄金的发现、横穿隔断两洋的巴拿马地峡交通的迅速建立——实际上已将东方的国家移到了我们的附近；尽管这些事件的后果还几乎没有开始被感觉到，可是它们之间的交往已大大地增强了，而且未来的发展是不可阻挡的。"①洞悉太平洋经济发展的脉搏，康氏隐晦地提出了美国在太平洋世界的总的扩张战略。美国的东亚史家丹尼特（Dennett）也认为这一指示等于是对美国太平洋政策的基础的全面阐述。②从19世纪中期起，美国历届政府有目的有计划有步骤地在太平洋世界进行经济扩张。美国商人则充当急先锋。夏威夷是美国觊觎的第一个对象。1854年美国皮尔斯政府就起草了吞并夏威夷的条约，但企图未得逞。1874年在夏威夷的80个美国名流要求檀香山的美国公使馆支持他们的经济利益。③为迎合其要求，翌年美国与夏威

---

① Chitoshi Yanaga, *Japan since Perry*, Westport, Connecticut: Greenwood Press, 1975, p.19.
② *Ibid.*, p.19.
③ Milton Plesur, *America's Outward Thrust*, DeKalb: Northern Illinois University Press, 1971, p.205.

夷王国签订了互惠贸易条约。1884 年当该条约续订时,美国已认识到"夏威夷是开辟亚洲市场的基地"[1]。14 年之后,美国吞并了夏威夷。这个太平洋腹地的群岛从此成为美国泛太平洋扩张的中转站。

联合中央太平洋铁路和三藩市港为美国产品运销南太提供了方便,使南太的广阔市场与美国东部的造船主、西部的农场主和太平洋岸商人的利益息息相关。于是,位于三藩市、夏威夷至澳大利亚、新西兰这条线上的交通要地萨摩亚及其港口、波利尼西亚的商业中心帕果帕果成为美国另一掠夺目标。19 世纪 70 年代后期,驻帕果帕果的美商代表戈华德(Gustavus Goward)鼓吹在萨摩亚建立海军站和邮船停泊港。在与德英的角逐中,美于 1899 年得到了东萨摩亚。

日本是从美太沿岸至亚太的巨大环形航线上的要冲,又被认为是蕴煤丰富之地。1853 年佩里秉承美国政府旨意率舰队远征日本。其目的是迫日本开放商港和位于美国计划中的从三藩市至上海和广州的汽船航线上的对马等几处加煤站。佩里的"黑船"打开了日本的大门。1858 年迫其签订了《日美友好通商条约》,在日本获得贸易特权,美日经济关系从此开始。美国既打开了日本市场又获取了加煤站,于是向日本以南的亚太国家扩张之路打通了。菲律宾是进入亚太市场的一块理想的跳板。1898 年美国以武力将西班牙赶出了太平洋,夺取了菲律宾。1900 年参议员贝弗里奇(Beveridge)说:"菲律宾永远是我们的……而且菲律宾的那一边便是中国的无限的市场。"[2] 中国是美国意想中最重要的市场。继《中美望厦条约》和《中美天津条约》之后,1899 年国务卿约翰·海对中国又提出了

---

[1] Milton Plesur, *America's Outward Thrust*, DeKalb: Northern Illinois University Press, 1971, p. 209.
[2] Harold Underwood Faulkner, *American Economic History*, New York: Harper & Brothers, 1949, p. 568.

"门户开放"政策。这是一项谨防列强关闭各自势力范围之门、全面打开中国市场的极为重要的政策。

在美太地区，1848年后美国开始在经济上落实《门罗宣言》。1867年美国购买了阿拉斯加和阿留申群岛，将俄国从美太经济中排挤出去。资源丰富的阿拉斯加使美国在太平洋的经济地位进一步加强。同时，美国对英国在此地区的经济霸权地位提出了挑战。19世纪80年代美商代表鼓吹美国、加拿大关税互惠。正如美国学者自己所揭露的："关税互惠只不过是诱使我们的北美邻居步入被掩盖着的两国政治、经济完全合并的企图。"[①]19世纪末美国已开始对格兰德河以南的美太国家进行经济渗透了。20世纪初总统塔夫脱对拉美提出"金元外交"政策。他说："这种外交就是以促进美国贸易为直接目的的一种努力。"[②]到一战前夕，美国对墨西哥和中美诸国的经济已具有举足轻重的影响。

通过在太平洋世界全方位的扩张，美国对网络的产生起了三方面的作用：通过吞并、购买、签订不平等条约和贸易等方式，它与周边大部分国家和地区建立起了广泛的经济联系；驱逐、排挤欧洲国家，削弱了它们在太平洋经济中的地位和影响；其扩张引起了部分国家和地区的积极或消极的反应从而使它们参与了太平洋经济交往。

日本的扩张战略最早是长州的改革派藩士吉田松阴在19世纪50年代提出的："开拓虾夷……乘隙夺取堪察加、鄂霍次克海，晓谕琉球……责难朝鲜，使之纳币进贡……北则割据中国东北的领土，南则掠取中国台湾及菲律宾群岛。"[③]当认识到在经济扩张方面日本将

[①] Milton Plesur, *America's Outward Thrust*, p. 21.
[②] Michael Martin and Leonard Gelber, *Dictionary of American History*, Ames, Iowa：Littlefield, Adams Co., 1956, p. 176.
[③]《吉田松阴全集》第1卷，转引自［日］井上清撰、尚永清译：《日本军国主义》第2册，商务印书馆1985年版，第7页。

处于劣势时他建议:"在贸易上失于俄、美者,应以土地由朝鲜和满洲补偿之。"①这是以武力扩张、土地兼并弥补其经济扩张上先天不足的一种重要策略。改革一成功,明治政府就将吉田松阴的战略思想付诸实施。1870年日本要求中国与之签订不平等条约,遭到拒绝,结果签订了不平等的《中日通商章程》。1871年到1879年吞并了海上贸易比较发达的琉球,扫除了向南发展的障碍。1976年日本军舰打开了朝鲜的国门,迫其签订了《日朝友好通商条约》(《江华条约》)。1894年日本完成轻工业革命,羽翼初丰后发动侵略中国的战争,击败中国,迫其签订《马关条约》。日本控制朝鲜,获取辽东半岛(后由中国赎回)、台湾和澎湖列岛,得巨额赔款,并在中国享受片面最惠国待遇及其他许多商业特权。日本经济史学者守屋典郎指出:"中日甲午战争的结果,日本确立了在远东的政治和经济地位。"②在10年后的日俄战争中,日本打败了它在亚太最危险的竞争对手俄国,巩固和加强了这一地位。俄国由于太平洋港口符拉迪沃斯托克的建成和西伯利亚大铁路的分段建筑在19世纪末已成为太平洋国家,但自1905年后它在太平洋经济中基本上销声匿迹了。东南亚诸国因是英、法、美、荷的殖民地,日本还不敢轻举妄动,但与它们建立了贸易关系。在美太和南太,日本与美国结成了亲密的经贸伙伴,1871年与夏威夷签订互相承认最惠国待遇的平等条约,与澳大利亚有贸易往来。日本通过武力扩张将中国更深程度地卷入太平洋经济,使东北亚部分国家和地区成为日本帝国经济的组成部分,抑制了俄国在太平洋的发展,与美太、南太建立了经济关系,

---

① 《吉田松阴全集》第6卷,转引自[日]井上清撰、尚永清译:《日本军国主义》第2册,第7页。
② [日]守屋典郎撰、周锡卿译:《日本经济史》,生活·读书·新知三联书店1963年版,第123页。

从而使自己成为影响日后的太平洋经济的一个主角。

作为半殖民地半封建国家的清政府虽然对发展外经外贸持消极态度,但某些官吏和民间商人作出了一些积极的反应。19世纪60年代初以后条约口岸开明的高级官员和爱国商人开始谈论同外国人"商战"。[1]在李鸿章的支持下,1873年创立了实际上是官商合办的轮船招商局。该局以上海为本部,在中国沿海诸港和长崎、横滨、神户、安南、吕宋、槟榔屿和新加坡等地共设19个分局,建立了庞大的船队,成为外国轮船公司的强大竞争对手。[2]到60年代后期,一个兴旺而富有的中国商界已经存在于沿海口岸,许多人经营规模已超过了西方商人,并且在中国和东南亚各地拥有自己的商业网点。[3]成千上万的中国人一批又一批地赴美太、南太谋生。到1894年海外华人已达100余万。[4]华侨对网络产生所起的作用表现在:1.华工在周边地区所从事的工作大都与商品经济相联系从而为太平洋经济注入了新的活力。2.华侨由于乡情和生活习惯而特别喜欢消费中国产品,在海外形成了一个可观的特殊市场,因而加强了所在国与中国的经济联系。例如,1880年美国从中国进口的诸类商品除了茶和生丝的50%多一点供东部城市之用,其余全为三藩市的唐人街所购。[5]3.几乎散布于周边每一个地区的华商由于同祖同宗同语言文化,彼此极易于发生商业联系从而促进了环太各国的经济交往。例如,香港地区、新加坡、加拿大、美国和澳大利亚等地的华人商富领导并利用戊戌变法失败后的海外保皇运动来"促进海外华人的

---

[1] 郝延平:《中国近代商业革命》,上海人民出版社1991年版,第186页。
[2] 同上,第237页。
[3] 同上,第184页。
[4] 陈依范:《美国华人史》,世界知识出版社1987年版,第20页。
[5] Milton Plesur, *America's Outward Thrust*, p.214.

商业和工业"。① 他们"一直在试图或者也许已经成功地组成了一个复杂的海外商业和金融网"。② 总之,华人(包括中国本土上的华人和海外华侨)以非侵略扩张、纯粹的经贸行为为密切太平洋各国各地区的经济联系作出了不可磨灭的重要贡献。

三

由于周边地区经济的客观发展和周边国家与民族的主观努力,太平洋世界呈现出多层次的经济交往。

商路的开辟。在横太平洋海面,美国的轮船公司开辟了三藩市至日本诸港、上海、广州、马尼拉的海运线。日本的轮船公司开辟了日本至夏威夷、北美诸港,香港至三藩市的商路。中国招商局的轮船也驶往檀香山和三藩市。美太、亚太与南太间也有商路相连。美国的商船、邮船往返于三藩市、夏威夷、帕果帕果和澳大利亚、新西兰之间。1896年日本开辟了日本至澳洲的航线。澳大利亚的锡矿石经澳洲至东南亚的航线被运到新加坡冶炼中心。在亚太海域,19世纪70—90年代日本的公司开辟了日本至上海、香港、天津、仁川、海参崴和马尼拉的航线,1910年又组织了对爪哇和南洋一带的航业,新辟了大连、库页岛以及亚洲北部等处的航线。中国招商局的船只来往于西太平洋海域。在美太,美国太平洋邮运公司将中美洲和巴拿马的西海岸与美国的太平洋诸港相连。1865年到1890年铺设的海底电缆经由太平洋海岸最先将墨西哥和中美洲联结,最后将

---

① 杨进发:《新金山澳大利亚华人》,上海译文出版社1988年版,第171页。
② 同上,178页。

南美洲与美国联结起来。①

贸易的开展。横太平洋贸易：明治维新后，日美贸易发展迅速。到1890年前后，美国在日本出口总值中占36%—37%，成为日本的最大出口贸易伙伴。②1889年后，美国棉花逐渐成为日本纺织原料的重要组成部分。到1880年三藩市进出口贸易的1/3是与中国进行的。③1909年到1911年美国与中国的年均贸易额占列强与中国年均贸易总额的7.1%。④19世纪80年代中期美国购菲律宾糖占菲出口总值的1/4。⑤1913年美国占菲律宾进出口贸易的42%。⑥亚太国家与其他美太国家也渐渐发生了贸易关系。如，1913年列强与拉美20个国家的外贸总额中，日本在其进出口贸易中分别占0.14%和0.09%。⑦亚太—南太贸易：日本、中国及东南亚一些国家与澳大利亚有商业交往。1866年若干艘大茶船抵福州，以确保大批当令新茶运往澳大利亚。⑧到1914年日本约占澳进口贸易的1.7%，出口贸易的3%。⑨美太—南太贸易：美国与澳洲的贸易大约从1870年前夕就开始了。该年美对澳洲的出口占美总出口的0.82%，到1900年上升为3.11%。⑩亚太贸易：中国是日本最重要的贸易伙伴，1911年

---

① F. H. Hinsley, *The New Cambridge Modern History*, Volume 11, London: Cambridge University Press, 1979, p.518.
② [日] 守屋典郎撰、周锡卿译：《日本经济史》，第114页。
③ Milton Plesur, *America's Outward Thrust*, p.214.
④ 严中平等：《中国近代经济史统计资料选辑》，科学出版社1955年版，第65页，表7。
⑤ Norman G. Owen, *The Philippine Economy and United States*, Ann Arbor: University of Michigan, Center for South and Southeast Asian Study, 1983, p.180.
⑥ [美] 阿贝拉尔德：《美国对菲律宾的关税政策》，转引自金应熙：《菲律宾史》，河南大学出版社1990年版，第455页。
⑦ 樊亢、宋则行：《外国经济史》第2册，人民出版社1982年版，第357页。
⑧ 郝延平：《中国近代商业革命》，第204页。
⑨ Russel B. Ward, *The History of Australia: The Twentieth Century*, London: Harper & Row, Publishers, 1978, pp.448–449, 图表。
⑩ Harold Underwood Faulkner, *American Economic History*, p.533.

日货占东北市场外国货的70%。① 日本先垄断了中国台湾省的贸易,后独占了朝鲜的市场,并与东南亚国家贸易频繁。美太贸易:美太国家差不多都与美国有商业关系。加拿大在美国的外贸中占最重要的地位。1854年两国就签订了贸易互惠条约,到1914年加拿大是美国全球第二重要贸易伙伴。② 至1913年美国主宰了与墨西哥、中美诸国的贸易,成为秘鲁进口货供应地。③ 1914年巴拿马运河通航后,美国与南美西海岸的贸易进一步增长。④ 除美国、日本之外,其余太平洋国家和地区间的贸易也在进行和发展。

劳动力的国际化。一种新的经济现象即劳动力国际化的苗头在太平洋世界出现。在供求关系的作用下,亚太的过剩劳力源源不断地流向劳动力严重缺乏的美太和南太。金矿发现后的30年内,进入加州的华人达25万以上。⑤ 1870年加州的中国矿工占该州矿工总数的57%。⑥ 华工占修筑中央太平洋铁路工人总数的90%。⑦ 19世纪80年代日本人开始进入夏威夷和加州当劳工。在20世纪的头10年内赴美国的日本人超过12.5万。⑧ 菲律宾劳工1906年开始进入夏威夷。华人等亚太劳工在加拿大和拉美的也为数众多,仅1849年到1874年赴秘鲁的华工就达8万人到10万人。⑨ 他们开凿巴拿马运

---

① 樊亢、宋则行:《外国经济史》第2册,第262页。
② Edward C. Kirkland, *A History of American Economic Life*, New York: Meredith Corporation, 1969, p.456.
③ Bill Albert, *South America and the World Economy from Independence to 1930*, London: Macmillan, 1983, p.37.
④ *Ibid.*
⑤ Linda Perrin, *Coming to America: Immigrants from the Far East*, New York: Dell Pub Co., 1980, p.5.
⑥ Ping Chiu, Chinese Labor in California, Ann Arbor: Edward Bros., 1963, p.27.(根据该页数据推算)
⑦ Linda Perrin, *Coming to America: Immigrants from the Far East*, p.24.
⑧ *Ibid.*, p.75.
⑨ [美] 瓦特·斯图尔特撰,张铠、沈桓译:《秘鲁华工史》,海洋出版社1985年版,第13页。

河、挖掘鸟粪层和从事种植园的繁重劳动。劳工和移民也纷纷踏上澳大利亚的土地。仅在维多利亚淘金狂中就有3000名美国人①，到1890年澳大利亚有4.97万名华人②。这些淘金者后来多数都转而从事牧、农、商、工和运输等职业。

生产的国际分工。在生产方面，周边地区国际分工初步明确。美国是太平洋世界的"工场"和"农场"。日本在1894年之前既是农产品和原料产地，又是"工场"，之后则完全成为"工场"，但只是亚太的"工场"。美国主要生产纺织品、机械、石油、小麦和棉花。日本在1894年前主要生产茶叶、生丝、煤和棉织品，之后主要生产纺织品等。中国、朝鲜、菲律宾、拉美太平洋诸国则是"农村"和"矿山"。中国主要生产茶叶、生丝、棉花、粮食、蔗糖、煤和铁矿石等，朝鲜生产大米、蔗糖、棉花、黄金和其他矿产品，菲律宾是糖、椰、麻、烟的重要产地，中美国家主要种植咖啡和热带水果，墨西哥、秘鲁、哥伦比亚、智利和阿根廷等则是金、银、铜、石油、硝石、碘、橡胶、毛皮、冻牛肉等的产地。这种分工表明太平洋国家的经济已存在着一定程度的相互依赖。

金融上的通连。货币和银行日益成为联系太平洋各国经济的纽带。1854年流入中国的墨西哥银元"鹰洋"和1873年美国国会批准铸造的贸易银元都在中国合法地被使用。1871年始铸的日本元则"在中国沿海、香港和东南亚流通"③。更重要的是19世纪70年代和1897年美国和日本先后实行金本位制。这为进一步发展两国乃至太平洋国家间的贸易和金融关系奠定了基础。美国的银行分支遍及

---

① W. H. Blackmore, et al., Landmarks: A History of Australia to the Present Day, South Melbourne: The Macmillan Company of Australia Pty. Ltd., 1969, p. 63.
② 杨进发：《新金山澳大利亚华人》序，第2页。
③ 郝延平：《中国近代商业革命》，第46页。

马尼拉、上海、香港、广州、北京、汉口和布宜诺斯艾利斯等城市。日本在中国台湾地区和朝鲜设银行机构。澳大利亚华人在墨西哥建立墨西哥中国银行。①

资本的环流。资本环绕太平洋周边流动开始于1860年之前，之后，美国资本逐渐流入加拿大、墨西哥、中美诸国、秘鲁、委内瑞拉、哥伦比亚、智利和阿根廷等。其中，墨西哥、加拿大两国是美资投放的主要地区。在亚太，美资流入日本、菲律宾、中国和朝鲜等国。19世纪末美资已进入南太。资本不足的日本也利用外资向亚太输出资本，其主要投资场所是中国和朝鲜等。19世纪末，澳大利亚已开始投资于南洋群岛。②华侨于1905年创立的加拿大中国贸易公司在槟榔屿和香港有投资。③

美国按地区分类的投资④

（单位：百万美元）

地区	1897年	1908年	1914年
加拿大	89.7	697.2	867.2
墨西哥	200.2	672.0	853.5
中美洲	21.2	41.0	93.2
南美洲	37.9	129.7	365.7
亚洲	23.0	235.2	245.9
大洋洲	1.5	10.0	17.0

总之，从19世纪中期至20世纪初期逐渐出现的商路、贸易、劳动力国际化、生产的国际分工、金融上的通连和资本的环流这六条"线"已将周边国家和地区连在一起。"网线"纵横交织，初步形成

---

① 杨进发：《新金山澳大利亚华人》，第177页。
② [澳大利亚] 戈登·格林伍德撰、北京编译社译：《澳大利亚政治社会史》，商务印书馆1960年版，第183页。
③ 杨进发：《新金山澳大利亚华人》，第177页。
④ [美] 福克纳撰、王锟译：《美国经济史》下卷，商务印书馆1964年版，第274页。

了多层次的环太平洋经济网络。

值得注意的是,对初生的网络的发展程度切不可估计过高。这是因为:

第一,网络上的一些国家或民族对外部经济的从属性严重存在。环太平洋国家和地区之间虽然逐步建立起了经济联系,但其中有的国家和地区的经济交往主要是与非太平洋国家进行的,如东南亚诸国、澳大利亚和新西兰。有的国家经济的某一方面为欧洲国家所把持,如南美的太平洋国家。法属印度支那的经济几乎完全从属于法国的利益。[①] 马来亚的经济则被英国控制,例如,1914 年英国的铁矿投资占西方国家投资总额的 70%。[②] 荷属东印度群岛对外出口几乎全由荷兰人垄断。[③] 连形式上独立的暹罗在 19 世纪 90 年代,其外贸的 90% 也掌握在英国之手。[④] 直至 1914 年英国仍占澳大利亚出口贸易的 44.8%,进口贸易的 59.6%。而美国、日本在其出口贸易中分别只占 9.4% 和 3%,在其进口贸易中分别只占 14.5% 和 1.7%。[⑤] 在阿根廷、智利、秘鲁、墨西哥、哥伦比亚以及其他拉美太平洋国家,1913 年英国的投资达 814224000 英镑,而第二大投资者美国的投资只有 197447000 英镑。[⑥] 即使中国,其经济的若干方面,欧洲国家仍在其中居优势地位。仅举一例:一次大战前夕,帝国主义在中国的资本总额为 22.557 亿美元,其中英国约占 29.5%,俄国

---

① [英] D. G. E. 霍尔撰、中山大学东南亚历史研究所译:《东南亚史》下册,商务印书馆 1982 年版,第 891 页。
② 同上,第 907 页。
③ 同上,第 895 页。
④ 同上,第 793 页。
⑤ Russel B. Ward, *The History of Australia*: *The Twentieth Century*,根据第 448、449 页图表测算出。
⑥ Bill Albert, *South America and the World Economy from Independence to 1930*,根据第 34 页的表,选太平洋国家的数字计算得出。

19.5%，德国17.1%，日本12.9%，法国12.5%，美国4.4%，其他4.1%。[①]可见，它们与非太平洋国家经济关系的密切程度超过、有的甚至远远超过它们卷入太平洋经济的程度。

第二，网络处于最初阶段，与大西洋经济网络相比，还很不成熟。首先，周边地区还未出现有时代水平的工业地带。美国虽是第一流的工业大国，但其工业几乎全位于东部大西洋地区，而西部的太平洋地区差不多还是农牧区，不是具有高水平的工业地带。通过铁路和运河，东部的工业虽对太平洋经济有一定的影响，但作用有限。日本虽是亚太的"工场"，但工业发展水平比美国和西欧低一个档次，算不上具有时代水平的工业地带。其次，商品经济普遍相对落后。周边国家内陆欠开发，尤其是北部沿岸国和地区如西伯利亚、加拿大，甚至美国西部也只是初步开发。中国由于传统农业和传统手工业的大量存在而卷入太平洋国际市场的程度微弱。这些都直接影响着太平洋经济发展和经济交往的整体水平。最要害的是除美国、日本之外的其余周边国家或民族在政治上、经济上没有获得独立或没有完全获得独立，使它们无法进行本民族的工业化和近代化，或者不可能在工业化和近代化方面取得成功。这是制约太平洋经济发展水平和交往规模的最严重障碍。

简而言之，19世纪中期至20世纪初期所出现的环太平洋经济网络仅仅是一个雏形。它的发展和成熟是第二次世界大战之后的事。

（原载《世界历史》1996年第1期。
其观点转载于《高等学校文科学报文摘》
1994年第4期等几种出版物）

[①] 吴承明：《帝国主义在旧中国的投资》，人民出版社1955年版，根据该书第45页数据计算得出。

从保护主义到自由贸易
——略论20世纪三四十年代美国外贸政策的历史性变化

在国内学术界，关于战后美国外贸政策的研究，成果颇丰，而对战前美国外贸政策的研究十分缺乏，鲜有成果。对美国1934年《互惠贸易协定法》，美国学术界有各种不同的观点，其中之一认为该法并不反映美国致力于自由贸易的新努力，美国继续希望在国内实行贸易保护。[①] 笔者作为一个中国学人，自不量力，谈谈自己的看法：1934年法是美国外贸政策从保护主义到自由贸易的转折点；20世纪三四十年代是美国外贸政策发生历史性变化的时期。

保护主义的历史传统

欲认识20世纪三四十年代美国外贸政策变化的重要意义，必须弄清此前美国外贸政策的性质。美国从立国之日至1933年在长达一个半世纪的时间里推行的是保护主义政策。

美国的缔造者之一、首任财政部长汉密尔顿极力主张高关税，以服务于政府开支和保护幼稚工业。他的思想成了保护主义的渊

---

① David A. Lake, *Power, Protection, and Free Trade: International Sources of U. S. Commercial Strategy, 1887—1939*, Ithaca, New York: Cornell University Press, 1988, p.213.

源。1816年政府制定了第一项明确为保护工业的关税法,规定的关税比1812年战争之前高出约42%。通过1824年、1828年和1832年的法律,美国建立起了保护几种关键工业的高关税壁垒。为内战服务的高关税在战债还清后仍旧保持和升高,以致逐渐发展成为一种极端的保护制度。①

1880年到1912年是美国将互惠政策作为保护主义工具的典型时期。1881年至1885年的总统阿瑟的共和党政府进行外贸的特点是决心使所有的谈判都是严格的互惠和双边的。在所有互惠条约中插入的附有条件的条款保证:关税减让将不给予其他国家,不论其地位如何,除非它们满足美国规定的特殊条件。②政府为了换取外国对美国农产品降低关税和有利美国的海外投资者将产品返销国内而力图削减进口关税。可是国会仍拒绝批准政府与外国签订的贸易协定。1884年降低关税的法案被否决。1890年到1911年共通过4项关税法,其中3项具有高度的保护主义。1890年《麦金莱关税法》将应税产品的平均关税规定为48.4%。③该法有三个特点:

(一)它所意味的双边主义与真正的双边主义不同。在贸易谈判中,它不是授权总统给对方以关税减让来换取对方给美国产品以关税减让,而是独断地决定关税和免税项目,然后授权总统在贸易伙伴歧视美国产品或者不向美国产品提供关税减让时取消给予对方的任何单方面关税减让。对列入免税单的产品施加报复性关税而非降低现存关税,此法使美国获得了更高程度的关税独断权。

---

① Philip A. Mundo, *National Politics in A Global Economy*: *The Domestic Sources of U. S. Trade Policy*, Washington, D. C.: Georgetown University Press, 1999, pp. 37, 38.
② Carolyn Rhodes, *Reciprocity*, *U. S. Trade Policy*, *and the GATT Regime*, Ithaca: Cornell University Press, 1993, pp. 25－26.
③ David A. Lake, Power, *Protection*, *and Free Trade*: *International Sources of U. S. Commercial Strategy*, *1887－1939*, p. 101.

(二) 国会保持了制定单方面支配贸易关税和制度的地位。

(三) 国会有权对那些旨在逃避关税排他性效果的外国政府补贴的进口品施加抵消性关税。民主党对《麦金莱关税法》作了一个恰当的评价：该法的"'目的和效果'都不是互惠而是报复"[1]。该法所谓互惠的实质就是保护主义。国务卿布莱恩说："我所期望的是一种不与保护关税相冲突而对之补充的互惠制度。"参议员赫尔则给"互惠"下了一个定义：互惠"是一种扩大的保护，一种对美国劳工的外部保护"[2]。1897年《丁利关税法》的保护主义更为明显：首先，它在关税总体水平方面创造了历史新纪录，所有进口品的平均税率比1890年的还高2.5%。[3] 其次，对出口品实行变相的补贴。根据该法的"退税法"条款，利用进口原料生产的出口品享受退税待遇，其数额与对进口原料所征之税同等。美国对外国政府补贴的产品征收报复性关税，自己却在搞这种变相出口补贴。最后，该法规定今后所有的互惠协定都必须由国会批准从而将总统的实际贸易权剥夺殆尽。《丁利关税法》控制美国商业政策达12年之久。1909年《佩恩－奥尔德里奇法》仍具有严重保护主义色彩。因篇幅所限，不再赘述。1894年《威尔逊－戈尔曼法》也保留了关税保护的实质。以致主张关税改革的总统克里夫兰谴责该法为"一份政党叛变书"而拒绝签署之。[4]

在民主党总统威尔逊的领导下，国会于1913年通过了《安德伍德关税法》，外贸政策才开始出现转机。该法大幅度降低约900项产

---

[1] Carolyn Rhodes, *Reciprocity, U.S. Trade Policy*, and the GATT Regime, p.32.

[2] David A. Lake, *Power, Protection, and Free Trade: International Sources of U.S. Commercial Strategy*, p.100.

[3] *Ibid.*, p.125.

[4] Michael Martin and Leonard Gelber, *Dictionary of American History*, Iowa, Littlefield, Adams & CO., 1956, p.676.

品的关税，并将若干项产品列入免税单。还授权总统与外国谈判互惠协定，不过，协定交由国会批准或否决。该法规定了内战以后最低的关税。然而一战阻碍了这种自由贸易苗头的发展。

1922年到1933年两项法案将保护主义推向了登峰造极的地步。一战后经济萧条使国会里的保护主义甚嚣尘上。参议院财政委员会主席麦坎伯说："在本国历史上的所有时期，正是现在这个时期最需要保护关税来支持我们的美国工业和依靠这些工业的我们的数以百万计的人民。"[1]于是，美国历史上最严厉的1922年《福德尼－麦坎伯关税法》被通过。其保护主义远远超过以往共和党历届的关税法。它标志美国重新回归于单边保护主义的"往日癖好"。[2]其保护主义主要表现于三点：

（一）排斥一切竞争产品。该法让总统提升和降低关税至50%以使国内产品与国外产品的生产成本相等，目的是不让国内生产商由于生产成本比外国高而在竞争中吃亏。该款将"倾销"的概念更换为包括以低于美国生产成本之价进入美国的产品。由于有这一款，1922年税法的全部动机和目的就是排斥一切竞争性产品。

（二）惩罚性。该法授权总统不仅对公然歧视美国产品的国家进行报复，且对事实上歧视美国的任何外国的产品课惩罚税。若被课惩罚税的国家继续歧视美国产品，总统有权禁止该国的所有产品入境。[3]这使总统能够将歧视美国产品或在美国市场上倾销产品的国家从最惠国待遇名单上除名。该法还授权财政部对那些以低于出口国生产成本的价格输入美国的特定产品征收附加税。这是一种严

---

[1] David A. Lake, *Power, Protection, and Free Trade: International Sources of U.S. Commercial Strategy, 1887—1939*, p. 167.
[2] Carolyn Rhodes, *Reciprocity, U.S. Trade Policy, and the GATT Regime*, p. 43.
[3] David A. Lake, *Power, Protection, and Free Trade: International Sources of U.S. Commercial Strategy, 1887—1939*, p. 170.

厉的处罚。

（三）关税不可谈判性。根据该法，使美国关税不具有谈判性是1920—1934年期间美国政府的一项坚定不移的政策。[①] 美国学者一般都认为，当时进行国际合作以降低贸易壁垒的最大障碍是美国拒绝通过谈判它的关税而参与之。此外美国政府还用配额制来限制外国货的进口。美国是使用配额制的急先锋。[②] 尽管美国1923年以无条件最惠国待遇原则取代了有条件最惠国待遇原则，但1922年关税法严重阻碍了该原则之自由贸易功能的发挥。1922年法是美国贸易单边主义的典型。到1920年代末，保护主义变本加厉。1928年共和党的政纲重申该党"相信保护性关税是本国经济生活的基本和最重要的原则"。民主党也宣布支持保护性关税。[③] 应运而生的1930年《斯穆特－霍利法》将保护主义发展到极致。它将应税品的平均关税率从1922年法的38.2%提高到55.3%，创历史最高纪录。该法的报复性更强。它授权总统对歧视美国产品的国家的产品征报复性关税直至从价的50%。该法保持了1922年法内的一个内容，即授权总统禁止歧视美国产品的国家的所有产品进入美国，如果第一次惩罚关税还没有使它改变对美国产品的歧视的话。[④]

纵观从独立至1933年美国关税政策史，不难看出，这一个半世纪的美国是一个浓墨重彩的保护主义国家。从立国至内战后就已建立了极端的保护制度。1890年到1930年间的7项关税法中，只有1913年法是一个例外，其余5项具有高度的保护主义，1项具有保护主义。根据这6项税法的内容，保护主义的表现可归纳为几点：

---

① Carolyn Rhodes, *Reciprocity, U. S. Trade Policy, and the GATT Regime*, p. 45.
② Ibid., p. 47.
③ David A. Lake, *Power, Protection, and Free Trade: International Sources of U. S. Commercial Strategy, 1887–1939*, p. 193.
④ Ibid., p. 196.

（一）高关税壁垒。应税品的平均税率最高达 55.3%（1930 年法），最低为 38.2%（1922 年法）。所有进口品的平均关税率最高为 26.2%（1897 年法），最低为 13.9%（1922 年法）。[①] 美国单方面制定贸易政策，不考虑别国的利益，且其关税具有不可谈判性。此外，它还是实施进口配额制的积极分子。

（二）报复性关税和惩罚性关税。对被认为是"不公平"贸易的国家的产品予以关税报复和关税惩罚。若这些国家仍不纠正其"不公正"行为则拒绝其所有产品入境。

（三）以"互惠"的名义拒绝将关税减让待遇转让给第三国。尽管 1923 年开始奉行无条件最惠国待遇原则，但由于各种报复和惩罚的规定，使不少国家不能享受此待遇。

（四）国会完全垄断了贸易政策的制定。总统在外贸谈判中很少有自主权，一切只能听命于国会。国会则是保护主义的顽固堡垒。

这四点的共同作用是：排斥外国竞争性产品进入美国以保护国内市场；同时以互惠和报复、惩罚的两面手法打开和占领海外市场，实行外贸扩张。

自由贸易的胜利

1930 年《斯穆特－霍利法》给美国经济和世界经济带来了严重的消极后果。1932 年罗斯福的民主党政府取代相信低税收高关税的胡佛的共和党政府，为自由贸易的胜利创造了条件。

[①] David A. Lake, *Power, Protection, and Free Trade: International Sources of U. S. Commercial Strategy, 1887–1939*, pp. 125, 167.

对关税进行自由贸易性质的改革是罗斯福新政的一项重要内容。罗斯福的国务卿赫尔成为1932年到1944年美国贸易政策的总设计师和反对保护主义的总指挥。贸易自由主义者与保护主义者围绕《互惠协定贸易法》进行了三大回合长达13年的较量，前者最终获胜。第一回合是促使和阻止国会通过该法的斗争。赫尔的具体主张主要有两点：一是国会应授权总统与主要贸易国谈判商约为的是将现存关税下降50%以换取外国予美国产品以同样的关税减让；二是与外国签订多边而非双边协定。在此基础上，罗斯福政府提出《互惠贸易协定法》草案。总统要求国会通过该法。共和党人参议员范登堡和迪金森发起了一场反对该法的战斗，声称该法违宪，因为它将本属国会的权力授予总统。范登堡指出：课税权属于国会不属于总统；该法就其"哲学而言是法西斯的"。迪金森则说：该法将使总统成为一个"国内贸易的独裁者"。[1] 赫尔则敦促赋税委员会：其他国家的主要行政机构已掌握了升降关税的权力，罗斯福需要同样的权力以谈判关税协定。他说，法案的主要目的是复兴美国的外贸。他指出：1929年美国贸易额达240亿美元，但到1933年降至35亿美元。他声称：在既是一个出口大户并保持债权国地位的同时又建立高关税以反对进口，这两者是不一致的。罗斯福全力支持该法。他写信给国会说，该法将创造就业机会，使工资上升，提高美国的生活水平。他称"完全和永久的国内经济的复苏部分地依赖国际贸易的复兴和加强。没有相应的进口增长，美国的出口也不可能持久增长"[2]。由于贸易自由主义者力争，参众两院以压倒性多数通过了该法。最后，在1934年6月12日赫尔看着总统签署该法时说："一笔

---

[1] Edward S. Kaplan, *American Trade Policy, 1923−1995*, Westport, Connecticut: Greenwood Press, 1996, pp. 45, 46.

[2] *Ibid.*, p. 46.

一画都仿佛在我心上写着一则喜讯。我长期多年为互惠贸易政策和降低贸易壁垒的战斗赢得了胜利。"① 第二回合是在执行 1934 年法时政府内部的激烈斗争。焦点是无条件最惠国待遇问题。双方代表人物是赫尔和外贸顾问皮克。皮克认为关税、外汇管制和配额制是贸易政策不可分割的组成部分，认为赫尔想造就一个自由贸易的世界是空想。他谴责赫尔的无条件最惠国待遇的哲学，称之为"单边经济裁军"。皮克赞成双边协定，但坚持有条件最惠国待遇原则。他对军事工业董事协会讲：政府必须在美国主义的贸易政策和赫尔的国际主义的贸易政策之间作出选择。② 皮克因受到罗斯福的批评而辞职。这意味着政府内执行 1934 年法的障碍被扫除。第三个回合的斗争是政府与国会之间围绕 1934 年法的延期问题展开的。该法的有效期只有 3 年，到 1937 年 6 月 12 日时则由国会决定是否延期。罗斯福不希望对它施加任何时间限制，不希望每三年交由国会决定是否延期。因该法的实施对外贸产生了良好效果，众议院顺利通过其延期。但参议院财政委员会中赫尔的共和党反对派严厉谴责该法。卡珀抱怨说，美国已将关税减让给予了 70 个国家和地区，其中只有 15 国和地区是互惠的。范登堡指出："这种特殊的互惠是不幸的、不明智的和没有保障的，是直接违宪的。"③ 若干利益集团也一哄而起大肆攻击该法。共和党人大多数反对该法。来自养牛、生产羊毛和铜诸州的民主党人也批评该法。范登堡和卡珀乘机对法案提出了 7 点修正，被参议院财政委员会否决。在最后参议院全体议员表决之前，卡珀企图对法案再进行修正：让所有的贸易协定条约都由参议院审批，但遭失败。参议院最后通过了对该法 3 年的延期，至 1940 年 6

---

① Edward S. Kaplan, *American Trade Policy*, 1923—1995, p. 46.
② *Ibid.*, p. 48.
③ *Ibid.*, p. 49.

月12日。第二次延期的斗争火药味更浓。1939年12月5日，赫尔宣布该法必须在大战年间继续实施，以便为战后世界各国的合作铺平道路。罗斯福完全赞同赫尔的见解，他在给国会的信中写道：《互惠贸易协定法》"应该作为任何稳定和持久和平的基础的不可或缺的一部分而被延期"[①]。保护主义者全国制造商协会的经济学家库尔特要国会暂停执行与外国签订的协定直至大战结束。赫尔的反对派甚至攻击国务卿想在1940年竞选总统，用贸易协定为其政治目的服务。斗争的结果，在众议院否决了对该法的24点修正之后，参众两院通过了该法再延期三年。民主党参议员沃尔什在最后一刻企图给该法附一条修正：将该法延期一年而不是三年，但未得逞。第三次延期时，斗争的激烈程度不减。经反复较量，国会同意将该法延期两年至1946年。贸易自由主义者和保护主义者围绕1934年法的通过、实施和延期三大回合的反复较量，至此画了一个句号。

《互惠贸易协定法》充分体现了美国外贸政策的历史性变化，主要表现在如下几个方面：

（一）关税具有可谈判性和关税壁垒的大幅度降低。该法授权总统与外国进行双边关税减让谈判时，可将关税升高或者降低到50%。这就完全改变了1920年到1934年间美国关税具有不可谈判性的单边主义。且通过谈判，关税可以不断地降低。根据该法，税率可在1930年法的基础上降低50%。在该法执行的过程中，与各国贸易的税率又可在1934年税率的基础上下降50%。罗斯福在逝世的前一个月向国会建议在1945年税率的基础上将与各国的税率再降至50%。国会最后通过该法的这一新内容，允许新总统杜鲁门执行

[①] Edward S. Kaplan, *American Trade Policy, 1923-1995*, p.50.

之。①这就导致了关税壁垒的大幅度降低。

（二）美国实行了最惠国待遇原则。根据这一原则，贸易双方任何一方给予第三国的优惠将直接地和自动地适用于与对方的贸易。美国与外国签订的各项贸易协定都含有最惠国待遇条款。美国虽然在 1923 年就接受了最惠国待遇原则，但是由于保护关税法所规定的报复、惩罚等措施使许多贸易伙伴实际上享受不了最惠国待遇。《互惠贸易协定法》通过后，美国的确在真心实意地实施最惠国待遇原则。

（三）外贸政策的制定权由国会转向总统。根据该法，总统获得了与外国谈判贸易协定的权力，且所签任何协定再也不必经国会批准了。②总统得到了关税分类和再分类、控制估价程序、降低税率的权力和阻止不公平竞争行为以及对美国出口的歧视的能力。③

为了巩固政府已经得到的权力，国务院成立了行政商业政策委员会、贸易协定委员会和互惠信息委员会。这三个委员会都完全聚焦在外贸政策方面，使全国的注意力从国会转向政府。④总之，该法使总统得到了制定贸易政策的重要权力，结束了国会在制定关税政策中的垄断权。

二战结束时，随着美国成为世界上最大的制造品生产国和出口国，为了更有效、更多地占领海外市场和成为全球经济的领袖，美国将 1934 年法的基本原则国际化。赫尔早就希望在美国的领导下建立一个新的世界经济秩序。1937 年 11 月他的特别助理帕斯沃尔斯基在给美国政策的重要制定者之一的副国务卿韦尔斯的机密备忘录中

---

① Edward S. Kaplan, *American Trade Policy, 1923—1995*, p. 51.
② Ibid., p. 45.
③ Robert Howse, *The World Trading System*, Volume I, New York: Routledge, 1998, p. 29.
④ Ibid., p. 29.

清楚地表达了赫尔的愿望。帕斯沃尔斯基建议美国采取行动建立一个新的国际经济体系。①1945年12月美国提出的《世界贸易发展和就业的建议》就是以帕斯沃尔斯基的意见为基础的。②1947年签署的《关税贸易总协定》的基本原则就是渊源于该建议。③该建议不仅体现而且发展了《互惠贸易协定法》中的做法。例如，为了倍增贸易谈判的效果，政策制定者决定采取新的方法：和以前与许多国家分别进行双边谈判不同，政府准备在一个许多对双边谈判可以同时进行的大型会议上进行关税减让的谈判。这种多边—双边谈判法将能使谈判参与国不仅在直接提供给他们的优惠的基础上而且在通过无条件最惠国待遇条款所间接得到的优惠的基础上实行关税减让。在《关税贸易总协定》的1947年日内瓦回合上正是这样做的，结果共完成了4.5万项关税减让，占当时世界贸易的一半。④不过，为了确保美国、英国的利益和坚持美国的互惠、平等对待的原则，《关税贸易总协定》作了一些例外的规定，如允许英联邦内实行关税互惠，对农产品进口可实现配额制，以及添写了退出条款等。总之，《互惠贸易协定法》在美国的实施和它的国际化是自由贸易对保护主义的胜利，尽管它还有保护主义的残余。

历史性变化的原因

从1930年《斯穆特-霍利法》经1934年《互惠贸易协定法》

---

① Carolyn Rhodes, *Reciprocity, U. S. Trade Policy, and the GATT Regime*, pp. 65, 66.
② *Ibid.*, pp. 65, 71.
③ Robert Howse, *The World Trading System*, Volume I, p. 34.
④ Edward S. Kaplan, *American Trade Policy, 1923—1995*, p. 55.

到1947年美国带头签署的《关税贸易总协定》，美国外贸政策发生了从保护主义到自由贸易的历史性变化。那么是哪些原因导致了这种变化呢？

（一）1930年法严重地恶化了美国与其他国家的经济关系，导致了美国出口收入的大幅度下降，使保护主义政策再也无法继续下去。1930年法在全世界激起了新的保护主义浪潮，各国纷纷加强贸易壁垒，矛头主要指向美国。该法几乎伤害了所有的欧洲和拉美贸易伙伴的利益，迫使它们对美国采取了报复措施。例如，1930年法的高关税使美国从瑞士进口的钟表1930年比1929年下降48%。致使瑞士的收入从1929年的0.56807亿法郎降到1930年的0.29579亿法郎，[1]下降了近一半。瑞士政府强烈抗议，媒体号召对美国产品进行抵制。《斯穆特－霍利法》通过后，西班牙于1930年7月通过《韦斯关税法》，提高了几乎所有美国产品的关税。对缝纫机和刺绣机的关税增加一倍，对安全剃刀的关税增至700%。[2]两国开始了贸易战。由于1930年法导致法国出现贸易逆差，法国政府恢复了尤其是针对美国的进口配额制。加拿大是美国最重要的贸易伙伴，但1930年法激怒了加拿大的几乎每一个生产部门。在该法签署后仅仅3个月，加拿大政府通过了《加拿大紧急关税法》，对来自美国的产品施加高关税。更为负面的影响是促使大英帝国由自由贸易转向保护主义。1932年2月英国通过了《进口税法》，在近一个世纪内第一次为英国工业建立了全面保护制度。1932年7月，英国、其自治领、印度和英国的其他殖民地共同签订了《渥太华协定》，规定在英国和其自治领之间实行自由贸易，但对从美国进口的全部产品施加高关

---

[1] Edward S. Kaplan, *American Trade Policy, 1923-1995*, p. 34.
[2] Ibid., p. 35.

税。由于英国对1930年法的报复，免税进入英国的美国产品占美国总出口的比重从1930年的70.5%降至1932年的20.5%。[1]作为美国的两个最大市场的英国和加拿大达成一致：尽最大可能相互购买原来在美国购买的产品。[2]此外，阿根廷等拉美国家也极力谴责1930年法。日本也对美国提出了警告。1930年法使世界经济和美国经济大受影响。1933年世界贸易总量只相当于1929年的70%，贸易总值只相当于1929年的35%。[3]美国出口从1929年的51.57亿美元降至1932年的15.76亿美元（下降了69%）。美国外贸的下降比整个世界外贸的下降更厉害。[4]

（二）国际经济结构的变化结束了美国推行保护主义政策而不受报复的时代，美国不得不求诸新的外贸政策。1930年以前美国长期推行保护主义政策而很少受到报复是由于那个时期的国际经济结构所致。工业革命的首发国英国从1846年废除《物谷法》始直到一战前夕都是国际经济中的头号强国，一直坚持自由贸易政策和自由的国际经济制度。英国一直是低关税，在国内、国外和其殖民地坚持门户开放或者不歧视政策。这种结构为美国随心所欲地推行保护主义政策提供了好机会。首先，由于英国在一个时期吸收美国出口的50%，故英国市场的开放在相当大的程度上满足了美国贸易扩张的愿望。其次，英国单方面奉行不报复政策使美国能够利用最有利的关税来保护自己的工业免受进口品的竞争。最后，美国还利用英国的自由贸易政策瞄准发展中地区即拉美、亚洲以及其他地方的英国市场。尽管19世纪末20世纪初英国霸权地位衰落得很快并开始兴起保

---

[1] Edward S. Kaplan, *American Trade Policy, 1923—1995*, pp. 35, 36.
[2] Carolyn Rhodes, *Reciprocity, U. S. Trade Policy, and the GATT Regime*, p. 50.
[3] David A. Lake, *Power, Protection, and Free Trade: International Sources of U. S. Commercial Strategy, 1887—1939*, p. 186.
[4] *Ibid.*, p. 203.

护主义浪潮，但它仍是经济霸主，继续恪守自由贸易政策。美国则继续利用这种有利环境推行其保护主义和出口扩张政策。尽管如此，国际经济结构已开始悄悄地发生变化。约从 1897 年起，在比较生产率方面美国超过英国。经过一次大战英国的贸易和财政地位被永久地削弱了，降为债务国，美国则升为债权国。美国取代英国成为国际经济中的霸主。随着这一变化，1896 年出现的英国保护主义运动在 20 世纪初不断发展。从 1915 年开始英国对进口品征收"麦克纳关税"和实行微薄的帝国优惠制。1920 年代又通过若干关税法。到 1932 年，《进口税法》和《渥太华协定》使英国近一个世纪的自由贸易政策寿终正寝。这标志着美国推行保护主义而不受报复的时代的正式结束。国际经济结构的变化及其所导致的以英国为首的主要贸易伙伴对美国的报复说明美国传统的保护主义已走入了死胡同。1934 年法的通过是美国顺应这一变化对其对外贸易政策进行重要调整的开始。国内工业、经济竞争力的不断增强又使美国主动地奉行自由贸易政策。二战后，英法等竞争对手的经济地位更加削弱，美国在国际经济中的霸权地位进一步加强，黄金储备几乎占世界总储备的 2/3，制造业生产占世界的一半以上，产量占世界总和的 1/3。[①]美国垄断资本想以高额产出和廉价倾销的方式来战胜外国竞争对手。它凭借强大的国际竞争力极力主张"多边主义"的自由贸易原则。《关税贸易总协定》的签署就是美国这一原则的具体表现。

（三）关税改革主张者和贸易自由主义者的不懈努力。尽管 1934 年以前美国一直坚持保护主义，但也存在自由贸易势力。贸易自由主义者的不懈斗争对最终实现自由贸易起着重要的作用。广大的消

[①] [美] 保罗·肯尼迪撰、梁于华等译：《大国的兴衰》，世界知识出版社 1992 年版，第 401—402 页。

费者是最雄厚的自由贸易的力量,因为高关税严重地损害了他们的消费利益。在他们的强大压力下,政府决策层中也逐渐出现主张关税改革、具有自由贸易倾向的人和坚强的自由贸易战士。针对本国的高关税,早在1885年以前就有许多关税改革方案被提出。总统克里夫兰所提的原材料免税方案影响更大。他要求对原材料关税细则予以温和的改革以降低生产商的成本、物价,更重要的是增加出口。1887年他的国会咨文完全集中于关税问题、强调其改革方案的重要性。克里夫兰的方案所导致的《米尔斯法》在民主党控制的众议院被通过,但在共和党控制的参议院被否决。1893年到1897年再任总统的克里夫兰反对《麦金莱关税法》,第二次提出原材料关税方案。1894年《威尔逊-戈尔曼法》的草案已将包括羊毛、煤、铁矿石和木材在内的若干重要原材料列入免税单,但该草案遭到更具保护主义的参议院的强烈反对,它对草案加入634点修正,最后免税单上只剩下羊毛和木材。20世纪初又出现了一个具有自由贸易倾向的关税改革者总统威尔逊。威尔逊警告:为使美国的贸易扩张得以实现,美国必须在开放自己的市场中实行互惠。① 他决心促使国会通过一项能体现"新自由"原则的新的综合关税法案。② 威尔逊的努力导致了1913年《安德伍德关税法》的通过。英国杂志《经济学家》(1913年4月)认为该法是自"1842年与1846年间罗伯特·皮尔爵士的英国法以来对保护主义制度的最沉重的打击"。③ 被威尔逊和哈定两位总统先后任命为关税委员会成员的卡伯特森是关税改革积极分子。他雄辩地说明将灵活和平等作为商业政策原则的重要性。在

---

① Carolyn Rhodes, *Reciprocity, U. S. Trade Policy, and the GATT Regime*, p. 41.
② David A. Lake, *Power, Protection, and Free Trade: International Sources of U. S. Commercial Strategy, 1887—1939*, p. 154.
③ Ibid., p. 155.

其影响下总统哈定由原来的一个保护主义者转变成关税改革的支持者。在卡伯特森的说服下,哈定批准了无条件最惠国待遇原则。这是美国外贸政策向自由贸易方向迈进的重要一步,尽管由于种种原因,在1934年之前该原则未能认真地执行。国务卿赫尔和总统罗斯福如前文已述则是自由贸易的典型代表,由于他们的顽强斗争,具有自由贸易性质的《互惠贸易协定法》获得通过。二战结束后,他们又将《互惠贸易协定法》的精神国际化,向全世界推广美国的自由贸易主张,最后导致1947年《关税贸易总协定》的签署。

正是由于关税改革主张者(尽管其中有些人不一定是自由贸易的主张者)和贸易自由主义者不断的努力促进了自由贸易力量的发展和阵营的扩大,从量变到质变,最后自由贸易势力在几个重要问题上战胜了保护主义势力,使美国外贸政策发生了历史性变化。

结 语

综上所论,本文之所以认为1934年《互惠贸易协定法》是美国外贸政策从保护主义到自由贸易的转折点。20世纪三四十年代美国外贸政策的变化是历史性的,是因为从立国到1933年约一个半世纪里,美国坚持的是保护主义传统。而1934年法是对这种传统的背离:关税的不可谈判性变为可谈判性,关税水平大幅度下降并导致日后不断下降;无条件最惠国待遇变得名副其实;保护主义的堡垒国会制定贸易政策的垄断权被打破,权力重心转向比较灵活、务实的白宫。二战结束后,1934年法的外贸原则国际化并得到进一步发展。双边贸易协定发展为多边贸易协定,导致了1947年《关税贸易总协定》的签署。这些都说明1934年法具有自由贸易的性质。而且该法的通过、执行和不断延期都是自由贸易势力与保护主义势力反复激烈斗争的结果。这进一步说明了该法的性质。再说，美国外贸政策的上述变化绝不是偶然的，而是有其历史的必然性。一是由于传统的保护主义政策对世界经济和美国经济产生了严重的消极后果，使它再也无法继续执行下去；二是因为国际经济结构的深刻变化，保护主义政策的有效期已结束，以及美国工业竞争力的增强，美国需要与之相适应的自由贸易政策；三是关税改革主张者和贸易自由主义者的不断努力和抗争。

必须说明的是，本文中的自由贸易是相对 1934 年以前美国高度保护主义传统而言的，并不是说 1934 年《互惠贸易协定法》及其之后美国外贸政策一点保护主义也没有了。事实上，它们仍带有保护主义的色彩。二战结束后，国会一方面继续允许总统降低关税，另一方面又在《互惠贸易协定法》上附加几项保护主义条款。如：危险点条款（the peril-point provision）要求关税委员会为正在考虑中的关税减让确定使国内工业不受进口伤害的最低税率。退出条款允许取消以前已作出的关税减让。保卫根本修正条款（the defense-essentiality amendment）要求如果进口品有损害国家的民族安全之威胁就对其限制。[1] 为了照顾美国和英国的利益，《关税贸易总协定》也有类似的规定。尽管如此，该税法和协定与美国以前传统的保护主义政策相比，其主要方面是自由贸易性质的。

（原载《武汉大学学报》[人文科学版] 2003 年第 5 期）

---

[1] Edward S. Kaplan, *American Trade Policy*, 1923—1995, p.51.

美国在亚洲的石油扩张(1860—1960)

石油问题是影响美国全球战略和政策的重要因素。欲正确认识当今美国的石油利益和政策,有必要了解它的石油扩张史。[①] 本文仅对1860年至1960年美国在亚洲的石油扩张及其对世界的影响进行初步探讨。

一、横越两洋抢占市场

美国是最早在亚洲兜售石油产品的国家。1859年德雷克在宾夕

[①] 关于美国在亚洲的石油扩张史,国内学术界缺乏研究成果,即使对美国石油史一般性的研究也做得很少,绝大多数是译著。国际上美国石油史的著述甚丰,但就所能见到的英文资料而言,关于美国在亚洲石油扩张史的专题研究还未出现,扩张对美亚关系、美英关系,伊斯兰世界与西方世界之关系以及对世界其他方面的影响就更不见有专文论述了。不过有的著述中零碎地涉及这方面的某一问题,但观点值得商榷,如扩张引起的产油国维护民族核心利益的斗争被认为是社会主义与资本主义之意识形态的斗争或文明的冲突等。美国在亚洲石油扩张的资料散见于各种著述之中,最主要的有:[美] 爱德华·切斯特:《美国石油政策与外交》(Edward W. Chester, *United States Oil Policy and Diplomacy*, Westport, Connecticut: Greenwood Press, 1983);[新加坡] 奥欧伊·金·比:《印度尼西亚的石油资源》(Ooi Jin Bee, *The Petroleum Resources of Indonesia*, UK: Oxford University Press, 1982);[美] 哈维·奥康纳:《石油帝国》(Harvey O'Connor, *The Empire of Oil*, New York: Monthly Review Press, 1955);[美] 安东尼·桑普森:《七姊妹》(Anthony Sampson, *The Seven Sisters*, New York: Viking Press, 1975);[美] 艾伯特·丹尼尔森:《石油输出国组织的演变》(Albert L. Danielsen, *The Evolution of OPEC*, New York: Harcourt Brace Jovanovich, 1982);[美] 约翰·德诺沃:《在国外推行美国进攻性石油政策的运动1918—1920》(John A. DeNovo, "The Movement for an Aggressive American Oil Policy Abroad 1918-1920", *The American Historical Review*, Volume LXI, No.4, July, 1956) 等。

法尼亚打出第一口油井使美国成为世界上用现代方法开采具有商业价值石油的第一国和近代石油工业创始国。①1861 年美国就开始出口石油。美孚石油公司"努力将煤油送往世界的四面八方"。到 19 世纪 80 年代,美国石油出口占总出口的比例仅次于棉花而居第二。美孚油除占领西欧市场外就是东方市场。美孚提出"为中国灯盏供油",从 1863 年开始石油由大西洋运入中国。20 年后,尽管在上海和宁波发生"干扰"美国石油出售的行为,但美国驻华使馆称:美国"石油正在赢得该国人民的信任"。②1895 年洛克菲勒收购了斯科菲尔德的石油公司而获得了加州的石油基地后,实现了他从太平洋向中国出口石油的梦想。③从此,美国煤油更为便利地进入中国,到 1899 年中国年进口量为 0.15 亿加仑,20 世纪头 25 年中国进口油几乎全来自美国,美孚的售量和市场份额不断上升:1905 年 0.8 亿加仑、占 52%,1910 年 0.96 亿加仑、占 60%。④之后,得克萨斯石油公司也进入了中国,因而得到中国化的名称:"德士古"。美孚从太平洋出口油对抢占亚洲市场具有重要的战略意义。其一,与经大西洋相比大大地缩短了产品进入东亚的距离,从而显著地降低了运费;其二,产品同时从纽约渡大西洋进入西亚和南亚,从三藩市渡太平洋进入东亚和南亚。大量的油随着其内战的结束而进入西亚。1879 年美国驻君士坦丁堡领事报告:"甚至麦加先知陵墓上圣灯用的

---

① 人类对石油的利用始于史前。苏美尔人用沥青对尸体进行防腐处理。中国人开凿盐水时发现了石油,现在油田中普遍使用的索钻法(cable-tool drilling)被认为是他们发明的。([美]沃尔特·迪尔·斯科特:《美利坚民族百科全书》[Walter Dill Scott, *The American Peoples Encyclopedia*, Volume 15, Chicago: Spencer Press INC., 1957, p.595])。
② Edward W. Chester, *United States Oil Policy and Diplomacy*, p.275.
③ Anthony Sampson, *The Seven Sisters*, p.36.
④ Edward W. Chester, *United States Oil Policy and Diplomacy*, pp.275, 276.

都是宾夕法尼亚的油。"总之，整个东方市场上都是美国油。① 尽管有后起的俄国巴库、荷兰苏门答腊和英国婆罗洲等地石油的激烈竞争，但美孚在 19 世纪下半期是最大的出口商。

美国还是亚洲油价的确定者。纽约油价为原油、炼油、运输成本和经济利润之和。亚洲油价格以此确定。美孚根据对进入亚洲油量和世界需求量的估计而限制出口以确保在亚洲维持所期望的油价。同时，由于美孚油质量最好，尽管运费比俄国油和东印度群岛油高，但仍能卖出最好的价钱。

美国油为何能全方位占领亚洲市场呢？归根结底是因自然禀赋和国民的主观因素使其从一开始就占领了对外扩张的战略制高点。首先，油源丰富产量高。主要产油州先后有宾夕法尼亚、俄亥俄、加利福尼亚、俄克拉荷马、得克萨斯。1860 年到 1950 年，美国国内产量居世界之首（除 1900 年和 1901 年居第二位外）。1860 年和 1950 年为 50 万桶（年产量）与 590 万桶（日产量），占世界总产量的 98.4% 和 57%。② 其次，科技先进和销售术高超。如，秘鲁和东印度群岛的第一口油井都是用美国设备打的。在洛克菲勒炼油厂工作的安德鲁斯发明了新炼油工序，炼出的油质量好且产量高。独立石油小业主在与洛克菲勒的竞争中发明了管道运输法。海湾石油公司于 1913 年在匹兹堡建立了首座路边"免下车"加油站，③ 开创了这种零售行业。第三，具有若干经营有方、实力雄厚的石油集团。由于美国石油业是在其由自由资本主义转向垄断资本主义的时期发展起来的，故很

---

① "东方市场"指亚历山大港、开普、新西兰、日本、海参崴这些点的连线之内的区域，(Albert L. Danielsen, *The Evolution of OPEC*, pp. 104-105, 106) 包括亚洲的绝大部分、澳洲和非洲的东部。
② Albert L. Danielsen, *The Evolution of OPEC*, pp. 98, 129; John G. Clark, *The Political Economy of World Energy*, New York: Harvester Wheatsheaf, 1990, p. 30.
③ Anthony Sampson, *The Seven Sisters*, p. 40.

快就形成了若干石油托拉斯。它们逐渐控制了石油的勘探、采油、精炼、运输和销售等各个环节，其资本雄厚经营有方，具有极强的竞争力。美孚是典型，其创始人洛克菲勒是个极富经营头脑的石油战略家。1955 年纽约出版的《石油帝国》的作者奥康纳指出："德雷克 1859 年发现如何从地底下打出石油，而约翰·洛克菲勒则发现怎样从石油里赚取金钱。"[①]在煤油时代，他对打井和采油没兴趣，只专心于炼油和售油。他贿赂铁路公司实现了石油的长距离低价运输，降低了油价。后又吞并了一些独立的小业主，利用其发明的输油管建立了输油管网。故美孚靠售灯油和润滑油发了大财。到燃料油时代，它又转向打井采油，成为控制从勘探到销售全过程的"石油帝国"。第四，强有力的石油外交政策。美国石油工业的发展正好与其国力增长同步。1894 年它成为头号经济强国，一战后为头号军事强国，二战后则为超级大国。常言道："弱国无外交。"反之，国家强则外交傲。美国政府是石油公司对外扩张的坚强后盾。[②]因此，政府对石油产品在亚洲的推销给予了重要的外交支持。例如，1883 年在上海和宁波出现了对出售美国油进行"干涉的行为"，1905 年前后，世界各地华人因一些美国人对华人歧视而抵制美国货（石油等），这些对美商不文明倾销进行的抗议活动皆是由于美国总领事对半殖民地半封建地位的中国的政府施压才被平息的。

---

① Harvey O'Connor, *The Empire of Oil*, p.8.
② 研究 1900 年到 1950 年美国石油政策的加州大学学者弗里登揭示："美国的战略利益与美国公民在国外的经济利益是如此紧密相连以致其中一种利益受到攻击就立即对另一种利益构成危险。无论是战略问题受经济利益的驱动，还是经济利益受战略行为的引导——不管是贸易随国旗之后，还是国旗随贸易而行——在政策制定者、商人和投资者们的眼里，国旗、贸易和美元都是紧密相连的。"（R.W Ferrier, *et al*, *Oil in the World Economy*, London: Routledge, 1989, p.54.）

二、"门户开放"染指油源

当美国人利用本国（和拉美）的油源抢占亚洲市场时，缺乏油源的西欧的商人进入亚洲勘探，到20世纪20年代，他们已控制了亚洲的主要油源，将美国拒之门外。

东南亚、西亚和南亚的油源为荷兰、英国、德国等控制。1885年荷兰人在东印度群岛（印尼）打出第一口有商业价值的油井。1907年成立的"皇家荷兰壳牌公司"到1911年拥有租让地3.2万平方公里。① 英国控制了伊朗的油源。1901年英国工程师兼商人达西通过与伊朗签订西亚第一个重要的石油租让地条约，得到约50万平方英里（相当法德两国面积之和）的租让地。在此基础上1908年成立了"英国—波斯石油公司"。1911年英国政府购买了公司股份的51%。另一块石油重地美索不达米亚（伊拉克）也主要为英国控制。1904年亚美尼亚人、土耳其帝国石油蕴藏可能性的最早研究者古尔本基安向土耳其苏丹呈递该地有石油的报告。1912年德、英、荷等国的利益集团组成了"土耳其石油公司"，英国—波斯石油公司拥有50%的投票权。19世纪末，美国商人开始在亚洲找油。1894年美孚人员抵东印度群岛，但壳牌公司拒绝将油矿卖给美孚。荷兰政府通过一项项法令，保证对油源的绝对占有，竭力排斥美国资本。1908年美国人切斯特在美索不达米亚获得几块石油租让地，但因欧洲列强暗中作梗等而最终告吹。维多利亚女王明令：禁止缅甸有洛克菲勒或摩根利益的公司存在。英国政府规定：印度的勘探和采矿租契只给英国臣民或由之控制的公司。尽管美国政府对英国、荷兰等提出了强烈抗议，但因其油源独占政策，在20世纪20年代之前，

---

① Ooi Jin Bee, *The Petroleum Resources of Indonesia*, p.3.

美国人的努力是竹篮打水。

美国从 20 年代初开始,大大加强了对亚洲油源的争夺。① 1920 年协约国最高委员会任命英国为伊拉克和巴勒斯坦的受委任统治国。英国想以此排斥美国公司。但根据国际联盟的规定,在商务方面,受委任统治国应坚持门户开放,尤其是关于开发石油和其他自然资源的租让地必须不分国别、摒弃垄断地对外开放。② 美国则利用这一规定,力图与英国等分享由他们独占的油源。

伊拉克成为美国的主攻目标。因为伊拉克是当时石油蕴藏前景最佳地,且土耳其石油公司禁止任何其他石油公司进入西亚。美国声称:战前土耳其公司的租让地无效。英法的《圣雷莫协定》成为攻击的焦点。③ 坚持门户开放与强调托管责任的公函在美英之间穿梭。英国—波斯公司、壳牌公司和法国石油业主坚决反对美国公司进入。新泽西美孚、纽约美孚、辛克莱等七公司组成的"美国集团"与国务院商讨如何有效地对付欧洲人,同时,请圆滑的古尔本基安作调停人劝说英国让步。在美国软硬兼施的作用下,英国的态度渐渐软化。殖民大臣丘吉尔在给外交大臣寇松的信中指出:只要"美国人被排斥在伊拉克的石油开发之外,我们将看到我们在中东永无宁日"。④ 随后寇松宣布:英国已准备放弃《圣雷莫协定》,支持美国的门户开放政策。美国随之作出表示:海军委员会正在制定结束

---

① 有多种原因:19 世纪末 20 世纪初柴油机的发明和汽车业的发展,使对原油的需求迅猛增长;经过一战石油的重要性从工业燃料升为战略物资;在市场竞争中,公司的产油地越靠近市场就越具竞争力。这样才能节省运费降低成本。美国的油源在西半球,与欧洲人的竞争中处于不利地位;美国人担心国内油源不足,地质学家预测:在美国已探明的油田不够 30 年之用。

② Albert L. Danielsen, *The Evolution of OPEC*, p.119.

③ 《圣雷莫协定》授予英法对美索不达米亚的石油的垄断控制权。它将德国在土耳其石油公司的权利给法国,给英国修建从摩苏尔穿过叙利亚输油管道的权力。美国的公司完全被排斥在外。

④ Edward W. Chester, *United States Oil Policy and Diplomacy*, p.223.

英—美海军对峙的协定；对英国在拉美的石油扩张采取更宽容的态度。从 1922 年 7 月始，美国集团与英国—波斯公司就参加土耳其公司之事宜进行了长达 6 年的马拉松谈判，1928 年 7 月 31 日签署了著名的《红线协定》，取代了 8 年前的《圣雷莫协定》。据此，英国—波斯、壳牌、法国三公司和美国集团各占 23.75%，古尔本基安占 5% 的股份。[①] 美国集团的七个公司最后只剩下新泽西美孚和纽约美孚。这样，由五大公司组成的土耳其石油公司共同勘探和开发"红线区域"（埃及以东、波斯［伊朗］以西除科威特外的所有地方）的油源。两个美国公司成为该公司的成员等于在西欧人组成的垄断公司里打进了一个楔子，是打开波斯湾地区油源之门的关键。

然而，1914 年土耳其石油公司签订的协定中有项"自我放弃"（self-denying principle）条款。1928 年英国—波斯公司仍坚持扩大了的土耳其石油公司的每个成员必须同意该条款。条款规定：除埃及和科威特之外的所有阿拉伯地区的油源只能由土耳其石油公司集体开发。这意味着美国的两个公司必须受其约束。美国反对该条款，但无济于事。这种情况维持了 18 年。在美国政府的支持下 1946 年新泽西美孚和纽约美孚宣布不受该协定的约束。古尔本基安和法国公司将它们告上英国法庭，两公司反控告：《红线协定》"限制贸易"，故无法律效力。伊拉克石油公司（土耳其石油公司之新名称）的分裂使《红线协定》寿终正寝。美国公司摆脱了《红线协定》的限制，是门户开放政策的重大胜利。

美国学者斯托克承认："在'门户开放'的面具下，诸美国垄断公司以租让地（到 20 世纪末才满期）的形式在所有伊拉克实际的和

[①] Albert L. Danielsen, *The Evolution of OPEC*, p.119.

潜在的石油生产中得到了相当可观的份额。"① 美国使用的是如同孙悟空钻进铁扇公主肚子里战而胜之的策略：先通过签署《红线协定》成为土耳其石油公司的一员，然后从内部发难，废除《红线协定》，使垄断油源的象征——土耳其石油公司土崩瓦解。

在伊拉克酣战的同时，美国诸公司也在紧锣密鼓地叩其他油源之门。到20世纪30年代，主要受英国控制的沙特阿拉伯半岛上的油源之门均被打开：加州美孚和德士古共同占领了沙特的油源，海湾和英国—波斯合伙开发科威特的油源，科威特与沙特之间的"中间地带"成了"美国独立石油公司"和西太平洋石油公司的租让地，巴林的油源落入加州美孚和德士古之手。

二战前，美国人积极角逐伊朗但一再受挫。战后更加强了对它的渗透。伊朗成为杜鲁门四点援助计划的主要接受者。美国"海外咨询公司"为伊朗经济发展设计了蓝图。但此时伊朗民族意识觉醒，1951年将"英国—伊朗石油公司"（原英国—波斯公司）等的资产国有化。英国阻止伊朗销售石油，伊朗出现经济和政治危机。美国中情局乘机颠覆了莫萨德克爱国政府，扶植起亲西方政权。美国诸石油公司与"英国石油公司"（原英国—伊朗石油公司）签订了《国际石油财团协定》，美方占股份40%。"伊朗的这一财团协定标志着美国五大石油巨头控制中东（主要是西亚）石油的顶点。"至此，西亚最后一扇紧闭的油门——伊朗门终于被打开。到30年代末，美国已控制了中东油源的42%，② 到50年代中期，又增添了伊朗油源的40%。

在东印度群岛美国政府从1921年始加强对本国公司的支持。美

---

① Joe Stork, *Middle East Oil and the Energy Crisis*, New York: Monthly Review Press, 1975, p. 22.
② *Ibid.*, p. 27.

孚要求荷兰政府批准它获得石油租让地，但无答复。辛克莱公司则要求得到重要油田占碑租让地的一部分。荷兰政府以向下院提交将占碑给予 B.P.M. 公司（壳牌的主要子公司）的议案相对抗。于是国务院指示美国驻荷大使"反对荷兰政府的占碑议案"。荷兰议会则通过议案，并由女王签了字。美国政府采取了行动：经济上歧视在美国寻找租让地的壳牌公司，军事上美国舰队抵达巴达维亚。[①] 荷兰被迫让步。1927 年 12 月新泽西美孚共获 36 万公顷租让地。因油源之门被打开，美国公司的产量迅速提高。1924 年新泽西美孚只生产该地总产量的 5%，而 B.P.M. 公司则占 95%。1939 年，加州美孚和得克萨斯两公司也积极在该地活动，这些美国公司的油产量占该地的 28%。[②] 二战后，美国诸公司重返印尼，并扩大了所控制的油源。到 1957 年"加利福尼亚得克萨斯太平洋石油公司"和美孚真空公司共占印尼总产量的 67%。在美国公司的扩张面前，壳牌公司所占的比重不断下降：1925 年为 95%，1940 年 57%，1957 年仅 23%。[③]

综上所述，1920 年之前，波斯湾地区和印尼这两处亚洲的主要油源分别主要为英国和荷兰所控制，并实行严厉的排他政策。美国从 20 世纪 20 年代初开始，擎起了门户开放的法宝，以外交、经济和军事等手段击败了西欧国家的油源独占政策，打开了巴勒斯坦、伊拉克、沙特阿拉伯、巴林、科威特、伊朗和印尼的油源之门，并不断扩大对这些地区油源的占有份额。到 30 年代末，它已控制波斯湾地区油源的 42%，占印尼原油生产总量的 28%。到 50 年代，又增加了对伊朗油源 40% 的控制率，印尼原油生产率则上升到 67%。

[①] Edward W. Chester, *United States Oil Policy and Diplomacy*, p. 283.
[②] *Ibid.*, p. 285.
[③] Ooi Jin Bee, *The Petroleum Resources of Indonesia*, p. 10.

三、石油扩张的影响

美国对亚洲的石油扩张不仅对亚洲而且对美国、产油国乃至整个世界的经济、政治和国际关系都产生了广泛而深远的影响。这里只谈如下几点:

(一)石油扩张密切了美亚经济关系,显著地提升了亚洲在美国经济和美国世界战略中的地位

首先,石油扩张为美亚贸易提供了重要的新商品。美国自建伊始就将眼光投向亚洲市场。独立战争胜利的翌年即1784年,"中国皇后"号船就赴华贸易。虽然它与亚洲通商的态度如此积极,但直到1870年,亚洲在其出口中的地位只占微不足道的1%。[1] 除了地理历史因素外,一个重要原因是美国提供不了亚洲所需的大宗产品。美国从亚洲进口的多,主要有茶、瓷器、丝绸、南京棉布和香料等;向东方提供的少,只是些人参、海獭皮、海豹皮、檀香木及其他外国的天然产品,这些货品总是数量不够,不断开采使货源逐渐枯竭。于是美商努力寻找新的"货源",19世纪上半期将土耳其鸦片走私到中国,将美国棉织品运往亚洲。但中国鸦片市场为英商垄断,美商的走私只相当中国鸦片总量的1/10。[2] 刚完成工业革命的英国的纺织品风靡全亚,进入亚洲的美国纺织品只是股细流。正当美亚经济关系的发展呼唤新货源时,美国人首次发现具有商业价值的石油。这对于美亚经济关系发展的意义无论怎样强调也不会过头。此

---

[1] [美] H. N. 沙伊贝等撰、彭松建等译:《近百年美国经济史》,中国社会科学出版社1983年版,第216页。
[2] Michael H. Hunt, *The Making of a Special Relationship*, New York: Columbia University Press, 1983, pp. 7, 11.

点往往被历史学者忽视。煤油作为灯油取代鲸鱼油、植物油和蜡烛，使照明史上发生了一次小小革命而赢得了广大的亚洲市场。第二次工业革命使石油成为不可或缺的工业燃料，一战后又成了宝贵的战略物资！这意味着亚洲市场成倍地扩大。就货源而言，美国控制着大量石油，它本身就是最大的产油国，还控制了拉美石油的大部分，拥有西亚油田的近1/2。在亚洲与美国这一求供关系中，前者是个巨大、永久的需求市场，后者具有足够、持久的供应能力。可见，石油扩张的后果之一是使亚洲作为巨大的石油消费市场而在美国经济中居举足轻重的地位。

其次，石油扩张使美国控制了亚洲的油田——世界战略资源的主要部分。美国通过石油扩张控制了波斯湾地区和印尼的油源，从而控制了世界战略资源的主体。美国虽是产油大国，但也是石油消费第一国。从1948起它成为石油纯进口国，相当一部分石油来自亚洲，即是说亚洲油的供应关系到美国民用军用机器的运转。它还能通过对亚洲油源的控制来限制其工业竞争对手和交战敌手的石油获取而置之于不利地位。而亚洲尤其是波斯湾地区的油源是其他油源所不能替代的。因此石油扩张大大提高了亚洲在美国全球战略中的地位。总之，美国的石油扩张使亚洲成了它庞大的石油市场和储藏库，成为其经济发展、武力建设和全球战略推行的一个不可或缺的地区，该地区甚至直接影响美国全球战略的制定。石油扩张对美亚关系的重大意义就在于此。

（二）石油扩张导致美国与英国、荷兰、法国在石油利益上的协调与合作

按逻辑，美国的石油扩张应导致它与英国、荷兰、法国之间关系的恶化，为何反而融洽了呢？一战结束后的最初几年，因争夺世

界霸权,美国与欧洲盟国,尤其与英国在财政、军备和商业上的矛盾都十分尖锐。例如,威尔逊总统指出:"我担心大不列颠将显示,在竞争方法上它会像德国多年之所为一样,具有很大的商业残暴性。"①在此情况下,油源之争提上了日程。美国石油商面临国内外需求急剧增长的美景,但又痛苦地觉察到一种对其石油霸权的威胁:到1919年曾占世界石油生产不到5%的英国的公司得到了世界石油蕴藏量的一半以上;壳牌、英国—波斯已成为美孚集团的真正挑战者;英、荷不让美孚染指波斯湾地区和东印度群岛的油源。西方学者丹尼甚至预计美英为石油开战的可能性。②于是,美国打着门户开放的旗号对英荷等在亚洲的石油领地进行大举扩张。结果,不是双方关系的恶化或战争而是两者利益的协调和磨合。这种情况的发生,笔者认为,有如下几方面的原因:

一是一战后美国与英法等国的实力对比发生了颠倒性的变化,英法等无法阻止比自己强大的美国在其亚洲的势力范围和殖民地进行经济渗透和扩张。经济上,美国由欧洲的债务国变成债权国,1914年美国欠欧洲人约40亿美元,1919年欧洲人反欠美国约100亿美元,③世界金融中心从伦敦移到了纽约。军事上,美国已成为世界头号军事强国。商业上,美国认为它对协约国的胜利作出了决定性的贡献,因此世界商业主宰地位非他莫属。经营有方、实力雄厚的美国石油公司群正虎视眈眈地盯着欧洲人在亚洲的石油资源。面对

---

① John A. DeNovo, "The Movement for an Aggressive American Oil Policy Abroad 1918—1920", *The American Historical Review*, Volume LXI, No. 4, July, 1956, pp. 858—859.

② 美国学者勒德韦尔·丹尼(Ludwell Denny)在《我们为石油而战》(*We Fight for Oil*, 1928)一书中指出:"这场石油战争只是作为(英美)两大经济帝国争夺世界霸权更大斗争的一部分而具有重要意义……战争是可能的。"(Harvey O'Connor, *The Empire of Oil*, p. 259.)

③ R. R. Palmer, et al., *A History of the Modern World*, New York: Alfred A. Knopf, 1984, pp. 684—685.

这样一个强大而咄咄逼人的竞争对手，是与其对抗还是妥协呢？英国最后采纳了古尔本基安的建议。古氏劝英国副外交大臣威廉·蒂勒尔说：对于欧洲公司而言，与其与美国人竞争石油租让地使自己在美索不达米亚的支配地位受到威胁，不如承认美国石油业主为开发石油的伙伴。①

二是美国巧妙的外交政策使英国等不得不与之妥协。一条就是门户开放。这是美国1899年对中国提出的，到一战后，已成为一项比较成熟、有效的美国对外政策，至少为英法等大多数列强不同程度地接受。据此，无论是列强的殖民地还是势力范围的资源和市场都要对所有国家开放，不能由某一国家独占。按此原则，英国的托管地巴勒斯坦、美索不达米亚和荷兰的东印度群岛等均应允许美国的石油业主进入。而且在协约国与土耳其签署的条约里，明确写有列强在托管地内经济机会均等。门户开放这张牌使英荷等十分被动，面对自己承认和同意的国际准则，英荷等无力反对，只好让步，允许美国人与自己共享亚洲石油资源，1928年《红线协定》的签订就是典型一例。一方面，英国等接受了美国的门户开放政策，同意美国公司参与开发西亚石油。另一方面，美国人只能按欧洲人的部署行事，成为土耳其石油公司的一分子，而不能独立自主。美、英、法三国的五个世界最大的石油公司组成了同一个国际石油公司，遵循同一个协定，它们自然也就有了共同的利益。在维护本国石油公司利益的行动中，三国政府也就自然地走在一起了。

另一政策是"互惠"。第一是油源互惠。对于英国人能在美国获取石油租让地而英国政府不让美国人在其管辖范围内获取石油租让地，美国会议员提出了报复议案：禁止一切石油运出美国。对此，

---

① Edward W. Chester, *United States Oil Policy and Diplomacy*, p.222.

国务院告诫不要施用公然的报复，强调互惠的好处。最终国会通过《1920年矿地租让法》，规定:"如果另一个国家的法律、习俗或者规定拒绝给本国公民或者公司相应的权利，那么该国的公民将不能以拥有、持有和控股的形式享有根据该法规定所得的任何租让地中的任何利益。"[1]乍一看上去该法的性质是报复，实际是互惠。该法签署几周后，国务院的报告中特别强调其互惠性质，并指出:"海外美国石油利益的进一步保护和发展主要靠政府间的互惠协定。"[2]这对迫使英荷让美国人进入亚洲油源起了重要的作用。由于美国和其掌控的拉美也有丰富的油源，英荷要保护本国公民在那里的利益，就不得不予美国人在自己辖区内同等权利。

第二是市场互惠。美国矿业署长曼宁在1920年呼吁：签订一项能让所有石油生产国为了各自的利益而能在一起共同发展石油业的国际协定。他预料，这样的协定将消除其威胁性变得越来越可怕的毁灭性竞争。曼宁所担心的可怕的竞争终于发生了。纽约美孚在市场扩张中与皇家荷兰壳牌在印度进行了一场激烈的价格战。此战之后，大公司担心，若不对这样的价格战进行遏制，它就可能蔓延到其他市场，这不仅会导致失败者灭亡，而且也使胜利者受伤。最后，上述两家公司加上英国—波斯公司三者达成一项协议，瓜分了印度市场。[3]为了防止石油价格战再次发生，新泽西美孚、壳牌和英国—波斯三公司于1928年9月签订《阿希纳卡里协定》，确定了产品营销的基本原则以保持油价的稳定和保证各自的市场份额。海湾、纽约美孚、大西洋和得克萨斯四公司也随即加入。它实际上是

---

[1] John A. DeNovo, "The Movement for an Aggressive American Oil Policy Abroad 1918—1920", *The American Historical Review*, Volume LXI, No. 4, July, 1956, p. 871.

[2] *Ibid.*, p. 872.

[3] Shukri M. Ghanem, *OPEC: The Rise and Fall of an Exclusive Club*, London: Kegan Paul International, 1986, p. 13.

保护美、英、荷、法石油集团利益的第一个限制国际石油市场竞争的协定。① 面对世界石油消费者，美、英、荷、法石油公司有了共同的利益。这种互惠政策就将美国和英、荷等国的利益绑在了一起。

可见，美国的互惠政策不仅对己有利，对英、荷、法也有利：它们的石油业主可以在美国及其势力范围拉美获得油源，其公司可与美国公司共享世界石油市场，避免激烈价格战的伤害。

三是面对新生的社会主义苏联影响的增强和产油国民族意识的觉醒，英国不得不向美国让步、在石油利益上与之合流。这里仅举一例：一战前，美、英公司对伊朗北部的石油资源展开激烈的竞争，但石油租让地于1916年落入俄国人科斯塔利亚手中。因为这时伊朗北部是俄国的势力范围。战后的1921年，苏联与伊朗签订了一项平等条约：废除包括科斯塔利亚租让地在内的沙皇政府及其臣民在伊朗取得的一切特权；伊朗保证只有得到苏联的允许才将科斯塔利亚租让地转让给第三者。但在前一年科斯塔利亚就把该租让地卖给了英国—波斯石油公司。美国国务院石油专家也乘机在伊朗积极活动。面对这种情况，英国驻伊大使建议英美合作。但外交大臣寇松说：英国政府只能允许美国象征性地参与伊朗的石油开发。该主张没坚持多久，其他英国要员提出异议。艾尔·克罗（Eyre Crowe）爵士说："美国人比布尔什维克好。" 而一位外交官认为：俄国人是"唯一真正的危险"。英国最终采取了"两害之中取其轻"的对策：在伊朗宁可让美国势力出现而不能容忍俄国扩张主义者和伊朗左翼民族主义者的活动。②

丹尼曾经设想："战争是可能的——除非（美英）这两个帝国设

---

① Shukri M. Ghanem, *OPEC*: *The Rise and Fall of an Exclusive Club*, 1986, p.13.
② Edward W. Chester, *United States Oil Policy and Diplomacy*, pp.253—254.

法通过相互让步以调和它们间的许多利害冲突。这就会涉及共享原料和市场……如果此类外交奇迹能够出现，石油可能就不是一个国际性爆炸问题了。"① 美英两国关系的变化正是如此。美英在石油利益上的合流对日后的美英关系和国际格局都将产生深远影响。

（三）美国石油扩张及与英国等的合流导致了伊斯兰世界与它们之间激烈的利益冲突

美英等进行油源扩张的对象恰巧都是伊斯兰国家和地区，美英公司趁它们处于社会经济发展滞后之机，与之签订了掠夺性租让地协定，导致石油收入分配的极不合理。② 逐渐醒悟的伊斯兰国家认识到西方公司对本国资源的掠夺，为维护本民族核心利益，与它们展开了各种形式的激烈斗争。

石油工人深受剥削，1953年10月沙特石油工人大罢工，要求增加工资。③ 四五十年代，民众反抗美、英公司及其傀儡政权的斗争遍及沙特、伊拉克、伊朗、巴林和印尼等各国。美英公然诉诸武力：派军进驻沙特、黎巴嫩和约旦等地。国王和酋长在人民的爱国斗争的影响下，也与外国公司展开斗争。1948年，政府与外国公司按50:50的比例分配石油利润的要求在委内瑞拉获胜。受鼓舞的沙特政府也提出了同样要求，阿美石油公司被迫让步。1950年签订了平分利润的协定。结果，公司支付给沙特王室的款项从1949年的0.392亿美元增至

---

① Harvey O'Connor, *The Empire of Oil*, pp. 259—260.
② 1913—1947年，中东（西亚）石油总收入超过37亿美元，其中成本10亿美元多一点，给各产油国政府的收益共5.1亿美元，石油公司纯收入22亿美元。(Joe Stork, *Middle East Oil and the Energy Crisis*, p. 56.)
③ 受雇于美国公司的工人1940年日工资仅27美分，到1952年升至最低线1.35美元。阿美石油公司1.5万名阿拉伯雇员中除办事员外有1.3万名举行大罢工。(Harvey O'Connor, *The Empire of Oil*, p. 292.)

1950年的1.117亿美元。① 后一年是前一年的3倍。随之科威特、伊拉克仿效。到1951年至1952年平分制在伊斯兰世界几乎普遍执行。

美国的公司为什么会在利润分配这一重要问题上领头对伊斯兰世界作出如此大的让步呢？1. 在由于自己大肆掠夺资源和残酷剥削工人而激起的强烈民族情绪面前以及利润平分制在委内瑞拉已实施两年的情况下，② 它们没有理由拒绝伊斯兰诸国的同样要求。2. 最根本的原因在于：这实际上是美国政府"丢车保帅"的战略选择。面对伊斯兰世界民族意识的普遍觉悟，美国政府主张以牺牲部分石油利润为代价换取对伊斯兰地区石油资源的牢固控制和保持美国在那里的影响。用美国人自己的话说就是推行一条收买政策：用金钱收买产油国政治精英和政府的政治支持。途径之一是，美国石油公司通过缴纳更多的税费来提高它们与当地政府打交道的力度，目的是阻止对西方开发该地石油资源的基本体制的任何性命攸关的挑战。途径之二是，美国政府给当地政府大量的经济和军事援助。平分制的实施就是这两点的巧妙结合。③ 途径之三是，公司因平分制所受的利润损失由美国政府以巧妙的方式补上，④ 因此，与平分制实施之前相较，公司的收入分文不少。

---

① Joe Stork, *Middle East Oil and the Energy Crisis*, p. 47.
② "大肆掠夺资源"表现为：1933年加利福尼亚美孚石油公司从沙特阿拉伯国王处取得了一块租让地。根据协定，租让地面积36万平方英里，租期60年，直至1993年；前者预付后者3万沙弗林以及每吨石油4先令的矿区使用费。(Edward W. Chester, *United States Oil Policy and Diplomacy*, p. 232.) (沙弗林 [sovereign]，英国旧时面值1英镑的金币；36万平方英里相当于现在英国面积的3.8倍。) 阿美石油公司就是以该租让地为基础而衍生的一个美国公司。
③ Joe Stork, *Middle East Oil and the Energy Crisis*, p. 46.
④ 美国石油公司与美国政府之间有一项秘密协定：根据平分制，公司增加了对沙特阿拉伯的支付，但是将这一矿区使用费称为所得税，按照美国税法中的外国税收抵免条款，这些付款可从应缴的国内所得税中扣除。这样，阿美石油公司付给沙特政府的款项增加多少，它交给美国财政部的税额就减少多少。(Joe Stork, *Middle East Oil and the Energy Crisis*, p. 47.)

在赢得平分制斗争胜利的基础上,产油国进而要求收回油源的主权。1951年3月伊朗议会宣布:所有勘探、采油和开发业务都由政府进行。并将英国—伊朗公司7.5亿美元的资产国有化。[1] 该公司纠集其他公司共同抵制伊朗政府新成立的"伊朗国家石油公司"的石油。英国宣布:伊朗的石油是有争议的石油,若公海上发现谁运输它,一律没收。[2] 美国支持英国,坚决抵制石油国有化。英美颠覆了维护民族利益的莫萨德克政府,共同控制了伊朗的石油。尽管伊朗石油国有化运动受挫,但影响深远,国有化趋势势不可挡。

石油价格的制定和产量的控制是产油国与国际公司斗争的另一重要内容。标价和产量一向是石油公司根据其利益最大化原则自行确定,从不与产油国商量。20世纪50年代末,公司借口产量增加,将标价两次下调,使产油国收入严重受损。为取得标价上的发言权,1960年9月14日,伊朗、伊拉克、科威特、沙特和委内瑞拉五国成立"石油输出国组织"。(除委内瑞拉外,其余均为伊斯兰国家。1962年印尼加入,其他伊斯兰产油国也先后加入。)斗争的核心是标价问题。平分制是以标价(posted price,征税参考价)为基础的,因此,该组织坚持标价不得降低。如果标价和税率固定不变,无论实际市场价如何变,每桶石油的税收不变。故标价不变是关键。因此,成员国确定了共同的目的:保持标价稳定。随之,该组织就产量问题与石油公司进行周旋,结果,矿井生产的控制权逐渐从国际公司转到成员国手中。该组织的成立在世界石油业发展史上具有划时代的意义。它是与西方石油集团对峙的伊斯兰产油国国际组织,是美英等一个世纪石油扩张的必然结果,是美英等掠夺亚洲石油资源的克星。

---

[1] Edward W. Chester, *United States Oil Policy and Diplomacy*, p. 261.
[2] Shukri M. Ghanem, *OPEC: The Rise and Fall of an Exclusive Club*, United States: Kegan Paul International, 1986, p. 9.

(四)扩张将世界主要列强都引入了世界油源争夺的旋涡之中，扩张造成的低价石油成为 20 世纪 60 年代世界资本主义经济繁荣的一个重要原因

在美国的带动下，除了英、法、荷之外，德、俄、日也先后加入了争夺油源的行列。德国是土耳其公司最早的成员，1903 年德国从奥斯曼帝国获得修建巴格达铁路的特权，这除了军事目的外，就是为了控制中东的石油。德国人认为：切斯特石油租让地是与巴格达铁路特权相抵触的，为了阻止美国人在奥斯曼帝国获取石油租让地，德、英在 1914 年之前进行了合作。[①] 一战后，德国之石油特权被剥夺。二战中，希特勒则公然以战争手段占领欧、亚、非的油源。19 世纪初，俄国的科斯塔里亚在伊朗北部获得租让地。到 1927 年苏联成为该地最有影响的外国势力。二战期间，鉴于其战时盟友美国财政顾问对伊朗石油显示出极大兴趣和英国要修横跨伊朗的油管，苏联于 1944 年要求在伊朗北部拥有五年垄断性的石油开采权。美国冷战史专家丹纳·弗莱明（Denna Flemming）1961 年指出：石油是二战期间苏联对伊朗的一项主要要求。[②] 日本乘俄国十月社会主义革命之机，1920 年占领了库页岛的北部，阻止先一年在此地获得租让地的美国辛克莱公司勘探石油直至 1925 年它从此地撤军。同年日本与苏联签订了获取此地石油的协定。在东南亚，日本发动太平洋战争，将荷属东印度群岛纳入"大东亚共荣圈"。列强对油源的争夺扩及世界凡是发现有石油的地方。在争夺中，先下手者抢得多，后动手者争得少，而石油又是如此之重要，[③] 因此，从一定程度上可以说，列强对油源的争夺是引发两次世界大战的一个重要因素。二

---

① Edward W. Chester, *United States Oil Policy and Diplomacy*, p. 218.
② *Ibid.*, p. 258.
③ 法国一次大战时的石油局局长、后来的驻美大使亨利·贝伦杰（Henri Berenger）总结说："拥有石油者将拥有世界，因为他将用重油统治海洋，用超级精炼油统治天空，用汽油和煤油统治陆地。……石油在今天比黄金更被渴求和宝贵。"（Harvey O'Connor, *The Empire of Oil*, pp. 258, 259.）

战后，世界主要油源重归美英法荷所控制，但争夺油源的斗争以冷战的形式继续进行。

石油扩张也是导致20世纪60年代资本主义世界经济繁荣的原因之一。美国扩张和美英石油利益的合流导致了石油输出国组织的产生。后者在坚持标价稳定的同时围绕石油产量的控制权与前者进行了激烈的斗争。在标价和税率不变的情况下，石油产量越提高，出产国的税收也随之增加。因此，石油输出国组织的成员国要求与之有租让地协定的石油公司增加石油产量。而这样做恰恰有害于石油公司的利益，因为油产量越高，油的市场价格反而会下降，所以石油公司抵制出产国的要求，拒绝增加产量，于是成员国将另外的租让地提供给进入世界市场的新的石油公司。新石油公司又将生产的石油投入国际市场，抢占美、英公司的市场份额。美、英公司痛苦地认识到：它们的收入依赖产量和市场价格，但它们的选择只有一个——不由自主地快速增加生产，否则会将市场份额丢给其竞争对手，包括新成立的国家石油公司。产油国为提高税收积极主动地增加生产，美、英公司为了保住利润消极被动地增加生产，这就导致了20世纪60年代中东地区（主要是波斯湾地区）石油产量的不断飙升，结果，石油产量严重地供过于求，使得国际市场油价长期保持在极低廉的水平直到第一次石油危机爆发。[1]60年代日本的经济奇迹和美国、西德等东西方资本主义国家或地区的经济繁荣就是建立在此基础上的。[2]

---

[1] 油价长期低廉表现为：波斯湾地区平均油价1960—1965年各年先后为：1.50美元、1.50美元、1.61美元、1.59美元、1.29美元、1.17美元；1973年石油输出国组织第一次宣布石油提价后，同年波斯湾地区市场原油价格为2.61美元。(Shukri M. Ghanem, *OPEC*, United States: Kegan Paul International, 1986, pp.90, 143.)

[2] 一年间每个白昼与黑夜，在波斯湾和日本之间每隔50英里就有一艘油轮为日本工业运载石油。(Kart D. Jackson, *et al.*, *ASEAN Security and Economic Development*, Berkeley, California: Institute of East Asian Studies, University of California, 1984, p.6.)

对伊斯兰产油国反对美英及其傀儡政权的斗争，政界学术界均有不同观点，20世纪50年代美国政府将其界定为"国际共产主义"。[1] 由上述史实可见，斗争的主要内容却是工资、利润分配、资源归属以及标价和产量决定权等，根本不涉及社会主义与资本主义、宗教信仰与文化问题。正是围绕石油这一核心利益伊斯兰各国各阶层与美英等展开了不屈不挠的斗争，导致了双方的严重对立。[2] 因此，这一斗争既不是共产主义与资本主义两种社会制度的斗争，也不是伊斯兰世界与基督世界两种"文明的冲突"，其实质是：由于美英等国掠夺或企图控制亚洲的油源而引发的伊斯兰世界与美英等国之间的长期的物质利益的冲突。

（原载《世界历史》2006年第4期，
全文转载于中国人民大学复印报刊资料
《世界史》2006年第11期）

---

[1] Joe Stork, *Middle East Oil and the Energy Crisis*, p. 79.
[2] 美国学者奥康纳对20世纪50年代的情况作了客观的描述："在从伊朗到卡塔尔的整个波斯湾地区，笼罩着一种怀疑、恐惧和仇恨的阴云。……他们痛恨英国的控制，对美国的仇恨日益增长，认为它是英国的同谋者。"（Harvey O'Connor, *The Empire of Oil*, p. 297.）

论战后初期美日亚太经济战略的形成和一致性

在国内学术界，关于战后初期美国、日本亚太政治和军事战略的研究成果相当多，但对两国亚太经济战略的研究严重不足。本文利用新发现的英文资料和其他尚未被充分利用的一些资料，对战后初期美日亚太经济战略的形成和一致性作一初步探讨。

一

(一) 美国最初的战略构想及其尝试

二战结束时，东亚的形势对美国称霸东亚经济非常有利。日本的"大东亚共荣圈"寿终正寝。欧洲人在东亚建立的延续了400多年的旧殖民体系土崩瓦解。日本为美国所占领，中国是美国的盟友。东亚这两个重要的国家已在美国的掌握之中。东南亚民族主义高涨，坚持抵制西欧国家恢复旧殖民统治的企图。被战争弄得千疮百孔的东亚国家面临艰巨的重建任务，需要无限的物资、资金和技术。而美国由于在太平洋战争中的显赫作用，对东亚国家抗日战争的巨大的物资和军事援助以及它的富有和强大而对该地区的影响空前提高。这是美国推行新殖民主义的绝好机会。其初步战略是：以国民党统治的中国为试点和重点在全东亚推行新殖民主义，以其强大的经济实力主宰东亚经济；彻底消除日本的战争和经济竞争潜力以防止它东山再起，确保自己独霸东亚经济的前景不受威胁。美国的这一初步战略已酝酿好几年了。早在1942年3月至5月，助理国务卿戴维斯领导下的战后对外政策咨询委员会就开始考虑战后安排问题，在涉及亚洲和太平洋地区时，该委员会提出了美国要以中国为主要盟友，建立一个至少能维持20年有效的太平洋安全体系的设想。罗斯福总统对这一计划很感兴趣，因为它符合自己在战后要摧毁英法等国在世界各地建立的庞大殖民体系，确立以美国强大的经济实力为基础的自由经济贸易体系的总体构想。[1] 美国利用美中同盟在经济方面的第一个重要目的是独占中国市场。对中国感兴趣的美国工商界人士决心抓住二战中美中结盟的好机会来实现这一梦想。1943年10月，美国一些曾在中国有长期经历的工业家、银行家成立了"中美工商协会"，以期指导和协调美国工商界在中国的种种努力。该协会不久就发展为包括美国60个主要工业领域、400多家主要公司的组织，它力图影响国务院政策，并进一步影响中国政府，从而为美国对华贸易及在华投资寻求一个有利的法律基础。[2] 三年后，美国中美工商协会的愿望得以实现。1946年美国成功地迫使国民党政府就范，签订了《中美友好通商航海条约》（简称《中美商约》）。条约共30条77款，其主要内容有：（一）美国人在中国的"领土全境内"，有居住、旅行、从事并经营商务、制造、加工、金融、科学、教育、宗教、慈善事业和采勘、开发矿产资源，租赁、保有土地以及从事各种职业的广泛权力。在中国的美国人，可以在

---

[1] 转引自《历史研究》1997年第3期，第53页。
[2] 中美关系史丛书编辑委员会编：《新的视野——中美关系史论文集》，南京大学出版社1991年版，第162页。

经济权力上与中国人享受同样待遇。(二)美国任何种植物、出产物或制造品的输入中国以及由中国运往美国的任何物品,"不得加以任何禁止或限制"。美国商品在中国的征税、销售、分配或使用,与中国商品享有同等待遇。(三)美国船舶可以在中国开放的"一切口岸、地方及领水"内自由航行。美国船舶,包括军舰在内,可以在遇到任何"危难"的借口下,开入中国任何不开放的口岸、地方和领水。美国人及其行李和物品有经由"最便捷之途径"通过中国领土的自由。(四)凡在美国组织的法人及团体,在中国都应认为合法,承认其法律地位。美国的法人及团体在中国从事、经营各种活动和事业,行使和享受相关权利及优例,待遇与中国法人及团体相同。[1] 诚然,条约规定中美双方"平等互惠",双方享有对等的权利,但由于当时中国生产落后,与美国的经济实力相差悬殊,实际上条约只是保证了美国单方面在中国享有特权。当时英国《新国家与民族》周刊对该约评论道:"这是一个大而强的国家摧毁一个经济落后的国家的每道国防线,而且这就是支援卖国的和反动的政府从事内战以达到掌握这个国家经济命脉的目的。"[2] 由此可见,《中美商约》是美国新殖民主义政策的最好注脚。

通过《中美商约》,美国不仅打开了中国的全部门户,垄断了世界上最具潜力的大市场和它未来可能的发展,而且准备将这种新殖民主义模式推广到整个东亚。这一点从美国起草该条约的动机中看得很清楚。在美国起草的约稿中,公司社团的权力比以往美国与他国的任何商约都广泛。对此美国承认,其目的不仅仅限于中国,而是试图通过《中美商约》这个先例将此权力推广到"战后一般商

---

[1] 梁为楫:《中国近代不平等条约选编与介绍》,中国广播电视出版社1993年版,第950—951页。
[2] 同上,第951页。

约"之中。① 在《中美商约》的谈判中，美国一再强调商约只是美国整个对外经济计划的一部分，具有典型意义。② 中国经济部在详细分析美国草案后也指出，该稿范围之广泛、内容之详尽，为以前各国间商约之仅见，"其意旨在将近来所主张之自由思潮与经济政策，施之于商约条约，以为今后美国与他国商订商约之范型，借为推行其世界政策之滥觞"③。简而言之，1946年的《中美商约》就是今后美国与东亚其他国家签订的商约的"示范"。

彻底消除日本的战争和经济竞争潜力，防止它东山再起、威胁自己对东亚经济的主宰地位，是美国最初战略构想的另一个内容。在战前的东亚经济中，美国的竞争对手不仅有日本，还有英国、法国、俄国等国。在中国市场，通过《中美商约》，曾在此有重大利益的英国已被排斥，尽管它恢复了对中国香港的殖民统治。法国和其他西欧国家就更不用提了。苏联的利益被限制在雅尔塔协定和1945年8月国民党政府和苏联签订的"友好同盟"条约所规定的范围内（即苏联重新获得了沙俄昔日在中国东北的权益）。在朝鲜，美国、苏联分别占领它的南部和北部。此时，"美苏合作"处理战后东亚事务的思想仍支配着美国决策者们，故苏联还未成为美国称霸东亚心愿的威胁。在东南亚，英国、法国、荷兰自然想卷土重来，恢复旧的殖民统治，但面临民族解放势力的强烈抵制，力不从心。美国以新殖民主义政策取代旧殖民主义秩序大概是稳操胜券。因此，美国的当务之急是彻底摧毁它昔日最强的竞争对手——日本的潜在战争能力和经济竞争能力，防止它东山再起重新成为美国在东亚利益的心腹之患。为此，美国采取三个方面的重大措施：摧毁日本

---

① 转引自中美关系史丛书编辑委员会编：《新的视野——中美关系史论文集》，第151页。
② 同上，第162页。
③ 同上，第153页。

原来的经济社会结构即民主改革；实施赔偿拆迁计划；阻止日本重返东亚经济而与美国为首的西方经济相结合。

以盟军总司令部的名义单独占领日本的美军按照美国的意愿对日本进行民主改造。改造的目的和动机美日经济关系专家威廉·博登说得很清楚："战争的痛苦和日本非民主的统治机构使改革政策势在必行，但是对日本工业竞争的害怕和'新政'改革理想主义也激发了美国改造日本的努力。"[1]民主改造的内容很广泛，除实行非军事化和政治社会民主化措施如制定新宪法等之外，另一项最重要的是经济民主化，以彻底铲除日本战争潜力和经济竞争潜力赖以产生的物质基础。经济民主化主要包括解散财阀、农地改革和劳动改革。日本财团调查代表团团长科温·爱德华兹（Corwin Edwards）指出："解散财阀，目的在于从心理上和制度上破坏日本的军事力量。过去，财阀被利用为战争工具。解散财阀，分散工业的控制力量，对于和平目的是有很大好处的。"[2]农地改革的基本考虑是通过提高农民的生活水平来达到：切断日本工业的低工资劳动力供给源；减少日本军队的征兵能力，因为日本军队的大部分由贫农构成；缓和对外出口与侵略意识，因为农民的购买力增加，国民需求膨胀后，国内市场得到扩大。[3]以发展劳动工会、解放工人、改善工人的劳动条件为内容的劳动改革则有利于防止专制政府再度出现并能破坏日本的军事力量。[4]

日本赔偿委员会的美国代表埃德温·波利（Edwin Pauley）拟定

---

[1] William S. Borden, *The Pacific Alliance*: *United States Foreign Economic Policy and Japanese Trade Recovery, 1947-1955*, Madison, Wisconsin: University of Wisconsin Press, 1984, p.62.
[2] [日]楫西光速等撰、阎静先译：《日本资本主义的发展》，商务印书馆1963年版，第433页。
[3] [日]竹内宏撰、吴京英译：《日本现代经济发展史》，中信出版社1993年版，第114页。
[4] 同上，第115—116页。

了日本赔偿计划。按照这一计划,日本工业分三类拆迁赔偿。第一类战争器材工业,全部拆除;第二类重工业,部分作为赔偿物资,予以拆迁;第三类基本工业,准予保留。[①] 搬迁量包括2000万吨炼铁、炼钢和轧钢设备;3/4以上的机器,全部铝镁工业和3/4的造船业。[②] 鉴于日本军国主义的侵略给东亚国家造成的巨大损失,这一搬迁计划是毫不过分的,对美国来讲却有另一层用意,即限制日本经济的发展能力。美国政府给占领军最高司令麦克阿瑟的指示充分说明了这一点:"你对恢复日本经济或加强日本经济不要承担任何责任。你将让日本人民明白,你对维持日本人的任何特殊的生活水平不承担责任。"美国政府的报告还说:"同盟国不应该采取任何行动帮助日本保持比被它侵略的亚洲邻国更高的生活水平。"按照美国政府的指示,盟军总部否定了日本把重工业和化学工业作为发展和平经济的基础的想法,"顽固地坚持要把日本限制在农业国或轻工业国这个发展阶段"。[③]

美国对外经济署建议:不应该让日本与亚洲的原料生产地区重新结合以阻止其具备未来发动战争的能力。该署官员考虑建立一个西方财团管理以原料为资源的加工工业,或者禁止日本的海外商业活动。[④] 在占领期间,美国人操纵日本的对外经贸,一方面严格限制日本与亚洲国家的经济交往,另一方面乘日本经济危机之时以经济援助为手段,大大加强了日本与自己的经济关系。美国对日本经济

---

① [日] 内野达郎撰、赵毅等译:《战后日本经济史》,新华出版社1982年版,第33页,注②③。
② [英] 阿姆斯特朗撰、史敏等译:《战后资本主义大繁荣的形成和破产》,中国社会科学出版社1991年版,第41页。
③ [日] 内野达郎撰、赵毅等译:《战后日本经济史》,第35页。
④ William S. Borden, *The Pacific Alliance: United States Foreign Economic Policy and Japanese Trade Recovery, 1947—1955*, p.64.

援助19.5亿美元,供应日本粮食总进口的一半以上。[①]日本政治经济研究所认为:美国"对日援助不但堵塞了战后日本经济自由发展的道路,限制了日本对外贸易,并且使日本的工矿业和农业生产根本陷于停滞状态,从而提高了粮食和工业原料的对美依赖程度"[②]。美国学者劳伦斯·奥尔森（Lawrence Olson）也指出:"在美国占领期间,日本经济显然已从失去了的亚洲帝国而转向美国和西方。"[③]日本与东亚传统的经济关系发生了重大改变:"日本在1934年至1936年对中国大陆、朝鲜和中国台湾的出口,曾占日本出口总值的41%,到1951年至1953年则只有9%。"[④]

(二)美国对华对日政策的改变

美国的初步战略构想及其实践受到世界和东亚政治经济形势变化的严重挑战。这些变化有:冷战的爆发、中国革命的胜利和世界经济危机的来临。1947年是战后初期国际形势发生重大转折的一年。1947年3月"杜鲁门主义"的发表标志着冷战的开始。从此美苏对抗取代美苏合作,两国争夺势力范围和市场的斗争阴云从欧洲蔓延到亚洲乃至笼罩全球。同年在中国内战中,人民解放军从防御转入进攻,国民党军队则由进攻转入防御。翌年人民解放军取得决定性胜利。仍然在这一年战后全球经济危机爆发。[⑤]其表现形式为世界经济的严重失衡。下面对此点略加阐述。第二次世界大战给欧洲

---

① [日]内野达郎撰、赵毅等译:《战后日本经济史》,第88、49页。
② [日]日本政治经济研究所撰、徐白丁等译:《在日本的外国资本》,世界知识出版社1957年版,第23页。
③ [美]劳伦斯·奥尔森撰、伍成山译:《日本在战后亚洲》,上海人民出版社1974年版,第12页。
④ 同上,第12页。
⑤ William S. Borden, *The Pacific Alliance: United States Foreign Economic Policy and Japanese Trade Recovery, 1947—1955*, p.68.

的经济和生产力以严重的破坏，但极大地促进了美国的经济和生产力的急速膨胀。对此美国著名学者保罗·肯尼迪作了这样的描述："由于世界上大部分国家或者被战争消耗得精疲力竭，或者仍处于殖民地的'不发达状态'，所以，1945年，美国的力量强大得有点不尽自然，就像1815年的英国一样。……'战争期间，国内工厂的规模扩大了50%，产品产量增加了50%以上。'的确，1940年至1944年，美国工业的发展速度比以往或以后的任何时期都快；年增长率超过15%。……在各大国中，只有美国没有因战争而变穷，而是变得更富、富得多了。战争结束时，华盛顿有黄金储备200亿美元，几乎占世界总储备330亿美元的2/3。另外，'世界制造业生产的一半以上都集中在美国，产量占世界上各类产品总和的1/3'。这还使美国在战争结束时成了世界上最大的商品出口国，甚至数年之后，它的出口还占世界总出口的1/3。"[①] 从1939年到1947年，美国的对外出口增长150亿美元，而欧洲的出口却减少了2亿美元。[②] 美国成为超级富翁，世界其他国家即使如英国、法国等这样曾经富有的国家也变穷了。美国凭借强大的国际竞争力极力主张"多边主义"的自由经贸原则。美国垄断资本想以高额产出和廉价倾销的方式来战胜外国竞争对手。然而"美元短缺"（dollar gap）却成为美国实行"多边主义"的严重障碍。美元短缺是美国成为世界超级富翁和世界经济之唯一主宰的产物。所谓美元短缺是因美国出口超过进口年均100亿美元所造成外国账户上的美元严重亏损的现象。美元短缺1946年为78亿美元，1947年为116亿美元，1948年为69亿美元。这种现象严重地阻碍了资本主义世界经济的正常运转。世界经济被明确地分

---

① [美] 保罗·肯尼迪撰、梁于华等译：《大国的兴衰》，世界知识出版社1992年版，第401—402页。
② William S. Borden, *The Pacific Alliance: United States Foreign Economic Policy and Japanese Trade Recovery, 1947—1955*, p. 22.

为软货币区和硬货币区,形成了无形的贸易壁垒。硬货币(如美元、瑞士法郎以及与"美元区"的美元相联系的其他西半球货币)的需求量极大。而软货币(如英镑、其他欧洲货币和日元)因其发行国没有多少能在国际市场上与硬货币区相竞争的产品而价值低。软货币国家与硬货币区的贸易进行得特别谨慎,因为它们担心耗尽了需要购买关键性进口货的稀有的美元。它们对与美元区的贸易和汇兑加以控制,以此严格限制其公民花费美元的自由。如果不这样做就会导致与美元区贸易的总崩溃。这也是美国最为担心的。要是这种情况发生,那么美国的制造业公司、食物和原料生产者就会被拒之欧洲、非洲和亚洲的市场外。按理来说,美国成为世界首富,凭着举世无双的经济竞争力就可以轻而易举地战胜竞争对手,使自己的产品和资本流向全世界。然而也正是由于美国成为超级富翁,产生了美元短缺的现象,进而导致贸易壁垒的形成,严重阻碍了世界资本主义经济的正常运行。这种互为矛盾的现象集中体现在美元短缺之上。所以威廉·博登指出:"美元短缺是战后互为矛盾的经济力量的表现,是美国对外经济政策中唯一最重要的现象。在那时,很少有非经济学家认识到这一点,到后来,并非所有的历史学家都已认识到这一点。"[1]很清楚,如果不解决美元短缺的问题,资本主义世界贸易体系就有瘫痪的危险。正是冷战、中国革命和世界经济的严重失衡对美国的对华对日政策产生重大影响。从政治方面考虑,在美苏争夺东亚的斗争中,美国若继续对日本推行惩罚性政策,不承担其经济复兴的责任,将会使日本发生革命,或者使日本投入苏联的怀抱。日本工人组织计划于1947年举行反对美国占领的总罢工就是迹象。同时,在美国决策者们的眼里,中国革命的节节

---

[1] William S. Borden, *The Pacific Alliance*: *United States Foreign Economic Policy and Japanese Trade Recovery*, *1947—1955*, p.23.

胜利使中国在美国亚太战略中的地位发生了根本的变化——由原来的同盟者变成了敌人，因为美国把中国革命看成是苏联和共产主义在东亚的扩张。因此，美国必须寻找新的同盟者共同抵御共产主义而在亚太建立新的均势。从经济方面着想，由于国民党的节节败退使美国通过《中美商约》所摄取的中国市场面临全部丢失的危险。倘若其他国家的共产主义革命也像中国那样获胜，则美国的东亚新殖民主义市场会进一步缩小。而且，要解决世界美元短缺问题，恢复战前东亚殖民经济体系是重要的一步。在二战前和二战中，世界上存在着三角贸易体系：美国—欧洲—欧洲的殖民地。美国在与欧洲的贸易中历来出超，但通过从欧洲殖民地进口原料而使美欧贸易达到平衡。欧洲通过向其附属国出口而赚取殖民地以原料从美国换取的美元，和从对殖民地的投资中每年获取数十亿美元的利息。然而在二战中，欧洲将其投资的大部分用于战争目的，为了补偿失去的投资利润而增加了对殖民地的出口。欧洲通过对殖民地的出口支付其战前进口的70%。战后殖民主义的衰落摧毁了战前岌岌可危的贸易平衡赖以存在的三角贸易体系，而东亚殖民地是这个体系的重要组成部分。战前远东贸易占世界贸易总额的15%。它通过赢得大量美元出超而长期帮助欧洲和世界，使它们的美元贸易达到平衡。可是到1947年时远东贸易只是战前世界贸易的8%，且只有战前数额的41%。同年日本的出口只相当于它战前的4.3%，进口只有战前的18.6%。日本与东亚贸易的崩溃使东亚在1947年的贸易赤字达12亿美元。[1]因此，对于美国来说，为解决世界美元短缺问题，恢复战前东亚殖民经济体系势在必行。总之，为了在政治上与苏联抗衡，在经济上保护自己在东亚的既得利益，恢复旧的东亚殖民经济体系，解

---

[1] William S. Borden *The Pacific Alliance*：*United States Foreign Economic Policy and Japanese Trade Recovery*，*1947—1955*，pp. 68—69.

决美元短缺问题，美国准备更换同盟者，重新制定东亚经济战略。

(三)美国亚太经济战略的正式确立

面对不断变化的东亚经济和政治形势，美国决策者和智囊人物不得不放弃1947年之前的最初战略构想及其试行，酝酿并最终确立了美国的亚太经济战略。这一战略的支撑点不是中国而是日本，最早看重日本问题的是在日本的美国官员、美前驻日大使约瑟夫·格鲁（Joseph Grew）的门徒罗伯特·费尔里（Robert Feary）。他在1946年4月就警告国务卿詹姆斯·伯恩斯（James Byrnes）：美国在日本遇到的挑战不是非军事化，而是"未来日本的经济状况"。让改革削弱垄断集团和危害保守政治家将会使社会主义者得到加强。严厉的改革可能使日本转向苏联："长期令人不满的经济状况和剥夺，日本自己认为它的工业和技能可以赋予的生活标准将是导致这种变化的最可能的原因。""甚至日本的资本家，若为严重的经济困境和国家的不安全所迫"，也可能排斥美国的占领和影响。为了阻止俄国利用日本对如此严厉的改革的反对，他建议缓和对军国主义的清洗，修改改革计划，促进日本的复兴，并在亚洲驻扎一支强大的美军以增强日本垄断集团和保守势力的信心。他还预见到：日本"在寻找足够的国外市场方面的成功还是失败将是它未来经济具有活力和坚持和平倾向的主要决定因素"[①]。费尔里在这里已估计到严厉改造日本的政策对美国可能产生不利影响，将日本看成美苏争夺的对象，并提出了美日同盟的初步建议。在1946年东亚形势对美国来说并不严重的情况下，在日本工作的一些美国官员并不同意他的看法，但当

---

① William S. Borden, *The Pacific Alliance: United States Foreign Economic Policy and Japanese Trade Recovery, 1947—1955*, p.67.

1947年全球经济危机发生和日本工人组织准备举行总罢工以反对美国的占领时，他们才赞同费尔里的观点。随着东亚经济的恶化，美国官员进一步认识到：日本的生产能力是亚洲贸易的关键；日本若不能获得邻里的原料和市场，其复兴将会失败。1946年8月国务院的一项研究显示：1930年至1936年间，日本的出口增长一倍，从而带来了经济的繁荣和迅速发展，出口的收入是购买力的主要源泉并刺激了对为出口和国内市场生产的企业的新投资。出口的收入也为购买进口食物和原料以维持日本的国内消费提供了必需的极为重要的外汇。[1] 如前所述，日本与亚洲贸易赤字达12亿美元。同年3月国防部长詹姆斯·福雷斯特尔（James Forrestal）向财政部长约翰·斯奈德（John Snyder）建议：他"强烈地感到只有恢复商业贸易和生意，世界才能回归秩序。这只能由商人去做。这尤其意味着在德国和日本，人民将必须重获能够谋生的希望。国家间贸易的恢复反过来又意味着日本、德国和轴心国的其他成员恢复生产的能力。"[2] 国务院—陆军—海军外援小组委员会强调德国的生产对欧洲的作用和日本生产的恢复对加速远东复兴的作用。副国务卿迪安·艾奇逊（Dean Acheson）在杜鲁门主义的草稿中也强调复兴德国和日本。在从东京负责日本和远东事务的官员和顾问到华盛顿总揽全局的高官和智囊认真思考与精心酝酿的基础上，最后国务院—陆军—海军协调委员会把实现多边主义和世界贸易复兴的美国政策置于作为欧洲和亚洲地区性"工厂"的德国和日本的复兴之上。美国的全球经济战略终于形成。威廉·博登将该战略概括得更全面：美国谋求建立由工业和资本主义国家组成的具有三极的同盟体系：美国为西半球

---

[1] William S. Borden, *The Pacific Alliance*: *United States Foreign Economic Policy and Japanese Trade Recovery, 1947—1955*, p.69.
[2] *Ibid.*, p.73.

的生产中心，日本为亚洲的生产中心，欧洲（尤其是西德）则是欧洲、非洲和中东的生产中心。其他一切都将产生于三个生产极之间和三极与其周围地区之间的结构关系。"大西洋同盟"依靠西德的合作和西德对它全球经济前景的满意。"太平洋同盟"依赖日本在美国支配的国际资本主义阵营内去实现其经济目标的意愿。[1]美国通过与西德组成"大西洋同盟"而控制欧洲、非洲和中东经济，通过与日本组成"太平洋同盟"而主宰东亚经济。作为美国全球经济战略重要组成部分的亚太经济战略就是美国通过与日本组成"太平洋同盟"而主宰东亚经济。该战略经过不断完善，其基本内容是：1. 以日本为盟友，牢牢控制日本经济，使之不倒入社会主义苏联和中国的怀抱；与苏联争夺东亚市场，鉴于东欧市场已为苏联所占。2. 支持日本经济复兴，使其恢复"亚洲工厂"的地位和作用。即：（1）将日本经济与美国经济相结合，即把美国的原料、资金、技术投放日本市场，扩大日本的生产规模，再让日本利用美国资源生产的商品打入英国、荷兰和法国的传统东南亚市场，以所得收益支付从美国获得的输入品，从而充当美国对外输出的马前卒。（2）使日本在经济上与东南亚相结合，从而阻止日本与中国内地和朝鲜恢复传统经济关系，以遏制社会主义国家的经济发展。"太平洋同盟"旨在经济上既保证一个有利于美国生产者的全球经济的形势，又在政治上保证一个有利于美国的均势。[2]美国想通过保持被战败的前敌人日本对自己的忠诚而不惜一切代价保持压制苏联阵营的优势。而确保日本忠于美国的关键手段是经济。

---

[1] William S. Borden, *The Pacific Alliance: United States Foreign Economic Policy and Japanese Trade Recovery, 1947—1955*, p. 10.
[2] *Ibid.*, p. 11.

二

从 1947 年逆转路线开始到 50 年代中期，日本的亚太经济战略基本形成。这就是：坚定不移地依赖美国，以和平手段致力于经济建设，开发东南亚乃至整个东亚，最终成为主宰东亚、超过美国的经济强国。

战后日本亚太经济战略的主要设计者是吉田茂。这一则与他青少年所受的教育和二战前从事的职业有密切关系；二则是由于战后初期他是日本的主要决策者。他出身名门望族，从小接受军国主义、儒学和贵族教育，形成一套崇拜天皇、主张对外扩张和与英美保持协调关系的思想。第一次世界大战后他成为日本出席巴黎和会代表团团员，后历任外务次官、驻意、驻英大使，积累了丰富的外交经验。日本投降一个月后任外相。1946 年 5 月起任自由党总裁，并从此时至 1954 年 12 月先后五次任内阁首相（前两次还兼任外相）。因此，吉田茂被认为是战后日本复兴和发展的奠基人和开拓者。日本战后经济战略主要体现在他的思想和他所制定、推行的政策之中。

（一）追随和依靠美国，以复兴日本经济为主要任务

追随和依赖美国是日本亚太经济战略的轴心。就近因来看，依靠美国是客观形势所决定的，日本基本上没有选择的余地。由于为美国所占领，日本的内外政策一直受美国的支配。面临冷战，为了自己的全球战略和东亚利益，美国强迫日本订立城下之盟，欲将日本扶植成为反苏反共的前哨阵地和东亚的"工厂"。日本保守势力只好因势利导、顺水推舟，将投靠美国复兴日本作为国策。吉田茂说得明白："从战败后一直到被占领时期，日本的对内对外政策受到了对美关系的很大影响，这是事实，也是必然的。由于这种情况成为了一种惰性，以致在独立后的今天也难以否认还有些人认为日本的政策经常依附于美国。"① 追溯远因，是日本保守势力总结了历史的经验教训。吉田茂认为：亲英美是自明治年间经大正时代以来日本外交的传统基本方针。是美国促成了日本的开国，由于英国的合作，在日清战争（中日甲午战争）中小国日本打败了大国中国，英日同盟和美国的友好援助又使日本在日俄战争中战胜俄国，并摆脱随之而来的战后危机，出现繁荣景象。二战中，日本与英美反目，和德意携手，结果招致惨败。吉田茂总结道："从这里我们也可以了解到日本外交方针所以必须遵循明治以来以亲英美为中心的路线的原因，这样的宝贵经验是日本国民必须特别铭记在心的。"他进一步强调："日本外交的根本方针必须放在对美亲善这个大原则之上，今后也不会改变，而且也不应该改变。"②

日本对美亲善的终极目的是为了恢复发展日本经济、继续本国的现代化进程。但所采取的手段与战前完全不同。战前日本对英美的亲善是借其支持，按照英美的旧殖民主义模式，以武力夺取了殖民地，进行经济扩张。战后的亲善则是借助美国的帮助及其有利条件复兴日本，以和平的方式进行经济扩张。在战争与和平方式的选择上，日本在战后同样没有什么余地。日本被剥夺了拥有武装的权力，同时在占领初期民主改革的强大压力下，日本新宪法摒弃了战争手段。而且历史的教训也使日本统治集团中的明智派头脑比较清醒。从明治维新到第二次世界大战，日本历届政府都是推行19世纪50年代改革派人士吉田松阴提出的一条战略，即以武力扩张、领土兼并来弥补经济竞争力的不足。日本的经济发展的确得益于它所发

---

① [日]吉田茂撰、韩润棠等译：《十年回忆》第一卷，世界知识出版社1966年版，第10页。
② 同上，第9、10页。

动和参加的战争，如中日甲午战争、日俄战争和第一次世界大战。然而自明治维新以来所取得的经济成就也因发动太平洋战争毁于一旦。因此，日本当权者认识到：战争并非刺激经济发展的好办法，今后要重振日本经济必须走和平之路。吉田茂说："假如魔鬼有儿子，那一定是东条。"（意为发动太平洋战争的罪魁东条英机给日本经济带来了灭顶之灾——引者）"迄今我一直认为，我国的败仗也是古今内外不曾有过的大好事。"[①]

在依赖美国复兴日本经济方面，日本有两个重要打算。其一是借助美国的资金和技术。早在1945年8月27日即盟军先遣部队到达厚木机场的前一天，吉田茂就提出了"振兴科学，引进外资"重建日本的主张。尽管战前日本是东亚科技最先进、经济最发达的国家，但与科技和经济水平皆处于世界最前列的美国相比相差一个大的档次。这种悬殊在太平洋战争中充分暴露出来。二次世界大战对日本、美国科技和经济的作用又截然相反。它使日本经济发展水平倒退，严重地阻碍了日本科技的发展，但极大地刺激了美国经济的发展和科技的进步。战争结束时，美国在经济和科技方面均为世界超级霸主。美日两国在此两方面就不可同日而语了。因此，山河破碎的日本要想重整旗鼓，不得不仰仗于美国的资金和技术。吉田茂正是看准了这一点："日本是一个海洋国，显然必须通过海外贸易来养活九千万国民。既然这样，那么日本在通商上的联系，当然不能不把重点放在经济最富裕、技术最先进而且历史关系也很深的英美两国之上了。"[②]其二是求助美国的武力保护以节省国防开支，集中资金加速经济发展。1947年9月13日片山内阁向美国政府所递交的

---

① ［日］猪木正道撰、江培柱等译：《吉田茂的执政生涯》，中国对外翻译出版公司1986年版，第48页。

② ［日］吉田茂撰、韩润棠等译：《十年回忆》第一卷，第10页。

一份特别重要意见书中称:"当此国际局势日益不稳之际,我们认为保障日本独立的最好办法,是一方面同美国缔结特别协定,以防备第三国侵略,另一方面从陆海两方加强国内的警察力量。日本国民希望至少在联合国能够按照宪章的规定实际发挥其机能以前,由美国来保障日本的安全。"一位西方学者特别强调这一意见书的重要性。因为这是日本将自己的国防委托给美国之始,与后来形成日美安全保障体制基础的想法完全一致。吉田茂政府继承了片山内阁的路线,他说:"我的第二届内阁是在1948年10月成立的,我们认为日本的方针只有大体上遵循上述片山内阁时代的路线,所以内阁虽然更替,但我们并不认为必须改变这个方针。"而且吉田茂对片山内阁的路线进行了发展和完善。意见书的理想是:美国应保持其驻在日本周围的兵力,一旦有事,日本应提供可供美军使用的国内基地,但不是积极希望美军驻扎日本。①1950年5月3日,吉田茂向美方提出:"日本政府希望尽早缔结和约。而在缔结这种和约之后,为了保障日本和亚洲地区的安全,恐怕还需要美国军队驻扎日本。如果美方不便提出这一希望,日本政府可以研究由日方提出的方式。关于这一点,曾经参照许多宪法学者研究的意见,据说如果和约里写上让美军驻扎的条款,宪法上将产生不少问题。因此有的宪法学者提出,日方以其他形式要求美军驻留,是不违反日本宪法的。"②这里,吉田茂将千方百计以日本的部分主权为代价换取美国军事保护的面目暴露得淋漓尽致。朝鲜战争爆发后,美国一再要求日本重新武装,吉田茂则总是以经济复兴为中心而对美国的要求推三阻四,大打折扣。当1951年1月被授予全权处理对日媾和条约问题的

---

① [日] 猪木正道撰、江培柱等译:《吉田茂的执政生涯》,第305页。
② 同上,第309页。

美国国务卿外交政策顾问约翰·福斯特·杜勒斯问日本恢复独立后准备对自由世界作什么贡献（其含意是要日本重新武装）时，吉田茂立即回答道："重新武装将使日本自主经济垮台。对外，人们对日本重新武装抱有疑惧；对内，残留着军阀东山再起的可能性。因此，重新武装是成问题的。在两个阵营对立抢争的世界上，希望美国在广义上把日本看成美国内部的一个合作者。"吉田茂又向同情日本经济复兴的麦克阿瑟诉苦："杜勒斯大使刚才提出了相当棘手的质问，逼得我好苦。"麦克阿瑟微笑着对杜勒斯说："自由世界现在对日本要求的，不应是军事力量，这是不实际的。日本是具有军事生产能力的，也有劳动力，如果供给他们的资材，使其生产能力得到全部发挥，就可以用于增强自由世界的力量。……首相的想法，我是很清楚的。"①麦氏完全道出了吉田茂的心中语：日本为自由世界作贡献的方式不是重新武装而是发展生产——利用美苏冷战的形势，将美国提供的资金和原材料与日本富足的劳力相结合，充分发挥工业生产的能力。后来由于美方的强大压力，吉田茂虽然作了让步，同意重新武装，但双方的扩军计划并不相同，日方并未完全满足美方的要求。这是因为双方的目的各异：日本的原则是以经济建设为中心，因而军备规模不能过大；美国则从战略需要出发，谋求日本尽可能的分担任务。当1951年12月10日杜勒斯第三次访日、要求日方再扩军时，吉田茂拒绝了美方的要求："不能只根据军事上的要求来决定兵力数量。目前，充实国家的经济力量以安定民生，乃是先决问题。日本由于战败，国力消耗殆尽，如同一匹瘦马。如果让这匹晃晃悠悠的瘦马负荷过度的重载，它就会累

---

① ［日］猪木正道撰、江培柱等译：《吉田茂的执政生涯》，第343、344页。

垮。"①1951年9月8日签订的《日美安全条约》正式将日本置于美国的核保护伞之下,日本终于达到了以最低限度的军事开支来实现最大限度地集中资金于发展经济之目的。日本依赖美国是为了发展经济,而发展经济的最终目标又是什么呢?对此问题,吉田茂作出了回答:日本的命运"是成为一个世界强国,本国的安全和发展由于与亚洲和太平洋地区的最强大的西方国家结盟而得到最好的保证……正如美国曾经是大英帝国的殖民地而现在比英国强大一样,如果日本成为美国的殖民地,它最终将变得比美国更强大"②。

(二)开发东南亚,使之成为日本的商品市场、原料产地和投资场所

开发东南亚乃至整个东亚市场是日本经济战略的另一项重要内容。日本是一个岛国,经济的发展必须依靠对外贸易和海外原料市场。战前日本的市场、原料产地和投资场所主要是日本以南的东北亚地区,即它的殖民地中国台湾省、朝鲜和半殖民地的中国内地。战后,这些殖民地和半殖民地全部丧失,加上美国对中国、朝鲜实行经济遏制政策,日本无法与它们恢复传统的经济关系。还有战后初期日本相对落后的工业品一时很难打入美欧市场。因此,东南亚市场便成为日本开发的主要目标。1954年11月8日,吉田茂在华盛顿记者俱乐部讲演时说:"对于日本来说,自由亚洲国家的发达是关系重大的。岛国日本是完全依靠贸易的,因此我们知道,如果亚洲的其他自由国家不发达,而且如果我们不能进行自由贸易和得不到友好的协助,日本也不可能发达。对于不能像过去那样同亚洲大陆进行正常和传统贸易的日本来说,为了寻求生活之道,必须发展同

---

① [日]吉田茂撰、阎静先等译:《十年回忆》第二卷,第117页。
② William R. Nester, *Japan and the Third World*, London:Macmillan Academic and Professional Ltd., 1992, pp.9—10.

东南亚各国的贸易。"①为了增强东南亚的购买力,吉田茂看准了资源开发:"东南亚各国天然资源丰富,只要努力开发资源,使当地民族丰衣足食绝不是难事";②"东南亚地区如果繁荣起来……如果光着身子的人们穿起衣服,赤着脚的姑娘们穿起鞋子来,布匹和鞋子的需要就会相应增加",这样"自由主义各国的贸易也会随之增多"。那么怎样开发东南亚的资源和市场呢?日本的策略是美国、英国出钱,日本出技术和经验的所谓"日美合作"和"日英合作"。吉田茂说:"我素日所考虑的东南亚对策……概括说来,就是美国方面更大胆一些,向东南亚提供资金,日本方面以技术经验参加这项工作。虽然这不免稍有'善为己谋'之嫌,却是我理想中的日美合作,进而言之,是自由主义阵营共同的东南亚对策的主要部分。"③为了达到开发东南亚的目的,"必须有效地运用美国的所谓第四点计划,即技术援助落后地区计划和以英国为中心的宗旨相同的科伦坡计划。特别是后者,日本既然参加为援助国之一,由日本主要用它的经验和技术作出贡献是非常重要的。这就是我理想中的日英合作,进而言之,也就是自由国家共同的东南亚政策的主要部分"④。同时,日本还计划以赔偿为手段,进一步加强日本在东南亚开发中的作用。吉田茂强调:"日本负有支付赔偿的义务。而且要求赔偿的国民具有强烈的民族独立意识乃是新兴国家的常态,它们对于利用日本的赔偿开发本国的经济所抱的希望,远远超过对于先进国家的投资。并且,我国同缅甸、菲律宾等国缔结的赔偿协定,约定了在赔偿的同时实行经济合作,采取二者相辅同时进行的方针。因此,

---

① [日]吉田茂撰、韩润棠等译:《十年回忆》第一卷,第154页。
② 同上,第178页。
③ 同上,第121页。
④ 同上,第178页。

我深感有必要和美英各国团结一致，共同从事这些地区的经济开发工作。"①

（三）力图进入中国内地市场

　　日本不仅要积极开发东南亚市场，而且还力图得到中国内地市场。吉田茂认为：尽管德国的重建困难比日本多，但经济复兴超过日本，其原因除了德国国内条件好之外，还由于德国的"邻国有优质钢铁。……附近有英法等购买力很大的欧洲市场。我国不仅缺乏工业资源，而且东亚一带是购买力很小的市场，这是使我国复兴迟缓的原因"。因此，"只有在东南亚得到开发、共产党中国采取门户开放政策以后，才能期待我国经济的独立发展"。他强调："共产党中国的门户开放，对于共产党中国的国民、东南亚的开发以及世界经济，都是尽善尽美的政策。"②为了排除进入中国市场的障碍，吉田茂婉转地批评了美国对华经济遏制政策："现在执行的禁运战略物资、限制重要商品贸易等政策，从全局来看，似乎未必符合自由国家的利益。禁运战略物资的意义虽然十分清楚，但是结果必定形成通商限制，其效果则类似一种经济封锁。与其如此，莫如使中国人认识到：同自由国家进行贸易结果是有利的；反之，同苏联的合作，从全局来看是不利的。这样做对我们是有好处的，而且是必要的。从这种关系来看，美国对共产党中国可以说正在执行一种相反的政策。"他建议："与其一味责难共产党中国所犯的过失，似乎不如用美国人的手为中国民族开辟宽阔的今后应走的道路，这样做也许更重要。"③

---

① ［日］吉田茂撰、韩润棠等译：《十年回忆》第一卷，第178页。
② 同上，第176、174—175页。
③ 同上，第179页。

（四）成为东亚经济的带头人

在亚太经济战略中，日本拟定了它的位置——东亚经济的带头人。对于东南亚，吉田茂说："譬如，把西欧方面，特别是美国方面的资金和日本的技术很好地配合起来开发东南亚，就是一个很好的例子。长期受西欧各国殖民主义压迫的这些落后国家，对外国资本的输入相当警惕，这也是不得已的，而扮演从中斡旋或进行说服这个角色，我认为以日本最为恰当。"[①] 对于中国内地，他指出："为了引导共产党中国采取这种门户开放政策"，只有依靠"在地理上、历史上同中国关系最密切"、"和中国同文同种的我国国民的力量"。[②] 对于整个东亚地区，吉田茂讲："日本是亚洲的工业最发达的国家，而且我们本身也是亚洲人，因此，我们最了解如何使有关人类进步的西洋技术应用于东方的生活方式和当地的条件。"[③] 他进一步强调："在这种地理上和人种上的亲近感情（Propinquity）之外，如果再考虑一下日本的经济力量，岂不是就能省察到我国今后在国际上的任务了吗？"[④] 由此可见，使自己成为东亚经济的领导是日本经济战略的重要目标。

三

从上面两个部分可知，战后初期美国和日本的亚太经济战略的形成都经历了一个过程。美国的战略形成于 1942 年至 1951 年。在形

[①] ［日］吉田茂撰、韩润棠等译，《十年回忆》第一卷，第 14 页。
[②] 同上，第 174、175 页。
[③] 同上，第 155 页。
[④] 同上，第 14 页。

成过程中，美国的战略发生了重大的转折。1947年之前，美国的亚太经济战略的初步构想是以国民党统治的中国为试点和重点在全东亚推行新殖民主义，以其强大的经济实力主宰东亚经济。之后，美国确立的亚太经济战略则是以日本为"支撑点"，通过与日本组成"太平洋同盟"，确保自己在东亚的市场和利益。美国亚太经济战略的形成决定于三个因素：冷战的爆发、中国革命的节节胜利和世界经济危机的来临。1947年冷战爆发，并从欧洲向亚洲蔓延，美国人认为，苏联控制了东欧市场，美国必须保住东亚市场；不断取胜的中国革命被美国人认为是以苏联为首的共产主义在亚洲的"扩张"，节节败退的国民党政权已丧失了作为美国在东亚"支撑点"的作用；表现为"美元短缺"的世界经济危机的发生使资本主义世界贸易体系面临瘫痪的危险，极不利于美国的对外经济扩张。而解决这三大难题的"钥匙"就是扶持昨天的敌人日本，与日本结盟。

日本的经济战略形成于1947年至1955年。日本战略在形成过程中没有像美国那样发生重大转折，而是循序渐进的，但也受制于三个因素：历史的经验教训、客观现实情况和未来的发展。通过总结了历史的经验教训，吉田茂认为：亲英美，日本则胜；仇英美，日本则败。因此，"日本外交的根本方针必须放在对美亲善这个大原则之上"。就现实而言，日本被美国所占领、所控制，只能与之结"城下之盟"，别无选择。从未来着想，日本要复兴经济、要重进东南亚市场，都得依靠美国。

美日两国的经济战略具有高度的一致性，这从它们的战略目的可以看出。美国战略的主要目的是：占有日本市场；以日本为"工场"，带动东亚资本主义经济的发展以消除滋生共产主义的土壤、防止"多米诺骨牌"现象的发生，从而巩固自己在东亚的势力范围和市场；遏制新中国的经济发展。日本战略的主要目的是：利用美国的资金和技术，以及借助美国的武力保护以节省国防开支而致力于经济的复兴和发展；日美合作共同开发东南亚、重进东南亚市场。由此可见，在双边经济关系方面，它们相互需要；在东亚市场这一多边关系上，它们有着共同的利益。但从长远的观点来看，美日两国的经济战略也存在着不一致的地方，如日本未来的目标是进入中国内地市场，成为东亚经济的领头人和成为比美国更强大的国家等，这些都是美国所不愿意看到的。不过，这毕竟是1965年之后的事，在此之前，尤其是战后初期，美日两国的经济战略是高度一致的。

（节选自拙著《东亚经济中的美日关系研究（1945—2000）》第一章第二节，人民出版社2003年版）

冷战前期美国亚太政策对海峡两岸经济发展的影响

美国学者郑竹园在所著《台湾经验与大陆重建》一书中提出：1952年台湾与大陆经济发展的起步点相去不远，但到1980年国民人均所得两地相差几达8倍，"造成双方发展实绩差异的主要因素，是双方所采取的政经制度及发展策略迥然不同"[①]。笔者认为这一观点未免有些片面，在对台湾海峡两岸经济发展进行比较研究中，只注意了内因的作用而忽视了外因的影响。因此，本文试图探讨国际因素，即美国亚太政策（主要谈经济政策）对海峡两岸经济发展的影响。

一

郑氏所谈的两岸发展实绩差异实际上是在冷战前期造成的。该时期影响中国经济发展的主要国际因素是美国的两项亚太政策：对

---

① 郑竹园：《台湾经验与大陆重建》，台北：联经出版事业公司1989年版，第27页。郑竹园，美国印第安纳州立博尔大学（Ball State University）经济系华人教授，1972年和1975年两度当选为全美杰出教育家，1992年起任台湾"总统府""国家统一委员会"研究员。

与苏联同阵营的社会主义国家进行全面遏制，限制其发展以企图搞跨它们；对亲美政权予以全力援助，支持其发展以便控制它们。新中国被美国视为是苏联在亚太地区进行共产主义扩张的副手。[1]且新中国式的民族独立运动又与美国在亚太推行的新殖民主义政策水火不容。因此，新中国便成了美国在亚太遏制的首要对象，而遏制其经济发展是全面遏制的一个重要方面。

为了自身的重建和发展以及增进与各国人民的友谊，新中国需要与外国建立平等互利的外交和经济关系。1949年的两个纲领性文件《中国人民政治协商会议共同纲领》和《中华人民共和国中央人民政府公告》中明载："凡愿遵守平等、互利及互相尊重领土主权等项原则的任何外国政府，本政府均愿与之建立外交关系"[2]；"中华人民共和国可在平等和互利的基础上，与各外国的政府和人民恢复并发展通商贸易关系"[3]。毛泽东也指示：我们必须首先同社会主义国家做生意，"同时也要同资本主义国家做生意"。[4]新中国优先考虑的是与美国、日本建立平等互利的外交和经济关系。中共中央派员于1949年5月13日向美国驻华大使司徒雷登转告：希望美承认新中国政府，新中国需要和外国建立商业关系。[5]中共还采取一系列政策和措施保护在华美商，要求他们留沪继续营业。[6]在中美双边贸易中，新中国一直采取积极的态度。[7]1949年7月7日，新政治协商会议筹备会各党派团体呼吁中国、日本应按《波茨坦协定》和平相

---

[1] [美] J. 布卢姆等撰，杨国标、张儒林译：《美国的历程》下册，商务印书馆1988年版，第554页。
[2] 《人民日报》1949年10月27日。
[3] 《人民日报》1949年9月30日。
[4] 《毛泽东选集》第4卷，人民出版社1966年版，第1373页。
[5] 转引自袁明等：《中美关系史上最沉重的一页》，北京大学出版社1989年版，第92页。
[6] 中美关系史丛书编辑委员会编：《新的视野》，南京大学出版社1991年版，第224页。
[7] 同上，第219页。

处，建立经济、文化合作关系。①8月，4人组成的中共贸易代表团赴日本洽谈为华北铁路购买日本铁路设备之事宜。②新中国还准备利用香港这个"门户"与资本主义世界交往。为此，人民解放军并未以武力收复香港，在1950年中英建交谈判中也未提出香港问题，而是维持香港的现状。

新中国积极与外界交往的政策一出台就遭到美国的敌视。美推行一条全面遏制大陆经济发展的政策。它包括以下三项具体政策。

其一，有意恶化与新中国的经济关系。在朝鲜战争爆发之前，美国已开始对华进行遏制，采取诸如严厉限制对华出口、纵容和配合国民党封锁大陆海港和怂恿美商撤离大陆等种种恶化与大陆经济关系的措施。③研究该时期上海电力公司（由美国资本所控制）的美国学者沃伦·托泽公正地指出："要对关闭中国门户负主要责任的是美国，而不是中共。"④

其二，美国、日本和东南亚相结合的三角经济构架政策。从1947年开始酝酿，到1951年至1952年最终形成，目的是进一步遏制大陆的经济发展并将其完全排斥出亚太经济圈。从其政策形成的过程可以看出这一点。冷战初期美国就将日本作为亚太战略的支撑点。为使日本恢复"亚洲工厂"的地位，1947年3月美国国务院官员开始提出恢复日本与其亚洲邻国的贸易，使之与远东经济重新结合的建议。⑤这时，由于国民党还统治着大半个中国，故在美国人的

---

① 田桓：《战后中日关系史年表》，中国社会科学出版社1994年版，第11页。
② R K Jain, *China and Japan 1949—1976*, London：Martin Robertson & Co. Ltd., 1977, p. 24.
③ 中美关系史丛书编辑委员会编：《新的视野》，第209—228页。
④ 同上，第228页。
⑤ William S. Borden，*The Pacific Alliance：United States Foreign Economic Policy and Japanese Trade Recovery*, 1947—1955, Madison, Wisconsin：The University of Wisconsin Press, pp. 71—72.

设想中，中国还被包括在亚太经济圈之内。但在1948年后，随着中共在内战中的节节胜利，中国就被排斥出了亚太经济圈。[①] 到1949年5月，中共在全国的胜利已成定局时，为保住日本和东南亚不再被"丢失"，美国决心对苏联的战略伙伴、共产主义在亚太的传播者新中国进行遏制。正是这种冷战心理驱使美国去"阻止其他工业同盟国将现代化设备和食物卖给中国，以期引起经济的崩溃"[②]。朝鲜战争爆发后，以三个文件为标志的三角经济构架政策最终形成。1952年的《日台和约》规定，日本只承认"台湾当局"为中国唯一"合法"政府，从而使日本只能与中国台湾地区不能与大陆发生官方政经关系。1951年的《旧金山和约》中的赔款条款为日本进入东南亚经济铺平了路。1951年5月美国安全委员会起草的《48/5号文件》则是三者中的核心，它通过确立美日经济合作关系，从而解决了三角构架政策成败的关键——日本问题。该政策能否顺利推行取决于日本能否自愿和长期地追随美国这一政策。要做到此点绝非易事，因为无论日本政界和民间都存在欲与大陆发生广泛商贸关系的强大势力。早在1948年，对处于正在构思中的排斥中国的亚太政策，首相吉田茂就不赞同："我不在乎中国是红是绿。中国是一个民族市场。日本必须考虑市场问题。"[③] 为阻止日本与中国大陆恢复和发展经贸关系，美国必须解决日本恢复和发展工业生产的资金、市

[①] William S. Borden，*The Pacific Alliance*：*United States Foreign Economic Policy and Japanese Trade Recovery*，1947—1955，p.360. 威廉·博登为专门研究1947年至1955年美日经济关系的美国学者。他揭示：在美国亚太政策之构思中，"在共产党在中国获胜之前，供日本贸易的优先地区被称为'大陆亚洲'，指的是中国、朝鲜和东南亚。1948年后最常用的措辞是'东南亚'，即缅甸、泰国、印度支那、马来亚、菲律宾和印尼"。

[②] William S. Borden，*The Pacific Alliance*：*United States Foreign Economic Policy and Japanese Trade Recovery*，1947—1955，p.121.

[③] Yoshida，*Memoirs*，quoted from William R. Nester：*Japan and the Third World*，London：Macmillan Academic and Professional Ltd.，1992，p.143.

场和原料问题。为此，美日经济合作计划应运而生。其基本内容是："美国以军事订货的形式和在东南亚的责任心[1]为日本提供经济刺激和美元短缺补贴，以此换取日本对美国亚洲政策，尤其是对不承认中国的政策的执著追随。"[2]以制定"道奇预算"而著名的约瑟夫·道奇作了进一步的说明：日本的作用之一是"创造一种以支持自由世界之目的（即不与中国贸易）的外贸模式"。美国的责任是"继续支持日本为联合国在朝鲜的努力而生产和参与东南亚的重建以及经济援助的获得。日本在正常的经济轨道内进一步开辟市场将予以承认和帮助"[3]。十分明显，美日经济合作计划的要害在于阻止日本与大陆的经济交往，而以东南亚取代大陆与日本结合。该计划付诸实施后起到了两个重要作用：解决了日本的资金问题[4]；极大地刺激了东南亚原料和市场的开发[5]。于是，东南亚成了日本的商品市场、原料产地和投资场所。日本、美国成为东南亚的原料销售地。美国则通过复兴日本而控制了亚太经济。这一有机结合的三角关系有效地将中国大陆排斥在亚太经济圈之外。中国大陆与美国、日本互补性很强的传统经济关系被掐断，因而与亚太国家交往的大门被封堵了。美国、日本、东南亚（还加上中国台湾省和韩国等）相结合的三角经济构架政策在近30年（1950—1978）内在一定程度上决定了亚太经济发展的格局：日本的迅速崛起，"四小龙"的腾飞，东盟的崭露头角和中国大陆的落伍。

---

[1] 所谓美国的"责任心"，即保证东南亚的安全和东南亚成为日本的市场和原料产地。
[2] William S. Borden, *The Pacific Alliance: United States Foreign Economic Policy and Japanese Trade Recovery*, 1947–1955, pp. 149–150.
[3] *Ibid.*, pp. 151–152.
[4] 仅朝鲜战争，美国就在日本花费近30亿美元。（quoted from William S. Borden, *The Pacific Alliance: United States Foreign Economic Policy and Japanese Trade Recovery*, 1947–1955, p. 146.）
[5] 美国因战争对越来越多的战略物资的需求促进了东南亚战略原料生产的发展。

其三，经济封锁和贸易禁运政策。朝鲜战争一爆发，美国就于同年 11 月宣布对中国大陆实行全面经济封锁和贸易禁运。1951 年 5 月，美国操纵联大非法通过对中国大陆和朝鲜实行全面禁运的提案。1952 年"巴统"设"中国委员会"（又译为"对华禁运委员会"），专门负责对大陆的禁运。鉴于战后欧亚许多国家和地区都接受美国的经济援助，美国则利用经济手段迫使它们严格执行"巴统"制度。1951 年，美国国会通过的《巴特尔法》规定：凡违反巴统制度而向以苏联为首的社会主义阵营出口战争和战略物资的国家，美国将中止对其的经济援助。该法还禁止对社会主义阵营的经济或财政援助[1]。"巴统"对大陆的禁运比对苏联更严：第一，美国、日本与大陆经济的隔离进一步强化。美国对大陆的禁运包括"国际货单I"和"国际货单II"所列全部物品。[2] 在美国的压力下，日本也同意对华禁运这两单的全部物品[3]。第二，对华禁运的国家进一步增多，据美国国务院统计，到 1953 年共有 45 国对华禁运[4]，即欧洲资本主义国家与大陆的经济联系也被切断。第三，禁运的时间长。"中国委员会"存在的 5 年间（1952—1957），"巴统"几次削减对苏联东欧的禁运项目，而对中国大陆的因美国顽固反对而从未松动。[5]"中国委员会"解散后，巴统对大陆的禁运只是在非战略性物品方面有所缓和，在战略性物品方面仍坚持，美国、日本实际坚持到 70 年代初。总之，对大陆的封锁和禁运不仅涉及的物品种类多，参加的国家多，而且实施的时间长，因而严重地阻碍了中国大陆与

---

[1] Philip J. Funigiello, *American-Soviet Trade in the Cold War*, Chapel Hill, NC：University of North Carolina Press, 1988, p. 68；see chapter 4.
[2] 转引自《历史研究》1996 年第 1 期，第 84 页。
[3] 转引自《世界历史》1996 年第 4 期，第 64 页。
[4] 《中美关系资料汇编》第二辑（上），世界知识出版社 1961 年版，第 1115 页。
[5] Philip J. Funigiello, *American-Soviet Trade in the Cold War*, p. 68；cf. chapter 4.

资本主义世界的经济联系。

后来中国大陆向苏联东欧的开放之门最后被苏联关闭,但美国也难逃其责。美国的遏制迫使中国大陆在贸易、技术和资金方面严重依赖苏联,助长了苏联的大国沙文主义,最终导致过热的中苏经济关系降到冰点。这表面上看应全由苏联负责,但实质上美国也应承担重要责任。因为大陆过分依赖苏联主要是美国遏制政策所致。

现在,国内外学术界仍存在着这样一种观点:是毛泽东从意识形态的观念出发首先推行"一边倒"政策的。此观点值得进一步商榷。诚然,新中国成立不到半年就与苏联结盟,接着是朝鲜战争的爆发。美国认为"尘埃落定",开始了对大陆的全面遏制。这是历史事实。然而,笔者认为:毛泽东的"一边倒"政策不能说完全没有意识形态方面的考虑,但更重要的原因还是受美国逼迫的结果。毛泽东最初在处理与美国、苏联的关系时并未受意识形态的束缚。抗日战争胜利前夕,毛泽东对在延安的美国狄克西使团的官员约翰·谢伟思说:"中国战后最大的需要是发展经济,但它缺少单独实现这一目标所需要的资本主义基础。……美国不仅是帮助中国发展经济的唯一最合适的国家,而且也是完全有能力参与中国经济建设的唯一国家。"① 而"俄国人在战争中遭受了巨大损失,将忙于他们自己的重建工作。我们不指望俄国人帮助"②。显而易见,毛泽东在战后的中国重建中选择的合作对象是美国而非苏联。为"寻求美国友好地支持中国实现民主和合作抗日"③,1945 年 1 月毛泽东和周恩来打算赴

---

① [美] 约·斯·谢伟思撰,王益、王昭明译:《美国对华政策》,中国社会科学出版社 1989 年版,第 230—231 页。
② 同上,第 227 页。
③ 同上,第 232 页。

美与罗斯福总统会谈①。尽管美国积极帮助蒋介石打内战,但毛泽东于1949年4月28日仍表示:如果美国能断绝和国民党的关系,我们可以考虑和他们建立外交关系的问题。②美国著名的中国问题专家费正清也指出:关于美国与中共建立官方联系的问题,"中共领导人在40年代对此进行了各种尝试,其中包括1944年毛对狄克西使团的声明,1949年夏邀请美国大使司徒雷登访问北平,以及同一时期周恩来通过澳大利亚记者迈克尔·基翁,刻意接近美国人等"③。然而,不久毛泽东发表《论人民民主专政》,声明"一边倒"。为何他的观点发生一百八十度的大转变呢?对于中共长期欲与美国建立合作关系的良好愿望,美国政府不仅置若罔闻,而且坚持扶蒋反共。中国革命胜利后,又认为中国被"丢失"给了俄国,不承认新中国,并采取种种措施阻挠两国关系的改善。美国另一位研究中美关系的专家对美国政府的反华立场作了如实的揭露:"在私下里,共产党人,包括周恩来在内,曾做过多次努力,谋求与美国重开谈判,探讨改善关系的可能性。毛和周暗示,他们希望在政治、经济方面保有自由选择的余地,以免过分依赖苏联。乔治·凯南这帮外交设计者,早就敦促过华盛顿对中国方面这类坚持独立自主的暗示做出灵活反应,尽管如此,国务卿迪安·艾奇逊在这个问题上还是采取了相反的方式。他们严格禁止美国驻华外交官对共产党人的试探做出反应。"④最典型的一例是1949年7月1日,白宫下令阻止司徒雷登接

---

① [美]伊·卡恩撰,徐隋林、刘润生编译:《毛泽东的胜利与美国外交官的悲剧》,群众出版社1991年版,第137、138页。
② 转引自袁明等:《中美关系史上最沉重的一页》,第91页。
③ [美]费正清撰、章建刚等译:《剑桥中华民国史》第二部,上海人民出版社1992年版,第852页。
④ [美]迈克尔·谢勒撰、徐泽荣译:《二十世纪的美国和中国》,生活·读书·新知三联书店1985年版,第172页。

受中共的邀请访问北平。史实证明：美国政府从意识形态的观念出发，坚持错误的对华政策是导致毛泽东推行"一边倒"政策的重要原因之一。

简而言之，美国先是有意恶化与大陆的经济关系，接着推行美国、日本、东南亚相结合的三角经济构架政策将大陆排斥出亚太经济圈，又实施经济封锁和贸易禁运政策，使大陆经济与整个资本主义世界隔离。同时，这三项政策使大陆过分依赖苏联，最终导致中苏关系破裂。一句话：美国的遏制政策是造成大陆在20世纪50年代处于半封闭、60年代和70年代前8年处于封闭状态的主要外因。

那么，遏制政策对大陆经济发展产生什么影响呢？第一，遏制政策导致大陆半封闭，从而使它搬用了不适合其经济发展的"苏联模式"。50年代是新中国经济制度和发展战略形成的关键时期，在此期间其可塑性是很强的。由于遏制政策封堵了大陆与西方交往之门，大陆唯一可效法的榜样是苏联。这种严重失衡的国际影响引起了新中国领导人经济模式构思的重大变化。继1940年发表《新民主主义论》后，1949年3月毛泽东进一步提出由五种主要经济成分[①]构成的新民主主义经济形态，即新中国经济发展模式之构想。五种经济成分共存的经济并非计划经济，是与苏联迥然不同的模式。然而，随着美国遏制政策的加强和中苏同盟的建立，毛泽东转而号召研究和学习苏联经验。[②] 1953年，他批评了刘少奇"巩固新民主主义社会秩序"的提法，从而否定了4年前他自己提出的新民主主义

[①]《毛泽东选集》第4卷，第1371页。五种主要经济成分是社会主义国有经济、半社会主义合作社经济、私人资本主义经济、个体经济以及国家和私人合作的国家资本主义经济。
[②] [美] 斯图尔特·施拉姆撰、中共中央文献研究室《国外研究毛泽东思想资料选辑》编辑组编译：《毛泽东》，红旗出版社1995年版，第271页。

经济形态，而引进了苏联模式。① 如果美国不对中国大陆进行遏制，甚至对其重建以经济援助等方式施加积极影响，那么在美苏影响的均衡作用下，新中国搬用苏联模式的可能性是很小的。

第二，遏制政策造成的半封闭和封闭状态使大陆无法利用优越的外部条件和良机来发展自己。战后初期，世界先进科技的2/3、财富的绝大部分都掌握在以美国为首的西方手中。遏制政策如同一道铁幕，完全隔断了大陆与西方的联系，使前者无法得到后者的先进科技和资金。美国的出口禁运物品多达1450种。"巴统"所列战略性禁运品除高科技类外，还包括大量一般性的工业技术设备，而这些也是大陆建设所急需的。20世纪50年代中期至70年代初，美国进行了两次产业结构大调整，日本、西德和许多发展中国家和地区大受其益，大陆无缘利用如此良机。美国控制着世界金融和贸易组织，大陆被非法排斥在这些组织之外，丝毫不能享受其提供的金融和贸易方面的优待。还因与西方隔绝，大陆无参与世界经济大循环的可能，使其丰富的资源和富余的劳力无法发挥应有的作用。

第三，遏制政策使大陆对外经济政策日趋闭关自守。必须明确的是，外部对大陆门户的封堵与大陆自我闭关自守是不同的两回事。然而，两者又密切相连。大陆的闭关自守有着各种复杂的原因，而美国的遏制是其中的一个重要原因。遏制所造成的险恶的外部环境对中国领导人的思想产生了深刻的负面影响：（1）可能是从中苏关系问题上吸取了消极教训，为避免由于在经济上依赖外国而受其所制的可能性，毛泽东不主张利用外资，很长一段时期新中国以既无外债又无内债而自豪就是明证。（2）美国的遏制和苏联的打

---

① 毛泽东说：在1949年后的最初几年中，"因为我们没有经验，在经济建设方面，我们只得照抄苏联"。转引自［美］罗德里克·麦克法夸尔和费正清撰、金光耀等译：《剑桥中华人民共和国史》（1966—1982），上海人民出版社1992年版，第66页。

压使毛泽东不得不将眼光从外转向内,依靠自身的力量和条件搞现代化①。可是,中国是一个落后的农业国,其现代化需要借助西方的资金和技术。但因受遏制,大陆无法得到它们。鉴于此,毛泽东则想绕过西方国家现代化的老路而另辟新径去达到现代化之目标。此径就是完全立足国内、依靠自己,利用和发挥大陆充足的劳力和丰富的资源之优势以弥补资本和技术的严重不足。"大跃进"和"人民公社"运动可能就是为此而进行的试验。前者的企图是为了加速实现工业现代化。②结果"土法上马,大炼钢铁",不仅浪费了地下资源——铁矿石,而且破坏了地上资源——森林和生态平衡。人民公社造成的"大锅饭"极大地挫伤了农民的生产积极性。这种将自力更生绝对化、最后遭到惨败的试验,反而严重阻碍了现代化的历史进程。遏制政策导致的闭关自守对大陆经济的危害由此可见一斑。

二

美国另一条重要的亚太政策是援助政策,即对亚太亲美政权在经济上给予全力扶持。冷战初期,台湾地区虽是一个资源贫乏、经济落后的海岛,在美国决策者心目中却是其亚太防线上的重要一环,是可以用来反共反华的一艘"永不沉没的航空母舰"。因此,华盛顿竭尽全力给台湾以保护和扶植。

首先,美国自己在资金、技术、市场和人才等方面给予台湾地区大

---

① 毛泽东在 50 年代提出:要把中国逐步建成一个具有现代化工业、现代化农业和高度文明程度的伟大国家。《毛泽东选集》第 5 卷,人民出版社 1977 年版,第 133、472 页。
② [美] 小 R. 霍夫亨兹等撰,黎鸣译:《东亚之锋》,江苏人民出版社 1995 年版,第 82 页。后者的目的则是想通过农业集体化而走向共产主义生活方式。[美] 詹姆斯·R. 汤森等撰,顾速、董方译:《中国政治》,江苏人民出版社 1996 年版,第 113 页。

力支持。在资金上，从1951年至1965年，美国对台湾地区的经援为14.8亿美元以上。①从1966年到1977年又给直接贷款15.27亿美元。②1952年到1978年，美国在台湾地区的投资额为5.86亿美元。③合计上述各项，1951年至1978年美国给台湾地区的经济援助约36亿美元，这还不能说是一项完全的统计，相当于同期中国大陆从苏联获得贷款的近2倍。④

美国是台湾地区获取先进科技的主要来源。技术合作是主要途径之一，技术合作是自始至终贯穿整个经济援助时期唯一项目。通过在台湾工作的美国技术人员，美国先进科技知识、技能和技术慷慨地传给了台湾地区。另一途径是技术转让。美国大公司以投资办厂、出卖专利和机器设备以及委托生产等方式向台湾地区转让技术。此外，美国长期为台湾地区培养大批科技和经济管理人才。同时，官方和民间学术团体间的学术交流、成千上万在美国的华侨以及军事技术的转让等等也是台湾地区获取大量科技知识与信息的重要渠道。

美国一直是台湾地区的商品市场。在五六十年代，美国在台湾地区采购军需品供应朝鲜战争和越南战争。从60年代下半期起，为充分保障台湾地区工业制成品顺利进入美国市场，美国更是给台湾地区以多方优先照顾：（1）在加拿大、澳大利亚和新西兰等纷纷对台湾地区商品倾销予以限制，美国国内要求限制台湾地区倾销

---

① Neil H. Jacoby, *Aid to Taiwan*: *A Study of Foreign Aid*, *Self-Help*, *and Development*, New York: Frederick A. Praeger Publishers, 1966, p. 44.
② 美国进出口银行与民间金融机构贷款之和。叶学晰：《国际资金流入》，台北：联经出版事业公司1981年版，第84、56页。
③ 周佗等：《台湾经济》，中国财政经济出版社1980年版，第393页。
④ 20世纪50年代苏联给中国大陆贷款数相当于19亿美元。人民出版社编：《光辉的成就》，人民出版社1984年版，第91页。

的呼声也迭起时,美国政府对台湾地区商品始终保持宽容和放任态度。[1] (2)美国从1976年开始实行普遍优惠制计划。台湾从一开始就是此计划的最大受惠者,在发展中国家和地区免税输美贸易总额中所占比重始终保持在26%—28%。[2] (3)台湾并非关贸总协定成员,但美国在与台湾已断绝"外交关系"的情况下,仍破例按关贸总协定东京回合(1979年4月)所达成的减让协议,让台湾在1888种减税产品项目上享受优惠关税待遇[3]。由于美国对台湾地区的特殊照顾,从60年代下半期起,台湾地区出口主要转向美国。1968年台湾地区对美国贸易开始盈余。1977年台湾地区对美国出口开始超过对日本出口。到1980年台湾地区对美国贸易顺差累计为126.63亿美元[4]。

其次,美国除以自己的力量支持台湾地区的经济发展外,还不遗余力地帮台湾地区与其他亚太国家和地区发展经济关系,将台湾融入亚太经济体系。其中最重要的是帮台湾地区与日本发展关系。早在50年代,美国就积极协助台湾地区与日本签订双边贸易协定,1950年9月,由"台湾当局"与驻日本美国占领军签订台日贸易协定,规定台日双方放宽贸易管制,保证按贸易计划完成双方应完成的贸易量。1953年即美国解除对日本占领的第二年,台湾地区在美国支持下与日本正式签订同台日贸易协定一致的"台日贸易办法"。截至1961年,台湾地区与日本签订的贸易协定,基本上均以1950年台日贸易协定为蓝本,借贸易协定维护双方贸易最高额。由于有贸易计划规定的最高贸易量为保障,台湾地区对日本输出稳步增长。

---

[1] 段承璞:《战后台湾经济》,中国社会科学出版社1989年版,第328页。
[2] 同上,第329页。
[3] 同上,第329页。
[4] 同上,第315页。

在 1966 年以前，日本一直是台湾地区的最大贸易伙伴和商品主要出口地。在亚太地区，台湾地区的重要贸易对象还有中国香港、韩国、南越、新加坡和泰国。在 1966 年以前，台湾地区与亚洲地区的贸易额在其对外贸易总额中始终保持在 50%—60%。[1]

贸易促进了经济关系其他方面的发展。日本在资金、技术上给台湾地区以重要帮助。日本银行在 1965 年—1978 年给台湾地区"经建贷款" 2.16 亿美元。[2]同时，日本财团积极在台湾地区投资，为台湾带去资金和技术。1952—1980 年日本对台湾地区总投资为 4.58 亿美元，投资额仅次于美国而居第二位。[3] 日本企业以占领市场为主旨，故主要采取技术合作方式向台湾转移技术。至 1982 年止，在台湾地区历年技术合作项目中，日本占 63.78%，居绝对优势。台湾地区 2/3 左右的企业与日本企业有技术合作关系。[4]1966 年，美国还帮台湾地区进入亚洲开发银行，致使其能享受该银行的优惠待遇。

再次，美国还利用自己对许多国家提供的援助和所控制的国际组织帮台湾地区与整个资本主义世界发生广泛的经贸关系。美国特别授权台湾供应世界各地美援受援国的物资采购。美国政府规定美援贷款受援国的物资采购只能由美国和低收入的"自由国家"供应。美援赠予受援国的物资采购则严格限制仅由美国、中国台湾、印度、菲律宾和韩国等 10 个国家或地区供应。而台湾的美援采购供应额在低收入"自由国家"的美援采购供应额中居第一位，超过居第二位的韩国 2 倍以上。1966 年到 1974 年，台湾为供应美援物资采

---

[1] 段承璞：《战后台湾经济》，中国社会科学出版社 1989 年版，第 314 页。
[2] 周伦等：《台湾经济》，第 385 页。
[3] 梁国树：《台湾经济发展论文集》，台北：时报文化出版企业有限公司 1994 年版，第 301 页（根据表 1 统计）。
[4] 李家泉：《台湾经济是怎样发展起来的》，人民日报出版社 1989 年版，第 179 页。

购而增加的出口额超过 2 亿美元[①]。这样，美国以美援为杠杆，使台湾地区同各主要资本主义国家都发生了经济往来。美国还通过所控制的国际货币基金组织、世界银行等，使台湾得到大量优惠贷款。

总之，美国不仅自己全力助台湾，而且帮助它与亚太国家建立和发展密切稳定的经济关系，乃至使它成为世界经济的全权参与者，获得比许多国家和地区更多的优惠并比它们更充分地享受国际市场。中国台湾是美国亚太援助政策的最大受惠者之一。

援助政策对台湾地区经济发展有何作用呢？第一，巨额的美援为台湾地区的经济起飞奠定了基础。1951—1965 年，大量美援的流入对台湾地区经济发展作用重大。首先，它遏制了通货膨胀，使台湾地区经济化险为夷。战后，台湾地区最严重的问题是通货膨胀。据台北市批发物价指数，通货膨胀率在 1949 年达 1189%[②]，使受战争破坏的工业生产力无从恢复。工业生产停顿、物资短缺又使通货膨胀成为恶性，150 万大陆人员迁台使经济形势雪上加霜，台湾地区经济已濒临全面崩溃的绝境。然而，源源而至的美援有力地遏制了通货膨胀，到 1952 年物价上涨率已降为 23%。[③] 美援成为恶性通货膨胀的克星，使台湾地区经济转危为安。其次，美援成为工农业生产恢复和发展的重要资本。美援是 50 年代岛内资本积累的主要构成部分。1952—1960 年间，台湾仅所得经济援助部分就相当同期国民所得的 8%、国际收支经常账差额的 86% 及同期全部固定资本形成的 58.8%。[④] 美援以物资的形式为工农业生产的恢复和发展提供了大量原料和机械设备。美援还以资金的形式为工农业生产服务。美援相对基金大部分用于工农业基

[①] 杜乃济等：《改善对外贸易形态之研究》，台湾商务印书馆 1977 年版，第 106 页，以及根据表 22 上的数字统计。

[②] 段承璞：《战后台湾经济》，第 129 页。

[③] 同上，第 137 页。

[④] 此三个百分比乃台湾地区财经决策人尹仲容所言，转引自周佗等：《台湾经济》，第 381 页。

础设施，且利率低的美援相对基金成为台湾地区最廉价的资金来源。

第二，援助政策直接影响台湾地区经济体制的确立和发展战略、政策的制定和执行。首先，在美国的作用下，台湾地区确立了完全的市场经济体制。台湾地区虽实行的是资本主义私有制，但在国民党政权迁台初期，其经济体制的主体不是市场经济。由于利用从日本手中接收的工商企业建立了庞大的官营资本体系及应付经济危机所采取的管制措施，台湾地区的经济体制是一种以公营为主、管制多于市场的管制经济与市场经济并存的体制[1]，对经济发展十分不利。可是，到了50年代后期及60年代，市场经济体制已形成，尽管仍有混合经济体制的残余。从官营资本管制体制为主的混合经济体制变成市场经济体制的重要原因是美国干预的结果。因为美国对台湾地区经济援助的条件之一就是要求"台湾当局"鼓励和扶植私人企业的发展，以建立市场经济体制。曾任美援运用委员会参事兼主任、台湾大学教授王作荣指出：确立市场经济体制的原因是多方面的，但"美援机构坚决主张市场经济更是重要原因"[2]。其次，在制定和执行台湾地区经济发展战策和政策时，美国人也是重要的谋划、监督和配合者。为使美援在台湾地区经济中充分发挥效力，一个由350人组成的"美国国际开发署驻华代表团"常驻台湾，以负责美援的分配和使用。该团团长既是美援政策的制定者又是美援政策推行的总监。其余或有或没有美国人参加的美援机构都根据该团的旨意并结合台湾的实际行事。经济援助的时间跨度为15年（1951—1965），且美援渗透到台湾地区经济的一切主要方面，即是说，在长达15年的时间内，台湾地区经济的各个方面，从大的发展战略到小的具体政策的制定和实施中都有美国人的身影。

---

[1] 梁国树：《台湾经济发展论文集》，第19页。
[2] 同上。

第三，援助政策提供的外部条件和营造的国际环境保证了台湾进口替代和出口导向战略的成功。进口替代与出口导向战略的实施是台湾地区由农业社会转变为工业社会的两个重要步骤，故可以说它们是台湾经济起飞的翅膀。台湾原本是资源稀少、资金缺乏、技术落后和市场狭小的海岛地区，与两项战略所要求的条件格格不入。进口替代需要原料、资金和技术。出口导向除对此三者要求更甚外，还需要广阔的国际市场。显然，仅靠台湾地区自身的条件，两翅难以羽毛丰满。正是由于援助政策为两战略的成功实施提供了所需的一切，台湾经济才能起飞和出现"奇迹"。

三

由于美国对中国大陆和台湾地区推行的政策截然不同，因而对各自经济产生的影响就完全相反。从这种客观鲜明的对比中可以看出：美国的亚太政策对海峡两岸经济发展水平的差异所起的作用恐怕不会亚于两岸内因对此差异所起的作用。所以，美国的亚太政策是造成1952年至1980年间海峡两岸经济发展水平悬殊的一个主要因素。因此，郑氏"造成双方实绩差异的主要因素是双方所采取的政经制度及发展策略迥然不同"的观点之片面性是显而易见的。中外学者的论述可以进一步帮助本文的论点。台湾经济起飞的主要决策者、经济学家李国鼎承认："台湾自己的快速发展便多半是由于国际经济合作及开发国家（尤其是美国）的援助而造成的。""没有美国多年的经济援助及人民自力更生的努力，台湾就不可能获得今天这种成绩。"[①]很清楚，李氏认为，美国的援助和台湾人民的努力是

---

① 李国鼎：《台湾经济高速发展的经验》，东南大学出版社1993年版，第366页。

台湾经济发展的两个主要因素。受美国国际开发署署长戴维·E.贝尔（David E. Bell）的委托而对1951—1965年间美国的经济援助对台湾经济发展之影响作专题研究的加州大学教授尼尔·雅各比推算，在美国经济援助的作用下，台湾地区国民生产总值的年增长率相当于无经济援助时的2倍多，人均国民生产总值的年增长率相当于无经济援助时的4倍。若无经济援助，那么台湾地区1964年的实际国民生产总值要延迟到1980年方可达到，而1964年的实际人均国民生产总值须延至1995年才能达到。[1] 即是说，若无美国的经济援助，台湾的经济发展水平要比现在落后20到30年，倘若扣除援助政策给台湾地区带来的其他各种外部有利条件，则台湾经济发展水平与现在相比所落后的时间就更长了。如果将遏制政策给中国大陆带来的损害也扣除，那么大陆的经济发展可能比现在快许多年。照此推算，那么，1952年至1980年间海峡两岸经济发展水平之差异就会比实际差异小得多。郑氏的观点之所以片面是因为它完全忽视了美国亚太政策对两岸经济所产生的巨大而不同的影响，或者说将其看成次要因素避而不提。这样一来，国际因素对台湾经济发展产生的积极效应全算在"台湾当局"所采取的政经制度和发展策略上；外部世界对大陆经济发展所带来的损害被全加在大陆所实行的政经制度和发展策略上，其结果是夸大了内因的正面和负面的作用。本文无意否认内因是制约中国大陆和台湾地区经济发展的另一主要因素，所要阐明的是，在对1952年至1980年间海峡两岸经济发展进行比较研究时，如果只强调内因的作用而忽视冷战和美国亚太政策这种特殊国际环境的影响，就不能正确说明造成两岸经济实绩差异的原因，也不可能科学地总结两岸经济发展的经验和教训。而且，这种片面性

---

[1] Neil H. Jacoby, *Aid to Taiwan: A Study of Foreign Aid, Self-Help, and Development*, p.152.

有可能误导人们低估国际因素对一国经济发展的极端重要性,以致不利于营造一个长期有利于两岸经济发展的国际环境。

(原载《武汉大学学报》[哲学社会科学版] 1999年第1期。全文转载于中国人民大学复印报刊资料《世界史》1999年第4期)

亚太经济中美日"蜜月"初探 (1947—1965)

1947—1965年是亚太经济中美日关系空前绝后的亲密时期,[①] 堪称"蜜月"。对美日"蜜月"的表现、原因和特点至今还未见到有文章进行比较全面系统的研究。本文作一尝试以抛砖引玉。

一、"蜜月"的表现

"蜜月"表现之一是美国对日本经济的呵护。二战结束时,美国亚太战略的初步设想是以旧中国为支撑点,抗衡苏联、惩罚日本,以旧中国为模式在东亚全面推行新殖民主义以主宰亚太经济。为彻底消除日本的战争和经济竞争潜力,防止其重新成为自己东亚利益的心腹之患,美国按自己的意愿改造之,在政治、军事和经济诸方面推行严厉的改革措施。随着冷战的降临和中国国民党在大陆的节节败退,美国对其战略设想进行重大调整:从1947年起把支撑点从中国移到日本,将昨天的敌人日本视为盟友极力扶植,以对抗以苏联为首的社会主义阵营,于是在日本推行"逆转路线"。美国对日本经济的呵

[①] 亚太指亚洲和太平洋地区;东亚指西太平洋沿岸国家和地区,包括东北亚和东南亚。

护集中体现在帮助日本经济自立和支持日本重返亚太经济。

第一，帮助日本经济自立。

首先，废止波利赔偿计划、取消日本赔偿义务。波利计划的基本内容是将日本 2000 万吨钢铁设备、3/4 以上的机器、全部铝镁业和 3/4 的造船业拆迁给东亚国家作为战争赔偿。[①] 1947 年初，美国军部开始对波利计划发难，分批遣使团赴日本"审查"该计划，起初提出减轻拆迁负担的 1/3，接着要求减轻重工业类负担的 90%，战争工业类的 60%，[②] 最后由总统杜鲁门 1949 年 5 月批准的国家安全委员会《13/3 号文件》使波利计划完全废止。[③] 其次，积极提供经济援助，启动日本工业。日本工业复兴的主要障碍是无外汇购进原料。为解决这一问题，从 1947 年起美国连续给日本拨了几笔款。1947 年 10 月政府建立 1.35 亿美元的"被占领的日本输出入周转基金"。1948 年 6 月国会建立 1.5 亿美元的"自然纤维周转基金"，资助日本进口美国的棉花以刺激纺织业生产。国会 1948 年 4 月至 1949 年 6 月又拨 1.65 亿美元的"占领地区经济复兴"援助。[④] 1947 年起的 4 个美国会计年度里用于复兴日本经济的美援共 15.67 亿美元。[⑤] 再次，推行道奇路线实现预算平衡。1948 年底总统批准了《日本经济自立计划》，任命在西德货币改革中崭露才干的约瑟夫·道奇为特使赴日本贯彻。道奇路线彻底根除了日本的通货膨胀，极大地刺激了出口，为日本经济复兴奠定

[①] [英] 阿姆斯特朗等撰、史敏等译：《战后资本主义大繁荣的形成和破产》，中国社会科学出版社 1991 年版，第 41 页。

[②] 冯昭奎等：《战后日本外交》，中国社会科学出版社 1996 年版，第 84 页。

[③] William S. Borden, *The Pacific Alliance*: *United States Foreign Economic Policy and Japanese Trade Recovery*, 1947-1955, Madison, Wisconsin: The University of Wisconsin Press, 1984, p. 82.

[④] *Ibid.*, p. 75.

[⑤] [日] 日本政治经济研究所撰、徐白丁等译：《在日本的外国资本》，世界知识出版社 1957 年版，第 32 页。

了基础。第四，以自己在东亚的军事扩张为日本提供赚取美元的市场。道奇路线虽稳定了日本经济，但未能解决严重的美元短缺问题。该问题成为制约日本经济自立的瓶颈。为解决此问题，1950 年上半年，美国陆军部副部长沃里斯（Tracy Voorhees）和美国占领军总司令麦克阿瑟等制定了把对亚洲的军事援助与对日本的经济援助相结合的地区协调援助计划。具体说来就是以美国在亚洲的军事干涉来重新启动日本的军工生产。[1] 朝鲜战争的爆发为实施该计划提供了好时机。1950 年 6 月至 1954 年，美国为朝鲜战争以及有关物资在日本花费近 30 亿美元，[2] "特需"的协调援助对解决日本美元短缺问题起了至关重要的作用，促进了日本工业的全面复苏。朝鲜战争结束后，协调援助计划继续实施，到 1960 年日本美元短缺问题得以彻底解决。[3]

第二，支持日本重返东亚经济。

美国决策者考虑到日本经济复兴离不开广泛地对外贸易，要使日本经济自立就必须让它与东亚经济重新结合。为此，美国作了各种努力，最主要的措施有：(1) 谋划了协议战争赔偿，为日本重开东亚经济之门提供了钥匙。由美国一手操纵而签订的《对日和约》第 14 条对赔偿的性质、形式和注意事项作了明确规定。[4] 协议赔偿

---

[1] William S. Borden, *The Pacific Alliance: United States Foreign Economic Policy and Japanese Trade Recovery, 1947–1955*, pp. 139–140.
[2] *Ibid.*, p. 146.
[3] *Ibid.*, p. 59.
[4] 规定："兹承认，日本应对其在战争中所引起的损害及痛苦给盟国以赔偿，但同时承认，如欲维持可以生存的经济，则日本的资源目前不足以全部赔偿此种损害及痛苦，并同时履行其他义务。因此，日本愿尽快与那些愿意谈判而其现有领土曾被日军占领并曾遭受日本损害的盟国进行谈判，以求将日本人民在制造上、打捞上及其他工作上的服务，供各盟国利用，作为协助赔偿各该国修复其所受损害的费用。此种安排应避免以额外的负担加诸其他盟国。当原材需要加工时，原材料应由言的盟国供给，以免给日本施加任何外汇上的负担。"引自 J. A. C. Grenville, *The Major International Treaties 1914–1973*, New York: Stein and Day Publishers, 1974, p. 285.

与波利赔偿计划有着质的区别：后者对日本是惩罚性的，赔偿的主动权掌握在盟国手中；前者对日本有利，赔偿的主动权在日本手里，其目的是通过象征性赔偿，缓和东亚人民对日本的痛恨情绪，以便日本能重进东亚商品和原料市场。由于赔偿是协议性的，故未对日本造成经济负担，[①]反而"有利于日本经济，因为它将使日本过剩的工业能力发挥作用，给人民以就业机会和重开贸易渠道"。日本通过对一系列国家和地区的赔偿，恢复了与它们的经济关系。（2）协助日本加入亚洲和国际经济组织。其中最重要的有：科伦坡计划（1954）、亚洲和远东经济委员会（1954）、湄公河工程（1958）、国际货币基金组织（1952）、关贸总协定（1955）、联合国（1956）和经济合作与发展组织（1964）。[②]有些组织，若无美国的庇护和支持，日本很难进入。仅举两例：1951年后期，日本正式要求美国让它加入产生不久的科伦坡计划。美国官员同意，认为科伦坡成员资格能使日本将一只脚伸入东南亚市场的门内，有助于克服不利于日本市场渗透的障碍。英国由于害怕日本的竞争，不赞成日本参加，但在美国的压力下，最后只好让步。[③]1963年7月，日本申请成为经济合作与发展组织的成员，遭到绝大多数成员国的强烈反对，由于美国的坚决支持，日本才如愿以偿。[④]美国帮助日本进入这些组织对

[①] 如缅甸、印尼、菲律宾、南越和韩国5个协议赔偿对象提出的赔偿要求共325亿美元，各国依次为25亿、180亿、80亿、20亿和20亿美元。经过"协议"后，日本总共只赔偿14.858亿美元。1955—1965年日本战争赔偿和无偿经济援助占国民收入总值的年均比率仅0.17%。引自 Harald B. Malmgren, *Pacific Basin Development*: *The American Interests*, Lexington Books, D. C. Heath and Company, Lexington, Massachusetts, 1972, p.32。

[②] 联合国虽不是经济组织，但日本的加入无疑大大地方便和加强了它与世界各国的经济交往。

[③] William S. Borden, *The Pacific Alliance*: *United States Foreign Economic Policy and Japanese Trade Recovery, 1947—1955*, p.209.

[④] William R. Nester, *Power across the Pacific*, New York: New York University Press, 1996, p.283.

日本重返亚洲和国际经济舞台的作用不言而喻。

"蜜月"表现之二是日本对美国亚太经济政策的忠实追随。美国对日本经济百般呵护，日本则对美国的亚太经济政策忠实追随。美国在东亚的经济利益说到底是个市场问题。为东亚市场，美日角逐了40年（1905—1945），好不容易到手的猎物，又受社会主义的"威胁"。因为在美国看来，社会主义的扩展就意味着自己东亚市场的萎缩。所以，美国一条至关重要的亚太政策就是通过与日本结盟来对抗社会主义阵营以保护和扩张在东亚的市场。日本甘愿为美国效劳。50年代上半期，日美签订4个重要文件：《对日和约》、《日美安全保障条约》、《日美行政协定》和《共同安全法协定》。其中规定：美军有权在日本领土驻留，驻日美军可用以"维持"远东的"和平与安全"和应要求镇压日本"内乱"；日本应向美国无限制地提供军事基地，美军人员及其家属在基地内外享有治外法权；日本接受美国的武器等军事援助，承担起加强自身军事力量"为增进自由世界的防卫力量作出贡献"的义务。这些条约严重损害了日本的主权，将日本绑在美国的战车上。然而，日本居然签了字，成了美国东亚市场的主要看守者。美国的另一亚太政策是遏制新中国经济的发展。1950年，中苏同盟条约签订，尤其是朝鲜战争爆发后，美国视新中国为苏联在亚太扩张的副手，无时无刻不想拔掉这颗眼中钉而后快。美国反华的一个重要方面是遏制其经济的发展，这体现在1951—1952年美国国家安全委员会提出的美日经济合作计划中："美国以军事订货的形式和在东南亚的责任心为日本提供经济刺激和美元补贴，以此换取日本对美国亚洲政策，尤其是对不承认中国的政策的执著追随。"约瑟夫·道奇作了进一步的说明：日本的作用之一是"创造一种以支持自由世界之目的（即不与中国贸易）的外贸模式"，美国的责任是"继续支持日本为联合国在朝鲜的努力而生产和参与东南亚的重建以及经济援助的获得"。[①] 对此政策，日本基本上是不折不扣地执行。首先，严格遵守"巴统"制度，对华实行经济封锁和贸易禁运。"巴统"成立不久日本随即加入。"巴统"对苏联和东欧国家只禁运"国际货单Ⅰ"所列物品，对"国际货单Ⅱ"的物品只进行数量管制。日本追随美国同意对华禁运两单全部物品，并加上美日共同确定的在安全领域内必须禁运的物品。在专门负责对华禁运的"巴统"内的"中国委员会"解散的1957年，首相岸信介在华盛顿讲：日本作为一个自由国将继续遵守国际规定，对华实行战略物资禁运。[②] 直至1964年下半年，日本对华禁运项目还有155项，对31种物品的管制反而加强了。[③] 其次，日本政府长期拒绝同新中国建立官方经济关系，使日中贸易难以顺利进行。历届日本政府不顾日中经济互补性和违背两国人民的强烈愿望，拒绝与华建立正常的官方经济关系，致使50年代两国关系处于民间贸易的水平。且因日本政府对民间贸易不承担责任以及禁运和以物易物造成的困难等原因，贸易协定的执行率也不高。60年代初以后，虽然日本政府放弃了完全拒绝与华建立官方经济关系的顽固立场，但1962—1971年经济关系只维持在半官方的水平。再次，以"政经分离"的原则限制日中贸易的发展。即在政治上不承认新中国，只在许可的范围内与之进行一定程度的贸易以满足本国之需。这一原则不仅遭到新中国的强烈反对，就连日本政府在执行中也无法"政经分离"，总是让经济服从于政治。仅以"吉田信件"为例，1962年11月，"高奇—廖备忘录贸易"的签订标志着两国贸易关系升级至半官半民

[①] William S. Borden, *The Pacific Alliance: United States Foreign Economic Policy and Japanese Trade Recovery, 1947—1955*, pp. 151–152.
[②] R K Jain, *China and Japan 1949—1976*, London: Martin Robertson & Co. Ltd., 1977, p. 20.
[③] *Ibid.*, p. 78.

的水平。翌年 6 月，中国技术进口公司与日本仓敷人造丝公司签订了第一个从日本引进成套设备总金额为 73.58 亿日元并使用日本输出入银行贷款的合同，不久获日本政府批准。"台湾当局"对日本提出强烈抗议，以暂停台日政经关系相要挟。在此压力下，首相池田勇人派前首相吉田茂赴台，后者以书信形式保证：日本政府将不允许日本出口商利用输出银行贷款向中国内地出口，这就是所谓"吉田信件"。"吉田信件"对日中贸易关系带来了莫大损害。中国政府不得不取消了一批与日本签订的合同。1964—1965 年，中国内地在资本主义国家订购的 21 套工业设备中，只有 2 套是日本的。[1] 这充分说明，日本政府"政经分离"的实质仍是忠实地追随美国的亚太经济政策。

"蜜月"表现之三是合谋共享东亚市场。美日各自目的都是获取东亚的商品、原料和投资市场。为此，两国在对东亚的经济援助、双边贸易和直接投资中密切合作。经济援助是美日抵消社会主义国家的魅力，削弱英国、法国和荷兰的影响和加强自己地位的一把多功能剑。美国对东亚的经济援助最驰名的是"杜鲁门第四点计划"，另外还有防务支援、特种援助、技术合作、开发贷款基金、意外事件基金等。[2] 第四点计划一出台，首相吉田茂就出来捧场说：东南亚还未开发，居民生活程度很低，是最适于共产主义萌芽的温床。为了努力开发资源使当地民族丰衣足食，就"必须有效地运用美国的所谓第四点计划"[3]，日本对东亚的经济援助是从协议赔偿开始的。如前所述，这种特殊的"经济援助"完全是在美国的支持下才得以

---

[1] R K Jain, *China and Japan 1949—1976*, p.79.
[2] [美] 鲁塞尔·法菲尔德撰、群力译：《美国政策中的东南亚》，世界知识出版社 1965 年版，第 213 页。
[3] [日] 吉田茂撰、韩润棠等译：《十年回忆》第 1 卷，世界知识出版社 1966 年版，第 178 页。

进行的。从二战结束到 1965 年,美国给韩国、南越、菲律宾和中国台湾以巨额经济援助,①对其他各国也予以大量援助,成为除马来西亚和新加坡之外其余东亚国家和地区经援的主要来源国。以美援为主,日本则辅之以协议赔偿、商业贷款等。在多边援助方面,从科伦坡计划到 50 年代中期,美国已超过英国成为提供资金最多者。在湄公河开发计划中,美国、日本已成为主角。经济援助不仅是培养情感和施加影响于东亚的手段,也是直接占领东亚市场的途径。美国、日本不是利用经济援助输出过剩产品就是将它与购买本国货挂钩。正如美国参议院所言:"我们向国外提供的信贷,几乎每一美元都回到美国而发挥它的用处,即在我们本身的经济中创造销路而维持它不致发生不景和萧条。"②

大规模的经济援助有力地促进了美国、日本与东亚贸易的发展,以致两国对市场和原料的占有率大幅度提高。到 60 年代上半期,在东南亚和香港,除了英国、法国分别为马来西亚和柬埔寨的第一贸易伙伴外,在其余国家和地区,英国、法国和荷兰的贸易主宰地位几乎全为美国、日本所取代。即使在马来西亚和柬埔寨的外贸中,美国、日本也紧逼英国、法国之后。在东北亚,中国台湾和韩国外贸的主宰战前是日本,战后两地为美国的势力范围。可是,美国不但未独霸其外贸,反而极力促成日台、日韩贸易协定的签订,让日本分享两地市场。东南亚的菲律宾情况类似。菲律宾外贸的主宰战前战后都是美国,美国也帮助日菲签订贸易协定。日本在菲律宾不断挤占美国的市场份额,美国也毫不在乎。这些就是美日合谋共享东亚市场的突出表现。由于外贸被美日合伙主宰,东亚国

---

① 据不完全统计,给韩国 38.4 亿美元、南越 24.18 亿美元、菲律宾 19 亿美元、中国台湾 15.23 亿美元。
② 《东南亚研究资料》1963 年第 2 期,第 5 页。

家和地区成了美国过剩农产品、制造品的重要出口市场和战略物资、工业原料的来源地,成了日本工业品的主要输出市场和粮食、工业原料的主要供应地。

战前东南亚除菲律宾外,其余国家的外来投资分别由英国、荷兰和法国主宰。战后美国和日本大大地改变了这种局面。在印尼,美国资本从50年代末开始在外资中占首位直至1963年其企业被印尼国有化。在马来西亚和新加坡,英国资本仍居首位,但美国资本、日本资本紧追其后,在马来西亚分居第二、三位,在新加坡分居第三、四位。唯独在菲律宾,情况与战前无大变化,美国资本几乎垄断了其投资市场。在南越,因人民的反美斗争使美国投资者信心不足才让法国资本仍居首位。东北亚,在中国香港,论公司数量,美国居首,将英国排斥到第二位,日本则居第三。在中国台湾和韩国,美国资本均占统治地位。日本资本在中国台湾增速很快。总之,整个东亚除了在马来西亚、新加坡和南越英国、法国资本居第一,在其余国家和地区均是美国、日本资本居第一、二位。

"蜜月"表现之四是双边关系上的互利互让。

第一,美国、日本互为商品市场。

被占领期间,日本就是美国商品的重要市场。上文提到的美国建立的几种周转基金主要是为日本进口美国货服务的。其中,自然纤维周转基金则是专为资助进口美国棉花而设立的。这项基金"帮助南方参议员减少了市场上的棉花过剩和为美国棉花在日本建立了永久性的市场。……对于农业生产商、农业部和许多国会议员来说,它是一项关键的政策"。[①]占领结束后,日本仍为美国的重要市

[①] William S. Borden, *The Pacific Alliance*: *United States Foreign Economic Policy and Japanese Trade Recovery, 1947—1955*, p.75.

场。日本安定本部 1951 年 2 月发布的第一个日美经济合作计划将原打算实现食物自给的目标改为依靠美国农产品进口来保证食物的消费。[①] 加之日本政府忠实执行对华禁运政策, 美国就成了日本食物和原料的重要供应地。如日本从美国进口的铁矿石、煤和大豆三种最需要的产品占日本进口同类货总额的比重, 1951 年分别为 33.6%、70.9% 和 97.3%, 1956 年为 12.1%、80.1% 和 74.7%。[②] 日本于 1954 年和 1956 年与美国签订过剩农产品购入协定, 共接受 1.66 亿美元的农产品。[③] 1957 年尽管澳大利亚粮价比美国的低, 但在美国种种信贷的吸引下, 日本仍购美国粮食而不买澳大利亚的粮食。[④] 这样, 日本就成了美国在东亚的最大市场。美国对日本出口值从 1951 年的 6.95 亿美元增至 1960 年的 15.54 亿美元, 继增到 1965 年的 23.66 亿美元, 分别占日进口的 33.9%、34.6% 和 29%。[⑤] 另一方面, 美国也是日本产品的主要市场。随着日本经济的恢复和发展, 进入 50 年代后日本对美国出口增长甚快, 输出值从 1951 年的 1.85 亿美元增至 1960 年的 11.02 亿美元, 再增至 1965 年的 24.79 亿美元, 分别占日本输出的 13.6%、27.2% 和 29.3%。[⑥] 50 年代, 日本向美国输出产品主要为生丝、丝织品和棉织品。进入 60 年代后, 向美国输出钢铁产品、收音机等电器产品渐渐增多。整个五六十年代, 美国都是日本最大的棉织品市场。

[①] William S. Borden, *The Pacific Alliance*: *United States Foreign Economic Policy and Japanese Trade Recovery*, *1947—1955*, p.162.

[②] R K Jain, *China and Japan 1949—1976*, p.29.

[③] William S. Borden, *The Pacific Alliance*: *United States Foreign Economic Policy and Japanese Trade Recovery*, *1947—1955*, pp.184—185.

[④] *Ibid.*, p.183.

[⑤] John Chay, *The Problems and Prospects of American-East Asian Relations*, Colorado: Westview Press, 1977, p.136.

[⑥] *Ibid.*, p.136.

第二，美国成为日本资本和技术的主要来源国。

占领期间，美国向日本提供经济援助共 21.28 亿美元。[①] 1950—1968 年，日本接受外国贷款共 47.752 亿美元，其中直接来自美国的为 24.898 亿美元，占 52.14%，若加上美国控制的世界银行的贷款 8.69 亿美元，则占 70%。1949—1965 年美国对日本直接投资共为 6.75 亿美元。战后初期，日本的科技水平比美国落后 20—30 年，故日本大量引进美国等西方国家的先进科技。1950—1964 年日本与外国签订的技术专利权使用协定共 3200 项，其中 A 类协定占 2/3 以上，余者为 B 类。与美国签订的 A 类协定占 A 类总数的 60%，与之签订的 B 类的相应比重为 53%。[②] 同期日本科技进口总花费 8.686 亿美元。若按签订的专利使用协定占协定总数的比重推算，那么上述金额中近 60% 是付给美国的。日本因引入美国科技而得到实惠。到 60 年代初，日本与美国科技水平的差距已缩短为 10—15 年。[③] 日本大规模输入美国的资本和科技，一方面使自己成为美国的资本和技术市场，美国大赚其钱。另一方面，促进了日本经济的迅速发展。美日双边关系也有不谐之处。棉织品贸易摩擦开始于 1955 年。同年，日本在美国倾销女罩衫 4800 多万件，占领了美国该市场的 1/4。[④] 对于日本的倾销，美国在适度容忍的同时要求日本实行"自动限制"。1955 年 12 月日本同意美国的要求，对向美国输出棉织品实行临时限制，1957 年又实行为期 5 年的"自动限制"。"自动限

[①] [日] 垄断资本研究会撰、倪虹译：《现代日本垄断资本》，世界知识出版社 1962 年版，第 264 页。

[②] Yoshihir Tsurumi, *Technology Transfer and Foreign Trade*, New York: Arno Press, 1980, pp. 203, 204, 246.

[③] 金明善：《现代日本经济问题》，辽宁人民出版社 1983 年版，第 130 页。

[④] Jon Woronoff, *World Trade War*, New York: Praeger Publishers, 1984, p. 109.

制"在1962年、1963年和1965年不断实施。[1]同时,美国嫌日本市场开放不够,以各种手段对之施压,迫其实行贸易和汇兑自由化。日本虽心怀抵触,但仍作了让步,从1960年6月起实行贸易汇兑自由化计划,到1964年4月已有93%的进口商品实现自由化。[2]由于摩擦只表现在局部问题上,且未达到激烈的程度,加之双方互相让步,故直到1965年美日"蜜月"仍得以维持。

日本随着经济的发展和实力的增强,于1965—1966年始挑战美国在东亚经济中的主宰地位;1965年美国在越南战争中推行"逐步升级"战略,以武力扩大在东亚势力范围和市场的行径变本加厉,日本对此不予配合,只埋头发战争之财;同时,美日双边贸易摩擦在广度和深度上逐渐加剧。因此,60年代中期以后美日"蜜月"寿终正寝。

二、"蜜月"的原因

(一)城下之盟的结果

美日同盟是在日本被美国占领的特殊情况下,战胜国将自己的意志强加给战败国的产物,并非在平等条约下相互自愿的选择。然而,尽管日本是身不由己被迫接受这种同盟,但美国这种单方面的意愿给因战争而山河破碎的日本带来了新的希望,因此日本也乐意接受。在被占领最初两年中,日本处于受冷落、唾弃和经济惩罚的境地。冷战降临后,美国转而扶植它作为自己在东亚与苏联和社会

---

[1] Jon Woronoff, *World Trade War*, New York: Praeger Publishers, 1984, p.110.
[2] 朱立南:《战后日本的对外开放》,当代中国出版社1993年版,第61页。

主义抗争的桥头堡。这使日本摆脱了山穷水尽的恐惧,找到了柳暗花明的感觉。日本统治阶级和垄断集团无不为美国亚太战略的重大变化而受宠若惊和欢欣鼓舞。更重要的是,在长达6年的占领期间,美国培植了以吉田茂为代表的亲美保守势力,使日本确立了完全依赖美国复兴经济的"一边倒"政策,而且这一政策为吉田茂之后的历届政府所继承。

(二) 两国战略上的相互需要

战前美国与日本争夺东亚市场,最终导致了太平洋战争的爆发。战后美国将以苏联为首的社会主义阵营视为自己主宰亚太经济的最大威胁。为了确保它在东亚的经济利益,它首先要阻止社会主义在该地区的扩展,然后还要巩固东亚的资本主义市场。为达到这些目的,美国在隔洋的东亚非有一个忠实得力的同盟者不可。冷战爆发后,已屈服于自己的日本首当其选。这样做,一则在与苏联争夺东亚势力范围和市场的斗争中美国在东亚有一个前沿阵地和强有力的帮手;二则可以保有日本这个东亚最重要的市场;三则还能够通过恢复日本昔日"亚洲工厂"的地位和美日东亚经济相结合等方式带动东亚资本主义经济的恢复和发展,解决威胁美国经济发展的严重的世界性美元短缺问题,以及排斥对东亚经济有重要影响的英国、荷兰和法国。因此美国的亚太经济战略是通过与日本组成"太平洋同盟"而主宰亚太经济。[1] 由此可见,日本是美国亚太经济战略中的一枚至关重要的棋子,美国要保住它在东亚的既得利益一刻也离不开日本。战后日本被剥夺了拥有武装的权利,它要重新崛起为

---

[1] William S. Borden, *The Pacific Alliance: United States Foreign Economic Policy and Japanese Trade Recovery, 1947-1955*, pp. 10-11.

世界强国只有走和平发展经济之路。日本战略和政策的主要制定者、保守的政治家吉田茂认为只有依赖美国才能复兴经济，这包括借助美国的核保护伞以节省军事开支用于经济建设，利用美国的资金、技术、原料和市场来发展出口贸易和实现国民经济的现代化。同时，日本要发展对外贸易，东亚则是其最基本的原料产地和最重要的市场。因为美国的原料价格昂贵、运途遥远，在美欧市场上日本商品的竞争力差。但要重进东亚经济，无论是东南亚经济还是东北亚经济，都必须得到美国的同意且需要美国的斡旋。因此，日本的亚太经济战略集中到一点就是死心塌地地追随美国来复兴经济。正如日本学者永野信利所指出的："对于接受旧金山体制的日本来说，美国是无可非议的绝对权威，如果军事上不纳入日美安全体制，在经济上不依赖对美贸易，那么日本的独立是不可能的。吉田虽遭到国内一部分人的指责，说他'追随美国'，但吉田还是认为只有'追随美国'才是复兴之路。这从他的著书中可以窥见得出。"[①]可见两国经济战略上的相互迫切需要使其结成了鱼与水的亲密关系。

（三）两国经济强烈的互补性

在太平洋战争爆发之前，因双方经济发展水平的差异，两国就存在着经济上的互补性。由于太平洋战争的作用，战后两国经济水平差距更大，因而互补性更强。日本经济的恢复和发展急需美国的资本和技术；战后急剧膨胀的美国垄断资本及其掌握的高新科技早已看中了日本的工业基础和投资环境。美国资本，如前所述，以经济援助和投资的形式浩浩荡荡地进入并占领日本资本市场。"神武景

[①] ［日］永野信利撰、复旦大学历史系日本史组和上海译文出版社译：《日本外务省研究》，上海译丛出版社1979年版，第181—182页。

气"时期（1955—1957）日本大规模引进美欧先进技术。美国一些经过"三番两次"使用的已变成"旧技术"的技术也成为日本求之不得的"新技术"。①贸易方面，日本是个缺食物和原料的大户，美国则是有大量过剩农产品和原料的卖主。50年代下半期，日本所消费的一半以上必须仰赖输入的粮食和工业原料达12种。其中对美国依赖程度，大麦为40.3%、小麦45.9%、大豆71%、棉花70%、磷矿石70%、焦煤88.8%、废铁70.1%，实际这7种商品几乎绝对依赖美国。②从美国方面讲，日本成为美国这7种商品的最重要市场。美国在日本输入总额中所占比重从二战前的24.7%升至50年代的30%。③另一方面，日本商品也需要美国市场。在13种主要出口产品中（1956年占出口总额的75%）有5种对美国市场依赖程度最高。它们是：鱼类罐头为38.2%、缝纫机33.7%、陶瓷器49.7%、玩具61.8%、胶合板83%。另有电机、纤维品和钢铁对美国市场的依赖程度分别为24.8%、21.1%和17.7%。④从美国的角度来说，它需要这些廉价日本商品。1956年美国在日本输出总额中占21.7%。⑤产品结构方面，日本在"岩户景气"时期（1958—1961）才开始发展电视、收音机等家电产品和重化工产品如汽车等。这些产品虽已大量出口，但在1965年以前还未形成对美国同类产品的威胁性竞争，且新型家电产品和重化工业的发展更需要美国的技术和原料以及生产资料性产品如机器等。两国都从贸易中得到了好处，日本得到了所需粮食、原料和技术，美国则享受巨大贸易顺差：1955—1965年日本对美国逆差18463亿日元。合谋东亚市场使日本获得对

---

① ［日］日本政治经济研究所撰、徐白丁等译：《在日本的外国资本》，第5页。
② ［日］垄断资本研究会撰、倪虹译：《现代日本垄断资本》，第259页。
③ 同上，第259页。
④ 同上，第260—261页。
⑤ 同上，第258页。

东南亚的顺差（同期）13939亿日元，日本以此弥补其对美国逆差的75.5%。总之，经济的强烈互补性是美日"蜜月"的重要原因之一。

三、"蜜月"的特点

一是强烈的政治和军事色彩。美日"蜜月"本是冷战的产物。为了对付中苏同盟，美日组成了政治、军事和经济三位一体的同盟，美日"蜜月"（1947—1965）则是经济同盟（1947—1971）的黄金时期。因此，"蜜月"打上了鲜明的冷战政治烙印。"蜜月"的形成与阻止共产主义在东亚的扩展密切相关。二战结束后，尤其从1947年始，美国予日本以大量的物资和资金援助，帮助日本恢复和发展经济之目的，就是为了使日本避免因物资匮乏和经济崩溃而发生共产主义革命或者被迫倒向苏联。美国帮助日本恢复昔日"亚洲工厂"的地位，一是为了使日本富强到足以充任美国在东亚反共堡垒的角色，二是为了以日本为龙头带动亚太资本主义世界的经济发展，改善该地区民众恶劣的生活状况从而消除"滋生共产主义的土壤"、防止"多米诺骨牌"现象的发生，确保诸亲美政权的稳定。"蜜月"形成与遏止中国内地的经济发展密切相连。美国呵护日本经济的前提条件是日本不承认新中国，不与大陆建立官方贸易关系。因此，朝鲜战争爆发后美日合伙对华推行严厉的经济封锁和贸易禁运政策。战争结束后，日本对华封锁禁运有一定程度的松动，但在关键性战略物资方面，一直坚持到70年代初。美国的态度更为顽固，从禁运开始到中美和解，两国间完全没有经贸关系。"蜜月"的军事色彩也十分浓厚。"蜜月"的一贴重要的黏合剂是美国为日本提供核保护伞,使日本能将本应花在国防上的大量军费开支用于发展经济。①"蜜月"的另一黏合剂是美国以军事订货的方式为日本提供变相经济援助。这一方式以冷战为借口绕过美国国会对日本经济援助的钳制,通过军需购买使日本获得巨额美元。同时,由于日本军需品的价格低廉,故可大大降低美国军事冒险的开支。日本则通过出售军需品启动闲置的军事工业而赚取大量外汇、克服严重的美元短缺困难,从而带动国民经济的恢复和发展。美国因朝鲜战争在日本花费近30亿美元,到60年代中期由于越南战争又使日本赚取近10亿美元。②同时,美国还将对东南亚的军事援助与购买日本产品挂钩等等。

"蜜月"的另一特点是不平等性,即"恋人"所处的地位不平等。这表现在几方面:(一)美国是战胜国和占领者,日本是战败国和被占领者,日本加入地区和国际经济组织都须得到美国的点头和支持才行。(二)美国是资金雄厚、技术先进、经济最发达的国家,日本则是资金短缺、技术落后的发展中国家,因此后者在资金、技术、原料、市场等方面主要依赖于前者,在双边贸易中年年赤字。(三)在东亚经济中的经济援助、投资和贸易上,美国均占绝对优势,日本只占很小的份额,且日本对东亚的经济扩张也属于美亚太战略的一个组成部分,在一定程度上是美国在亚太扩张的补充。因此,在亚太经济中,美国是主宰,日本只不过是美国的配角。这些表现决定了"蜜月"中美国的主导和日本的从属地位,日本的利益

---

① 日本军费开支(按1964年的市价),1937年为13860亿日元,占国家预算的69.8%,占国民生产总值的14.1%,而1955年这三个数据依次变成1349亿日元、13.3%、1.54%,1965年依次为3054亿日元、8.1%、0.97%。转引自金明善:《现代日本经济问题》,辽宁人民出版社1983年版,第84页,资料来源:日本资料。

② AKira Iriye and Warren I. Cohen, *The United States & Japan in the Postwar World*, Kentucky: The University Press of Kentucky, 1989, p.98.

必须服从美国的利益。在论及 50 年代不平等的美日经济关系时，永野信利指出："当时的日美关系，打个比方来说，好像贫苦人家的高材生到有钱人家做女婿，是从生活到大学的费用均受到照顾的那样一种关系。虽然，内心即使对养父养母那种强加于人的态度不满（例如：在强行要求对台湾问题的选择上），都不能提出异议。"[①]"吉田书简"是永野信利之言的最好注脚。1951 年 10 月，首相吉田茂在国会的答辩中表达了不想完全按美国的旨意行事的想法和有可能与新中国建交的愿望。吉田之言传到美国，美国国务院立即对日本政府施压，吉田被迫发表"吉田书简"，承诺按美国的意志行事：在对华关系上，只与"台湾当局"建交。日本被迫违背自己的主观意愿和民族利益，追随美国的对华政策达 20 余年。日本因此拒绝与新中国建立官方政治和经济关系，宁愿购买比中国原料昂贵得多的美国原料。直到 70 年代初美国政府背着日本与中国进行邦交正常化的努力时，日本才发现上了美国的当。不过，随着日本经济的恢复、发展和美国实力的削弱（因朝鲜战争和越南战争），这种地位不平等的程度渐渐地发生着有利于日本的变化。约从 60 年代中期开始，亚太经济中的美日关系逐渐呈现出全新的内容和特点：激烈竞争。

（原载《武汉大学学报》[人文科学版]
2001 年第 3 期。全文转载于中国人民大学复印
报刊资料《世界史》2002 年第 1 期）

---

① [日] 永野信利撰、复旦大学历史系日本史组和上海译文出版社译：《日本外务省研究》，第 182 页。

略谈亚太经济中的美日竞争（1965—1985）

对美日双边经济关系学术界给予了充分关注，而对亚太（亚洲的太平洋地区）经济中的美日竞争却研究不够。本文试对20世纪60年代中期至80年代中期亚太经济中的美日竞争作初步探讨。

一、竞争的缘由

亚太经济中的美日竞争既有深刻的历史根源也有重要的现实原因。明治维新前后，美日以太平洋国家的身份进入亚太经济。日俄战争后，美日殖民角逐的序幕逐渐拉开，直到1941年的珍珠港袭击，两国在中国乃至整个亚太争斗的实质是："门户开放、利益均沾"对"武力扩张，市场独占"。日本以建立"大东亚共荣圈"的图谋来排斥美国，意图独占亚太的市场、原料和投资场所。它一度得手，用刺刀控制亚太经济4年。战后，美国乘日本退出和西欧国家无力恢复昔日影响之机成为亚太经济的主宰。通过缔结"城下之盟"，日本成了美国的小伙伴和亚太利益的看守者。日本对此不甘心。它的互为条件和结果的两个目的是：恢复和增强日本的国力；夺取亚太经济的主宰权。由于战败，力量衰弱和被剥夺了拥有武装的权利，日本只好采取韬光养晦的策略与和平的手段。首相吉田茂说：日本的天命"是成为一个世界强国。本国的安全和发展由于与亚洲和太平洋地区最强大的西方国家结成亲密的同盟而得到最可靠的保证……正如美国曾经是大英帝国的殖民地而现在比英国强大一样，如果日本成为美国的殖民地，它最终将变得比美国更强大"。① 为此，日本决心利用美苏冷战将军事上的失败转化为经济上的胜利。② 果然，经过20年的卧薪尝胆，日本开始追求亚太经济中的优势地位。1966年外相三木武夫提倡"亚洲—太平洋圈"的构想：美国、加拿大、澳大利亚、新西兰和日本太平洋五国合作，共同援助亚洲的开发；日本则是太平洋各国与亚洲各国相联结的"桥梁"。③ 亚洲国家认为"这是企图通过通商、友好和经济合作重现改变了形式的'大东亚共荣圈'"。④ 1969年亚洲太平洋地区理事会会议上，一位有影响的日本阁员说："大共荣圈？这有什么不对的？我们过去是想用武力来建立，但今天却是用经济力量来建立。"⑤ 其意是日本要用和平的方式完成昔日未能用武力完成的"事业"。日本取代美国主宰亚太经济的意图显而易见。美国人当然意识到这一点，一美国学者针锋相对地指出："当我们看到日本目前对韩国和东南亚实行侵略性的经济政策，而一位有影响的日本阁员又使我们想起'大共荣圈'时，我们不禁对日本现领导人重新开展'大共荣圈'运动感到

---

① Nester William R Nester, *Japan and the Third World*, London: Macmillan Academic and Professional Ltd., 1992, pp. 9—10.

② William S. Borden, *The Pacific Alliance: United States Foreign Economic Policy and Japanese Trade Recovery, 1947—1955*, Madison, Wisconsin: The University of Wisconsin Press, 1984, p. 150.

③ [日]丸山静雄撰、石宇译：《东南亚与日本》，上海人民出版社1974年版，第143页。

④ 同上，第158页。

⑤ 中国社会科学院世界经济研究所编：《南朝鲜经济》（译文集），中国社会科学出版社1981年版，第197页。

担心。"① 美国会拱手将亚太经济的主宰权让给日本吗？尼克松在就职总统的前二年即 1967 年就声明："美国是一个太平洋强国，欧洲已经和正在撤走其帝国的残存部分，但是拥有一条从墨西哥到白令海峡弧形海岸线的美国是广阔的太平洋世界的一根支柱。我们的利益和我们的理想鞭策我们不是作为征服者而是作为伙伴而西越太平洋。"② 尼克松的弦外之音很清楚：当欧洲在亚太的殖民残余消逝后，美国的经济和政治利益不允许日本独霸亚太经济。事实证明：战后亚太经济中的美日竞争渊源于战前的殖民角逐，尽管前者与后者有着质的区别。

战后美日经济和亚太经济的迅速发展是导致两国激烈竞争的现实原因。美国经济的迅速发展得益于第二次世界大战和第三次工业革命。二战结束后美国拥有世界黄金储备的 2/3 和世界制造业的一半以上，成为世界最大的商品出口国。在美国源发了第三次工业革命，从 50 年代开始，除汽车、钢铁和化学产品等极具国际竞争力的产品外，电脑技术、信息系统和第三产业三大门类的产品威风凛凛地登上市场。③ 由于二战的刺激和第三次工业革命的推动，从 1940 年至 1973 年美国经济取得高速度的增长。④ 日本经济的发展更是世界资本主义史上的奇迹。1955—1970 年其出口年增长率为 14%，进口年增长率为 16%，国民生产总值年增长率近 11%。⑤ 1970 年成为

---

① 中国社会科学院世界经济研究所编：《南朝鲜经济》（译文集），第 198 页。
② Akira Iriye & Warren I. Cohen, *The United States & Japan in the Postwar World*, Kentucky: The University Press of Kentucky, 1989, p.104.
③ [美] 托马斯·K.麦格劳撰，赵文书、肖锁章译：《现代资本主义》，江苏人民出版社 2000 年版，第 358 页。
④ 同上，第 318 页。
⑤ Kernial Singh Sandhu, Eileen P T Tang, *Japan as an Economic Power and Its Implications for Southeast Asia*, Singapore: Stamford College Press Pte Ltd., 1974, p. ix.

世界第二大出口国。[①]70年代日本把使自己经济受挫的石油危机变成提高产品竞争力的契机；在实现重工业化后又走上了低能耗、高科技产业发展之途。它将美国首创的高科技为己所用，在电子消费品生产方面建立了优势。又成功地研制和成批生产高效节能的小型汽车。由于对科技的高度重视，到80年代初日本的总体科技水平已领先欧洲，接近美国。因此，无论是其劳动密集型产品、资本密集型产品还是技术密集型产品都具有强大竞争力，风靡全球。产品源源流出，财富滚滚而来，到1986年，日本取代美国成为全球最大的资金供应国。美日经济的迅速发展产生了若干相同的后果：洪流般的产品、巨额的财富、对原料的需求和产业的外移。从而最终导致对商品市场、投资场所和原料产地的争夺。这里对原料产地的问题略加说明。原料产地对日本至关重要，因为资源贫乏是日本的"阿基里斯之踵"（Achilles' heel）。若无源源不断的原料流入，日本的奇迹就会终结。美国虽然资源富有，但有些工业原料如天然橡胶、锡、纤维等和有些农产品如热带植物油、茶、香料等也需进口。美国尽管也是石油生产国，但以美国石油公司为首的全球七大石油公司为控制国际石油市场，需要占有海外石油资源。美日所青睐的重要商品市场、投资场所和原料产地之一就是亚太。

亚太自身经济的发展所产生的机遇也增强了对美日的吸引力。步日本之后，新奇迹接连而来。先是50年代末至70年代上半期"四小龙"的腾飞，到80年代中期成为新兴工业化国家和地区。接着是70年代中期至80年代初东盟四国的崭露头角，不久成为准

[①] William Mccord, *The Dawn of the Pacific Century*, New Brunswick: Transaction Publishers, 1991, p.23.

新兴工业化国家。最后是70年代末中国内地开始的改革开放,到80年代中期已取得显著成就。亚太经济快速发展的结果之一是投资场所的扩大。进口替代、出口导向战略及基础设施建设等都离不开资本。上述国家和地区原来底子差、资金严重不足,必须利用外资才能实现经济现代化。为此,它们都制定鼓励投资的政策,加上当地过剩廉价的劳力,使亚太成为巨大的有利可图的投资场所。结果之二是工业原料的开发。东盟四国和中国内地具有丰富的自然资源和工业原料:石油、天然气、煤、锡、镍、铝矾土和天然橡胶等藏量巨大。随着对外经济交往的发展,比较优势的发挥,自然资源会越来越多的得到开发和利用,成为先进工业国理想的原料产地。结果之三是商品市场的扩大。由于经济的迅速发展,亚太发展中国家和地区的财富剧增,80年代中期国内生产总值、外汇储备都相当于60年代中期的好几倍。财富的增多和经济的发展促进了对生产和生活资料的消费。1965—1985年"四小龙"、东盟四国和中国内地的进口年均增长率,最低者为10.9%,高者达26.9%。[1] 1981年它们的进口已占世界进口总值的32.6%。[2] 另外,亚太沿岸海道是重要的国际贸易运输线。其中的台湾海峡、马六甲海峡对各国的经济发展具有重要的战略价值。例如日平均20艘船只通过马六甲海峡,供应日本所需能源的75%。[3] 亚太海域的战略价值是吸引美日的又一重要因素。

---

[1] 根据国际货币基金组织所编数据计算得出,数据转引自郑励志:《快速发展的亚太地区经济》,上海财经大学出版社1996年版,第18页。
[2] 根据国际货币基金组织所编数据计算得出,数据转引自 Bela Balassa, *Economic Policies in the Pacific Area Developing Countries*, Houndmills: Macmillan Academicand Professional Ltd., 1991, p.26。
[3] Harry H Kendal, Clara Joewono, *Japan, ASEAN, and the United States*, Berkeley: The Regents of the University of California, 1991, p.188.

二、竞争的情景

60年代中期至80年代中期是美日竞争的典型期。基本特征是美日较量激烈，后者赶超前者。时段界定的理由：1. 1965年是日本经济竞争力发生重要转折的一年。之前其国际收支年年逆差，之后经过几年的大致持平后呈现顺差趋势。也从同一年起，在美日双边贸易中日本保持顺差趋势，此前几乎年年逆差。[①] 2. 1966年日本对美国在亚太经济中的领导权提出挑战：主持首次东南亚经济开发部长会议；成为亚洲开发银行的创始者之一；建立东南亚农业基金。[②] 3. 经20年的激烈博弈，在绝大多数国家和地区的经济中，日本的地位和影响于1985—1986年最终超过美国。此后竞争仍在继续，但具有不同的特点。商品贸易、直接投资和经济援助（含官方援助和民间贷款）是国际经济关系的三个基本方面。美日竞争即表现于此。

商品贸易：60年代上半期，就进出口贸易中所占份额而言，在韩国、南越、菲律宾、印尼和马来西亚，美国领先；在泰国和柬埔寨，日本领先；在台湾地区和香港地区，美日相当。从60年代中期起，两国抢占市场日趋激烈。日本货进入几乎由美国独占的韩国市场，在美国传统市场菲律宾排挤美国货，在中国台湾地区和香港地区、印尼、泰国、新加坡市场所占的比重越来越大。美国一则力保在各市场原有份额，二则乘美中关系改善之机重新进入潜力最大的中国内地市场。到70年代在东盟市场，日本已占最大份额，但美国的占有率也在不断上升。到80年代中期，除了对菲律宾的进口占有

[①] Akira Iriye & Warren I. Cohen, *The United States & Japan in the Postwar World*, pp. 148, 169.

[②] Anny Wong, Japan's Comprehensive National Security Strategy and Its Economic Cooperation with the ASEAN Countries, Hong Kong: Institute of Asia-Pacific Studies, the Chinese University of Hong Kong, 1991, p. 42.

率美国大于日本外,对其余4国(新加坡、泰国、印尼、马来西亚)的进口占有率日本都大于美国。在东盟的出口中,到80年代中期,新加坡、菲律宾和泰国的最大出口市场是美国,印尼和马来西亚的最大出口市场是日本;① 同期,对韩国的进口占有率,日本第一,美国第二,对其出口占有率则正好相反;在台湾地区,日本为其最大的进口来源,美国为之最大的出口市场。1969—1982年日本对香港地区的进口占有率最大,美国则对其出口占有率最大。到80年代中期,在对中国内地市场的占有上日本胜过美国许多,在吸收其产品方面美国也不如日本。竞争的结果是,在贸易收支上有利于日本。到80年代中期,在对东盟(作为整体)、韩国、台湾地区、香港地区的贸易中,日本全为顺差,美国均为逆顺。与中国内地的贸易,美日皆为顺差。一般而言,在美国—日本—亚太三角贸易中,1945—1965年美国对日本保持顺差,日本对亚太保持顺差,美国部分地通过日本占领亚太市场。1965—1985年日本对亚太保持顺差,亚太对美国保持顺差,日本部分地通过亚太占领美国市场。同时,美日对亚太的原料,尤其是印尼、马来西亚和中国内地原油的争购也非常激烈,结果,日本胜美国。

直接投资:60年代上半期,美国在韩国、台湾地区、香港地区和南越居绝对优势,在菲律宾、印尼、马来西亚也领先日本,只在泰国日本领先美国。在东盟从60年代中期起,美国的投资增长很快,1966—1977年年增长率为13.7%,而对世界的为9.9%。② 约同一时期(1966—1976)日本的投资从不到美国的1/4增至比它

---

① Harry H Kendal, Clara Joewono, Japan, ASEAN, and the United States, p.122.
② Lawrence B. Krause, *U. S. Economic Policy toward the Association of Southeast Asian Nations*, Washington, D. C.: The Brookings institution, 1982, p.62.

多 1/3。①70 年代末至 80 年代中期，美国的投资从占对世界投资的比重 2%升到 4.5%。②日本的增长更快，到 80 年代中期比美国的投资还多 1/3 以上。③若将 1986 年的投资与 1966 年的相比，日本增加了 83.3 倍，美国只增加了 12.4 倍。④两国投资在制造业和石油领域竞争尤为激烈。在韩国，日本的投资逐步压倒美国。1962—1966 年美国占韩国外来投资的 52.7%，日本占 17.5%，1972—1976 年美国占 15.4%，日本占 71.3%，1982—1985 年美国占 32.3%，日本占 52.2%。⑤美资主要在石油精炼、石化产品、运输设备等方面，在劳动密集型产品和电子电气产品方面也有少许。日资在纺织等劳动密集型产品方面占绝对优势，在资本和技术密集型产品方面也有少量。在台湾，美国 1966—1980 年的投资为 6.9774 亿美元，年增长率为 8.79%，1980—1987 年的为 14.9253 亿美元，年增长率为 20.83%。日本 1966—1980 年的投资为 4.478 亿美元，年增长率为 28.17%，1980—1987 年的为 13.256 亿美元，年增长率为 24.51%。⑥论投资增速日本比美国快，论投资累计额美国比日本多。美资主要在电子电气、无线电、电话电报、仪器、化学和汽车等领域。日资主要在纺织、电子电气、机械和汽车等行业。在香港，美日投资占外资的比重 1975 年分

---

① Lawrence B. Krause, *U. S. Economic Policy toward the Association of Southeast Asian Nations*, Washington, D. C.: The Brookings institution, 1982, p.64.

② Seiji Naya, *et al.*, *ASEAN-U. S. Initiative*, Honolulu: East-West Center, Institute of Southeast Asian Studies, 1989, p.105.

③ Lawrence B. Krause, *U. S. Economic Policy toward the Association of Southeast Asian Nations*, p.63.

④ 根据下面两书中的数据计算得出：Seiji Naya, *et al.*, *ASEAN-U. S. Initiatve*, Honolulu, East-West Center, Institute of Southeast Asian Studies, 1989, p.100；Lawrence B. Krause, *U. S. Economic Policy toward the Association of Southeast Asian Nations*, Washington, D. C., The Brookings Institution, 1982, PP.62, 60.

⑤ Rob Steven, *Japan's New Imperialism*, London: The Macmillan Press Ltd., 1990, p.151.

⑥ E K Y Chen, *et al.*, *Taiwan*, Hong Kong: Centre of Asian Studies, University of Hong Kong, 1991, p.105.

别为49.2%和15.5%，1981年为43.6%和31.5%，1986年为41.2%和20.5%。①美国作为香港的最大外来投资者而胜过日本。美资主要在贸易、制造业、财政保险等领域。日资主要在贸易、成衣、电子电气、钟表和金融等行业。在中国内地，到1986年为止，美资累计为12.48亿美元，日资为11.5亿美元。②制造业是两者竞争最激烈的行业，美资的77%和日资的53.1%在此行业，③尤其集中于电子电气产品和小型用具的生产。其次是服务行业，该行业吸收美资的11%和日资的25.2%。④大城市和沿海开放地区是两国资本争相投放的地区。美日投资真可谓你追我赶，互不相让。论投资增速，日本在大多数国家和地区比美国快。讲投资累计额，在东盟和韩国，日本占压倒性优势，在中国香港，美国则远胜日本。在中国台湾，美资比日资多一些，在中国大陆，美资比日资多一点。

经济援助：60年代中期之前，美国在韩国、台湾地区、南越、老挝、柬埔寨、菲律宾、泰国和马来西亚均占绝对优势。即使将战争赔偿也算作经济援助，日本也只在印尼领先美国。60年代中期后的若干年里，在许多国家美国仍居优势。1970年美日对东盟五国的双边援助之和分别为2.56亿美元和1.729亿美元，分别占西方国家双边援助的40%和27%。除了对新加坡的援助日本领先美国外，对其余四国的援助，美国都比日本多。到1984年，美日援助各为2.87亿和10.39亿美元，所占相应比重为15%和54%。日本对五国的援

---

① Yin-Ping Ho, *Trade, Industrial Restructuring and Development in Hong Kong*, London: The Macmillan Press Ltd., 1992, p. 135.
② Richard H Holton, Wang Xi, *U. S. —China Economic Relations*, Berkeley: Institute of East Asian Studies, University of California, 1989, p. 213.
③ Lane Kelley, Oded Shenkar, *International Business in China*, London: Routleage, 1993, p. 128.
④ Richard H. Holton, Wang Xi, *U. S. —China Economic Relations*, pp. 128—129.

助均超过美国。[1] 在越南，美日援助竞争是替代性的纵向竞争而非同一时期的横向竞争。1975年前，南越战时经济被称为"援助经济"。1965—1972年南越政权开支的49%来自美国经济援助。[2] 1966—1975年对南越的经济援助美国为61.227亿美元，[3] 日本仅为0.72亿美元（1960—1975）。[4] 1975年后，情况正好相反。美国彻底退出南越经济，由日本填补"真空"。1978、1979两年，日本就为越南提供贷款和赠款280亿日元。[5] 进入80年代后，日本扩大了对越经济援助，成为越最主要的外援国。在韩国的外援中，日本逐步取代了美国的地位。1965年前，美国提供韩国外来经济援助的95%。之后情况渐渐变化。1965—1983年日本提供的经济援助达55.55亿美元。[6] 而1966—1974年美国提供的为5.55亿美元，[7]（1974年美国对韩国官方援助结束）。日本的经济援助大大超过美国。70年代初，日本已取代美国成为韩国主要的资助者。在台湾地区，美国的官方援助1965年结束，但美资以贷款的方式继续流入。1965—1980年达53.8亿美元。[8] 60年代下半期，日本向台湾地区提供贷款2.1亿美元。[9]

---

[1] 根据 Inoguchi, *The Political Economy of Japan*, Vol. 2, 转引自《南洋问题译丛》1994年第3期，第12页。

[2] Melanie Beresford, *National Unification and Economic Development in Vietnam*, Houndmills: The Macmillan Press Ltd., 1989, p. 56.

[3] 根据下面书中的数据计算得出：Douglas C. Dacy, *Foreign Aid, War and Economic Development: South Vietnam, 1955—1975*, London, Cambridge University Press, 1986, p. 209 Table A 10.1 and p. 200 Table 10.2.

[4] Douglas C. Dacy, *Foreign Aid, War and Economic Development: South Vietnam, 1955—1975*, p. 204.

[5] Nester William R Nester, *Japan and the Third World*, pp. 128—129.

[6] Donald Stone Macdonald, *The Koreans*, Boulder: Westview Press, 1988, p. 185.

[7] 中国社会科学院世界经济研究所编：《南朝鲜经济》（译文集），第303页。

[8] 根据下面书中数据计算得出：段承璞：《战后台湾经济》，中国社会科学出版社1989年版，第180、181页。

[9] 根据下面书中数据计算得出：叶学哲：《国际资金流入》，台北：联经出版事业公司1981年版，第132、137页。

1972年中日关系正常化后日本对台湾地区的官方贷款停止。在台湾地区，美国的经济援助压倒日本。在中国大陆，情况正好与在台湾相反，日本的经济援助大大超过美国。80年代上半期，在接受日本官方开发援助最多的十名对象中，中国大陆连续几年名列第一、二名，[①]而中国大陆并不在美国官方开发援助的受援国之列。1984—1986年日本对华贷款为47.57亿美元，美国贷款仅为1.08亿美元。[②]综上所述，在对亚太国家和地区的双边经援中，除在台湾地区美国超过日本外，在其余的国家和地区日本都以绝对优势胜过美国。

美日在多边经济援助中也角逐甚剧，突出地表现在亚洲开发银行内。日本在缴付股本、占据最高职位和制定政策等方面都力图压倒美国。与美国的拖欠作风相反，日本积极主动缴纳承诺的金额。到1979年，日本占普通基金的17.5%、亚洲开发基金的50.3%，而美国的则为11.9%和15.2%。[③]到1987年日美占总股本的份额分别为45.8%和13%。[④]亚行行长一直是日本人的"专利"。在亚行的前10年中，有5位行政部（Administration Department）部长也是日本人。在政策的制定上，日本人的作用颇大。农业特别基金就是根据其提议设立的，出发点就是为日本的利益服务的。日本主张政经分离的政策，以对抗美国反对援助越南的企图和抵制美国将人权问题作为提供贷款的政治标准。美国由于在越南战争中的失败，国内反对外援的情绪强烈，在国会的钳制下，一再拖欠承诺的金额，不得不将亚行领导权让给日本。为取得与日本同等的投票权，它也尽力

[①] 马成三：《日本对外贸易概论》，中国对外经济贸易出版社1992年版，第210页表11—2，资料来源：日本外务省编：《我国的政府开发援助》。

[②] 同上，第274页表10—3，资料来源：《中国对外经济贸易年鉴》。

[③] Michael Blaker, *Development Assistance to Southeast Asia*, New York: The Trustees of Columbia University, 1983, p.67.

[④] Robert H. Talor, *Asia and the Pacific*, New York: Facts on File Inc., 1991, pp.1478—1479.

补交欠款。1978年其投票权只占总投票权的9%，少日本7个百分点。① 到1987年它所缴的普通基金与日本大致相等，故投票权也基本一样。② 日本以积极缴付款项的方式争取在政策制定上更大的发言权，美国则以故意拖欠股金的办法迫使亚行按自己的意愿办事。

三、竞争的启示

美日20年的竞争及其结果给我们以何启示？

（一）经济实力是一国参与国际经济竞争的基础和前提，是竞争胜负的决定性因素。这一点曾被历史证明。战前，美国是世界头号工业强国，日本是地区级工业强国。两者经济实力相差一个档次。正因为如此，在亚太殖民角逐中，美国主张"门户开放，利益均沾"，日本坚持"武力扩张、市场独占"。后者的实质是在对亚太商品市场、原料产地和投资场地的竞争中以武力弥补经济实力的不足。日本之所以始终不肯接受"门户开放"的原则是因为明知自己的经济实力不如美国，在此原则下竞争，失败者只能是自己。战后的事实说明了同一道理。战争使昔日的繁荣化为乌有，日本在一段时间内不具备参与国际经济竞争的前提，只能当美国亚太经济扩张中的小配角。经过20年的恢复和发展，日本初步获得参与竞争所需要的经济实力。因此，在20世纪60年代中期向美国的主宰地位提出挑战。直至80年代中期，日本经济愈益发展，实力更为增强，为在亚太经济竞争中最终夺取优势地位奠定了坚实的基础。由于二战的

---

① Michael Blaker, *Development Assistance to Southeast Asia*, p.132.

② Robert H. Talor, *Asia and the Pacific*, pp.1478—1479.

结果和第三次工业革命的作用,美国举世无双的经济实力一直保持到60年代末。60年代中期前,它在全球经济中的霸主地位和在亚太经济中的主宰地位不可动摇。但因朝鲜战争、越南战争以及其他国际国内因素的影响,70年代初期后其经济实力渐渐削弱,1980年国民生产总值占世界国民生产总值的比重从1945年的50%降至25%,[①]1985年自第一次世界大战以来首次沦为纯债务国。与此相一致,进入70年代后美国在亚太经济中的主宰地位发生动摇,市场份额渐渐被日本挤占。尽管它也奋力抗争,力保原有份额,但仍无济于事。到80年代中期,美国在亚太(除了一两个国家和地区外),在贸易、投资和经济援助方面的优势全部丢失给日本。

(二)政府和企业的密切合作是商业竞争力的源泉。日本所显示的强大竞争力很大程度上来自其政府和企业的亲密关系。在日本的经济建设与对外经济活动中,政府和企业总是"结伴而行",即二者密切配合、情同手足。被这种特殊关系连在一起的政府和企业被形象地喻为"日本股份有限公司"(Japan Incorporated)。这种关系的形成并非日本政府像其他国政府那样对大企业有很大的直接所有权所致。相反,这种所有权在日本十分有限。"日本股份有限公司"的实质是通过"以政府若干个部(省)和像日本银行这样的组织为一方与以工业组织同贸易组织相融合而形成的正式的企业集团为另一方的双方相互影响的一种复杂的机制,官方与企业领导之间保持着一种相互作用而又形如一体的模式"。前首相池田勇人将政府与企业的关系阐述得更清楚:"政府是船长,财界是指南针。"[②]说到底,在

[①] Ryuzo Sato, Paul Wachtel, *Trade Friction and Economic Policy*, New York: Cambridge University Press, 1987, p.91.

[②] Kernial Singh Sandhu, Eileen P T Tang, *Japan as an Economic Power and Its Implications for Southeast Asia*, p.42.

日本有组织的企业与政党领袖和官僚顶层之间保持着一种明显的亲密关系。它们之间的合作由来已久，由明治年间出生的老一代传给大正年间出生的第二代，又传给昭和年间出生的第三代。纪律严明、训练有素的一代又一代管理和技术人才为一个共同的民族经济目标而团结奋斗。可见，"日本股份有限公司"是日本民族合力的体现。"日本股份有限公司"在东南亚、整个亚太乃至全世界与美国和欧洲国家的竞争中发挥了巨大的作用，使美欧商人闻风丧胆，以致"70和80年代美国人和欧洲人严厉谴责'日本股份有限公司'是政府与企业的一种邪恶的同盟。受日本'不公平竞争'伤害的企业和工人呼吁其政府采取强有力的反措施"。[1] 政府与企业的密切合作在经济竞争中的威力与作用之大由此可见一斑。美国的官僚机构总的来讲也是积极支持美国的公司在海外的商业竞争的，但政府与企业有时发生对抗。[2] 且美国的一些法律如《反托拉斯法》、《海外美国人征税法》以及《人权修正案》等都多少妨碍了美国的公司在海外的商业活动，束缚了美国的国际经济竞争力。与自己的对手日本比，美国官方与企业的合作程度相形见绌。

（三）发挥比较优势、突出高科技产品的作用是提高市场占有率的有效解数。[3] 70年代美日抢占东盟市场的情形对此是最好的注脚。两国向东盟出口的产品可分为四大类：自然资源密集型产品、劳动（非熟练劳动）密集型产品、人力资本（熟练劳动）密集型产品和技术密集型产品。美国第一大优势在于技术领先，故其技术密

---

[1] John P. Mckay, *et al.*, *A History of World Societies*, Boston: Houghton Mifflin Company, 1988, p.1170.
[2] Lawrence B. Krause, *U. S. Economic Policy toward the Association of Southeast Asian Nations*, p.79.
[3] 此点引用的所有数据（除另注外）见 Lawrence B. Krause, *U. S. Economic Policy toward the Association of Southeast Asian Nations*, p.43 Table 4-1 和 p.46 Table 4-2.

集型产品在它向东盟出口的四类产品中所占的比重最大,上升的幅度也最大,从1970年的46.3%升至1979年的71.2%。而它对世界出口的同类产品占它对世界出口的四类产品的比重基本上没有变化,从45.1%升至45.5%,这说明美国为与日本争夺东盟市场,充分发挥它的第一比较优势,将东盟作为投放技术密集型产品的重要市场。自然资源是第二大优势,因此自然资源密集型产品曾占到1/3的比重,但下降幅度很大。熟练劳动已算不上优势,故人力资本密集型产品占的比重小。非熟练劳动已成为劣势,因而劳动密集型产品占的比重最小。就日本而言,熟练劳力是一大优势,故人力资本密集型产品占的比重最高:1970年为39.7%,1977年为44.6%,但比它向世界出口的同类产品的相应比重略低。技术是另一优势(尽管比美国的水平低一些),故技术密集型产品所占的比重第二:1970年为34.3%,1977年为37.3%,但大于它对世界出口同类产品所占的相应比重:25.4%和29.1%。日本和美国一样,也将东盟作为技术密集型产品的重点投放市场。非熟练劳动已不是优势,因而劳动密集型产品所占比重不大且不断下降。自然资源是劣势,故自然资源密集型产品的出口微不足道。这些清楚地说明美日是如何发挥各自的比较优势来争占东盟市场的。在所发挥的优势中,技术密集型产品是优中之优。下述事实进一步证明了此点。70年代在东盟的进口贸易中,在日本占最大份额的情况下,总的看来对东盟的出口美国比日本还要好一些。1971年至1977年美国对东盟的出口比预计的高出9.6%,而日本只高出6.8%,[1] 主要原因是美国加强了技术密集型产品的出口。美国经济学家克劳斯指出:在东盟这个以日本为主

---

[1] Lawrence B. Krause, *U. S. Economic Policy toward the Association of Southeast Asian Nations*, p. 49.

要贸易伙伴的地区，美国能够成功地迎接日本的挑战，其主要原因是美国在东盟的高科技产品进口中占有较大比重。美国对印尼和菲律宾的出口不令人满意也正是由于1973—1974年后美国对这两国的高科技产品的出口未达到预期目标的缘故。[1]

（四）经营策略是超越对手的法宝。在与对手的竞争中，日本人摸索了一套行之有效、灵活机动的经营策略。仅述其中两项：1.推行"一揽子交易"。即日本的公司通过与亚太国家或地区的一项业务联系而使自己成为具有多功能的商家。例如，日本的公司在东盟建立合资企业，通过与当地合营者的特殊关系，不仅供给他们机器设备、工业原材料，而且提供贷款甚至股本以及管理和技术知识等。这样一来使得对方在进出口贸易、投资、贷款、信息和技术诸方面都依赖日本。一揽子交易的另一表现是：日本贸易公司除了主要从事市场营销的"本职工作"外，还充当金融业者，外汇经纪人、组织者和顾问以及信息推销员。[2]总之，通过市场营销等途径，日本既加强了对亚太国家的商品出口、资本输出，又迫使它们在出口市场、管理技术、知识方面依靠自己。从而全面加强了这些国家与日本的经济交往，削弱了它们与日本的竞争对手的经济关系。而这种一揽子交易对美国的公司来说则是陌生的。2.兴办合资企业。这是日本人在投资竞争中最先采取的一种方式。它源于60年代上半期的印尼。1957年到1965年苏加诺政府将境内欧美企业全部接管。日本私人资本立即以新的方式趁机而入。1960年到1961年日本的公司在印尼办了三个合资企业分别开发印尼的石油、镍和木材。[3]欧洲人也

---

[1] Lawrence B. Krause, *U. S. Economic Policy toward the Association of Southeast Asian Nations*, p.49.

[2] Rob Steven, *Japan's New Imperialism*, p.70.

[3] T. K. Tan, *Sukaro's Guided Indonesia*, Indonesia：The Jacaranda Press, 1967, p.89.

谨慎地仿效。于是合资企业在东盟逐渐发展起来。然而,"美国人由于害怕泄露机密和技能"而不愿意接受合资企业的形式,即使勉强接受,也要求占有多数股份以控制合资企业。日本人则不同,由于他们一则看到合资企业对日本投资有利,二则把它作为抢占市场的主要手段,故"日本投资者似乎远比美国和英国的投资者愿意接受合资企业",而且"日本在东南亚参加的合营企业中,日本人占百分之五十或者更少股份的企业达百分之六十"。在日本的竞争下,美国人的态度有所缓和,因为害怕将东盟的市场丢失给日本人,但"对那些成本低和面向出口的企业的投资,许多美国公司的态度看来仍不那么灵活,仍然坚持拥有百分之百的企业所有权的政策"[1]。由于日本人策略灵活,所争取到的投资机会和所投入的金额自然比美国人的多得多和大得多。

亚太是全球经济发展的最大动力区。美日竞争是影响亚太经济的主要因素之一。因此,更深入地开展对此问题的研究对参与21世纪亚太经济竞争的中国十分必要。

(原载《武汉大学学报》[人文社会科学版] 2000年第6期)

---

[1] [澳] 托马斯·艾伦:《东南亚国家联盟》,新华出版社1981年版,第132—134页。

论美日经济同盟的瓦解

美日关系是亚太地区国际关系中最重要的关系之一，其变化是一个值得关注的问题。1947年以后，美国和日本结成了政治、经济和军事同盟。到1975年，美日政治和军事同盟依然存在，而美日经济同盟却瓦解了。美日经济同盟为什么在这个时候瓦解？对此问题，还未见到有著述进行专题研究，故本文试作一初步探讨，认为，美日经济同盟的瓦解主要有如下几方面的原因：

一、两国经济实力对比的变化

战后，日本坚持走和平发展之路。在有利的国际环境下，它充分发挥国家宏观调控作用，引进美国等西方国家的资本、先进技术和先进管理方式，大力普及教育、培养科技和工程人才，融洽劳资关系，推行高储蓄、高输出和科技立国等发展战略，使国民经济获得迅速发展，出现了所谓"日本奇迹"：在整个60年代，日本经济发展的速度相当于美国的2.9倍，英国的3.9倍，西德的2.4倍，法国的2倍。[1]在越来越多的工业品领域，日本日益成为世界上占主导

---

[1] 池元吉等：《日本经济》，人民出版社1989年版，"导言"第1页。

地位的生产者。70年代初,日本主要的工业品产量均处世界前列。其中,船舶、无线电、电视机、人造纤维等产量为世界第一,它们在1973年世界总产量中所占的比重分别为50%、30%、28%、38%。其他如汽车、水泥、粗钢、生铁等产量也名列世界前茅。日本工业产品不仅数量多,而且质量好,具有极强的国际竞争能力。"日本产品向瑞士钟表提出挑战,使德国光学工业相形见绌,使英、美摩托车工业一蹶不振。不出十年工夫,日本造船厂生产的船舶占世界下水船舶吨位的一半以上。至1970年,其先进的钢厂的产量与美国的钢铁工业不相上下。其汽车工业的变革更为惹人注目——1960年到1984年间,它在世界小汽车生产中所占的比例从1%上升至23%——因而数以百万计的日本小汽车出口到世界各地。"而且,其产品的技术水平、档次和类型都在不断地提高:"从低技术产品转向高技术产品——转向计算机、电信设备、宇航、机器人以及生物技术。"[1]产品国际竞争力的增强带来了对外贸易的发展。1955—1964年,日本进口年均增长率为12%,出口年均增长率为13%。1965—1973年其进口年均增长率为19%,出口率均增长率为20%以上。1955—1964年间日本国际商品贸易赤字年均为8亿美元。1964—1973年则是年年盈余,成为长期资本输出国。[2]工业的发展、对外贸易的扩张对国民经济的发展作出了重要贡献。1950—1970年,日本整个经济的年均增长率为10%(扣除通货膨胀因素)大大超过任何其他工业化国家,差不多相当于美国的3倍。1952年美国结束对日本占领时,日本国民生产总值只相当于法国或英国的1/3,到70年代则相当于这两个国家的总和。

---

[1] [美]保罗·肯尼迪撰、梁于华等译:《大国的兴衰》,世界知识出版社1992年版,第469页。
[2] Akira Iriye and Warren I. Cohen, *The United States & Japan in the Postwar World*, Kentucky: the University Press of Kentucky, 1989, pp.145, 146.

甚至经阿拉伯石油冲击后,作为贫油国的日本,其经济的运行比大多数其他国家都好得多。日本在世界生产总值中所占的比重1960年为4.5%,1970年为7.7%,1980年为9%。① 1965年日本人均国民收入只及美国的1/4,到1986年则首次超过美国。1964年日本在世界经济中处于第6位,在随后3年中,它先后超过西德、英国和法国,其经济地位仅次于两个超级大国。② 日本大规模的对外投资也从60年代后半期逐步展开。1968年以前,由于担心国际收支出现赤字,日本一直限制对外直接投资。1969年则开始第一次实行对外投资自由化,到1972年实行第四次投资自由化时,则完全取消限制。③

二战结束至70年代初以前,美国经济也在不断发展,但与其他强国相比,发展速度慢,出现了"相对衰落"。美国著名学者保罗·肯尼迪指出:真正的问题不是"美国必然要相对衰落吗?"而是"难道它必然要衰落得如此之快吗?"这说明美国的经济实力不仅仅是"相对衰落",而是衰落得很厉害。从人均产值年均增长率来看,美国1913—1950年为1.7,1948—1962年为1.6,相应的数量英国为1.3和2.4,法国为0.7和3.4,西德为0.4和6.8,意大利为0.6和5.6。可见,1948—1962年美国的人均产值平均增长率"低得令人不安"。④ 美国相对衰落的原因主要有三:一是由于西欧和日本的战后复兴,使美国不可能永远保持1945年时所处的"世界之巅"的经济地位。二是美国资本输出过分,严重地影响了国际收支和国内技术和设备的及时更新。美国的资本输出包括对外援助和对外投

---

① [美]保罗·肯尼迪撰、梁于华等译:《大国的兴衰》,第489页。
② Akira Iriye and Warren I. Cohen, *The United States & Japan in the Postwar World*, p.97.
③ 贾保华:《战后日美同盟的回顾与展望》,《现代国际关系》1986年第4期,第48页。
④ [美]保罗·肯尼迪撰、梁于华等译:《大国的兴衰》,第485页。

资两大类。1945年7月至1972年6月美国对外经济和军事援助总额达1670余亿美元。1946年至1972年9月底美国私人和政府对外投资总额由187亿美元增至1800亿美元。① 大规模的对外援助和大量的对外投资使美元明显地流向世界较贫困的地区。这虽然保住和扩大了美国的海外市场，给美国带来了巨大的收益，但是经过一段时间后，美国资金的外流是如此之厉害以致开始超过美国制造业产品、食品和"无形"出口所获得的盈余。这种日益增长的国际收支逆差到50年代末使美国的黄金外流。三是美国从事频繁的军事冒险、与日俱增的海外军事开支严重地消耗了美国的财力和元气。为了与苏联争霸，美国在全球范围内承担着广泛的军事义务。仅在东亚地区，1950—1975年美国就进行了两场战争。朝鲜战争使美国国力从顶峰上开始跌落下来，旷日持久的越南战争给国家财政以严重消耗。进入60年代后，肯尼迪，尤其是约翰逊政府不断增加海外军事开支和国内开支，以致年复一年，联邦政府赤字激增、物价飞涨、陈旧的美国工业丧失了竞争能力，美国的制造商们困难重重。美国的生产增长率日益下降，在私营部门已从2.4%（1965—1972）降至1.6%（1972—1977），再降至0.2%（1977—1982）。② 1966—1972年美国工业生产年均增长率仅为3.63%。其中，1969年至1972年的4年的工业平均增长率仅为1.9%。美国工业走下坡路的情况，在许多重工业部门的反映更为突出。例如60年代的前5年，美国钢产量平均每年增长6.5%，小汽车年均增长9.1%，但到60年代的后5年，尽管有越南战争的刺激，钢产量年增长率已降到2.2%，小汽车下降到7.1%，而1970年的钢产量反而下降7%，小汽车下降了37%。由于美国工业增长速度下降，它在资本主义

---

① 美国资料，转引自《战后美国经济》编写组：《战后美国经济》，上海人民出版社1974年版，第281—282、243页。
② [美]保罗·肯尼迪撰、梁于华等译：《大国的兴衰》，第487页。

世界工业生产中所占的比重由 1950 年的 54.6% 降为 1972 年的 40.8%。随着生产增长率的下降，对外贸易也处于严重衰退之中，美国在资本主义世界出口总额中所占的比重，1947 年为 32.5%，1966 年 16.8%，1972 年 13.6%，相应的比重，西德 0.5%、11.1% 和 12.7%，日本 0.4%、5.4% 和 7.8%。美国在世界制成品出口总额中所占比重 1960 年为 22.8%，1970 年 18.4%，1972 年第三季度 16.4%，相应的比重，西德 18.2%、19.0% 和 19.8%，日本 6.5%、11.2% 和 14.5%。由于对外贸易的衰退，1971 年美国自 1888 年以来首次出现贸易逆差，达 26.89 亿美元，1972 年上升为 63.47 亿美元。[①] 此后，美国贸易逆差除了 1973 年和 1975 年之外，连续上升。美国实际国民生产总值的增长率 1955—1964 年间只有 3.2%，1965—1973 年间为 3.4%，而 1974—1982 年间只有 2.2%。[②] 美国在世界总产值中所占的比重 1960 年为 25.9%，1970 年为 23%，1980 年为 21.5%。美国在世界（不含经互会）黄金储备中所占比重无情的缩小，从 1950 年的 68% 降至 1973 年的 27%。[③]

美日两国经济实力的消长极大地改变了 50 年代两国经济一穷一富、一弱一强的巨大悬殊，使两位经济盟友从 60 年代中期开始逐步成为竞争对手。这一变化彻底动摇了美日经济同盟的根基。

二、东南亚政策上的裂痕

在东南亚，美国的军事扩张与日本的经济扩张发生严重的利害

[①] 美国资料，转引自《战后美国经济》编写组：《战后美国经济》，第 22、314、315、313、312 页。

[②] Akira Iriye and Warren I. Cohen, *The United States & Japan in the Postwar World*, pp. 145, 146, 147.

[③] [美] 保罗·肯尼迪撰，梁于华等译：《大国的兴衰》，第 489、487 页。

冲突。从政治角度讲，美国所发动的侵略战争是为了防止"多米诺骨牌"现象的发生，遏制所谓共产主义在东亚的"扩张"；从经济角度来解释则是美国以武力保卫和扩大它在东亚地区的商品市场、原料产地和投资场所。在这方面，美国正好重蹈战前日本之覆辙。二战结束时，印度支那丰富的自然资源和可观的市场潜力深深地吸引着美国人，因此美国公开反对法国恢复对印度支那的殖民统治，以便使印度支那成为美国推行新殖民主义政策的场所。冷战降临后，美国为防止印度支那的原料和市场落入共产党之手，转过来支持法国镇压越南共产党领导的民族解放运动。为此，美国花费了20亿美元，承担了78%的军事开支。法国失败后，美国拒绝承认1954年《日内瓦协定》，因为担心根据此协定的大选，政权会落入越南共产党之手。美国扶植吴庭艳（Ngo Dinh Diem）傀儡政权，在越南南方取法国而代之，直接插手越南事务。为了镇压1960年成立的越南南方"民族解放阵线"（Vietcong），肯尼迪政府不断派美国人到南越。到1963年，在那里的美国顾问已达16700人，1964年"东京湾事件"（Tonkin Gulf Incident）后，约翰逊政府实行"越南战争美国化"，到1969年，在越美军达54.3万人。1968年越南农历新年之际，民族解放力量发动"新年攻势"（Tet Offensive），打得美军丧魂落魄。这次袭击行动说明："美国的炮火、美元和50万军队也不可能战胜越南民族解放阵线。"新上任的美国国防部长克拉克·克利福德（Clark Clifford）对约翰逊说："即使按驻越美军部的要求再派20.6万美军赴越，也不能取得战争的胜利。"被越南战争弄得焦头烂额的约翰逊竟被迫放弃了总统连任竞选。新总统尼克松决定以越南战争"越南化"的方式使美国摆脱这场不得人心的战争。1973年初美国与越南人民民主共和国签订停战协定。美军全部撤出越南后，南越傀儡政权于1975年4月垮台。在这场以美国的彻底失败而告终的旷日持久的战争中，美军5.7万人丧命,直接军费开支达1500余亿美元。①

从60年代中期开始,美国由于国力衰退就寄希望于日本的帮助,主要是希望日本为越南战争提供财政上的帮助:"总统对最重要的亚洲盟友表现出兴趣唯一的原因几乎是它可能为在越南提供帮助。"一份美国国务院内部历史记载总结道:"最重要的问题之一是日本经济和贸易的增长与美国国际收支的恶化相巧合。因此,美国……鼓励日本努力取得更大的独立性,开始指望日本通过承担与其力量相适应的义务和责任而在'自由世界'获得新的地位。"②1967年11月首相佐藤荣作访问华盛顿时,美国要求日本在对东南亚的经济援助、战后复兴和发挥国际警察的作用等方面进一步作出保证。美国人还认为1949年至1954年间美国开始卷入越南的根本原因是出于这样一种考虑,即越南作为整个地区尤其是作为日本的安全计划的一部分而必须保住。总之,美国人觉得经济实力大为增强的日本有责任、有义务为陷入越南战争而经济又开始走下坡路的美国提供某种帮助,因为美国人也是在为日本的利益打仗。可是日本并未按美国的希望去做。在两国经济力量的对比开始发生重大变化的60年代中期,日本仍以50年代初朝鲜战争时的老办法,即以向美国出售战争物资而赚取美元的方式来"支援"美国的越南战争。1966年11月美国财政专家就注意到:尽管日本经济在1965年就已陷入萧条,但由于美国因越南战争而在日本购物近10亿美元而使其经济增长从1965年的2.7%增到1966年的7.5%。③日本发越南战争之财的做法使美国非常不满。美国人认为,日本不但发越南战争之财,而且还趁美国忙于越南战

---

① Mary Beth Norton, et al., A People and a Nation, Boston: Houghton Mifflin Company, 1988, pp. 548, 549.
② Akira Iriye and Warren I. Cohen, The United States & Japan in the Postwar World, p. 98.
③ Ibid., p. 98.

争之机全力以赴在东南亚进行经济扩张，谋一己之私利。这一点在对"亚洲地区主义"运动（Asian regionalism）的态度上表现得淋漓尽致。为了配合越南战争，美国希望激起并领导一场亚洲地区主义运动。1965年4月约翰逊在琼斯·霍普金斯大学（Johns Hopkins University）发表演讲，宣布越南战争升级和保证亚洲地区的大规模开发。随之，亚洲开发银行成立，亚太委员会（the Asian and Pacific Council）和东南亚国家联盟出现。美国人认为这些标志着亚洲地区主义的产生。美国国务院政策计划室工作人员、不久后成为约翰逊总统国家安全顾问的沃尔特·怀特曼·罗斯托（Walt Whitman Rostow）希望日本能帮助美国领导这一地区主义运动"作为在建立淡化对日本帝国主义痛苦记忆的多边制度中摆脱狭隘岛国意识的一种方法"。日本政府对美国的愿望予以了一定程度的合作：首相佐藤荣作对亚洲开发银行出资2亿美元；外相三木武夫杜撰了一个术语"亚太概念"以取代臭名昭著的"大东亚共荣圈"，并将侵越战争称为"越南内战"，以取悦美国；1965年9月通产相福田赳夫告诉美国驻日本大使赖肖尔（Reischauer），他准备讨论日本对东南亚的援助和日本接纳美国资本的问题。但60年代下半期日本对亚洲地区主义所做的事并不能满足美国的希望。因为：1. 日本是在被满足其条件后才加入亚太委员会的。这个条件是该组织将不涉及反共反华政策；2. 日本对亚洲开发银行出资的增加（原为1亿美元，后增至2亿美元）是约翰逊总统强烈要求的结果；3. 日本对东南亚的投资的确增加了（但其目的是为了自身的经济扩张，而不是为越南战争提供财政帮助），到1967年日本诸汽车公司已控制了泰国的市场，日本在纺织业方面的投资已扩及整个东亚地区。但日本对东南亚的经济扩张与美国呼吁日本在亚洲地区主义方面起带头作用的含意是格格不入的。美国的真实意图是：日本应对安全，尤其是对越南战争作出不断的、重要的贡献,特别是当英国 1968 年宣布它将在 1971 年以前从马来西亚和新加坡撤走其军事力量之后。在华盛顿看来,日本的所作所为与美国的希望背道而驰——只是一味努力发展自己的资产和控制东南亚贸易。非但如此,而且在 60 年代中期就明显地看出,日本对东南亚发动的经济攻势只不过是它全球经济扩张的一部分。远见卓识的日本行政当局强调:国家必须日益面向全球,不要变得过分依赖像东南亚这样单个地区。① 日本的这种发展计划与美国在越南的困难就更风马牛不相及了。即使是约翰逊总统亲自向佐藤荣作首相求援也无济于事了。日本为什么不愿意向困于越南战争的盟友美国提供财政援助呢? 一是因为日本人认为美国所进行的是一场错误的战争。一位日本人曾对参与制定越南计划的美国人小詹姆斯·汤姆森(James Thomson, Jr.)说:"我们 20 年前就试干过那件事(指征服印度支那——引者),那是一个可怕的错误。"汤普森听到此言毛骨悚然。二是因为日本人觉得,如果日本卷入越南战争就会导致日本国内危机。日本国际院(the International House of Japan)主席重春松基(Matsumoto Shigeharu)1996 年初在《日本季刊》中写道:"鉴于此刻日本国内的形势,一场美国与共产党中国之间的战争将把日本撕成两半,一半亲美,一半反战,演变成一场内乱的危险迫在眉睫。"② 在日本最高领导层里,对越南战争意见也不一致,只有首相佐藤荣作一人公开赞同约翰逊总统的越南战争升级的政策,自民党其他领袖并非都是如此。由此可见,只要自己在东南亚的贸易红火,不理睬越南战场的炮声隆隆——这是保证日本民族团结、政局稳定的唯一可选的路线。

---

① Akira Iriye and Warren I. Cohen, *The United States & Japan in the Postwar World*, pp. 102, 103.
② *Ibid.*, pp. 98, 99.

三、在中国问题上的分歧

在中国问题上，两国的分歧也日益暴露出来。第一，两国在中国问题的分歧从对越南战争的分歧上就已反映出来。美国发动越南战争就是为了"保持东南亚市场的开放以阻止不能容忍的日中关系"，"林登·约翰逊搞越南战争升级正是为了遏制中国"。[1] 日本的态度，如上文所述，非常明确，就是不愿意卷入美国与中国的冲突。第二，在经济问题上，即经济问题和日本发展经济所依赖的安全问题。美国一贯反对日本与中国发展经贸关系。在50年代和60年代上半期，日本基本上是顺从美国的旨意行事，有时也搞点阳奉阴违，如对华封锁和禁运，长期拒绝与中国建立官方经济关系。但日中经济关系也慢慢在发展，从封锁禁运到民间贸易，从民间贸易到半官方经济关系（从1962年始），特别是1963年，池田内阁正式批准日本仓敷人造丝公司向中国出口维尼纶成套设备，破例使用日本输出入银行的资金向中国贷款（日本政府原则上不向社会主义国家提供优惠贷款）。但日本的这一举动遭到"台湾当局"和美国政府的强烈反对，日本又缩了头，只得以"吉田信件"（Yoshida Letter）的形式向台湾和美国保证：今后日本政府将不再允许日本出口商利用输出入银行的资金资助对大陆的出口。尽管有"吉田信件"，但中日经贸关系仍然继续发展，到1966年，日本已成为中国的首要贸易伙伴。美国对日中经贸关系的发展深表担忧，1965年1月13日，当选的副总统汉弗莱（Humphrey）对日本自民党总裁三木武夫说："要是日本给予共产党中国的有利的信贷条件比给予英国、菲律宾和我们的多的话，那将危害我们在世界上的地位。"面对无法阻挡的日中经

---

[1] Akira Iriye and Warren I. Cohen, *The United States & Japan in the Postwar World*, pp. 101, 99.

贸关系的发展潮流,汉弗莱不得不作出让步:"美国对日本与中国人发展经济关系表示理解,即使我们对此不喜欢。"不过,通过贸易,"日本可以削弱共产党中国的侵略性和军事性"。三木武夫礼貌地回答道:"日本与共产党中国的贸易与当选副总统汉弗莱所言完全相同。"然而,三年后,当越南人民的"新年攻势"导致约翰逊在政治上遭到致命失败——被迫放弃总统连任竞选,并提出与越南人民主共和国进行谈判时,佐藤荣作首相告诉其内阁,他再也不考虑受制于"吉田信件"(1964)之保证了。① 这表明,日本决意乘机摆脱美国的指挥棒,在日中经济关系问题上完全按自己的意愿独立行事了。日本发展经济所依赖的安全保障是美国的核保护伞。1964年中国原子弹的试验成功对美日关系产生重大影响。首先,日本对美国的核保护作用产生怀疑。其次,日本有识之士希望与日益强大的中国建立良好的关系。1964年下半期和1965年,佐藤政府中想与中华人民共和国建立外交关系的力量在增长,1964年乔治·凯南在访问日本时,"共产党中国对日本舆论外层(external horizon)的控制程度,日本与中华人民共和国建立更好关系的愿望,以及日本人中想至少部分地摆脱使人发腻的美国独断专行的束缚的极其自然的愿望使他留下了深刻的印象"②。总之,在日本,从民众到政府官员都希望摆脱美国的控制,与中国建立正常的外交关系。与此相反,美国政府的反华立场仍然顽固不化。约翰逊总统搞越南战争升级正是为了遏制中国。当国务院作具体工作的官员提出开始考虑与中华人民共和国的关系的问题时,国务卿腊斯克却拒绝在中国政策上"移动一英寸"。当凯南公开建议缓和美国对中国的看法和松弛美日安全安

---

① Akira Iriye and Warren I. Cohen, *The United States & Japan in the Postwar World*, pp. 100, 103.
② *Ibid.*, p. 99.

排时，约翰逊政府立即通知日本：任何美国脱离这一地区的基本想法只不过是一场美梦。腊斯克继续坚持美日同盟共同反华的路线。他向日本外相保证：尽管中国核试验成功，美国在武器布置方面绝不减少对日本的义务。任何人打算以核武器和核讹诈对付日本将是地地道道的歇斯底里。美国认为它与日本的安全安排是完全有效的而不考虑使用武器的性质如何。[①] 在美国的压力下，尽管美日在安全问题上仍维持 1960 年的安排，但两国在此问题上的潜在矛盾是显而易见的。

四、"尼克松冲击"

最后，美日双边经济冲突使两国由经济盟友变成竞争对手。在两国双边贸易中，自 1950 年以来美国长期顺差的状况于 1965 年发生逆转，到 1968 年美国贸易赤字 4 倍于 1967 年。日本产品在美国市场上的大量倾销使美国同行业受到沉重打击，不仅美国的钢铁和家电业受到日本同类产品的威胁，而且美国南方许多纺织厂由于日本纺织品的冲击也被迫关闭。因此，到 60 年代和 70 年代之交，贸易问题已成为两国最有争议的问题，成为美日关系中最薄弱的一环。[②] 1969 年上任的尼克松总统不仅面临着棘手的越南战争，而且遇到美国国际收支状况最为严重的时刻。1971 年美国出现自 1888 年以来的首次贸易逆差，几达 27 亿美元。而在美国外贸逆差中，日本占很大比

---

① Akira Iriye and Warren I. Cohen, *The United States & Japan in the Postwar World*, pp. 99, 100.
② 资中筠：《战后美国外交史》，世界知识出版社 1994 年版，第 707 页。

例，例如，1968年日本对美国顺差11亿美元，1971年为32亿美元。① 在此情况下，尼克松不得不着手解决与日本的贸易逆差问题。他首先从纺织品开刀。政府要求日本对美国出口实行自动限制，国会威胁以立法手段对日本产品的输入施加更严厉的限制。但日本政府和纺织业界团结一致，拒不让步。双方从1969年5月至1971年9月就此问题在东京、华盛顿和日内瓦等地进行多轮谈判，但均未达成协议。尼克松最后断然采取非常措施，援引《1917年与敌人贸易法》（该法严禁美国人与正在进行一次世界大战的德奥集团进行贸易，违者严惩），以切断日本纺织品的对美输出相威胁，并确定了按照他的条件解决纺织品贸易问题的最后期限。在美国的强大压力下，日本最终屈服。纺织品贸易问题于1971年10月得以解决。接着，尼克松又向日本发动了一场新的经济攻势，迫使日元升值。由于战后20多年来各国经济发展的不平衡，美元变得定值过高的情况越来越凸现出来，这对美国产品的国际竞争非常不利。于是尼克松要求其主要竞争者对自己的货币重新定值。1969年后德国照办了，但日本拒绝。对日本的这一态度，美国无法容忍。美国人认为，从1949年至1971年，日本经济以年增长率10%差不多相当于美国的4倍的速度发展，而日元却锁定在360日元等于1美元的水平，日本工业享受着日元日益贬值的良性循环，这使得它们的产品在国外更具有竞争性，并加强了国内的贸易壁垒网，从而使日本的财富越来越增多。尼克松清楚地认识到了日本竞争的威胁性，1971年7月他在堪萨斯城的一次讲话中说："二十年前，日本生产五百万吨钢，今天生产一亿吨，两年后日本的钢产量将超过美利坚合众国。"又说：西

---

① John Chay, *The Problems and Prospects of American-East Asian Relations*, Colorado： Westview Press, 1977, p.135, 根据 Table 2 计算。

欧和日本"是我们的朋友，也是我们的盟国，但是它们在全世界争夺经济领导地位方面同我们进行着竞争，而且竞争得很厉害"。[①] 为了削弱日本的经济竞争力，尼克松想了一个釜底抽薪法——迫使日元升值。当日本对美国的要求不予理睬时，尼克松以向日本宣布经济战的方式迫其让步。他对输美日本产品课 10% 的附加税直至日本同意对日元重新定值。根据 1971 年 12 月《史密森协定》，日元升值 17% 至 308 日元等于 1 美元。1973 年 2 月白宫允许对所有主要货币实行浮动，进而使日元升值为 265 日元等于 1 美元。1971 年 7 月尼克松还宣布将急剧改变美亚传统关系的访华决定。1973 年 4 月又宣布要停止向日本出口大豆。访华决定、"新经济政策"和大豆禁运的威胁就是所谓的"尼克松冲击"。[②] 尼克松冲击不单是美日双边贸易摩擦的结果，而且是两国在亚太地区整体利害关系激烈冲突的集中体现。在美国人看来，他们自己为了亚洲的集体安全、为了日本的经济发展在越南战场花钱流血以遏制红色中国和共产主义的"扩张"。而日本对这场战争不仅不肯施舍一美元，反而乘机对东南亚进行经济扩张，对美国搞商品倾销。对日本这种行为，约翰逊和腊斯克曾表示极为怨恨。尼克松在堪萨斯城讲演时指出：日本必须被当作五个超级经济强国之一来看待。这实际上是给日本一个信号，希望它以超级经济强国和美国的盟国的身份承担国际义务。但日本充耳不闻。美国认为自己腹背受敌，在政治和军事上面对共产主义的明枪，在经济上遭到日本的暗箭。1971 年美国商务部长莫里斯·斯坦斯（Maurice Stans）宣布："日本人仍然在进行战争，只不过现在以经济战代替了枪战。他们的近期目标就是试图主宰太平洋，然后可

---

① 冬梅：《中美关系资料选编》（1971.7—1981.7），时事出版社 1982 年版，第 76 页。
② William R. Nester, *Power across the Pacific: A Diplomatic History of American Relations with Japan*, New York: New York University Press, 1966, pp.313, 300.

能是全世界。"① 美国研究美日关系的学者沃尔特·莱夫伯（Walter Lafeber）认为，斯坦斯是尼克松政府的高级官员，是总统亲密的同事，他的观点基本上代表了政府的意见。一份国务院节录文件走得更远，将日本称为"潜在的敌人"。② 美国人认为，日本的罪过不在于拒绝建立核军备或者大规模的常规军事力量，而在于没有尽力在经济上分担美国因遍布全球的核军备和常规军事力量而产生的重任。在尼克松眼里，当他既不能按其条件结束越南战争，又不能阻止美国经济衰退时，日本的罪过就更大了。不甘心美国衰退的尼克松因拒绝减少美国的海外义务和国内责任而决定让它的盟友——尤其是日本——为这种义务和责任作更多的付出。美国学者弗雷德·伯格斯坦（C. Fred Bergsten）当时就对"尼克松冲击"的性质作了描述："新的经济手段与即将进行的总统对北京和莫斯科的访问产生了富于想象力的最异乎寻常的美国外交政策：向我们的朋友宣战，向我们的宿敌让步。"③ 可是，在日本人看来，他们在越南问题上在不断帮助美国人：佐藤荣作曾公开支持约翰逊越南战争升级的政策；日本曾敦促苏联官员限制胡志明等等。由于美国长期阻止日本与中国的贸易以及两国在冲绳归还问题上的争执，日本对美国的怨恨也日益加深。1967 年日本民意测验自战后以来首次显示：美国不是日本人最喜欢的国家，日本人最喜欢的是瑞士。"尼克松冲击"使美日关系更为疏远。日本认为，1945 年后两国关系是建立在完全信任的基础之上的，尼克松宣布访华和强加给日本的新经济政策，由于均未与日本商量而损害了这种信任。④

---

① Akira Iriye and Warren I. Cohen, *The United States & Japan in the Postwar World*, p. 107.
② *Ibid.*, p. 107.
③ *Ibid.*, p. 108.
④ *Ibid.*, pp. 101, 103, 108.

在尼克松的高压下，1972年1月3日正式签署的纺织品协定对日本纺织业产生严重负面影响。日本当时就估计，协定生效后，日本输美国纺织品将比原指标骤降30%—40%，即使日本近200万纺织工人中的30万—40万人被解雇，并将予日本纺织业，特别是香川、德岛、大阪、东京、兵库等地区依赖对美出口程度较大的中小纺织企业以沉重打击。由于上述原因，日本采取了更为独立的外交政策，改善了与苏联和中国的关系，尤其是经济关系，而同时保持了美国的军事保护。不过这种军事保护已不那么重要了。因为日本可利用中苏分裂而在经济上收渔人之利，故它无须担心近期的军事威胁。在政治上，佐藤荣作不顾美国的抗议，在尼克松访华前夕，派两名政府高官赴河内会谈，并突然与受苏联控制的外蒙古建立外交关系等等。如果说"尼克松冲击"使两国裂痕公开暴露，那么，1973年石油危机使两国经济同盟最终瓦解。1971年基辛格接到的一份参谋部的研究写道：能源价格的上升"将主要影响欧洲和日本，但可能改善美国的竞争地位"。美国这种将日本与美国置于对立地位的评论及其政策含意即使迟至1965年也是不可想象的。[1] 1973年第四次中东战争时，日本不接受美国支持以色列的立场，而与提供其石油进口80%的阿拉伯国家亲善。日本的政策不仅企图与美国的中东政策分道扬镳，而且从总的方面寻求在经济上，尤其在能源方面更少依赖美国的政策。日本人再也不把美国人看作如60年代早期那样可靠的能源供应者。日本不顾美国在越南的困境而在东南亚推行大规模经济扩张的政策，反对美国的控制而与中国不断发展经济关系的举措，"尼克松冲击"以及中东石油问题上的不同立场等等，这些导致了美日经济同盟约于1975年彻底崩溃，尽管美日政治和军事

---

[1] Akira Iriye and Warren I. Cohen, *The United States & Japan in the Postwar World*, p.109.

同盟仍在延续。

综上所述,美日经济同盟寿终正寝的原因主要有四:首先,由于战后二三十年间两国经济的消长以及国际经济形势的巨大变化,日本已从一个美国的经济小伙伴变成了可怕的经济竞争对手。其次,两国在东南亚的政策和利益从60年代中期以前的和谐演变为之后的大相径庭。再次,两国在对华政策上因中国的强大等原因而由原来的步调一致而发展成各行其是。最后,两国双边贸易失衡问题发生巨大逆转。美日经济同盟虽然瓦解了,但因冷战的需要,美日政治、军事同盟依旧。

(节选自拙著《东亚经济中的美日关系研究(1945—2000)》第二章第一节,人民出版社2003年版)

亚太经济中的美日关系影响因素

20世纪下半期亚太经济中的美日关系变化特点可分为"蜜月"期（1947年至60年代中期）、激烈摩擦期（60年代中期至80年代中期）和摩擦与合作参半期（80年代中期至2000年）。这种关系为何时而碧空万里，时而狂风暴雨，时而半阴半晴呢？研究这一问题是预测美日关系未来走向的前提。笔者认为，美日亚太经济战略和政策、两国双边贸易失衡和国际形势是导致美日关系发生变化的主要因素。

一、经济战略和政策

美日的亚太经济战略和政策是影响两国关系的第一要素。冷战初期，美国的亚太经济战略是：通过与日本结成"太平洋同盟"而主宰亚太经济。[1]为使之得以实现，美国推行两条重要的经济政策：扶植政策和遏制政策。扶植日本恢复其"亚洲工厂"的地位和作

---

[1] William S. Borden, *The Pacific Alliance: United States Foreign Economic Policy and Japanese Trade Recovery, 1947–1955*, Madison, Wisconsin: The University of Wisconsin Press, 1984, p. 10.

用；以和平和武力的方式遏制社会主义国家的经济发展和社会主义制度在亚太的扩展，确保亚洲资本主义制度和市场的安全。美国的经济战略和政策带有浓厚的政治色彩。美国的美日经济关系专家威廉·博登指出："太平洋同盟"战略旨在既保证在经济上一个有利于美国生产者的亚洲经济形势又保证在政治上一个有利于美国的均势。[1] 日本的亚太经济战略是：利用美苏冷战将军事上的失败转化为经济上的胜利；[2] 日本的天命"是成为一个世界强国。本国的安全和发展由于与亚洲和太平洋地区最强大的西方国家结成亲密的同盟而得到可靠的保证……正如美国曾经是大英帝国的殖民地而现在比英国强大一样，如果日本成为美国的殖民地，它最终将变得比美国更强大"。[3] 日本为实现这一战略的政策有两条：一是"一边倒"，即亲美政策；二是重返东亚经济。

从上面可清楚地看出，日本是美国亚太经济战略中的棋子，美国是日本亚太经济战略中的靠山。两国的战略和政策具有高度的一致性，这就决定了两国在经济运作上的和谐性。在多边经济关系上，日本为了恢复和发展经济就需要重新进入东南亚市场，这种愿望正中美国的下怀。因为：（一）为防止日本在经济上向中国和苏联靠拢，美国主张日本与东南亚经济相结合。（二）为了降低东南亚的贫困程度，铲除所谓产生共产主义的"土壤"，美国巴不得日本这个"亚洲工厂"带动整个东亚经济的发展。（三）日本对东南亚的直接经济扩张就等于是美国在那里的间接经济扩张。因为美国与东南亚的经济发展水平过度悬殊，互补性不强，这就限制了美国对东南亚

---

[1] William S. Borden, *The Pacific Alliance: United States Foreign Economic Policy and Japanese Trade Recover*, 1947—1955, p. 11.

[2] *Ibid.*, p. 150.

[3] William R. Nester, *Japan and the Third World*, London: Macmillan Academic and Professional Ltd., 1992, pp. 9—10.

进行直接经济扩张的规模。然而，日本的经济发展水平正好处于美国和东南亚之间，日本与两者的经济互补性都强。这样，日本就利用从美国购买的原料、技术和引进的资本与本国廉价劳动力相结合，制造出产品，然后向东南亚出售。日本向东南亚出售的产品越多，对美国的原料、技术、资金的需求量就越大。（四）美国以这种方式利用日本抢占英国、荷兰和法国在东亚的传统市场。正是这些原因，美国支持日本与东南亚经济相结合，包括废除波利赔偿计划、谋划协议赔偿，支持日本加入科伦坡计划、亚洲和远东经济委员会、国际货币基金组织和关贸总协定等亚洲和国际经济组织。因此，两国在东亚市场上几乎谈不上什么竞争和摩擦。在两国双边经济关系上，美国在资金、技术、原料、市场上给日本以全力帮助，并在朝鲜战争和亚洲军事冒险中以巨款在日本采购"特需"，帮助解决了严重制约日本经济发展的美元短缺问题。美国投之以桃，日本报之以李。日本宁可买比中国和澳大利亚价高的美国原料和粮食，甚至为了让美国享有日本的粮食市场而放弃已制定的粮食自给计划。[1] 既然双方的战略和政策奠定了两国关系的和谐"基调"，即使在某一局部问题上出现一点"杂音"（摩擦），也不会影响和谐这一主旋律。例如，由于 20 世纪 50 年代日本向美国大量倾销纺织品，造成美国纺织业萎缩，美国国会意欲对日本纺织品施加进口限额，美国政府反对。国务卿杜勒斯严正指出：与日本同盟对美国来说是如此之重要以至于对于日本的掠夺性贸易行为不可以进行报复。[2] 杜勒斯预见到如果美国强烈地抵制日本的倾销会发生的灾难性后果："日

---

[1] William S. Borden, *The Pacific Alliance: United States Foreign Economic Policy and Japanese Trade Recover*, 1947—1955, p.162.
[2] William R. Nester, *Power across the Pacific*, New York: New York University Press, 1996, p.275.

本人将无疑地开始与共产党中国发展亲密关系。"①最后以日本"自动限制"对美国出口的方式平息了贸易摩擦。这个例子进一步说明被经济战略和政策所决定的关系不受其他次要问题的影响。

美日经济战略和政策对两国关系的影响也体现在20世纪60年代中期至80年代中期。60年代中期以后，日本由于经济得到迅速恢复和发展，国力大为增强，遂以新的经济战略和政策取代了旧的。以1964年一桥大学小岛清教授提出的建立"太平洋自由贸易区"的主张为基础，政府制定了"环太平洋合作"的战略构想。其内容有三：加强日本、美国、加拿大、澳大利亚和新西兰5个太平洋先进国家的合作；把目光转向亚洲，消除其贫困而谋求安全；以日本为"桥梁"把太平洋各国和亚洲各国联结起来。②1973年8月日本的《外交政策白皮书》中最为强调的一点是"日本在亚洲"。翌年首相田中角荣又强调："在可以预见的将来，日本与东南亚国家之间的关系的主旋律将必定是在数量和质量上扩大经济和技术合作，并按平等互利的原则加强经济交往。"③美国前一个时期的战略和政策导致的朝鲜战争和越南战争严重地削弱了自己的实力。尼克松政府于1970年前后对其战略做了重大调整，即从亚洲收缩力量，将战略重点从政治转向经济，开始重视与东盟的经济关系。1975年，福特总统访问亚洲后提出所谓"太平洋主义"。④1977年6月，美国申述亚洲政策五原则：美国（1）现在和将来都是一个亚太强国；（2）继续对亚太的和平与稳定发挥重要作用；（3）寻求与该地区建立正常和友好的关系；（4）继

---

① William R. Nester, *Power across the Pacific*, p. 276.
② [日] 丸山静雄撰、石宇译：《东南亚与日本》上海人民出版社1974年版，第143页。
③ Kei Wakaizumi, "Japan's Role in International Society: Implication for Southeast Asia", Kernial Singh Sandhu, *et al.*, *Japan as an Economic Power and its Implications for Southeast Asia*, Singapore: Singapore University Press, 1974, pp. 80—81.
④ [澳] 托马斯·艾伦撰、郭彤译：《东南亚国家联盟》，新华出版社1981年版，第552页。

续发展太平洋两岸间的相互贸易和投资,承认不断增长的美国和这一地区经济的相互依赖;(5)以自己的影响改善亚洲诸民族的人类状况。① 在此基础上,以及由于美国从印度支那的全面撤退所导致的日本在亚太的经济扩张和苏联对该地区的军事扩张,里根政府于 1980 年对战略再做调整,即"重返亚洲",致力于太平洋经济合作。表面上,美日两国的亚太经济战略构想都是"太平洋经济合作",但骨子里,两国战略是对立的。日本战略是完全独立自主的,再不依附于美国,美国战略视日本为竞争对手,再不把它作为扶植和呵护的对象;日本战略强调亚洲对日本经济的重要性,美国战略声称要继续发展太平洋两岸经贸关系;日本战略的关键是日本在亚太经济合作中的"桥梁"作用和"重大的责任和任务",② 美国战略的核心是美国永远是一个亚太强国。战略和政策上的对立决定了两国在经济运作上的激烈竞争和摩擦。1965 年越南战争升级后,美国越来越陷入困境,而日本则乘机不断扩大对东南亚的贸易和投资。美国希望盟友日本用其新的财富在越战中帮助自己,日本不仅使美国的希望落空,而且认为美国发动越战是错误的。③ 美日在亚洲的经济关系已出现深刻的裂痕。美国认为,自己打越南战争是为日本保护东南亚市场,而日本对陷入越战困境不能自拔的美国却置之不理,只顾自己发战争之财。④ 与此同时,两国在对东亚的商品贸易、直接投资和经济援助方面开始了激烈的竞争。到 80 年代中期,日本在东亚绝大多数国家和地区经济中的地位和影响都超过美国。而 60 年代中期以前,在

---

① Lawrence B. Krause, *U. S. Economic Policy toward the Association of Southeast Asian Nations*, Washington, D.C.: The Brookings Institution, 1982, p. 73.
② [日] 丸山静雄撰、石宇译:《东南亚与日本》,第 154 页。
③ Akira Iriye and Warren I. Cohen, *The United States & Japan in the Postwar World*, Kentucky: The University Press of Kentucky, 1989, p. 98.
④ *Ibid.*, p. 98.

东亚经济中占绝对优势的是美国。在美日双边经贸关系上，摩擦更为频繁、激烈，这一方面留在后文详述。

20 世纪最后 15 年美日关系的特点是摩擦与合作参半，这明显地显示出两国经济战略和政策的重要影响。80 年代中期以后美日经济战略进一步优化。1985 年日本最受尊重的政府官员小北三良（Saburo Okita）对经济学家赤松要（Kaname Akamatsu）在 30 年代提出的"雁行模式"进行了新的解释，[①]使之成了众所周知的日本与东亚国家和地区经济关系的模式，遂又成为日本的亚太经济战略。随着日本经济实力的继续增强和在亚太经济合作中地位的不断提高，美国在该地区的经济、政治影响相对下降。为防止日本独自称雄亚太，确保美国在该地区的传统影响，布什政府于 1991 年提出了"扇形战略"，即建立一个"类似扇形的辐射结构"的太平洋共同体。美国的"扇形战略"以美国为核心辐射亚太、防止日本独霸亚太经济；日本的"雁行战略"以日本为头雁整合东亚经济，欲将美国从中排斥出去。这是两国战略对立的一面。然而，它们还有相同的一面，即互相合作维护亚太的和平与稳定。这是它们在亚太经济利益的共同需要。加上两国同属西方意识形态，在民主、人权等问题上有一定的认同感，面对这一时期地区扩张主义和金融危机的威胁，合作的一面显得十分重要。美日战略的两面性决定了其合作与摩擦的两重特点。整个 80 年代受苏联支持的越南地区扩张主义是对东盟乃至整个亚太经济发展的严重威胁。对此，美日基本上采取了一致立场，以经济制裁迫使越南从柬埔寨撤军。1989 年后，美国以民主、人权为由，干涉中国内政，日本予以一定程度的配合。前美国驻日本大使迈克尔·H. 阿马科斯特在对华问题上的美日合作作出了这样的描

[①] Robert Garran, *Tigers Tamed*, Honolulu：University of Hawaii Press, 1998, pp. 48, 49.

述:"东京一直适当及时地向我们通报情况,并且日本的具体政策措施中也没有几项使华盛顿感到不满。……他们……既维护了日本重要的对外政策和商业利益,又没有破坏与华盛顿和其他西方国家的团结。"[①]东亚金融危机爆发后,美日为了该地区的经济安全而合作,为东亚国家和地区提供双边和多边经济援助,在合作的同时也伴随着摩擦和竞争。例如,日本在与美国采取相同立场对亚洲国家进行经济制裁时为了抢先占领竞争的有利地位也搞点阳奉阴违,在美国宣布取消制裁之前就恢复对它们的经济援助和与它们的贸易关系;两国在以合作的态度共同对付东亚金融危机时又围绕是否建立"亚洲货币基金"的问题对亚洲经济主导权开展激烈的争夺;还有不断升级的美日双边贸易摩擦等等。这些都是美日战略和政策的两面性在经济行为上的体现。

二、双边贸易失衡

双边贸易失衡,美国对日本的贸易逆差是影响亚太经济中美日关系的第二个重要因素。在美日双边贸易中,从战后至1964年,美国年年顺差。从1965年始至1985年,美国岁岁逆差,总额达1906.91亿美元,[②]年均为90.81亿美元。美国持续大量的贸易赤字是导致

---

① [美]迈克尔·H.阿马科斯特撰,于铁军、孙博红译:《朋友还是对手》,新华出版社1996年版,第139页。
② 根据如下两本书上的数据计算:(i) Akira Iriye and Warren I. Cohen, *The United States & Japan in the Postwar World*, p.169, Table 8.12, U.S. data on f. a. s. basis;(ii) Courtenay M. Slater and Cornelia j. Straser, *Business Statistics of the United States*, Lanbam, MD: Bernan Press, 1999, pp.166, 167. 下文1981年、1983年、1987年和1994年美对日贸易赤字皆根据(ii)计算。

美日贸易摩擦不断的直接原因。其中几次发展成为政治冲突的贸易摩擦都是由于赤字的迅猛升高而引起的。第一次发生在60年代末和70年代初。1968年美国对日贸易赤字相当于1967年的4倍，[①]1971年又从1968年的11亿美元激增至32亿美元。[②]大幅度上扬的赤字点燃了纺织品大战。美国政府要求日本对输美纺织品实行自动限制，国会声称欲以立法手段对日本产品的进口施加更严厉的限制。但日本政府和纺织业界团结一致，拒不让步。双方从1969年5月至1971年9月就此问题在东京、华盛顿和日内瓦等地进行多轮谈判，但均未达成协议。美方在谈判中甚至以归还冲绳为条件换取日本对输美纺织品的自动限制，也无济于事。尼克松最后采取非常措施，援引《1917年与敌人贸易法》（该法严禁美国人与正在进行第一次世界大战的德奥集团贸易，违者严惩），以切断日本纺织品的对美输出相威胁，[③]并确定了按他的条件解决纺织品贸易问题的最后期限。在美国的强大压力下，日本最终屈服。由上可见，这场摩擦的激烈程度。美国将纺织品问题与归还冲绳问题挂钩，已经使经济问题政治化了，进而升级到用对付敌人的办法威胁日本，迫其就范。第二次发生在70年代末。1975年美国的全球经常账户为183亿美元，日本为-7亿美元，其中美国对日商品贸易账户为-17亿美元。可是到1977年这三个数字依次变成-141亿美元、109亿美元和-80亿美元，1978年为-143亿美元、165亿美元和-116亿美元。[④]也就是说，美国全球经常账户赤字1977年的56.7%和1978年的81%是与日本贸易造成的。这次严重的贸易失衡导致了两场激烈的贸易冲突。

[①] Akira Iriye and Warren I. Cohen, *The United States & Japan in the Postwar World*, p. 98.
[②] *Ibid.*, p. 169.
[③] *Ibid.*, p. 106.
[④] I. M. Destler and Hides Sato, *Coping with U. S. — Japanese Economic Conflicts*, Lexington: Lexington Books, 1982, p. 4.

一场是农产品大战。美国要求日本扩大进口美国农产品，取消对美国柑橘、饭店使用的高级牛肉及其他农产品的非关税障碍，实现柑橘、牛肉贸易自由化。美国警告日本政府：日本对美国不断增长的大量贸易顺差严重地威胁着华盛顿与东京的关系。① 日方对美方的要求起初坚决抵制。农林水大臣中川一良（Ichiro Nakagawa）说，要吸收美国提出的进口量，日本必须再建2.5倍的饭店和将每个日本人的胃容量扩大一倍。② 日本的强硬态度引起了美国人的强烈不满。日本对外经济事务大臣丑场允彦（Nobuhiko Ushiba）赴美谈判失败后回国深有感触地说："如今美国的反日情绪比美日纺织品谈判时更为根深蒂固。"③ 另一场是通信产品大战。日本电话电报公司是日本通信市场对外关闭的象征。美国几次派员赴日要求该公司采购美国的通信产品都碰了一鼻子灰。1978年11月，以众议院贸易小组委员会主席查尔斯·瓦尼克（Charles Vanik）为首的美国贸易专门小组访日。日本电话电报公司总裁秋草（Akigusa）不仅故意缺席事先安排的会谈，而且还以讽刺的口吻说：日本电话电报公司要从美国购买的唯一物品是"拖把和水桶"。这一带有侮辱性质的话激起了美国人的强烈愤怒，④ 使两国产生了严重的民族对立情绪。美国强烈要求日本采取行动减少对美贸易顺差。参议员、联席经济委员会主席劳埃德·本特森（Lloyd Bentsen）提出为对付日本而实行进口附加税的可能性，⑤ 但日本坚持拒绝开放通信市场。双方的斗争到了剑拔弩张的地步。80年代初，美国对日贸易赤字再创新高，从1981年的157.89亿美元跃至1983年的192.89亿美元，从而引发了一场半导体大战，

---

① I. M. Destler and Hides Sato, *Coping with U. S. —Japanese Economic Conflicts*, p. 131.
② Ibid., p. 140.
③ Ibid., p. 139.
④ Syed Javed Maswood, *Japan and Protection*, London：Routledge, 1989, p. 112.
⑤ I. M. Destler and Hides Sato, *Coping with U. S. —Japanese Economic Conflicts*, p. 209.

因为美国在这一领域内的贸易逆差特别突出：日本集成电路对美出口顺差从 1980 年的近 28 亿日元升至 1983 年的 767 亿日元。[1] 在半导体战最酣之际，首相中曾根康弘说："美国的经济问题渊源于它的黑人和拉丁美洲人口的低智力。"美国人对此提出强烈抗议。然而，中曾根康弘之言却引起了日本民族的共鸣。《日本经济杂志》的社论承认："在心灵的深处，大多数日本人民都同意首相的评价，即日本社会在某些方面处于'较高的水平'。……尽管日本人看来一直拜倒在美国的面前，但在他们的心灵深处，他们对美国人是有些憎恨的。"[2] 除上所述之外，还有钢铁产品大战、家电产品大战、汽车大战等等无一不是由美国对日本的贸易逆差引起的。这使 60 年代中期至 80 年代中期的 20 年成为美日双边关系最紧张的时期，几乎每次都由开始时的贸易摩擦变成感情上的对立，然后是经济问题政治化，尽管最终以双方的妥协而告终。

美国对日本的贸易逆差对 20 世纪最后 15 年的美日关系也有同样重要的影响。美国尽管在上个时期迫使日本签订了一系列限制日本对美出口和增加美国对日出口的贸易协议，但 80 年代中期以后美国对日本的贸易逆差不仅未减少反而扶摇直上。从 1983 年的 192.89 亿美元升至 1987 年的 563.26 亿美元再升至 1994 年的 656.68 亿美元。因此，两国贸易摩擦在 80 年代下半期和 90 年代上半期不断升温。激烈的争夺不仅发生在农产品、汽车和高科技领域，而且升级到建筑、医疗、保险等服务行业，进而深入到了经济结构层面。争夺汽车市场就是典型一例。汽车是美日长期竞争最激烈的行业，是两国摩擦的核心之所在。美国对日贸易赤字的 2/3 是汽车及其配件造成的[3]……美国汽车进入日本

---

[1] 冯昭奎等：《战后日本外交》，中国社会科学出版社 1996 年版，第 218 页。
[2] William R. Nester, *Power across the Pacific*, p. 346.
[3] *Ibid.*, pp. 388—389.

市场的谈判进行了20个月，美国要求日本撤销对其汽车和配件业的管制规定，提高美国对日本的出口数量，日本拒不同意。于是，美国于1995年5月擎起贸易法"301条款"，宣布若日本到6月28日不开放其市场，美国就对每年价值59亿美元的13种日本豪华轿车征收100%的关税。日本威胁说，如果这一惩罚措施付诸实施，就向世界贸易组织告发美国。①两国摩擦白热化程度由此可见一斑。由于巨额贸易赤字，美国人对日本人十分痛恨。他们毫不留情面的对日本人讲："日本卑鄙，将我们的发明偷去制造东西，再将产品卖回到我们的地方，使我们受到伤害，真是岂有此理！"②正是在这种仇日的气氛中，美国国会通过了《1988年综合贸易竞争法》，其中"超级301条款"的重点目标就是日本，条款赋予美国贸易代表以直接的贸易报复权。1989年日本国会议员、著名政治家石原慎太郎和索尼公司总裁盛田昭夫共同出版了《一个可以说NO的日本》，书中指出：日本与美国间的贸易摩擦，"基本上存在根深蒂固的种族歧视"。尽管美国自诩其种族优越，但"现在，白人所缔造的近代文化已经面临真正的末期，我猜想这才是战后身为白人代表的美国人倍感焦虑的原因"③。同年7月，美国哈里斯民意测验（Harris poll）表明，69%的美国人认为日本巨大的贸易顺差是一个相当严重的问题，68%的人视日本经济威胁为美国最严重的外部威胁，而只有22%的人视苏联的军事威胁为美国最严重的外部威胁。④在日本，时事社1991年的一项舆论调查显示，有38%的日本人感到美国是一种威胁。外务省外围团体国际问题研究所的一份调查报告指出，从1989年开始，日

---

① William R. Nester, *Power across the Pacific*, p. 389.
② [日] 石原慎太郎和盛田昭夫撰、刘秀琴等译：《一个可以说NO的日本》，台北"中央日报"出版部1990年版，第57页。
③ 同上，第57页。
④ William R. Nester, *Power across the Pacific*, pp. 356—357.

本的反美情绪就不断积累,有可能动摇日美安全体制。①然而,当美国对日贸易赤字减少时,两国间的紧张关系也逐步缓和。1994年美国对日贸易赤字达到最高峰,但1995年,据日本大藏省统计,日本对美顺差为455.6亿美元,比上年减少17%,高于日本总体贸易顺差减少11.4%的平均水平。即使按美国的统计,美国对日逆差也比上年减少9.7%,为4年以来的首次下降。②无独有偶,1995年6月两国在汽车问题上达成协议。由于汽车贸易是两国间头号摩擦"悬案",是"一揽子经济协商"的重要组成部分。因此该协议的达成使两国之间的贸易摩擦出现缓和,两国间的紧张关系缓解。美国对日贸易赤字上升,两国关系就紧张,反之,两国关系就缓和,这雄辩地说明双边贸易失衡对两国关系的重要作用。美国和日本的美日关系专家也都持同样的观点。美国学者指出:"事实上,美日间双边贸易的失衡构成了美日经济冲突的根本原因,这种冲突在美国和日本都变成了政治问题。"③

为什么双边贸易失衡对美日关系有如此重大的影响呢?这是因为贸易摩擦是两国国家利益冲突的表现。第一,市场的抢占是各自国际收支的决定因素,且关系到各自企业的生存和发展、居民就业乃至争占未来竞争优势地位的问题。第二,这一时期的贸易失衡是两国经济实力对比不利于美国的表现。凡在这种情况下,美日关系必然紧张。另一个问题是,为何只有美国对日本的贸易逆差才引起两国关系的紧张,而日本对美国的贸易逆差却不然呢?这是因为:第一,日本当时(1945—1964)是一个粮食、原料、商品缺乏的发展中国家,美国则是发达国家,加上日本的"一边倒"政策,其进

---

① 朱听昌等:《90年代日美关系的调整及其影响》,《日本学刊》1999年第3期。
② 杨伯江:《美日贸易摩擦何以缓和》,《现代国际关系》1996年第3期。
③ Akira Iriye and Warren I. Cohen, *The United States & Japan in the Postwar World*, p.147.

出口贸易几乎完全依赖美国。因此，日本对美的贸易逆差是一种必然现象。第二，在双边贸易中，美国对日本非常照顾。根据 1953 年 9 月 15 日签订的美日商约，一方面，日本的制造品被允许自由进入美国；另一方面，只有美国的农产品、技术和原料被允许进入日本，且是在不与日本产品相竞争的时候。[①] 第三，日本对美的贸易逆差得到了弥补。尽管 1955 年至 1965 年日本对美贸易逆差总额达 18463 亿日元，但由于美国帮助日本对东南亚的经济扩张，使日本获得对东南亚贸易顺差 13939 亿日元，日本以此弥补其对美逆差的 75.5%。[②]

三、国际形势

国际形势是影响亚太经济中美日关系的第三大因素。1947 年至 60 年代中期，冷战的国际形势使美日由仇敌变成"情侣"。战后最初两年里，美国一直把日本当敌人对待，这体现在它战后初期的亚太战略构想和政策中。美国最初的战略构想是：以国民党统治的中国为试点和重点在亚太推行新殖民主义以主宰亚太经济；彻底消除日本的战争和经济竞争潜力以防止其东山再起，确保自己独霸亚太经济的前景不受威胁。在此战略思想的指导下，对日本采取了三方面的重大措施：摧毁日本原来的社会经济结构，即民主改革；实施赔偿拆迁计划；阻止日本重返亚太经济使之与以美国为首的西方经济相结合以便控制之。同时，对日本恢复和发展经济采取限制政策。

---

① William R. Nester, *Power across the Pacific*, p. 275.
② 根据南开大学经济研究所编《战后日本经济的畸形发展》（商务印书馆 1973 年版）第 77 页所引日本数据计算。

美国政府指示占领日本的美军总司令麦克阿瑟："你对恢复日本经济或加强日本经济不要承担任何责任。你将让日本人民明白，你对维护日本人的任何特殊的生活水平不承担责任。"① 按照美国政府的指示，盟军总部否定了日本把重工业和化学工业作为发展和平经济的基础的想法，顽固地坚持要把日本限制在农业国或轻工业国这个发展阶段。② 然而，美国对日本的惩罚性战略和政策的初步实践受到世界和亚太政治经济形势变化的严峻挑战。这些变化有：冷战的爆发、中国革命的胜利和世界经济危机的来临。1947 年是战后初期国际形势发生重大转折的一年。1947 年 3 月"杜鲁门主义"的抛出标志着冷战的开始。从此，美苏对抗代替美苏合作，两国争夺势力范围和市场的斗争阴云从欧洲蔓延到亚洲乃至笼罩全球。同年在中国内战中，人民解放军从防御转入进攻，国民党军队则由进攻转入防御。翌年，人民解放军取得决定性的胜利。仍然在这一年，战后全球经济危机爆发，③ 表现为世界经济的严重失衡。二战使美国在财富的占有和生产能力上都成为超级大国，其余国家都成了穷国。美国以年均 100 亿美元的贸易出超，造成外国账户上美元严重亏损，即"美元短缺"（dollar gap）的现象。这一现象导致世界经济被明显地分为软货币区和硬货币区，形成了无形的贸易壁垒。威廉·博登指出："美元短缺是战后互为矛盾的经济力量的表现，是美国对外经济政策中唯一重要的现象。在那时，很少有非经济学家认识到这一点，到后来，并非所有的历史学家都已认识到这一点。"④ 很清楚，

---

① ［英］阿姆斯特朗撰、史敏等译：《战后资本主义大繁荣的形成和破产》，中国社会科学出版社 1991 年版，第 41 页。
② ［日］内野达郎撰、赵毅等译：《战后日本经济史》，新华出版社 1982 年版，第 35 页。
③ William S. Borden, *The Pacific Alliance: United States Foreign Economic Policy and Japanese Trade Recover, 1947—1955*, p. 68.
④ *Ibid.*, p. 23.

如果不解决美元短缺的问题，美国极力主张的"多边主义"的自由经贸原则就无法实现，美国的生产商和产品将被拒于欧洲、非洲和亚洲的市场之外，美国主宰世界经济的愿望就会落空，连自身的经济发展都会受到严重威胁。正是由于冷战、中国革命和世界经济的严重失衡对美国的对日政策产生重大影响。从政治方面考虑，在美苏争夺亚太的斗争中，美国若继续对日本推行惩罚性政策、不承担其经济复兴的责任，将会使日本发生革命，或使之投靠苏联。同时，在美国决策者的眼里，中国革命的节节胜利使中国在美国亚太战略中的地位发生了根本的变化——由原来的盟友变成了敌人，因为美国把中国革命看成是苏联和共产主义在亚太的扩张。所以，美国必须寻找新的盟友共同抵御共产主义以在亚太建立新的均势。从经济方面着想，由于国民党的节节败退使美国通过1946年的《中美商约》所摄取的中国市场面临全部丢失的危险。倘若其他国家的共产主义革命也像中国那样获胜，则美国在亚太的势力范围和市场会进一步缩小。而且，要解决世界美元短缺问题，恢复战前亚太殖民经济体系是重要的一步。在二战前，东亚通过赢得大量美元出超而长期帮助欧洲和世界，使它们的美元贸易达到平衡。但战后初期，日本与东亚贸易的崩溃使东亚在1947年的贸易赤字达12亿美元。[①]可见，日本在东亚贸易中的至关重要的作用。总之，在政治上为了抗衡共产主义的扩展确保自己在亚太的既得利益，在经济上为恢复旧的亚太殖民经济体系解决美元短缺问题，美国改而与昨天的敌人日本结盟。这就是冷战时期美国从政治经济上扶植日本、遏制社会主义国家的缘由。美国的政策由敌视日本转而扶植日本自然是日本求之不得的事，日本也相应地制定了"一边倒"的亲美政策。因此，两国成了

[①] William S. Borden, *The Pacific Alliance: United States Foreign Economic Policy and Japanese Trade Recover*, 1947—1955, pp.68—69.

"情侣"、共度"蜜月"。这一切都是世界和亚太形势变化的结果。

在第二个时期,国际形势对美日关系产生重大影响的典型例子发生在60年代与70年代之交。此时国际形势呈现出全新的面貌:由美国、苏联、日本、西欧和中国五个经济中心构成的多极格局取代了美苏对峙的两极格局。亚太也出现新的形势。其一是美日两国经济实力的对比发生了巨大的变化。战后日本经济获得迅速发展,出现了所谓"日本奇迹"。日本在越来越多的制造品领域日益成为世界上占主导地位的生产者,国际竞争力大为增强。与日本相反,美国的经济的发展速度缓慢,出现"相对衰落",国际竞争力大为削弱。亚太新形势的表现之二是美国深深地、痛苦地陷入越南战争。之三是中华人民共和国的强大。全球和亚太的新形势对美关系以深刻的影响。美日经济发展的巨大反差决定了"学生"向"老师"挑战。日本以自己强大的竞争优势无情地挤占美国国内市场和美国在东亚的市场份额,导致了两国在双边经济关系和亚太多边关系上的尖锐矛盾和冲突。越南战争是美国直接与越南交战,实际上是间接地与苏联和中国交战,因为苏、中支持越南抗击美国的侵略。在与苏、中的抗衡中陷入困境的美国亟须盟友日本的援助,但日本拒绝了。中国强大的一个重要标志是1964年原子弹试验的成功,这使日本对它发展经济所依赖的美国核保护伞的作用发生怀疑,对美国的离心力进一步增强。1964年,中国核试验成功后,乔治·凯南访问日本时,"共产党中国对日本舆论外层控制程度、日本与中华人民共和国建立更好关系的愿望,以及日本人中想至少部分地摆脱使人发腻的美国独断专行的束缚的极其自然的愿望给他留下了深刻的印象。"[①]正是这种复杂形势使美日矛盾尖锐化。美国认为自己腹背受敌,在政治军事上面对共产主义的明枪,在经济上遭到日本的暗箭。1971

---

① Akira Iriye and Warren I. Cohen, *The United States & Japan in the Postwar World*, p. 99.

年美国商务部长莫里斯·斯坦斯（Maurice Stans）宣布："日本人仍然在进行战争，只不过现在以经济战代替枪战。他们的近期目标就是试图主宰太平洋，然后可能是全世界。"国务院的文件将日本称为"潜在的敌人"。① 在总统尼克松眼里，当他既不能按自己的条件结束越南战争，又不能阻止美国经济衰退时，日本的罪过就更大了。不甘心美国衰退的尼克松因拒绝减少美国的海外义务和国内责任而决定让它的盟友——尤其是日本——为这种义务和责任作更多的付出。② 于是，尼克松以"新经济政策"（即以非常的经济惩罚手段迫使日本限制对美出口和调整汇率）对付日本，以和平外交政策对待社会主义国家：访问中国和苏联。这一"尼克松冲击"被美国学者称之最富想象力的最异乎寻常的美国外交政策："向我们的朋友宣战，向我们的宿敌让步。"③ "尼克松冲击"是美日冲突白热化的表现，是这一时期国际形势的产物。

  国际形势对第三时期美日关系的巨大影响也很明显。1985 年是国际形势发生变化的一个重要年份。该年苏联经济实力被日本超过，戈尔巴乔夫出任苏共中央总书记，之后他推行对美和解政策，直到 1991 年苏联解体、冷战结束。苏联的衰落和解体使美日同盟失去了政治基础。而且，日本经济实力在 80 年代下半期进一步膨胀，美国继续相对衰落。在这种形势下，两国摩擦不断升级。然而在 90 年代初期以后，两国经济发展几乎同时发生逆转。美国经济转衰为盛，持续景气；日本经济转盛为衰，长期萧条；两国经济竞争力的对比再度发生变化。同时，由于中国改革开放的成功，经济实力大为增强。"中国威胁论"的臆想笼罩美日两国。在有些美国人和日本

---

① Akira Iriye and Warren I. Cohen, *The United States & Japan in the Postwar World*, p. 107.
② *Ibid.*, p. 107.
③ *Ibid.*, p. 108.

人的眼里，两国又出现了一个共同的对手。1994 年美日同盟"重新确认"，1998 年修订"美日防卫合作指针"。在此情况下经济摩擦退居次要地位。1995 年 2 月美国防部提出的《东亚安全战略报告》中明确写道："不允许贸易摩擦破坏我们的安全联盟。"

综上所述，美日的经济战略和政策、双边贸易失衡（美国对日本贸易赤字）和国际形势是影响亚太经济中美日关系的三要素。其中，经济战略和政策对美日关系起决定作用，双边贸易失衡和国际形势起重要作用。各个时期影响美日关系的不单是一个因素，至少是两个因素或者三个因素。如第一时期的"蜜月"是第一、三因素共同作用的结果，第二时期的激烈摩擦和第三时期的摩擦与合作参半是第一、二、三因素共同影响的结果。"尼克松冲击"是受三个因素综合影响的典型例子：那时两国经济战略和政策互相对立，美国对日贸易逆差与日激增、国际形势由多极取代两极，再加上越南战争。同时还应该注意到三大要素不是相互独立而是互相影响的，如第一个时期的美日经济战略和政策在相当大的程度上导致了日本经济的迅速发展和美国经济的相对衰退，进而出现了美国对日贸易的持续逆差。长期巨额的贸易失衡会导致两国国力的对比发生变化，国力的对比发生变化就是国际形势变化的一个重要内容。国际形势的变化又会促进美日调整其经济战略和政策。如 60 年代下半期和 70 年代初日美亚太经济战略和政策的调整就是受多极格局取代两极格局之影响所致。总之，三种因素相互影响和变化最终共同作用于美日关系。既然亚太经济中的美日关系受制于这三种因素，因此只要我们认真研究和正确认识它们，就能预测它的未来走向。

（原载《武汉大学学报》[人文科学版] 2002 年第 3 期）

美国、日本与东亚金融危机

在金融海啸肆虐全球的今天，重新研究一下 20 世纪末美国、日本与东亚金融危机的关系，总结其中的教训和启示，对于我们尽快地克服现在的金融危机不无补益。

美日对东亚经济主导权的争夺

20 世纪最后的 25 年是美国和日本在东亚经济中既合作又竞争的年代。因此，1997 年亚洲金融危机的爆发，起初不仅未引起它们的警觉，反而为它们提供了角逐东亚经济主导权、扩大在该地区经济利益的时机。日本想乘机强化它对东亚经济的主导作用，美国则坚决抵制日本的这一企图以夺取东亚经济的主导权。泰国金融危机爆发 2 个月之后，7 个先进工业国的财政部长于 1997 年 9 月 20 日在香港召开年会，集中讨论东南亚金融危机的问题。日本建议在东亚成立由它出资一半的总额为 1000 亿美元的"亚洲货币基金"，基金由日本主导，亚洲国家参加，强调亚洲国家的自力更生。日本的建议得到了菲律宾、马来西亚等东南亚国家的积极支持，但遭到美国等西方国家的强烈反对。美国认为日本另起炉灶，有意筹建亚洲货币基金是政治战略含义上的"脱美入亚",绝不能容忍。[1] 美国主张国际货币基金组织理所当然地应成为任何援助的中心。美国一官员表示:任何金融援助,如果与美国的思路一致,也许更能得到国际货币基金组织的首肯和支持。国际货币基金组织总裁康德苏说,不管设立什么样的基金,都不应该取代或削弱国际货币基金组织的权威,亚洲国家目前只需要一个地区性的监督机制,就是在国际货币基金组织的范畴下接受监管和援助。他还以亚洲货币基金的贷款条件不够严格、没有足够的信誉令市场恢复信心为由反对建立独立于国际货币基金组织的亚洲货币基金。日本不顾美国和国际货币基金组织的反对,仍继续努力不断做工作,使其建议得到了美国民间一些经济学家如曾任总统经济顾问的美国国际经济研究所所长伯格斯坦的支持。但美国政府决心挫败日本的计划。美国财政部长鲁宾和美联储主席格林斯潘分别致函各亚洲国家,解释美国的立场,安抚它们,同意增加国际货币基金组织对有关国家的贷款数额。美日经过激烈的明争暗斗,结果是,于1997年11月19日在马尼拉举行的亚太14个国家和地区中央银行副行长和财政部副部长会议上达成了国际货币基金组织主导的亚洲地区金融合作协议。其主要内容为:不设亚洲货币基金;扩大国际货币基金组织的资助限额,加强其应付危机的能力。马尼拉会议确定了解决东亚金融危机的方针,即由国际货币基金组织主导。这一方针在11月26日加拿大的亚太经合组织非正式首脑会议和1998年1月的东京各国财政部副部长会议上进一步得到肯定。美国总统克林顿还建议成立一个专门的财长小组,专职落实马尼拉协议。[2]

---

[1] 亓乐毅:《亚太金融危机与地缘战略争夺战》,转自陆忠伟:《世纪之交的国际经济形势与经济安全》,载《现代国际关系》1999年第6期,第3页。
[2] 陈鸿文等:《东亚经济何处去1997》,经济管理出版社1998年版,第207、208、209页。

围绕建立亚洲货币基金美日斗争的实质是两国在东亚利益之冲突和争夺东亚经济主导权的表现。作为全球第二大经济强国和头号债权国的日本在东亚有着巨大的经济利益。国际清算银行的数据表明，在 1997 年中期，日本仅对韩国、印尼、马来西亚、泰国和菲律宾五国的未清偿贷款余额就有 972 亿美元，占五国未清偿贷款余额总数 2744 亿美元的 35.4%。[1] 东亚地区金融崩溃将使日本业已存在的金融机构不良贷款问题恶化，给日本经济结构调整和金融改革增添更多困难。因此，建立一个稳定的东亚金融体系对日本至关重要。然而，亚洲货币基金的建立与美国的利益不符。一些东亚经济体如日本、中国大陆、中国台湾和香港以及新加坡等拥有巨额国际收支盈余和外汇储备。在 90 年代，它们把这些外汇储备的大部分投资于美国政府证券。例如，1997 年 8 月，香港货币当局就拥有约 600 亿美元的美国政府证券，其中大部分是美国财政库券；而日本银行则持有高达 1700 亿美元的美国财政库券。如果东亚各中央银行为了给亚洲货币基金筹措资金，卖掉美国财政库券，那么将会给美国的利率带来上升的压力，转而可能使美国长达 10 年的经济增长势头中断。[2] 美日围绕建立亚洲货币基金斗争的一个深层次原因是角逐东亚经济的主导权。日本长期以来就致力于在东亚建立一个日元圈，以发挥其金融领导作用。建立亚洲货币基金的建议，可以说是建立日元圈的一个重要步骤。日本许诺为亚洲货币基金出资一半，那么亚洲货币金融的领导权自然非日本莫属。对于美国来说，亚洲货币基金的成立就意味着国际货币基金组织在东亚金融事务中主导地位的严重削弱甚至丧失。美国等西方国家实质上是国际货币基金组织的

---

[1] Robert Garran, *Tigers Tamed: The End of the Asian Miracle*, Hawaii: University of Hawaii Press, p.28.
[2] 张斌：《亚洲货币基金的复活》，《当代亚太》2001 年 1 期，第 19 页。

控制者。美国利用该组织在东亚推行经济自由主义,如贸易自由化和市场开放。而这一点又主要是通过国际货币基金贷款的附加条件来实现的。[①]一句话,意向中的亚洲货币基金的灵魂是日本,而国际货币基金组织的灵魂是美国(美国在国际货币基金组织中占最大份额,约18%,相当于日本、德国和英国所占比例之和[②])。亚洲货币基金被否定,国际货币基金组织在处理东亚金融危机中的领导地位就是不可争议的了。也就是等于美国在处理东亚金融危机中的领导作用得以确认。日本自己不久也陷入了金融危机,就更无力与美国争雄了。围绕建立亚洲货币基金问题的斗争是在东亚金融危机中发生的,这看起来好像只是争夺东亚金融危机处理权的斗争,实际上也是争夺整个东亚经济主导权的斗争,因为美日两国谁获得这场金融危机的处理主导权,谁就自然而然地加强了今后在东亚经济中的地位和扩大了在其中的利益。美林公司研究部首席经济学家罗恩·贝瓦夸(Ron Bevacqua)说,在东亚金融危机中"日本不是不能做亚洲的'火车头'——银行系统中的问题大体上仍在掌控之中——而是它不愿意这样做"[③]。这一说法是不符合事实的。客观情况应该是:起初是日本想做亚洲的"火车头",但美国不让它做。后来日本自身陷入金融危机,更无力做"火车头"了。美日争夺东亚经济主导权的斗争并未结束。在日本经济稍有好转时,日本在一次文莱会议上又重新提出了建立亚洲货币基金的问题。2000年4月25日大藏大臣宫泽喜一在向东京议会下院预算委员会解释文莱会议上提出的亚洲货币基金计划时说:"事实上,我们正在计划扩大日本与其他国家之间货币互换和回购协议,以防备今后的货币危机。我希望这样会使

---

① 张斌:《亚洲货币基金的复活》,第19页。
② 《世界经济与政治》1998年7期,第41页。
③ Robert Garran, *Tigers Tamed*: *The End of the Asian Miracle*, p.89.

其他国家对日元有一种亲近感。目前国际上60%的外汇结算用美元，另外有23%使用欧洲货币。亚洲国家出口商品都必须以低价抛出自己的货币去购买美元或欧洲货币再进行交易。因此日本大藏省希望亚洲地区性货币互换网能够发展成为一种亚洲货币基金。""希望亚洲国家广泛使用日元，将日元作为防备美元与其他货币波动的安全网。"① 同年5月在泰国清迈举行的亚洲开发银行年会上建立亚洲货币基金的计划成了东亚各国财长的共识。② 围绕是否建立亚洲货币基金的斗争将美日对东亚经济主导权的争夺暴露得淋漓尽致。即使建立亚洲货币基金的问题解决了，美日争夺东亚经济主导权的斗争也不会停止。日本自民党国会议员、著名政治家石原慎太郎在他颇有影响的一部著作《敢坚决说"不"的日本》中指出："今天，日本作为亚洲一员，与亚洲各国一道，重组亚洲政治、经济板块的时刻到了。……要不了多久亚洲国家并会看到，最担心亚洲重组政治、经济板块的并非这些亚洲国家，而实际上恐怕正是美国会感到日本实力膨胀的可怕。因为，同欧洲共同体一样，亚洲经济圈形成之日，就意味着美国地位下降之时。美国对此是颇具恐惧之心的。"③ 石原氏的这一番话道出了东亚经济中美日关系的实质：对东亚经济主导权的争夺。

二、东亚金融危机对美日在东亚经济中地位的影响

1997年至1998年亚洲金融危机如同一把双刃剑，一方面，大大

---

① 《日本经济新闻》，2000年4月26日，转引自《国际经济评论》2001年第1—2期，第46页。
② 张斌：《亚洲货币基金的复活》，第18页。
③ [日] 石原慎太郎、江藤淳撰，张云方等译：《敢坚决说"不"的日本》，新华出版社1992年版，第139页。

地加强了美国对东亚经济的影响力,进一步确立了美国在亚太经济中的霸权。另一方面,严重地削弱了日本在东亚经济中的地位。

首先,这场危机对美日两国自身的经济发展起了相反的作用。西方经济学家沃里克·麦基宾(Warwick Mckibbin)的经济模式认为:亚洲危机对美国国内经济将是一种净利益(net benefit)尽管美国的公司和股票持有者由于海外利润的下降而可能景况恶化。①事实证明沃里克·麦基宾的经济模式是正确的。拿亚洲危机对美国通货的影响来说,危机使世界石油市场出现供大于求的局面,石油价格下调,原材料也有不同程度的回落,加上从亚洲进口的商品价格降低,使美国通货膨胀的压力大大减轻。美国学者罗伯特·加兰(Robert Garran)直言不讳地指出:1998年中期,美国已主要从亚洲的危机中获利,危机能给不寻常的8年经济增长和美国股市的上扬带来一些好处。亚洲的货币贬值已是美国90年代经济力量中一个关键的和被忽视了的因素。美国通过进口亚洲的消费产品、汽车、纺织品已有效的输入了亚洲的低价格和过剩的生产能力,从而推迟了美国达到其生产能力限度即通货膨胀开始上升、经济周期朝下降的方向运转的那一天的到来。②同时,危机使巨额避险资金(据统计,1998年至1999年从亚洲流入美国的资金达7000亿美元③)从东亚转到较安全的地方美国的投资领域,有利于降低美国的长期利率。美国联邦银行放弃了原来提高利率的打算。④当然危机对美国经济也不是一点负面影响也没有。股市暴跌和经济增长放慢使美国的公司和股票持有者在亚洲的财产受损。东亚是吸收1/3美国出口的市场,东

---

① Robert Garran, *Tigers Tamed: The End of the Asian Miracle*, p. 185.
② *Ibid.*, p. 184.
③ 《世界经济》1999年第9期,第46页。
④ 《世界经济与政治》1998年第7期,第41页。

亚的需求减少对不少美国生产者是一个沉重的打击，使美国的出口面临压力。同时，由于亚洲的商品价格低廉，美国自亚洲的进口进一步增加，导致美国对东亚的逆差进一步上升。但总的来讲，美国经济从亚洲危机所得的实惠是最主要的，受损是微不足道的。从战略的高度来讲，美国外贸的强大竞争对手东亚诸国和地区不战而败，因此美国是大赢家。亚洲危机给日本经济以沉重打击。这是因为日本既是东亚最大的投资者和债主又是东亚的最大贸易伙伴，东亚的经济状况对于日本的经济发展性命攸关。1987年至1995年日本对印尼、马来西亚、泰国和菲律宾四国的直接投资累计额达261.73亿美元。[①] 到1997年中期，日本对韩国、印尼、马来西亚、泰国和菲律宾五国的贷款余额为972亿美元，占外国对五国贷款余额总数的35.4%。进入90年代后，日本对东亚的进出口贸易超过对美国的进出口贸易。1996年日本对美国进出口分别为22.7%和27.2%，对亚洲的进出口分别为36.7%和43.6%。[②] 金融危机使东亚诸国货币大幅度贬值、股市暴跌、金融业破产、经济增长速度大滑坡，甚至出现几十年未有的负增长、大量企业倒闭，失业率上升，以及居民收入和消费水平下降。其结果是日本的大量投资难以收回，巨额贷款成为坏账，贸易状况恶化。例如，1998年1月日本对东亚贸易出现了343亿日元逆差，这是1990年以来对东亚首次出现贸易逆差。[③] 可见，亚洲金融危机在投资、贷款和贸易方面都给日本带来了惨重的直接经济损失。更为严重的是这种经济损失使90年代初以来本来就处于低迷状态的日本经济进一步衰退，陷入了金融危机的泥潭。

---

① 日本大藏省资料，转引自陈文鸿等：《东亚经济何处去》经济管理出版社1998年版，第173页。
② 金仁淑：《东亚金融危机中的日本态势》，《世界经济》1998年第12期，第38页。
③ 同上。

据估计，到1998年7月，日本银行坏账总额高达100万亿日元（约7600亿美元）。[①] 风雨飘摇之中，山一证券公司和北海道拓殖银行等一些著名金融机构破产。总之，亚洲危机使日本蒙受重大经济损失，同时也引发了日本的金融危机。在此双重打击之下，日本经济实力大衰，不能为拯救亚洲危机出力。

其次，金融危机使东亚国家对美国的依赖性增强，对日本的信任度减弱。这与美日对危机的态度和各自的经济实力密切相关。美国的态度是由消极变积极。1997年7月泰国危机爆发后，美国隔岸观火、幸灾乐祸，高谈"东亚经济的神话"的破灭，没有参加国际货币基金组织对泰国的一揽子援助计划。直到10月底香港股市动荡并冲击美国股市大幅下挫时才意识到东亚金融危机的严重性及其对本国和世界经济的影响，开始参与国际货币基金组织对印尼的援助。美国由于在国际货币基金组织中占最大的份额便充分利用该组织，乘危机之机，对东亚经济发挥自己的影响力。由于日本在危机中自顾不暇，美国就成了世界唯一的超级经济大国。除了利用国际货币基金组织外，它还拥有许多影响东亚金融危机的办法，例如美联储的利率政策、向国际金融机构提供资金，对东亚的市场开放政策以及政府行为的干预，等等。为了加强自己对东亚经济的影响和提高在其中的地位，美国利用一切手段，包括以国际货币基金组织打头阵，来推销美国式的市场经济制度。由于美国财大气粗，受危机影响的东亚国家都有求于它。如韩国、泰国和印尼，尽管对美国有一定的怨言，但都向它派出特使，举行首脑电话会谈，要求它提供援助。危机增强了东亚国家对美国的依赖性。与美国相反，日本对待危机由提供援助的积极态度转变为放任自流、不负责任的消极

[①]《世界经济与政治》1998年第7期，第41页。

态度。危机爆发后，日本参加国际货币基金组织的援助计划。1997年和1998年两次共为印尼提供60亿美元的紧急援助，1998年3月向印尼中央银行提供为期30年的200亿日元贷款。1997年向泰国、韩国等国提供190亿美元的援助。它还提出了放弃印尼民间企业部分债务的建议和向其他亚洲国家提供3000亿日元特别贷款的计划。[①] 然而，随着危机进一步加深，日本的态度发生了一百八十度的大转弯：一是不顾东亚国家的利益放任日元汇率持续贬值。1995年至1998年的3年内日元币值猛跌近80%，[②] 受日元连累，东亚金融市场再度动荡，韩国、泰国、印尼、中国台湾地区和香港地区等地股、汇市全面下挫。日元汇率的暴跌对东亚国家和地区的经济无疑是雪上加霜。日本政府对日元持续贬值之所以放任自流，听之任之，是想借以支持出口，刺激经济，但此法不能从根本上挽救日本经济，反而通过转嫁国内困难危害整个东亚经济，不得人心。二是逃脱责任，抽走资金。由于危机，东亚地区许多公司纷纷破产，无法偿还日本债务。作为该地区最大债权国的日本本应采取积极措施帮助它们渡过难关，但它没有这样做，而是以自身困难为由，在印尼混乱之时，不仅未能按期提供贷款，反而抽走资金，撤离在东亚的大量业务，全面停止银团贷款，使东亚国家陷入更加困难的境地。危机之初，日本显然对之估计不足，当国际金融机构和日本的援助未能阻止危机的发展时，日本本身也陷入危机不能自拔，故态度发生了大变化。这一变化证明了日本经济实力的脆弱性。日本主观上的不负责任、转嫁危机，客观上的实力衰弱使东亚国家对其信任度大大下降。

---

① 金仁淑：《东亚金融危机中的日本态势》，第39页。
② 同上。

第三，金融危机使以日本为蓝本的亚洲经济发展模式受到怀疑甚至否定，以美国为楷模的西方经济发展模式受到推崇。所谓亚洲经济发展模式，即集权主义与市场干预相结合，强调出口导向，突出自由平等，体现节俭勤劳、团结和谐、对家庭负责、鄙视享乐的亚洲文化价值观的经济与伦理因素融为一体的一种独特的资本主义形式。[1] 西方经济发展模式的特点是强调市场规律、个人自由、经济民主、效率和法制观念等因素。该模式的典型代表是美国。亚洲发展模式起源于日本，导致了日本、"四小龙"和东盟国家经济的高速增长，创造了"亚洲奇迹"，被认为是一种成功的、可向发展中国家普遍推广的模式。亚洲金融危机之前，亚洲发展模式除受到美国麻省理工学院教授保罗·克鲁格曼的质疑外一直得到肯定和推崇。亚洲国家的领导人李光耀和马哈蒂尔等相信集权主义和市场干预的亚洲融合体已经创造了一种对困扰西方经济的问题具有免疫力的亚洲奇迹。[2] 亚洲金融危机后，西方学术界和政界对亚洲发展模式的非凡作用提出了质疑甚至否定。主要有两种类似的观点。第一种认为亚洲的资本主义属于资本主义的初级阶段，具有放任不羁的特点，而西方的资本主义是成熟阶段的资本主义，是真正应被效法的模式。瑞士学者琼－皮埃尔·莱曼（Jean-Pierre Lehmann）和美国学者罗伯特·加兰均持这一观点。罗伯特·加兰是西方怀疑和否定亚洲发展模式之观点的集大成者。他于1998年撰写了一部专著，题为《被驯服的老虎——亚洲奇迹的终结》(Tigers Tamed: The End of the Asian Miracle)。在书中，他对亚洲模式作了较为详细的分析和评述。他认为该模式最有价值的一点是出口导向，即创造能在世界市场竞争之

---

[1] Robert Garran, Tigers Tamed: The End of the Asian Miracle, pp. 12—13.
[2] Ibid., p. 12.

企业的一种努力。这是该模式的唯一优点。其余都是缺点：强制性的制造业投资和鼓励对选定企业的投资成了无效无利的投资，抑制了货币的实际成本；引起不良投资的裙带关系和腐败现象；金融上的若干缺陷；对政府指导和控制经济发展能力的过度相信；其他一系列深层次的问题，如差劲的管理、决策缺乏透明度，缺少法规等等，最后他引证了琼－皮埃尔·莱曼的观点：一切资本主义经济在其初级阶段都呈现出凶猛不羁的特点。"然而发生在这些早期阶段之后的是变得更民主、更自由和更诚实的西方资本主义经济！""如果裙带关系仍是经济状况的一个特点。那么，是的，亚洲'奇迹'将变成一座'空中楼阁'。"[1] 其言外之意就是说，亚洲经济发展模式这种不成熟的早期资本主义无疑应被更成熟的西方资本主义模式所取代。另一种观点认为，亚洲金融危机证明，在横跨太平洋的两种"文明的冲突"中，日本的模式失败，美国的模式获胜。美国威斯康星大学政治学教授唐纳德·埃默森是这种观点的代表。他认为：1. 亚洲金融危机摧毁了建立在企业集团与精明的政府官员的合作基础之上的所谓有特色的亚洲的、或者日本的经济增长模式的可信性。崩溃的亚洲市场揭穿了东亚"发展中国家"面具之下的裙带资本主义的实质。2. 亚洲危机减少了横跨太平洋"文明的冲突"的机会。经济增长率的下降和美元的巨额损失损害了儒家文明世界的诸领导人在挑战西方时代所需要的资源和自信心。3. 亚洲危机损伤了冷战后三足（即围绕三个核心地区的地区集团：以东京为扇轴的东亚；以华盛顿为中心的美洲，以布鲁塞尔为领导的欧洲）之一的亚洲足，使得鼎立竞争变得不那么逼真。[2] 上述两种观点，尽管观察问题的角

---

[1] Robert Garran, *Tigers Tamed: The End of the Asian Miracle*, pp. 12–14.
[2] Donald K. Emmerson, "Americanizing Asia?", *Foreign affairs*, May/June, 1998, pp. 47–48.

度不完全相同,但意思都是一样的:亚洲奇迹和亚洲模式已一去不复返,以美国为代表的西方资本主义模式已经战胜以日本为代表的亚洲式资本主义模式。模式之争的实质是东亚经济中美国、日本的地位和影响升降的反应。亚洲金融危机的客观后果是美国的地位和影响大大增强,日本的严重削弱。美国和西方学术界和政界都充分地感受到这一点。罗恩·贝瓦夸1998年2月在东京说:"日本可能仍然是'头雁',但其余的雁却成群结队地飞往美国市场。"① 唐纳德·埃默森认为,在美国,关于冷战后世界的动力的观点:一是外国人通过主张政治、经济和文化上的非美国模式来挑战美国的霸权;一是外国人通过模仿美国的优越方式而崇尚美国的霸权。1997年东亚的事件似乎削弱了前者,加强了后者。②

三、两条历史教训

上文论述了美国、日本与东亚金融危机的相互关系,即两国为克服东亚金融危机所作的努力和东亚金融危机对两国在东亚经济中地位的影响。从中我们可以总结出两条历史教训。

第一,美国、日本在处理东亚金融危机的问题上缺乏真诚与和谐的合作是不能有效治理危机的一个重要原因。美国、日本是对东亚经济具有举足轻重影响的经济大国,如果在东亚金融危机处于的萌芽状态时,两国能真诚合作、立即采取果断措施,危机肆虐的范围和危害的程度就会大为缩小。然而,当时两国各怀私心,不可能

---

① Robert Garran, *Tigers Tamed*: *The End of the Asian Miracle*, p. 89.
② Donald K. Emmerson, "Americanizing Asia?", *Foreign Affairs*, p. 47.

做到这一点。由于当时美国与日本、"四小龙"、东盟诸国和中国内地等的双边贸易存在大量入超,而将东亚国家和地区视为经济竞争对手,因此,东亚金融危机爆发后,美国隔岸观火,乐于看到竞争对手在危机中被削弱。直到金融危机之火成为燎原之势、开始冲击到美国经济时,美国才慢慢行动起来。日本由于是东亚地区最大的贸易和投资国,东亚金融危机对它关系重大,因此它一开始就采取积极措施,如,参加国际货币基金组织的援助计划,为印尼、泰国、韩国提供紧急援助等。但日本想乘机实现自己的愿望:成立由它主导的"亚洲货币基金",建立日本对东亚金融的领导权。日本的图谋是对美国在东亚金融中主导地位的严重挑战,因此,美国以坚持国际货币基金组织在处理东亚金融危机中的领导地位之手段来维护自己在东亚金融中的主导权。由于利益的不可调和性,两国不可能同心协力共同对付东亚金融危机。到后来,日本自己也陷入了金融危机,于是,公然背信弃义,不仅撤销了对东南亚国家的经济援助承诺,而且撤走了资金,任其货币贬值,想通过对外转嫁危机来挽救自己的经济。美国则利用国际货币基金组织和其他多种办法对东亚的市场开放政策以及政府行为进行干预,以加强自己对东亚经济的影响和提高在其中的地位。这样,两国就更无法联手共同应对东亚金融危机了。

第二,从两种经济模式竞争的视角来看待东亚金融危机,导致了对东亚经济中政府作用的短化和对美国经济中市场缺陷的掩盖。东亚金融危机爆发后,一方面,西方尤其是美国政界和学术界从两种经济模式或两种文化竞争的角度出发,认为东亚金融危机是以政府为主导的东亚(日本)经济模式与以市场为主导的美国(西方)经济模式竞争失败的表现。东亚金融危机之后,东亚经济模式受到冷落,东亚经济模式的优越性和东亚经济中政府的作用被矮化,东亚金融危机甚至被归结为是政府对经济进行宏观调控的结果。而实际上，东亚金融危机的原因之一是由于某些政府官员的腐败，搞裙带关系，官商勾结，削弱了政府对金融的监管，导致了金融系统的混乱。东亚金融危机的启示之一是政府官员的行为应受到监督和约束，而不是政府对经济的宏观调控作用应受到削弱。另一方面，美国经济模式受到青睐，在这种青睐中，美国经济模式优越性被夸大了，美国经济中市场的缺陷被掩盖了。美国人不断宣扬其经济模式和自由市场的优点。小布什总统的执政哲学就是支持自由经济。美国联邦储备委员会就是布什哲学的具体实践者。长期以来，美联储奉行自由放任的监管理念，如，2005年5月，面对质疑衍生品泛滥、要求美联储介入次贷监管的舆论，时任美联储主席的格林斯潘认为金融市场自我监管比政府监管更为有效，坚决反对政府加强金融监管。而2008年10月23日，格林斯潘在国会就金融危机作证时，不得不承认当初的做法存在"部分错误"，承认缺乏监管的自由市场存在缺陷。[1] 由于政府放松了对金融的监管，自由市场最后孕育了导致全球金融海啸的次贷危机。

东亚金融危机的发生及其处理为我们提供了不少经验教训，而上述两条则是其中最重要的。

(节选自拙著《东亚经济中的美日关系研究
（1945—2000）》第三章第三节，
人民出版社2003年版，稍有修改)

---

[1]《央行负责人驳中国责任论　称危机源自美政策失误——访中国人民银行研究局局长张健华》(2009年1月17日)，http://news.sohu.com/20090117/n261802061.shtml。

美日关系对亚太经济的影响

本文所谈的美日关系主要指美国与日本在东亚地区的经济关系。学术界关于美日双边经济关系的研究成果很多，关于美日在东亚地区的多边经济关系的研究成果较少。本文是专著《东亚经济中美日关系研究（1945—2000）》的综论中的一个部分，主要探讨东亚经济中美日关系对东亚资本主义国家和地区的经济、中国等社会主义国家的经济以及美国和日本自身的经济的影响。

一、对东亚资本主义国家和地区的影响

美日关系对东亚资本主义国家和地区的积极影响是有力地促进了它们经济的发展。第一，促进了它们贸易的发展。战后初期，由日本在太平洋战争中的侵略行径所造成的它与东亚国家和地区间的感情隔阂，严重阻碍着两者间贸易的恢复。出于美日"蜜月"之关系，美国积极从中斡旋，使两者之间的贸易关系得到恢复和发展。如日本与中国台湾省、与菲律宾的贸易协定等都多亏美国穿针引线。在20世纪下半期的绝大部分时间里，美国、日本皆为东亚资本主义国家和地区最主要的贸易伙伴，两国在该地区的商业活动直接带动了它们的进出口

贸易。资源缺乏的日本出于恢复和发展经济之目的，不断从东南亚国家输入大量食物和工业原料。朝鲜战争和越南战争使美国从东南亚国家进口大量的战略原料。这两次战争还刺激了东南亚国家对世界其他国家的原料和初级产品的出口。因此，东南亚国家的食物、工业原料的出口贸易得到迅速的发展。出口所赚取的外汇又为这些国家购买工业品提供了条件。美国、日本对东亚资本主义国家和地区市场的共谋与竞争激起了这些国家和地区的商业竞争意识，它们不愿意永远成为先进国家的原料产地和商品市场，而决心成为工业国（地区）并将自己的工业品打入国际市场。这种雄心导致它们实施进口替代和出口导向的发展战略。为实施这两项战略，它们向美国、日本和其他国家不断购买资本产品（生产资料）。这就意味着它们进口贸易的发展。这两项战略的成功又使它们向美国、日本和世界输出大量的制造品。出口的膨胀又反过来进一步推动了进口的发展。由于美日是东亚资本主义国家和地区的最主要的贸易伙伴，因此在亚太地区形成了一个巨大的三角贸易关系：日本—东亚—美国。在1947年至60年代中期，主要是日本从美国输入原料和资本产品制造出工业品向东亚出售。60年代中期至2000年则主要是"四小龙"和东盟四国从日本进口资本产品制造工业品向美国出售。在亚太三角贸易关系中，东亚资本主义国家和地区的商业地位得到了提升，从60年代中期以前的单纯的商品市场变成了之后的"加工厂"。可以说这是美国、日本在东亚的多边经济关系所导致的一个重要结果。一些国家和地区还从美国、日本的贸易政策中获得巨大的实惠和收益。如1974年至1989年美国对"四小龙"实行长达15年的普惠制，使"四小龙"长期享受对美贸易顺差。1985年"四小龙"在美国普惠制中的地位是：中国台湾第一，占美国总普惠制的24.4%；韩国第二，12.4%；中国香港第五，9.1%；新加坡第七，5.1%。1988年

1月至8月，美国对它们的贸易赤字是：中国台湾88.2亿美元，韩国63.69亿美元，中国香港31.47亿美元，新加坡15.8亿美元。[①]东盟四国印尼从1980年，马来西亚、菲律宾和泰国从1991年起对美贸易年年顺差。[②]第二，促进了东南亚国家自然资源的开发。无论是合作还是竞争的美日关系都起到了这种作用。在60年代中期之前的"蜜月"期，美日达成默契，互不忌妒，踊跃投资于东南亚的自然资源，如石油、橡胶、煤、锡、钨、铁、铝等矿产品以及粮食、甘蔗、油脂、木材等食品和轻工原料。50年代美国的投资重点就是印尼的石油业。从战后初期至1957年美国对印尼石油业的投资占印尼石油外资总额的75%。50年代美资占菲律宾蔗糖总资本的40%，控制了菲律宾椰品生产的80%—85%。日本对东南亚投资的首要目标就是开发自然资源。1963年日本政府的《经济合作白皮书》指出：所谓发展日本的进口事业就是"向对象国提供长期稳定的外汇收入来源，对日本来说，就是要保证有一个稳定的原料供应来源，同时要有助于解决日本的原料问题，因此它的意义是极大的"。在此政策的指导下，日本对印尼、泰国、菲律宾、马来西亚原料生产部分的投资与日俱增。60年代中期至80年代中期，美国、日本对东南亚的自然资源开展了激烈的竞争。日本由于重工业的迅速发展，对自然资源尤其是能源的需求越来越大，加上美日双边经济矛盾的激化，日本已不能将能源的供应主要寄托于美国，以及中东石油危机的教训使日本欲实现能源供应多元化。故日本的投资更多地投向东南亚自然资源。而该地区的石油自二战以来主要为美资所主宰。在石油的勘探和开发方面美国积累了丰富的经验和技能。美国的大量的投资确保

[①] 林华生撰、曾刚译：《日本在亚洲的作用》，北京大学出版社2000年版，第137页。
[②] Courtenay M. Slater & Cornelia J. Strawser, *Business Statistics of the United States 1999*, Lanham, MD, USA：Bernan Press, 1999, 根据 pp. 166, 171 所能得到的数据。

了自己在这一领域的领先地位。1966 年美国对翌年组成东盟的国家的石油业的投资占其对东盟投资的 16.8% 升至 1977 年的 40.8% 再升至 1981 年的 54.4%，印尼石油业中的投资的 80% 是美国人的。[1] 日本则对美国在东南亚能源中的优势地位提出挑战。1975 年至 1976 年日本对印尼石油和天然气的投资为 10.21 亿美元，到 1981 年则为 20.67 亿美元。五年间增长了一倍。[2] 1982 年日本在东盟的直接投资总额的 40% 在石油、煤和液态天然气等能源领域。[3] 丰富的自然资源是东南亚国家经济的一大优势。早在殖民地时期，东南亚国家在自然资源的开发上已有了一定的基础。独立后，它们将开发自然资源作为经济发展的一项重要战略，都制定了引进外资的法律。美国、日本无论是合谋还是竞争东南亚的自然资源，其投资正是东南亚国家所期望的。因此美日关系以投资和对能源的大量需要而刺激和帮助了东南亚国家的能源开发。第三，促进了东亚资本主义国家和地区的产业结构升级。20 世纪下半期，随着经济的不断发展和科技的不断进步，美国、日本都进行了好几次产业结构大调整。在自己进行产业结构升级的同时，将落后的夕阳产业淘汰掉，将它们转移给东亚国家和地区。虽然这些产业对美国、日本来说已经过时，但对东亚国家和地区来说还是先进的。在美日"蜜月"期，它们这样做是它们的美国、日本和东南亚经济相结合政策的需要。在美日博弈期，它们这样做则是为了抢占东亚国家和地区的投资场所、商品市场和原料产地。日本的"雁行模式"就是这种产业转移的典型。它自己首先实行产业的升级，从纺织升至化学，从化学升至钢铁，从钢铁升

---

[1] Karl D. Jackson and M. Hadi Soesastro, *ASEAN Security and Economic Development*, Berkeley, California: Institute of East Asian Studies, University of California, pp. 146, 192.
[2] Rob Steven, *Japan's New Imperialism*, Armonk, New York: M. E. Sharpe, 1990, p. 215.
[3] J. Panglaykim, *Japanese Direct Investment in ASEAN*, Singapore: Maruzen Asia Pte. Ltd., 1983, pp. 29, 31.

至汽车，从汽车升至电气电子。在逐步升级的过程中又将被淘汰的产业逐步转移给东亚国家和地区。除了落后的产业之外，即使是比较先进的产业，美日也将其某些零部件转移到东亚国家和地区生产。因为本国国内工资水平高，原材料价格贵，导致生产成本高、产品国际竞争力削弱。通过转移则可以利用东亚国家和地区廉价的劳力、原材料，并可避免关税，占领市场。美日的这种合作和竞争性的产业转移行为自然帮助了东亚资本主义国家和地区的产业升级。第四，美国、日本对东亚国家和地区的经济援助直接促进了它们经济的发展。二战结束以来，美国、日本是东亚资本主义国家和地区的两个最主要的经济援助提供者。冷战前期，为了共同的战略目标，美国给南越、韩国、菲律宾和中国的台湾省提供了巨额的经济援助，为其他东南亚国家也提供了大量的经济援助。同时在美国的斡旋下，日本也以协议赔偿的形式向东南亚国家提供经济援助。美国、日本还通过亚洲开发银行、国际货币基金组织等对东亚国家和地区实行多边经济援助。冷战后期，由于竞争的需要，日本更是加大了对东亚资本主义国家和地区经济援助的力度。美国、日本的经济援助对这些国家和地区（除了南越外）的经济发展起着不小的作用。美国的经济援助和日本的协议赔偿对遭战争破坏的国家的经济恢复和发展来说如雪中送炭。为它们的工业化提供了启动资金。后来的美国、日本的官方开发援助对其工业化的实现作出了贡献。一句话，两国的经济援助加速了这些国家和地区的经济发展。现以中国的台湾省为例。1951年至1965年，美国对中国台湾的经济援助为14.8亿美元。据受美国国际开发署署长戴维·贝尔（David E. Bell）的委托而对1951年至1965年间美国经济援助对台湾地区经济发展之影响作专题研究的加州大学教授尼尔·雅各比推算，在美国经济援助的作用下，中国台湾国民生产总值的年增长率相当于无经济援助时的 2 倍多，人均国民生产总值的年增长率相当于无经济援助时的 4 倍。若无美国的经济援助，那么台湾地区 1964 年的实际国民生产总值要延迟到 1980 年方可达到，而 1964 年的实际人均国民生产总值须延至 1995 年才能达到。[1]也就是说，若无美国的经济援助，台湾地区的经济发展水平要比实际情况落后 20 至 30 年。美国对菲律宾、韩国和印尼（1949 年至 1978 年给印尼 24 亿美元）等以巨额经济援助。[2]还有日本对东亚国家的协议赔偿和 60 年代中期以后的官方开发援助等等。从美援对台湾经济发展的作用可一斑窥全豹，就能推算出美国、日本在合作期和竞争期其经济援助对东亚国家和地区经济发展所起的直接巨大的作用。第五，美日关系在一定的时期为东亚资本主义国家和地区的经济发展提供了安全保证。20 世纪最后的 25 年里，美日关系起了这样的作用。从 70 年代中期起苏联的扩张主义和从 70 年代末期起越南的地区扩张主义是东亚安全的巨大威胁，而政治安全是东亚资本主义国家和地区经济发展的首要前提。鉴于美国、日本与这些国家和地区密切的经济关系，则它们的经济发展就是美国、日本在东亚的利益之所在，还有东亚海域如马六甲海峡等是日本经济的海上生命线。因此，美国、日本合作，加上东亚国家的共同努力，有效地遏制了扩张主义，为东亚的经济发展营造了一个和平安全的环境。同时，美国、日本两大经济强国同时出现在东亚经济中，合作、竞争和相互制约，创造了一种大国经济力量均势的局面，这符合东盟国家的大国平衡战略。它们并不希望出现美国或者日本单独主宰东亚经济的局面。美国、日本在东亚经济

---

[1] Neil H. Jacoby, *U. S. Aid to Taiwan*, New York: Frederick A. Praeger, Publishers, pp. 44, 152.

[2] 1949 年至 1978 年给印尼 24 亿美元，美国驻印尼大使馆资料，《南洋资料译丛》1979 年第 3 期，第 99 页。

中的均势有利于该地区资本主义国家和地区的经济发展。

美国、日本关系对东亚国家和地区的经济发展也有负面影响。第一，通过推行新殖民主义政策，美国、日本对东亚国家和地区进行着殖民剥削。这在五六十年代表现特别突出。当时美国为了扶植日本经济、使东南亚长期成为日本的原料产地和商品市场，美国极力抑制东南亚发展民族工业。国务卿马歇尔指示："在东南亚，美国经济政策的主要目的是为欧洲和日本增加食物和所需进口的生产。"[1] 在这种政策的指导下，在战后的一段时间内，美国、日本与东南亚之间的殖民贸易模式得以保留。东南亚国家生产和向日本、美国出口食物和原料，日本、美国则向东南亚出口工业品。同时，日本、美国对东南亚的粮食如泰国的玉米，工业原料如印尼的橡胶压低价格。日本地位显赫的 10 大多国公司以高压广告和其他各种手段肆无忌惮地推销由他们单方面规定的高价商品，侵占东盟国家的市场。正是通过工农产品之间的剪刀差和对农产品和原料的压价，以及掠夺性贸易行为，美国、日本仍继续着对东南亚国家的殖民剥削。第二，美国、日本通过经济援助、投资和贸易等手段对东亚国家和地区的经济或某些经济部门实现了一定程度的控制。如 1954 年美国驻南越经济援助团通过其在各大城市的办事处，控制了南越的各个经济部门。美国通过美援政策的制定和执行对韩国经济的控制程度是如此之高以至于不知这些政策"首先反映的是韩国政府的目标还是美国援助当局的目标"。1950 年美国进出口银行与印尼签订的 1 亿美元的贷款协定规定：印尼必须提供自己的经济状况和财政状况的情报。其他受援国和地区经济被控制的情况类似。50 年代美国通

---

[1] Willam S. Borden, *The Pacific Alliance*: *United States Foreign Economic Policy and Japanese Trade Recovery*, *1947－1955*, Madison, Wisconsin: The University of Wisconsin Press, 1984, p.114.

过投资,对菲律宾、印尼的石油开采、对菲律宾的新兴轻工业实行垄断。又如八九十年代,新加坡对日本贸易的绝大部分由日本公司操纵,对日本系列公司"垄断贸易"的做法,新加坡经济界人士深表不满。① 第三,美国、日本向东亚国家和地区转移"夕阳工业",在一些地方造成了严重的环境污染、破坏了生态平衡。美国、日本为了争相利用东亚国家和地区的廉价劳动力、占领它们的市场,将一些污染严重的夕阳工业如造纸、化学、钢铁等工业转移到东亚国家和地区,给一些地方造成了严重的生态后果,如一家日本公司所造成的对泰国湄南乔弗雷亚河(Menam Chao Phraya)的水银污染事件,导致了1973年夏天泰国反日情绪的升级。② 第四,日本为了排斥美国出东亚经济而推行的"雁行模式",使东亚国家和地区的经济发展长期处于落后于日本的地位。日本这一模式的最终目的也在于此。日本自己先进行产业升级,然后将淘汰的落后产业移交给亚太国家和地区,这样做使自己永远处于"头雁"的位置,而东亚国家和地区则永远是"随雁"。第五,美日经济竞争是导致东亚金融危险的外部原因。由于在双边贸易中美国对日本的巨额逆差,美国迫使日本签订了1985年纽约《广场协议》,结果是日元汇率急剧上升、国内资金严重过剩。而严重过剩、大规模流向海外寻找获利机会的日本资本很大一部分流向东亚国家和地区,特别是其股票和房地产市场,从而直接加剧了这些国家和地区的经济泡沫化。同时,东亚金融危机也与"雁行模式"有着密切的关系。据有的学者研究,"雁行模式"存在着致命的内在缺陷,这种缺陷的表现就是雁阵内的贸

---

① [新加坡]林华生撰、黄晓勇等译:《亚洲"四极"经济》,经济管理出版社1997年版,第50页。
② Kernial Singh Sandhu and Eileen P T Tang, *Japan as an Economic Power and Its Implications for Southeast Asia*, Singapore: Singapore University Press, 1974, xiv, xv.

易极不平衡，雁头日本对雁群东亚存在长期顺差，导致东亚各国的经常项目赤字不断膨胀。加上日本从自身狭隘的利益出发，在技术转让方面持谨慎保守态度，这又导致东亚各国产业结构的偏颇，加深了经济增长的对外依附性。而危机各国的资本项目的盈余主要来自境外高速游走的短期资本（而在这些短期资本中，日本、美国资金合在一起又占很高的比例），这使一国经济处于高风险状态。一旦该国货币成为投机目标，危机爆发便在所难免。① 正因如此，美国索罗斯的量子基金瞄准了东亚国家和地区这群目标，先从最薄弱的环节泰国下手，然后迅速辗转其他诸国和地区，引发了一场席卷东亚（中国内地除外）的金融大危机。使这些国家的经济发生大倒退。

总之，美日关系对东亚资本主义国家和地区经济发展的影响是双重的，既有利，也有弊。但总的来讲，利是最主要的，弊是次要的。

二、对中国等社会主义国家的影响

美日关系对中国等东亚社会主义国家的经济发展予以重大和深远的影响。其影响也有消极和积极两个方面。消极影响产生于1947年至70年代初期。积极影响产生于70年代初至2000年期间。在1947年至70年代初期，对社会主义国家经济发展产生影响的是包括美国的军事冒险和经济制裁在内的遏制政策。朝鲜战争和越南战争都是美国以日本为军事基地，为了保护和扩大其在东亚的势力范围和市场而发动的。两次战争都可以说是美日合作的产物，尽管美国是主犯，日本只是从犯和在越南战争后期美日两国对越南战争问题

---

① 蔺运珍：《新形势下日本亚太经济战略的转变》，《日本学刊》2000年第2期，第61页。

出现严重的分歧。朝鲜战争给中国经济发展带来的负面影响如下：首先，由于朝鲜战争，新中国的经济建设被迫推迟至少三年时间。当时负责国家财政工作的陈云在《抗美援朝开始后财经工作的方针》的报告中讲："战争第一，这是无疑问的。一切服从战争，一切为了战争的胜利。没有战争的胜利，其他就无从谈起。""战争第一的观点表现在财政上，即是在预算上要尽可能满足战争的需要。"他又说："在任何一个国家的财政方针上，都不可能又战争又建设，不可能两者并列，两头兼顾。""来日方长，经济建设推迟一下是可以的，也是不得已的。""等战争结束以后，才能集中力量搞经济建设。"[1] 陈云的讲话清楚地说明了朝鲜战争推迟了新中国经济建设的时间表。战争进行了三年，新中国的经济建设也被迫延缓三年。其次，本应用于经济建设的大量精干劳力和奇缺的资金被挪用在朝鲜战场上。100 万志愿军在朝鲜作战 3 年[2]，其中 36 万伤亡[3]。朝鲜战争使刚刚诞生的新中国花费了 100 亿美元。[4] 再次，战争使新中国日后的经济发展背上了一个巨大的债务包袱。朝鲜战争中，新中国是以苏联的贷款购买苏联提供的武器装备的，花费达 13.5 亿美元。[5] 新中国对苏出口中很大一部分就是用于还这笔债，[6] 直至 60 年代初才还清。美国发动的旷日持久的越南战争又一次严重地威胁着中国的安全。因此，中国人民坚决支持越南人民的抗美救国战争，成为

---

[1] 陈云：《抗美援朝开始后财经工作的方针》，中共中央文献研究室编：《建国以来重要文献选编》第一册，中央文献出版社 1992 年版，第 469、472、473 页。

[2] Immanuel C. Y. Hsü，*The Rise of Modern China*，New York：Oxford University Press，1983，p. 677.

[3] 军事科学院军事历史研究部编：《中国人民志愿军抗美援朝史》，军事科学出版社 1990 年版，序言第 2 页。

[4] 姚旭：《抗美援朝的英明决策——纪念中国人民志愿军出国作战三十周年》，《党史研究》1980 年第 5 期，第 13 页。

[5] Immanual C. Y. Hsü，*The Rise of Modern China*，p. 677.

[6] 《中共中央致苏共中央的信》1964 年 2 月 29 日，《红旗》1964 年第 9 期，第 13 页。

越南人民的坚强后盾。从 1950 年至 1978 年中国对越南的援助共达 200 多亿美元，90% 是无偿援助。[①] 对朝鲜、对越南的巨额援助不能不影响中国经济的发展速度。

美国在朝鲜战争爆发之前就已实施的对中国的遏制政策在之后达到了登峰造极的地步，除军事行动之外，在经济上则表现为经济封锁和贸易禁运政策。美日合作共同推行这一政策，将中国大陆排斥在亚太经济之外达 20 年之久。这一经济上的遏制政策对中国内地的经济发展产生了更为深远的负面影响。第一，遏制政策导致大陆半封闭，从而使它搬用了不适合其经济发展的"苏联模式"。50 年代是新中国经济制度和发展战略形成的关键时期，在此期间其可塑性是很强的。由于遏制政策封堵了大陆与西方交往之门，大陆唯一可效法的榜样是苏联。这种严重失衡的国际影响引起了新中国领导人经济模式构思的重大变化。继 1940 年发表《新民主主义论》后，1949 年 3 月毛泽东进一步提出由五种主要经济成分构成的新民主主义经济形态，[②] 即新中国经济发展模式之构想。五种经济成分共存的经济并非计划经济，是与苏联迥然不同的模式。然而，随着美国遏制政策的加强和中苏同盟的建立，毛泽东转而号召研究和学习苏联经验。[③] 1953 年，他批评了刘少奇"巩固新民主主义社会秩序"的提法，从而否定了 4 年前他自己提出的新民主主义经济形态，而引

[①] 张其昌、王国钧：《中美关系演化》，东北工学院出版社 1990 年版，第 181 页。
[②] 《毛泽东选集》第 4 卷，人民出版社 1966 年版，第 1371 页。五种主要经济成分是：社会主义国有经济、半社会主义合作社经济、私人资本主义经济、个体经济以及国家和私人合作的国家资本主义经济。
[③] 斯图尔特·施拉姆撰、中共中央文献研究室《国外研究毛泽东思想资料选辑》编写组编译：《毛泽东》，红旗出版社 1995 年版，第 240 页。

进了苏联模式。①如果美国不对大陆进行遏制,甚至对其重建以经济援助等方式施加积极影响,那么在美国、苏联影响的均衡作用下,新中国搬用苏联模式的可能性是很小的。第二,遏制政策造成的半封闭和封闭状态使大陆无法利用优越的外部条件和良机来发展自己。战后初期,世界先进科技的2/3、财富的绝大部分都掌握在以美国为首的西方手中。遏制政策如同一道铁幕,完全隔断了大陆与西方的联系,使前者无法得到后者的先进科技和资金。美国的出口禁运物品多达1450种。巴统所列战略性禁运品除高科技类外,还包括大量一般性的工业技术设备,而这些也是大陆建设所急需的。50年代中期至70年代初,美国进行了两次产业结构大调整,日本、西德和许多发展中国家和地区大受其益,大陆无缘利用如此良机。美国控制着世界金融和贸易组织,大陆被非法排斥在这些组织之外,丝毫不能享受其提供的金融和贸易方面的优待。还因与西方隔绝,大陆无参与世界经济大循环的可能,使其丰富的资源和富余的劳力无法发挥应有的作用。第三,遏制政策使大陆对外经济政策日趋闭关自守。必须明确的是,外部对大陆门户的封堵与大陆自我闭关自守是不同的两回事。然而,两者又密切相连。大陆的闭关自守有着各种复杂的原因,而美国的遏制是其中的一个重要原因。遏制所造成的险恶的外部环境对中国领导人的思想产生了深刻的负面影响:1.可能是从中苏关系问题上吸取了消极教训,为避免由于在经济上依赖外国而受其所制的可能性,毛泽东不主张利用外资,很长一段时期新中国以既无外债又无内债而自豪就是明证。2.美国的遏制和苏联的打压使毛泽东不得不将眼光从外转向内,依靠自身的力量和条件搞

---

① 毛泽东说:在1949年后的最初几年中,"因为我们没有经验,在经济建设方面,我们只得照抄苏联"。转引自罗德里克·麦克法夸尔和费正清撰,金光耀等译:《剑桥中华人民共和国史》(1966—1982),上海人民出版社1992年版,第66页。

现代化。① 可是，中国是一个落后的农业国，其现代化需要借助西方的资金和技术。但因受遏制，大陆无法得到它们。鉴于此，毛泽东则想绕过西方国家现代化的老路而另辟新径去达到现代化之目标。此径就是完全立足国内、依靠自己，利用和发挥大陆充足的劳力和丰富的资源之优势以弥补资本和技术的严重不足。"大跃进"和"人民公社"运动可能就是为此而进行的试验。前者的企图是为了加速实现工业现代化；② 后者的目的则是想通过农业集体化而走向共产主义生活方式。③ 结果，"土法上马，大炼钢铁"，不仅浪费了地下资源——铁矿石，而且破坏了地上资源——森林和生态平衡。人民公社造成的"大锅饭"极大地挫伤了农民的生产积极性。这种将自力更生绝对化，最后遭到惨败的试验，反而严重阻碍了现代化的历史进程。遏制政策导致的闭关自守对中国大陆经济的危害由此可见一斑。第四，美国、日本对中国内地经济发展的遏制和对中国台湾省经济发展的支持，导致中国两个部分经济的长期断绝和海峡两岸经济发展水平的悬殊，营造了"台独"势力滋长的环境、为中国的统一造成了障碍。事实证明，美国的遏制政策对中国内地的经济发展和中国的统一事业的消极影响是巨大而深远的。国内曾经有一种观点，认为美国对华经济封锁和贸易禁运"事实上并未达到阻碍中国经济发展的目的"。④ 这一观点是值得商榷的。笔者觉得，封锁禁运在不小的程度上阻碍了中国经济的发展，给中国的经济和政治带来了不小的伤害。

---

① 毛泽东在50年代提出：要把中国逐步建成一个具有现代化工业、现代化农业和高度文明程度的伟大国家。参见《毛泽东选集》第5卷，人民出版社1977年版，第133、472页。
② [美] 小 R. 霍夫亨兹等撰、黎鸣译：《东亚之锋》，江苏人民出版社1995年版，第82页。
③ [美] 詹姆斯·R. 汤森等撰，顾速、董方译：《中国政治》，江苏人民出版社1996年版，第113页。
④ Chi Chao-ting, "The 'Embargo'-Breaking Up", *China Reconstructs*, September, 1957, p.10.

这一时期的美日关系给另外两个社会主义国家的经济发展所产生的消极后果更为严重。朝鲜战争使朝鲜人口丧失113万，相当于其总人口的12%，工业生产几乎下降一半，谷物生产下降88%。[1] 此后，朝鲜经济的发展一直处于美国、日本的遏制政策之下。长达20年的越南战争给越南经济带来毁灭性的后果，南越军人伤亡1037859人，北越和南越解放阵线及其游击队伤亡近400万，成千上万平民在美军的狂轰滥炸下丧生。到1975年4月，南越人口的一半成为难民。美国在南越喷洒的杀草剂摧毁了可供60万人生活一年的食物和可供南越用30年的树木。1974年南越贸易赤字达6.96亿美元，物价比1963年上涨800%。[2] 由于美国的野蛮侵略，1975年统一时的越南差不多是千疮百孔，许多地方则是一片废墟。美国以日本为军事基地所发动的侵朝战争和侵越战争，对朝鲜和越南经济都是一场巨大的浩劫。

　　从70年代初起，美日关系对中国等社会主义国家经济发展的影响主要是积极的。就中国而言，首先，美日竞争与摩擦成全了中国对外开放政策的推行。一国对外开放政策是否能顺利的推行不仅取决于该国的主观愿望，而且也取决于外部世界是否接受这一政策，主观愿望和有利的客观环境两者缺一不可。新中国建国时就表达了愿意与外国建立平等互利的政治经济关系的良好愿望。1949年的两个纲领性文件《中国人民政治协商会议共同纲领》和《中华人民共和国中央人民政府公告》中明载："凡愿遵守平等、互利及互相尊重领土主权等项原则的任何外国政府，本政府均愿与之建立外交关系"；"中华人民共和国可在平等和互利的基础上，与各外国的政府

---

[1] Bernard S. Cayne, *et al.*, *The Encyclopedia Americana*, Volume 16, Danbury, Connecticut: Grolier Incorporated, 1985, p.553.
[2] *Ibid.*, Volume 28, p.112 b, 伤亡人数根据该页数据计算。

和人民恢复并发展通商贸易关系。"①毛泽东也指示：我们必须首先同社会主义国家做生意，"同时也要同资本主义国家做生意"②。而且新中国优先考虑的是与美国、日本建立平等互利的外交和经济关系。然而，由于美日勾结并带领整个资本主义世界对新中国实行经济封锁和贸易禁运，新中国与资本主义世界进行平等互利的政治经济交往的愿望难以实现。可是美日竞争和摩擦则为中国对外开放政策的实施铺平了路。美日关系从60年代中期起开始发生明显地变化：日本对美国在东亚经济中的主导权提出挑战，约于1975年，美日经济同盟瓦解，政治关系也出现裂痕尽管政治、军事同盟仍然存在。由于经济上的激烈冲突和在越南战争问题上的意见分歧，美国在事先不与日本商量的情况下宣布尼克松总统访问中国。日本则有意在1972年抢在美国之前与中国恢复了邦交关系，同时也建立了正常的经济关系。美国也逐渐与中国有了贸易往来。1979年元旦中美建交。美日关系的这些变化为中国走向世界准备了有利的环境。1978年中国提出改革开放的政策。这时也恰恰是美日双边贸易摩擦最激烈的时期。中国的对外开放可以缓解美国、日本相互争夺对方市场的矛盾，因为开放的中国是一个潜力巨大的商品市场，原料产地和投资场所，所以美国、日本欢迎和响应中国的开放政策。同时美国、日本又是中国对外开放的主要对象，因为美国、日本是世界上最发达的经济强国，它们的资金、科技和市场是中国经济发展所必需的。如果美国、日本还像冷战前期那样死抱一团，共同围堵中国，那么中国对外开放的政策是很难收到实际效果的。一句话，美日竞争为中国对外开放政策的推行营造了有利于国际环境；美日竞

---

① 《人民日报》1949年10月2日，9月30日。
② 《毛泽东选集》第4卷，第1373页。

争又需要中国的开放。因此，我们可以说美日间的竞争与摩擦成全了中国对外开放政策的推行。同时，美日的竞争还促进了中国经济体制、制度、法规等的改革，尤其是市场经济的确立。中国宣布改革开放政策后，最早投资中国内地的就是美国、日本企业。美国、日本是世界上最大的两个实行市场经济的国家。其在华企业是按市场经济的规则经营的，故对中国原有的计划经济体制以极大的冲击，从而在推动中国从计划经济向市场经济的转变中起了作用。其次，美日竞争有利于发挥中国经济中那些具有比较优势的因素的作用。美国、日本在中国的商业竞争，包括投资办厂、采购原料和价廉物美的工业品，实际上是在竞相利用中国的原料和劳动力。因为这两个因素在中国内地量丰价廉。它们也正是中国经济比较优势的表现。通过美日竞争以及其他渠道，这些因素进入了国际经济大循环，发挥了它们应有的作用。对中国来讲则是增加了就业的机会，也赚得了外汇，做到了人尽其能，物尽其用。据估计，1996—1997年间，仅在华的美国可口可乐、摩托罗拉和麦当劳三家公司就为中国人提供了37万多个就业机会。[1] 到1997年为止，在华日资企业为当地提供了超过100万人的就业机会。[2] 再次，美日竞争为中国的现代化建设提供了资金、技术、先进的管理经验和广阔的市场。为了利用廉价的资源和劳动力，美国、日本企业家争相在中国投资办厂，这样，它们的资金、技术和先进管理经验随之而来。为了竞争的需要，它们还实行人才开发当地化，从而为中国培养了人才，而这些因素的进入对中国的现代化事业，真可说是及时雨、雪中送炭。美国、日本抢占中国的商业市场导致中国对两国的出口增长，

---

[1] 王志乐：《美国企业在中国的投资》，中国经济出版社1999年版，第61—62页，根据这两页有关数据计算。
[2] 王志乐：《日本企业在中国的投资》，中国经济出版社1998年版，第140页。

因为贸易是双向的,从而美国、日本也为中国商品提供了巨大的市场。资金、科技、先进管理经验、人才和广阔的国际市场是中国经济持续发展和现代化事业成功不可或缺的要素。据统计,1979年至1998年美国企业在华投资:批准项目25515个,合同金额433.1744亿美元,实际利用金额192.6729亿美元。[①] 1979年至1997年日本企业在华投资:批准项目15670个,协议外资额276.03亿美元,实际使用外资额158.53亿美元。[②] 第四,美日竞争激发了中国人民的民族竞争意识。美国、日本企业为了本国的利益而在中国占领市场、利用廉价劳动力、获取高额利润,这激发了中国人民强烈的民族竞争意识。与在华的美国、日本企业相比,中国的技术落后效率低,在国际分工中处于提供劳动力和原料的地位,民族自尊的情感激起了人民的赶超意识。美国、日本企业在中国市场上的激烈竞争又为我们积极参与国际经济竞争树立了榜样。在这种情况下,中国小天鹅股份有限公司提出的座右铭是"立民族志气,创世界名牌"。这是爱国主义和商业竞争精神相结合的具体体现,是中国企业界的共同心声。海尔电器集团等一批具有国际竞争力的中国优秀企业可以说就是在美日竞争气氛的影响下成长起来的。第五,美日竞争与摩擦客观上有利于中国的统一事业。正是由于1970年前后的美国激烈的经济摩擦导致尼克松访华和日中建交,美国、日本终于承认一个中国的原则。美国、日本与中国建交,淡化了东亚的意识形态的对立,海峡两岸终于恢复经济交往。美国、日本在大陆市场上的经济竞争又促进了中国大陆经济的发展,使海峡两岸的经济发展水平差距缩小,两岸经济交往日益加强。这些都有利于中国的统一大业。

[①] 王志乐:《美国企业在华投资》,第14页。
[②] 王志乐:《日本企业在中国的投资》,第72页。

美日竞争关系对越南的经济发展也产生正面影响。70年代初期美国从越南撤退后，日本立即进入越南经济，填补"真空"。美国并不甘心越南市场为日本独占。柬埔寨问题解决后，美国又与越南改善关系，重新进入越南经济。两国在越南的经济竞争自然有利于越南的经济发展。

60年代中期以后，美日关系对中国等社会主义国家经济发展的影响，积极方面是最主要的，但也有消极方面的，如1989年后美日合伙对中国内地实行经济制裁，导致中国经济发展的一度减速。中国经济取得辉煌成绩后，在美日两国又出现"中国威胁论"，企图延缓中国的经济发展。

三、对美日自身经济发展的影响

东亚经济中的美日关系对美国和日本自身的经济发展产生了相当重要的影响。美日"蜜月"使美国在东亚的经济利益安然无恙。首先，美国以日本为盟友，通过军事和经济的手段，基本上阻止了社会主义在东亚的扩展，保住了其在东亚的势力范围和市场。同盟的纽带使日本不至于向苏联和新中国靠拢，日本的市场仍在美国的掌握之中。中国的台湾省和韩国没有"丢失"，仍是资本主义世界的一部分。南越也被暂时保住了。印尼等其他东南亚国家的社会主义革命都夭折了，严重威胁美国东亚利益的"多米诺骨牌"现象终于没有发生。其次，美国利用日本使自己成了东亚资本主义经济的主宰（1945—1965）。美国支持日本重返东南亚经济，两国共谋共享东南亚市场，将英国、法国、荷兰在东南亚经济中的影响排斥到了次要地位。在对东亚的经济援助、商品贸易和直接投资方面，美国在绝大多数国家和地区占绝对优势。这些国家和地区主要成了美国的经济援助对象、商品市场和投资场所。它们成了美国过剩资本的输出场所、美国过剩农产品和工业品的倾销市场和美国战略物资的供应地。东亚为美国提供了巨额的收益。在双边贸易中，1945年至1965年，美国对日本、中国台湾地区、韩国、南越、菲律宾皆为顺差。对香港地区、新加坡在60年代上半年也是顺差。上述情况对保持美国国内的经济发展无疑发挥了重要作用。美日"蜜月"也对美国经济发展带来了不利影响。由于有美日同盟为后盾，美国有恃无恐，为了保住自己在东亚的势力范围和市场、恣意进行军事冒险。结果，朝鲜战争使美国从发展的顶峰跌落下来，越南战争又使其元气大丧。美国为保住东亚市场付出了巨大代价。美国对东亚和世界其他地方大量的经济援助和投资固然取得了丰厚的回报，但过剩的资金外流影响了国内经济发展。消极影响之二是美国扶植日本的结果使日本成为美国经济的强大竞争对手。美国为了自己在东亚的利益而不遗余力的扶植和呵护日本经济，结果日本经济迅速恢复和发展，成为与美国争夺东亚市场和美国国内市场的主要对手。日本强有力的竞争成为长期困扰美国经济的一个主要因素。日本是美日"蜜月"的最大受益者。日本从美日同盟中得到的最大收获是国民经济得以迅速的恢复和发展。美日同盟使日本的命运发生了根本性的变化，从美国的宿敌变成了美国的"情人"，由被惩罚的对象变成了受呵护的朋友。为使日本成为自己东亚利益的忠实看守者，美国在日本推行"逆转路线"，使日本的民主改革半途而废，废止了波利赔偿计划，在资金、技术、市场方面全力支持日本。在美国的斡旋下，通过协议赔偿，日本重返东亚经济，得到了东南亚的原料、市场和投资场所，这对日本经济的恢复和发展至关重要。由于美国的支持，日本又得以参入亚洲和国际经济组织，使其经济发展得到更大的空间。趁美国的军事冒险之机,日本大发朝鲜战争和越南战争之财。美国的核保护伞又使日本节省巨额军事开支用于经济建设。美日同盟对日本经济重新崛起的作用即使再强调也不会过分。要说美日同盟对日本有什么消极影响,那就是它限制了日中经济关系的发展,使日本部分丧失了在中国内地市场的商机。另一负面影响是政治上的:为换取美国的保护和支持,日本丧失了部分国家主权。同时在很长一段时间日本对美国只能说"是",不能说"不"。

美日竞争关系对美日自身的影响之一是促进了它们产品的更新换代、产业结构的升级和科技的进步。美国、日本为了抢占东亚国家和地区市场的份额,自然会不断推出自己最具有竞争力的高科技产品。事实正是如此。根据劳伦斯·克劳斯的研究,美国、日本在东盟市场竞争最激烈的就是技术密集型产品。1970年至1977年,在美国对东盟的出口中,技术密集型产品所占的比重年均57.89%,而在它对世界的出口中,技术密集型产品所占的比重年均43.98%,前者比后者多近14个百分点。同期,在日本对东盟的出口中,技术密集型产品所占比重年均35.5%,而在它对世界的出口中,技术密集型产品所占比重年均26.75%,前者比后者多近9个百分点。1971年至1977年,在东盟从世界进口的技术密集型产品中,美国所占比重年均28.47%,日本为29.5%。[1] 上述数据显示:1. 无论美国还是日本都把东盟市场作为其高科技产品的重点投放地区;2. 两国在东盟高科技产品市场竞争激烈:两者在东盟高科技产品进口中所占比重只差一个百分点。1971年至1977年,美国对东盟的出口比预计的高出9.6%,而日本只高出6.8%,主要原因是美国对东盟加强了技术密

---

[1] Lawrence B. Krause, *U. S. Economic Policy toward the Association of Southeast Asian Nations*, p. 43, table 4—1; p. 46, Table 4—2; p. 48, Table 4—3, UN Commodity Trade tapes, 根据其数据计算。

集型产品的出口。劳伦斯·克劳斯指出：在东盟这个以日本为主要贸易伙伴的地区，美国能够成功地迎接日本的挑战，其主要原因是美国在东盟的高科技产品进口中有较大的比重。美国对印尼、菲律宾的出口不令人满意也正是由于1973年至1974年后美国对这两国的高科技产品的出口未达到预期目标的缘故。其言外之意就是，为了与日本一争高低，美国要继续加大对东盟高科技产品的出口。日本又何尝不是这样想呢？高科技产品市场上的竞争动机驱使两国对产品不断进行更新换代。70年代石油危机后，日本率先生产低能耗小车，胜美国一筹，后来又把重点转移到生产高档轿车，进一步与美国三大汽车公司抢占东亚和其他国际市场。90年代初美国为对付日本汽车的竞争，利用日本的生产工艺和管理经验，制造"子弹头"和吉普轿车，重新巩固了自己在国际市场的传统优势。在个人电脑方面，日本后来居上，到80年代中期，已控制了包括东亚在内的国际半导体市场的一半以上。以此为基础，日本又瞄准国际高档电脑市场，将主力投入超级电脑的研究和生产，使其产品由大众电脑升级为高价手提电脑。产品的更新换代自然导致了产业的不断升级和新技术的不断开发和进步。在市场竞争的推动下，美国不断钻研新科技、开发新产品，日本也奋力直追，经历了纺织品、重化工业品和电子电器产品的升级过程。60年代中期以前，美国、日本是东亚国家和地区的两个主要贸易伙伴，但美国第一，日本第二。到80年代中期，两国仍然是东亚的两个主要贸易伙伴，但美日的地位更换了：日本第一，美国第二。与此相一致的则是日本科技对美国的赶超。根据1949年的日本《技术白皮书》，日本技术水平与美国相比，在造船部门落后30年，钢铁部门落后20到30年，连日本最拿手的纺织部门也落后10年。进入70年代后，根据日本通产省的一项调查，日本已赶上美国技术水平的行业占62.3%，还处于劣势的占

37.7%。[1]1983年,据日本《通商白皮书》统计,在159项关键技术中,日本同时领先美国、西欧的有39项,与美国、西欧相当的有38项,而同时落后于美国、西欧的只有16项。[2]由此可见,在东亚市场的竞争对美国、日本科技进步的推动作用。当然市场竞争与产品更新换代、产业升级和科技进步两者是互为因果不断循环的过程。美日竞争关系对美国、日本自身的影响之二是为其增加了巨额的财富。在东亚的投资与贸易竞争是美国、日本获取财富的两个渠道。根据美国商务部的数据,1984年至1994年美国在台湾地区、韩国、香港地区、新加坡、印尼、马来西亚、泰国和菲律宾直接投资收益的总和达560.5亿美元。[3]美国对东亚投资所得的回报率比它对世界投资所得的回报率高得多。例如,1993年,美国向世界各国的累计投资566亿美元的回报率是10.3%。而同年它在印尼的投资回报率是34.3%,马来西亚33.7%,菲律宾23.7%,香港20%,新加坡19.6%。[4]日本在东亚的投资同样获得高额回报。亚洲的日资企业的经常利润在1989年度达到顶点的3475亿日元后继续提高,1991年度为4952亿日元,1995年和1996年度又各增加到5325亿日元和8132亿日元。而同期,在美国和西欧的日资企业获利甚微,甚至是赤字经营。[5]美国、日本在东亚的贸易竞争中也获利巨大。对东亚的大多数国家和地区,日本长时期享受巨额贸易顺差。即使对少数国家如印尼,日本为逆差,也是日本从它们那里输入大量廉价工业原

---

[1] 金明善:《现代日本经济问题》,辽宁人民出版社1983年版,第348、349页。

[2] 陈文鸿等:《东亚经济何处去1997》,经济管理出版社1998年版,第4页。

[3] Hiro Lee and David W. Roland – Holst, *Economic Development & Cooperation in the Pacific Basin*, p.242.

[4] [新加坡] 许通美撰、李小刚译:《美国与东亚 冲突与合作》,中央编译出版社1999年版,第20—21页。

[5] 刘昌黎:《90年代日本对外直接投资的波动及其原因》,《日本学刊》2001年第1期,第100页。

料之故。日本利用这些廉价原料所制造的产品则为日本带来了更大的收益。美国助理国务卿所罗门在1992年说：亚太"是每年都在双向贸易中为我们挣到3000多亿美元的地区。"①由于美国从东亚购买的东西更多，而出现巨额贸易逆差，但这也同样给美国带来了巨额的财富。因为东亚产品的物美价廉到了使美国人感到吃惊的程度。这些产品如果产于美国等西方国家，价格则会高得多，因此美国大量进口东亚的产品，这为美国消费者节省了大量的开支，因而也就为美国积累了财富。美国、日本与东亚的贸易也为两国带来了大量的就业机会。例如："美国差不多有20万份工作与对华贸易有直接关系（更多的工作有间接关系）。"②美日竞争关系对其自身的影响之三是维护和加强了它们在东亚经济中的地位和影响（"蜜月"关系也是如此）。美日在东亚经济中的关系，无论是合作还是竞争，都同样起到了这种作用，使它们在20世纪下半期一直是东亚经济中位居第一、第二的影响因素，尽管它俩的位置有时互相更换。1947年至60年代中期，它们通过经济援助、贸易和投资等方面的密切合作，与方兴未艾的社会主义经济、政治制度相抗衡，使它们自己成为东亚资本主义经济的主要维护者，使东亚资本主义国家和地区处于仰其鼻息的境地。60年代中期至2000年，它们在迅速发展的东亚经济中进行着激烈地竞争和有时的合作，进一步强化了它们与东亚国家和地区的贸易、投资和经济援助的关系，从而进一步加强它们在东亚经济中的主导地位和作用。它们是东亚国家和地区最大的两个贸易伙伴、资金和技术的提供者。其中，美国主要是东亚产品的"吸收器"，日本主要是东亚生产出口产品所需的机器、设备和零部件等中

---

① 刘连第：《中美关系重要文献资料选编》，时事出版社1996年版，第343页。
② ［美］丹尼尔·伯斯坦、阿恩·德凯基泽撰，孙英春等译：《巨龙：商业、经济和全球秩序中的中国未来》，东方出版社1998年版，第21页。

间产品的提供者。而且美国、日本与东亚经济相互依赖性不是对等的，尤其是美国、日本与东亚各经济实体的关系状况是如此，一是因为两者之间经济规模悬殊，二是自70年代初石油危机后，日本实行资源供应多元化战略，对东亚国家原料的依赖性大大降低。这就造成各东亚经济实体（在一定程度上除中国内地之外）对美国、日本的依赖程度大大高于美日对它们的依赖。这使美国、日本成为对东亚经济具有举足轻重之影响的国家：美国、日本经济打喷嚏，东亚经济就会患感冒。美国、日本的这种作用和影响使得它们在与各东亚经济实体打交道时，处于非常有利的地位。美日关系对美国、日本经济也有负面的影响，最主要的一点就是导致两国的"产业空洞化"。这种情况在很大程度上是由于美日在东亚进行投资和市场竞争造成的。从70年代起，美国的一些企业产品的国际竞争力下降，为改变这种状况，不得不将产业向东亚这样可以降低生产成本的海外地区转移，使美国在基础生产能力方面出现广泛的资本撤退，结果国内产业竞争力被削弱。这就是产业空洞化现象。80年代中期以后，日本也出现同样的现象。美日激烈的经济竞争导致了1985年纽约《广场协议》，日元不断升值。日元升值所造成的国内生产成本攀升使得日本主要的出口产业，如钢铁、汽车、半导体和家电等也纷纷向东亚等地区转移。产业和资本的大量外移使国内制造业萎缩，就业形势恶化。但总的来说，东亚经济中的美日关系对它们自身经济的影响，积极影响是最主要的，消极影响是极次要的。

东亚经济中的美日关系（1945—2000）对亚太地区的国家和地区经济的影响是一个十分复杂的问题。一是因为这55年是一个不短的时期，就美日关系而言，它包括几个阶段，每个阶段它的影响是不同的。二是就其所影响的对象也不相同，同一时期既有资本主义国家和地区，也有社会主义国家，还有美国和日本本身，即使对同一类性质的经济体，其影响也差别很大。三是在同一时期对同一经济体的影响也具有积极和消极两方面，只看哪方面是主要、哪方面是次要的。四是各种因素都是动态而非静止的，如美国和日本以及各经济体的经济发展、美国和日本各自与东亚各经济体的关系以及在各经济体中美日两国的关系都是不断变化的。因此，在研究东亚经济中的美日关系对亚太地区的国家和地区经济的影响时，上述几个方面都应考虑进去，必须具体问题具体分析。由于这一课题的复杂性，企图用几句简洁的话来概括美日关系对亚太地区的国家和地区经济的影响是不可能的。

（节选自拙著《东亚经济中的美日关系研究（1945—2000）》第四章第二节，人民出版社2003年版）

美日关系的启示

在约半个世纪（1945—2000）、尤其是其中 20 年（1965—1985）的东亚经济中，美日关系波澜起伏、竞争激烈，一个时期美国占上风，另一时期日本居优势，在一个国家美国领先日本，在另一个国家日本超越美国，到底是哪些因素在起作用呢？换言之，这个时段的美日关系为我们提供了什么重要的启示呢？

第一，以和平的手段参与国际经济竞争是上策。以武力占领、扩张市场则受损；以和平的方式参与经济竞争则获利。战后美国、日本在东亚经济中的行为证明了这一点。冷战前期，美国热衷于以军事手段保护和扩张东亚的资本主义市场，遏制社会主义的发展，悍然发动侵朝战争和侵越战争，目的虽然部分地达到了，却付出了沉重的代价。朝鲜战争使其从强盛的顶峰跌落下来，越南战争又使其元气大丧，经济滑坡，国力萎缩，在东亚经济中的优势地位也丢掉了。日本因受客观、主观条件所限，只能一直致力于经济的发展，以和平的方式参与东亚的经济竞争，乘朝鲜战争和越南战争大发其财和加强对东亚的经济扩张。经济由此而得到迅速恢复和发展，最终成为仅次于美国的全球第二经济强国，并夺取了东亚经济中的第一把交椅，将美国的影响排斥到第二位。在越南战争中惨败后，美国在东亚穷兵黩武的行径有所收敛，开始关注东亚的经济发展，尤其在冷战结束后，其战略重心进一步移向经济竞争，从而在20世纪90年代出现了美国经济的"黄金时期"，导致了它在东亚经济中的地位和影响得到加强。如果进一步向前追溯，二战前东亚地区经济关系史证明了同一道理，日本明治维新后继承西方帝国主义的衣钵，为在东亚抢占殖民地和半殖民地，相继发动甲午战争、日俄战争和太平洋战争。虽然战争的胜利和殖民地的扩张暂时刺激了经济的发展，但到头来，数十年的努力也毁于自己发动的不义战争。美国在两次世界大战的前期都以和平主义者的面貌出现，坐山观虎斗，乘机发战争之财，到战争末期才出来收拾残局，一锤定音，使自己成为世界首富和头号超级强国。二战后，美国和日本交换了它们在战前的做法，因此，对各自所产生的结果也正好与战前相反。

第二，经济实力是一国参与国际经济竞争的基础和前提，是竞争胜负的决定性因素。战前，美国是世界头号工业强国，日本是地区级工业强国。两者经济实力相差一个档次。正因为如此，在东亚殖民角逐中，美国主张"门户开放，利益均沾"，日本坚持"武力扩张、市场独占"。后者的实质是在对东亚商品市场、原料产地和投资场所的竞争中以武力弥补经济实力不足。日本之所以始终不肯接受"门户开放"的原则是因为明知自己的经济实力不如美国，在此原则下竞争，失败者只能是自己。战后的事实说明了同一道理。由于战争使昔日的繁荣化为乌有，日本在一段时间内不具备参与国际经济竞争的前提，只能当美国在东亚经济扩张中的小配角。经过20年的恢复和发展，日本初步获得参与竞争所需要的经济实力。因此，在20世纪60年代中期向美国的主宰地位提出挑战。直至80年代中期，日本经济愈益发展，实力更为增强，为在亚太经济竞争中最终夺取优势地位奠定了坚实的基础。由于二战的结果和第三次工业革命的作用，美国举世无双的经济实力一直保持到60年代末。60年代中期以前，它在全球经济中的霸主地位和在亚太经济中的主宰地位不可动摇。但因朝鲜战争、越南战争以及其他国际国内因素的影响，70年代初期之后其经济实力渐渐削弱，1980年的国民生产总值占世界国民生产总值的比重从1945年的50%降至25%。[1]1985年自第一次世界大战以来首次沦为纯债务国。与此相一致，进入70年代后美国在亚太经济中的主宰地位发生动摇，市场份额渐渐被日本挤占，尽管它也奋力抗争，力保原有的份额，但仍无济于事。到80年代中期，美国在东亚（除了一两个国家和地区外）在贸易、投资和经济援助方面的优势全部丢失给日本。80年代下半期，日本经济出现"平成景气"，加上1985年纽约《广场协议》后日元不断升值，日本的国民财富越发膨胀，从而导致了对东亚更大的一波投资浪潮，使之在东亚经济中的地位和影响更胜于美国。可是由于与"平成景气"并存的泡沫经济在80年代末破灭，接踵而来的是严重的金融危机，导致日本经济长期萧条，再加上东南亚金融危机的打击，整个90年代对于日本经济来说是"失去的10年"，日本经济实力受重创。美国则从80年代中期起，为了对付日本的强劲挑战，不断进行产业结构调整，80年代末，有效地整顿了金融领域里的问题，尤其是大力发展以信息技术为代表的高科技产业，其经济出现了历史上最长的繁荣期，经济实力大增。日本经济实力下降所引起的从东南亚撤回资金、对东南亚金融危机束手无策以及使东亚金融危机雪上加霜的日元贬值，使日本在东亚经济中的地位和声誉大受影响。而经济实力增强的美国则趁机掌握了处理东亚金融危机的权力，并

---

[1] Ryuzo Sato and Paul Wachtel, *Trade Friction and Economic Policy*, New York: Cambridge University Press, 1987, p. 91.

加强了对东亚的投资和贸易活动,这些都充分说明经济实力在东亚经济竞争中的决定性作用。

第三,民族合力即企业与职工之间、政府与企业之间的密切合作是商业竞争力的源泉。日本经济所显示的强大竞争力在很大程度上来自企业与职工、政府与企业的紧密关系。日本企业大都是以家族为中心的企业集团,企业内部的关系深深地打上了家庭关系的痕迹。企业是扩大的家庭,职工是家族的成员。忠于企业即忠于家庭,关怀职工即关怀家庭成员。传统的儒家仁爱思想使企业具有很强的凝聚力。而且这种仁爱思想在日本现代企业中得到升华:企业对职工实行长期或终身雇佣;企业主让职工出资入股;职工根据业绩可以晋升。这样,职工不会担心因企业的技术革新而被解雇。由于职工的切身利益与企业的命运紧密相连,因此他们认真学习业务知识,努力提高技术水平,为企业的生存、发展而与企业主同心同德,拼命奋斗。企业的竞争力就产生于这种关系之中。企业是国民经济的细胞,政府自然对企业给予特别的关心和支持。

一个非常值得注意的问题是:既然日本经济竞争力曾经来自企业与职工、政府与企业之间密切合作而形成的"日本股份有限公司",那么为什么在 90 年代"日本股份有限公司"丧失了竞争力、日本经济长期萧条呢?这是 20 世纪和 21 世纪之交国际国内学术界讨论得最热烈的一个问题。有的认为,在日本经济奇迹时期,政府的积极作用被人为地夸大了,起主要作用的还是市场经济,[1] 以此说明日本政府本来就没有起多大的作用。有的认为,"日本股份有限公司"只是在五六十年代的"追赶"时期才有重要意义。但到 70 年代

---

[1] Robert Garran, *Tigers Tamed: The End of Asian Miracle*, Honolulu, Hawaii: University of Hawaii Press, 1998, pp. 30, 32.

和80年代日本已成为比较成熟的经济,追赶型经济已经过时,甚至会起副作用。[1]因此,"日本股份有限公司"的作用也过时了。这些观点都是值得商榷的。日本政府在五六十年代对经济发展的重要导向作用是实实在在和有目共睹的。加州大学教授查默斯·约翰逊在其1982年所著的《通产省与日本奇迹》(*MITI and the Japanese Miracle*)对日本政府在日本经济发展中的作用和政府和企业之间的关系及其作用作了客观的揭示和评价。我们不能由于日本经济在90年代表现不佳而否定日本政府以前的作用。至于政府与企业间的密切合作、政府对经济的导向作用不仅在经济发展的追赶时期有重要意义,而且在经济发展的成熟期同样是这样。90年代日本经济失去光辉的原因在于政府与企业的关系与五六十年代相比发生了变异。政府与企业的密切合作,除了团结一致形成对外的竞争合力的表象之外,其实质是政府的宏观调控与市场经济的科学结合。所谓"科学结合"就是政府对经济的宏观调控符合经济发展的规律。五六十年代日本政府的经济政策就是这样:市场经济使资源得到了合理的配制,政府的政策使这种资源的合理配制进一步优化。但是,随着时间的推移,日本经济体制渐渐僵化,"精英"们为了维护自己的既得利益不想进行与时俱进的经济改革,致使政府对经济的干预违背了经济规律,妨碍了资源的合理配制,阻碍了经济的发展。例如,曾对日本经济起过重要导向作用的通产省为振兴九州地方经济,在90年代花费数十亿日元在九州市修建新的货运机场、深水港、吸收外国公司的贸易市场和新集装箱总站,结果这些工程都是无用之物,因为该地方的这类基础设施早已饱和。[2]另一个对日本经济曾起过重

---

[1] Robert Garran, *Tigers Tamed: The End of Asian Miracle*, Honolulu, Hawaii: University of Hawaii Press, 1998, p.37.
[2] *Ibid.*, p.22.

要作用的大藏省，其所主导的金融系统成了 90 年代日本经济长期萧条中的"重灾区"。原因在于日本银行系统违背了贷款的基本规则。西方银行借贷规则最关键的有两条：对一项投资可能产生的利润的估计；借方不能还款的风险有多大。但这两条对日本银行都不重要。它们贷款的关键因素是一笔贷款后面的抵押数量、私人关系问题和相互的义务关系，而这其中起中心作用的是大藏省。[1] 结果形成巨额的呆账、坏账，导致金融机构的纷纷破产。对于曾经对日本经济的发展起过重要作用的"日本股份有限公司"，美国一方面谴责为政府与企业的"邪恶"的同盟和"不公平"的竞争，另一方面为了对付日本又不得不模仿日本的作法。美国学者劳伦斯·克劳斯在对 70 年代美国、日本在东盟的竞争进行系统、详细的研究之后，对美国应采取什么策略和手段对付日本的挑战提出了一系列的建议，其中最基本的一条就是在政府和企业间建立新的关系，即以合作代替对抗：政府应对不应受干预的私人经济发挥恰当的作用；政府应为经济的增长提供一个适当的环境，并帮助企业提高国际竞争能力而不超越它在经济中发挥恰当作用的界限；政府应以日本通产省为榜样，将所获商业信息有效地传递给私人企业。[2] ……看来美国政府已经采纳了劳伦斯·克劳斯的上述建议。90 年代克林顿政府采取两项重要措施，加强了政府和企业的合作。一是提出"信息高速公路"计划，为民用企业的发展指明了战略方向。二是军事技术向民用工业转移。政府决定全国 700 多个长期从事军事研究的联邦实验室将现有预算的 20% 左右用于与工业界合资兴办民间企业，以推动民用公司的高科技开发和创

---

[1] Robert Garran, *Tigers Tamed: The End of Asian Miracle*, Honolulu, Hawaii: University of Hawaii Press, 1998, p.38.
[2] Lawrence B. Krause, *U. S. Economic Policy toward the Association of Southeast Asia Nations*, pp.78—80.

新。对那些"双重用途"的技术如计算机程序、电子、机器人、人工智能等领域的合作与发展,政府都给予减免税和提供财政补贴。[①]这两项措施大大地密切了政府与企业的关系,增强了美国经济的国际竞争力,使美国在与日本的竞争中转败为胜。20 世纪五六十年代和 90 年代日本政府与企业的关系、90 年代美国政府与企业的关系和日本政府与企业的关系从正反两方面为建立科学的政府与企业的关系提供了宝贵的经验和教训。

第四,发挥比较优势、突出高科技产品的作用是提高市场占有率的有效解数。[②] 70 年代美国、日本抢占东盟市场的情形对此是最好的注脚。两国向东盟出口的产品是自然资源密集型产品、劳动密集型产品、人力资本密集型产品和技术密集型产品四大类。为了尽可能多地占领东盟市场的份额,美国、日本对东盟的出口都避短扬长,尽量少地出口由比较劣势生产的产品,尽量多地出口由比较优势生产的产品。美国的第一比较劣势是非熟练劳动,故劳动密集型产品占它向东盟出口的四类产品的比重最低,而且不断下降,从 1970 年的 5.1% 下降至 1979 年的 2.3%。熟练劳动算不上是美国的比较优势,故人力资本密集型产品所占的相应比重也比较低,而且下降幅度大,从 1970 年的 17.9% 降至 1979 年的 9.1%。美国的自然资源具有比较优势,因此自然资源密集型产品所占的相应比重比较大,但下降的幅度也比较大,从 1970 年的 30.8% 降至 1979 年的 17.4%。科学技术是美国最大的比较优势,所以技术密集型产品所占的相应比重最高,上升幅度也最大,由 1970 年的 46.3% 升至 1979 年的 71.2%。而它对世界出口的同类产品所占的相应比重要低些,而且没有多大

---

① 《世界经济与政治》1998 年第 8 期,第 8 页。
② 此点引用的所有数据(除另注外)见 Lawrence B. Krause, *U. S. Economic Policy toward the Association of Southeast Nathons*, p. 43 Table 4—1 和 p. 46 Table 4—2。

变化，1970年为45.1%，1979年为45.5%。日本最大比较劣势是自然资源，因此自然资源密集型产品占它向东盟出口的四类产品的比重最低，且在不断下降，从1970年的8.8%降至1977年的6.9%，日本的第二比较劣势是非熟练劳动，故劳动密集型产品所占的相应比重比较低，且下降幅度不小，从1970年的17.1%降至1977年的11.2%。日本的科学技术具有比较优势，所以技术密集型产品所占的相应比重比较高，且不断上升，从1970年的34.3%升至1977年的37.3%，而它向世界出口的同类产品所占的相应比重却低得多，1970年为25.4%，1977年为29.1%。熟练劳动是日本的最大比较优势，故人力资本密集型产品所占的相应比重最高，且不断上升，从1970年的39.7%升至1977年的44.6%。由上可知，由于非熟练劳动是美国的比较劣势，熟练劳动也算不上是它的比较优势；自然资源和非熟练劳动是日本的比较劣势。所以两国都尽量地减少向东盟输出相应类别的产品。科学技术和自然资源是美国的比较优势；熟练劳动和科学技术是日本的比较优势，故两国尽量扩大向东盟输出相应类别的产品。可见，两国都尽量抑制各自的比较劣势，充分发挥各自的比较优势来抢占东盟的市场。在所发挥的优势中，技术密集型产品是优中之优。下述事实进一步证明了这一点。70年代在东盟的进口贸易中，在日本占最大份额的情况下，总的看来对东盟的出口美国比日本还要好一些，1971年至1977年美国对东盟的出口比预计的高出9.6%，而日本只高出6.8%，主要原因是美国加强了技术密集型产品的出口。但1973年至1974年后由于美国对印尼和菲律宾的高科技产品的出口未达到预期目标，因此美国对这两国的出口不令人满意。可见，高科技产品是美国、日本提高市场占有率的重要手段。

第五，经济政策和经营策略的灵活性是超越对手的法宝。从在东亚市场的表现来看，日本在这方面比美国做得好。冷战前期，日本追随美国奉行一条不承认社会主义新中国、不与之贸易的政策。但在具体执行时，日本政府表现出很大的灵活性：以民间贸易、半官半民形式的贸易和"政经分离"的策略逐步发展与新中国的贸易关系，以致能部分地占领中国内地市场，成为资本主义与社会主义两大阵营剑拔弩张、冷战气氛严峻时期占领台湾海峡两岸市场最多的一个国家。在 80 年代和 90 年代初，日本也同美国一起对越南和中国进行经济制裁，但它总是在美国之先解除这种制裁，即使在制裁的时期内也继续执行原来承诺的经济援助项目，同时积极做好各种贸易、投资准备，一旦制裁解除就能抢先重新占领受制裁者的市场。相比之下，美国则拘泥于意识形态和价值观等，在经济政策的执行上很古板，结果丢掉了大量的市场和商机。例如，由于意识形态之故，美国曾自拒于中国内地市场之外达 20 年之久。

在经营策略上，日本更高出他人一着。在与对手的竞争中，日本人摸索了一套行之有效、灵活机动的经营策略。仅述其中三项：(一) 推行"一揽子交易"。即日本的公司通过与东亚国家或地区的一项业务联系而使自己成为具有多功能的商家。例如，日本的公司在东盟建立合资企业。通过与当地合营者的特殊关系，不仅供给他们机器设备、工业原材料，而且提供贷款甚至股本以及管理和技术知识等。这样一来使得对方在进出口贸易、投资、贷款、信息和技术诸方面都依赖日本。一揽子交易的另一表现是：日本贸易公司除了主要从事市场营销的"本职工作"外，还应充当金融业者，外汇经纪人、组织者和顾问以及信息推销员。[1] 总之，通过合资办企业或者市场营销一种途径，日本既加强了对东亚国家的商品出口、资本输出，又迫使它们在出口市场、管理技术、知识方面依靠自己，从

---

[1] Rob Steven, *Japan's New Imperialism*, Armonk, New York：M. E. Sharpe, 1990, p.70.

而全面加强了这些国家与日本的经济交往,削弱了它们与日本的竞争对手的经济关系。而这种一揽子交易对美国的公司来说则是陌生的。(二)兴办合资企业。这是日本人在投资竞争中最先采取的一种方式。它源于60年代上半期的印尼。1957年至1965年苏加诺政府将境内欧美企业全部接管。日本私人资本立即以新的方式趁机而入。1960年至1961年日本的公司在印尼办了三个合资企业分别开发印尼的石油、镍和木材。①欧洲人也谨慎地仿效。于是合资企业在东盟逐渐发展起来。然而,美国人由于"害怕泄露机密和技能"而不愿意接受合资企业的形式,即使勉强接受,也要求占有多数股份以控制合资企业。日本人则不同,由于他们一则看到合资企业对日本投资有利,二则把它作为抢占市场的主要手段,故"日本投资者似乎远比美国和英国的投资者愿意接受合营企业"。而且"日本在东南亚参加的合营企业中,日本人占百分之五十或者更少股份的企业达百分之六十"。在日本的竞争下,美国人的态度有所缓和,因为害怕将东盟的市场丢失给日本人,但"对那些成本低和面向出口的企业的投资,许多美国公司的态度看来仍不那么灵活,仍然坚持拥有百分之百企业所有权的政策。"②由于日本人策略灵活,所争取到的投资机会和所投入的金额自然比美国人的多得多和大得多。(三)接受"反购政策"(counterpurchase policy)。1982年1月印尼政府宣布:任何向印尼政府所售商品或服务之价值超过一定数额的外国公司必须购买同等价值的印尼货。起初,日本和美国都反对这一反购政策。尤其是日本坚持:反购政策的要求只能限定于反购相当于向印尼出口价值的20%的印尼货。而且日本反对印尼的另一项规定,即这些反购额必须是

---

① T. K. Tan, *Sukaro's Guided Indonesia*, Brisbane, Australia: The Jacaranda Press, 1967, p.89.
② [澳]托马斯·艾伦撰、郭彤译:《东南亚国家联盟》,新华出版社1981年版,第132—134页。

在印尼以前出口额之上另增的出口额。日本人反对反购政策是由于担心东盟其他国家也有可能仿效印尼推行反购政策，以及印尼不能交付合乎质量和达到数量的反购货。然而，半年以后，日本人的态度发生变化。同年8月三菱公司按照印尼的条件参加了一项化肥工程投标。接着日本人又投标于一项要求在几年内反购7亿—8亿美元印尼货的10亿美元的炼油工程。最后在12月，日本通产省无条件放弃了反对反购政策的主张。日本人对反购政策的态度为何发生如此大的转变呢？因为他们认识到，由于巨大的日本诸公司的重要作用，反购政策有利于日本人而不利于他们的竞争对手。日本接受反购政策意味着寻求对印尼出口的日本公司竞争地位将大大增强。加上马来西亚和菲律宾也跃跃欲试，也企图采取反购政策。这样一来，日本对这些国家的贸易地位会得到进一步提高。然而美国的公司担心接受反购政策后可能被迫进入一个不熟悉的领域，或者不得不对一个独立的贸易康采恩的服务付款而不愿意接受之。[1] 由于在反购政策问题上的灵活性，日本对东盟国家的出口更胜美国一筹。

总而言之，东亚经济中的美日关系给人以重要的启示。以和平手段参与国际经济竞争、国家经济实力、民族合力、发挥比较优势和高科技产品的作用，以及经济政策和经营策略的灵活性，可以说是在东亚国际经济竞争获胜的五要素。

(节选自拙著《东亚经济中的美日关系研究（1945—2000）》第四章第三节，人民出版社2003年版)

---

[1] Karl D. Jackson and M. Hadi Soesastro, *ASEAN Security and Economic Development*, Berkeley, California: Institute of East Asian Studies, University of California, 1984, p.168.

东西文明的融合与亚太经济的发展
——亚洲经济奇迹和金融危机原因新探

几年前以儒家文化解释亚太经济的发展一直是学术界讨论的热点。[①]亚洲金融危机爆发之前,有人认为:"基督教文化对西方资本主义的贡献,类似于儒家文化对亚洲资本主义的贡献"[②],之后,调子完全变了。一位获诺贝尔经济学奖的教授说:亚洲金融风暴标志着儒学价值观的破落。[③]儒家文化对亚洲经济奇迹的作用到底如何?儒家文化是否应对亚洲金融危机负责?这些问题引发了笔者从文明融合的角度探讨亚洲经济奇迹和金融危机的原因。

何为文化?何为文明?本文根据《辞海》中的有关解释,将其界定为:文化,即社会的意识形态以及与之相适应的制度和组织机构。文明,即人类社会历史实践过程中所创造的物质财富和精神财富之和。东方文明指在儒家、佛教和伊斯兰教相互影响下形成的亚太土著文明。西方文明指渊源于希腊、罗马文明,在基督教熏陶下形成的欧美文明。16世纪初以来,在亚太,东方文明和西方文明在宗教、政治思想、社会法律制度、经济、科技和文化(此处"文

[①] 本文中的"亚太"、"亚洲"和"东亚"皆指"亚洲的太平洋地区"。
[②] 魏萼(台湾经济研究院高等研究员):《中国式资本主义》,台北:三民书店股份有限公司1993年版,第33页。
[③] 转引自黄心川:《亚洲金融危机和亚洲价值观》,《光明日报》1998年12月1日。

化"指一般知识)等层面不断冲突与融合近 5 个世纪。因此,20 世纪下半期亚太的文明既非本土的东方文明,又非移植的西方文明,而是这两种文明的融合体。若将这一融合体比喻成一棵树,那么亚洲经济奇迹和金融危机就是这棵树上的甜果和苦果。为什么一棵树上结出不同的"果"呢?

一、东西文明中积极因素的结合:亚太经济奇迹的原因

爱国主义与商业竞争精神的结合

爱国主义由封建忠君思想演变而来,是东方文明中的美德。商业竞争精神是西方文明中的精品。战后日本的战略就体现了两者的结合:利用美苏冷战将军事上的失败转化为经济上的胜利。[①] 日本经济重新崛起的重要策划者吉田茂在日本处于美国占领状态时指出:日本的天命"是成为一个世界强国。本国的安全和发展由于与亚洲和太平洋地区最强大的西方国家结成亲密的同盟而得到最可靠的保证……正如美国曾经是大英帝国的殖民地而现在比英国强大一样,如果日本成为美国的殖民地,它最终将变得比美国更强大"[②]。为此战略目标的实现,日本上下一心,艰苦创业。例如,日本本田汽车公司的创始人本田在创立公司时说:"即使我的公司由于我发展我的工厂的速度而破产了,该工厂本身将仍然被用于日本工业的发展。所以我愿意冒这个险。"英国的日本经济史专家艾伦认为:"这

---

① William S. Borden, *The Pacific Alliance: United States Foreign Economic Policy and Japanese Trade Recovery, 1947—1955*, Madison, Wisconsin: The University of Wisconsin Press, 1984, p.150.

② William R. Nester, *Japan and the Third World*, London: Macmillan Academic and Professional Ltd., 1992, pp.9—10.

一挑战性声明听起来像是英国和美国工业开拓者英雄时代的回音,并具有更强的爱国主义色彩。"[1] 在韩国,爱国主义与商业竞争精神相结合的历史可溯到 19 世纪 80 年代。官员兼学者喻基纯(Yu Kil-Chun,音译)誉称商人为英雄,但认为:经商的动机绝不应该是为了商人的私利而应该是为了人民的福祉与国家的富强和独立。[2] 战后韩国的经济政策,特别是工业增长政策的"目的在于增强韩国的国际竞争地位"。[3] 韩国憋着一股民族自强之气,誓与日本争高低。韩国人充满着自信:"凡是日本能做到的,无论是什么,南朝鲜会做得更好。"[4] 爱国主义与商业竞争精神的结合也普遍存在于其他亚太国家。例如,新加坡政府特别注重培养人民的国家意识,号召"不分种族,都要在国旗下效忠"。领导人李光耀鼓励人民学习香港企业家的竞争精神:"为了发财……到海外发展,即使冒着生命的危险,也在所不惜。"[5] 中国小天鹅股份有限公司的广告语——"立民族志气,创世界名牌"——是两者结合在中国的体现,可以说是中国企业界的共同心声,海尔电器集团则是这种结合的产儿。在爱国主义与商业竞争精神的激励下,亚太经济奇迹波涛迭起,一浪高过一浪。

集权政府与市场经济的结合

集权政府在发展经济方面的作用是东方文明中的另一积极因素。时代的进步使东方封建专制政体进化为集权政府的形式。战后

---

[1] G. C. Allen, *A Short Economic History of Modern Japan*, London: Macmillan Press Ltd., 1981, p. 234.

[2] Tu Weiming, *et al.*, *The Confucian World Observed*, Honolulu: Program for Cultural Studies, East-West Center, 1992, pp. 76—77.

[3] 宋丙洛:《韩国经济的崛起》,商务印书馆 1994 年版,第 99 页。

[4] 中国社会科学院世界经济研究所编:《南朝鲜经济》(译文集),中国社会科学出版社 1981 年版,第 122 页。

[5] 王文钦:《新加坡与儒家文化》,苏州大学出版社 1995 年版,第 293 页。

亚太国家和地区（社会主义国家除外）虽然形式上都建立了三权分立的代议制政体，但政治、经济和军事等权力仍高度集中于政府或政府首脑之手。

市场经济是西方文明的精华。从亚当·斯密提出市场机制是一只对国民经济起自动调节作用的"看不见的手"的著名论断至今，尽管在西方的经济运行中含有政府干预的因素，但市场经济已成为公认的促进经济发展的最有效的经济机制："人类还未能创造任何一种比市场经济更有效的东西。……它的自我调节和自我控制适合于促进经济行为、劳力、物资和财政资源的合理使用达到最佳配置状态，并能平衡国民经济。"[1]集权政府与市场经济相结合而对亚太经济发展的积极作用表现如下。

首先，当局以行政手段摧毁种种社会经济障碍，为市场经济的正常运行营造了适宜的环境。如，日本废除了专制政治，解散了财阀，进行了土地改革；中国台湾省、韩国也进行了土地改革；中国内地用以经济建设为中心取代了以阶级斗争为纲，抛弃了计划经济，等等。其次，政府以经济战略、计划、政策、法规等对市场经济进行宏观调控，从而进一步完善和发挥了市场机制的作用。仅以韩国政府的政策与市场的关系为例，哈佛大学学者爱德华·梅森等揭示：朴正熙政府制定经济政策时，着眼点放在如何"制定在私人企业根据价格刺激所作决定的框架内能导致资源理想配置的政策。分析工作集中于刺激制度和作为经济催化剂的政府的作用之上"[2]。这告诉我们：先是私人企业按照市场价格作了决定，市场使资源实

---

[1] Paul A. Sumuelson and William D. Nordhaus, *Economics*, New York: Mcgraw-Hill, Inc., 1995, p.711.

[2] Edwards S. Mason, *et al.*, *The Economic and Social Modernization of the Republic of Korea*, Massachusetts: Harvard University Press, p.256.

现了合理的配置。然后，政府在此基础上制定政策，使资源配置更为理想。然而，政府的作用只是经济催化剂，经济中起主要作用的仍是市场。同时，政府予市场机制以保护：市场奏效，政府则罢；市场失灵，政府就立即干预。可见，政府通过正确的战略、计划、政策和法规等手段而与市场的有机结合，不仅不会妨碍而且能极大地发挥市场机制的作用，促进竞争，增强企业的活力，"尽管政府这只看得见的手的活动到处可见，但是大多数导致产量增加的决定都是由私人企业作出的"[1]。再次，政府对私人企业的全力支持。集权政府掌握着对市场经济的宏观调控权，私人企业则是市场经济的细胞。因此，政府与企业的关系也是政府与市场经济关系的重要组成部分。在自由放任的经济体制里，政府对私人企业不闻不问，在亚太绝大多数国家和地区，当局则对私人企业予以全力支持。支持是多方面的。仅以财政方面为例，在韩国、台湾地区和中国内地等地，当局在资本积累中起着重要作用，金融机构和外汇来源也大都由当局控制。在日本，金融系统虽不在政府手中，但政府的一个部通产省拥有分配稀有外汇、控制外来投资等权力，并对日本输出入银行和日本开发银行的借贷政策有相当大的影响力。政府利用所掌握的财权对私人企业，尤其是对重点企业大力扶植。企业一方面"得到政府的支持和保护，获得经济上的利益，另一方面，又被要求参加具有国策性的事业，按照政府的工业化政策从事投资活动等，为国家利益作贡献"[2]。企业在作贡献时又谋求新的发展，投资海外，开拓海外市场。政府又时刻关注着它们在海外市场上的运

---

[1] Edwards S. Mason, et al., *The Economic and Social Modernization of the Republic of Korea*, p. 275.
[2] [日]井上隆一郎撰、宋金文等译：《亚洲的财阀和企业》，生活·读书·新知三联书店1997年版，第58页。

作，一旦情况欠佳，就立即帮助。总之，政府支持企业，企业为国家作贡献。亚太各国各地区的企业和财阀与其政府的关系大都如此，其中又以日本和韩国最为典型。日本政府和企业之间形成的这种特殊的搭档被美国等西方国家称为"日本股份有限公司"（Japan, Inc.）。韩国政府和企业之间形成的特殊搭档也被他们称为"韩国股份有限公司"（Korea, Inc.）。政府对企业的支持使企业在激烈的国际竞争中立于不败之地，企业的不断扩展又推动了整个国民经济以更快的速度向前发展。

仁爱与法治的结合

仁爱是儒家处理家庭、社会群体成员之间以及国家机关上下级之间关系的基本准则。佛教的大慈大悲和伊斯兰教的"善行者可入天堂"等主张与儒家的仁爱也是一致的。故可以说仁爱是整个东方的传统美德；起源于古希腊，后逐渐成为西方政治之重要内容的法治主义是西方文明中的瑰宝。战后，亚太资本主义国家和地区普遍引进了法治制度（尽管有的地方仍存在人治的残余）。中国等社会主义国家也实行了社会主义民主与法治。法治成为世所公认的治国之佳术。仁爱与法治的匹配对亚太经济的发展起着如下的积极作用。

第一，它帮助造成了经济发展所必备的安定的社会环境。家庭仍是现代东方社会的细胞。父子兄弟、夫妇之亲情使绝大多数家庭成为安定团结的微型社会组织。社会成员之间、社会群体之间，本着"和为贵"、"四海之内皆兄弟"的古训，关系都较为融洽。上下级之间，上级关心下级，下级尊重上级。这样，仁爱为形成安定的社会环境打下了一定的基础，然而仁爱并不涉及国家权力的归属、分配和制约，以及民族、宗教的地位等问题；对颠覆势力、野心家、地下黑社会、走私、贩毒等危害社会稳定的邪恶势力不起作用。为解决上述问题和惩治这些罪恶,亚太国家和地区,都各自建立了完整的法治机构和制度。而且国家司法系统完全独立于一切立法和行政机关以限制它们的权力。仁爱与法治的共同作用使亚太国家和地区的发案率一般比一些西方国家低。这在一定程度上为下述统计所证明:日本的律师与工程师之比为1∶7,而美国的则为7∶1。经济奇迹出现的前提是安定的政治局面。战后亚太国家和地区长期呈现这种局面,原因是多方面的,而仁爱与法治的结合是其中之一。第二,它协助抑制了贪污腐败。贪污腐败是经济发展的大敌。它腐蚀国家官员,使政府丧失威信、民心涣散,以致官民难以同心协力从事经济建设。它使大量国家财富和民脂民膏为私人鲸吞,严重影响国家对基础设施、教育和科技的资金投入。儒家的仁政与贪污腐败是针锋相对的。仁政就是爱民之政,就是善政和廉政。法治与腐败的关系自然是猫和老鼠的关系。以仁爱和法治遏制贪污腐败的典型例子是新加坡。新加坡以仁爱思想对官员进行廉政教育。李光耀认为儒家思想的核心是"忠孝仁爱礼义廉耻",并以此"八德"作为政府治国之纲。"廉"被解释为一种为官的德行,其高标准就是树立为众人服务的思想,像中国古代清官范仲淹那样,用自己的薪水购置"'负郭常稔之田千亩',用来救济众人";低标准"就是做官的除开自己应得的那一部分俸禄之外,不滥取非分之财"。[1] 新加坡在以教化防贪的同时也进行了以法治腐的斗争。它立法完备,执法严格。前国防部次长和被誉为"杰出公务员"的前商业事务局局长等都因腐败而被治罪。要问以伦理、法治双管齐下综合治贪对经济发展到底效果如何呢?一位学者对新加坡的赞语是最好的回答:"新加坡20年来的经济发展,所以能够收宏大效果,使这个小国,在东

---

[1] 曹云华:《新加坡的精神文明》,转引自王文钦:《新加坡与儒家文化》,第202—203页。

南亚地区之中,有如鹤立鸡群,无疑的实拜吏治廉明之赐。"[1] 第三,它增强企业的竞争能力,推动企业的发展。日本、"四小龙"和东南亚国家的华人企业大都是以家族为中心的企业集团,不少非华人企业亦然。企业是扩大的家庭,职工是家族的成员。忠于企业即忠于家庭,关怀职工即关怀家庭成员,仁爱情感使企业具有很强的凝聚力。而且原来家庭中的仁爱在现代企业中得到升华。企业对职工实行长期雇佣或终身雇佣;企业主让职工出资入股;职工根据业绩可以晋升。这样,职工不会担心因企业的技术革新而遭解雇。由于职工的切身利益和企业的命运紧密相连,因此,他们认真学习业务知识,努力提高技术水平,为企业的生存和发展而与企业主同心同德,拼命奋斗。然而,在商品经济高度发达的社会里,仅靠血亲关系和伦理道德是难以保证企业的持续发展的。西方研究法律与经济发展之关系的学者指出:"正式的法律是市场体制的基础,是有限责任合同、适宜的商业环境和企业发展的关键。"[2] 家族企业的产权、继承权、债权、利润的分配、职员的医疗保险等都需要法律的保护。企业与企业的商务关系,企业对国家的纳税义务,企业引进外资或对外投资,企业的专利权等也都离不开法律。为此,亚太国家和地区无一例外地都制定了民法、商法、劳动法等,其中包括家族法、公司法、物权法、债权法、劳资关系法和社会保障法等。总之,亚太的财阀,即家族企业由于得益于家族的仁爱之亲情和法律之公正而显示出强大的生命力和竞争力。

两种文明中积极因素相结合的方面还不少。如儒家重视教育的思想与西方现代教育制度的结合。"万般皆下品,唯有读书高","学

---

[1] 台湾《东方杂志》复刊第15卷第3期,转引自王文钦:《新加坡与儒家文化》,第194页。
[2] Edgardo Buscaglia, et al., *The Law and Economics of Development*, Greenwich, Conn.: JAI Press, 1997, preface.

而优则仕"！可见儒家将教育摆到了何等重要的地位！以普通教育、师范教育和实业教育为主要内容的现代西方教育凸现了教育的普及和应用性。它不仅重视人文科学，更重视自然科学。东西方教育精华的融合为亚太国家和地区培养了大批管理和科技人才。经济发展最快的地方必定是教育最发达的地方，如日本、"四小龙"、中国内地和东南亚一些国家，亚太经济奇迹之根本是人才，而人才之母是东西方教育精华的"婚配"。还有东方的资源（体现于初级产品的形式）、劳力与西方的资金、技术和市场的结合，等等，因篇幅所限不能一一详述。

二、东西文明中消极因素的合流：东亚金融危机的缘由

亚洲国家的落后性与西方国家的掠夺性的汇合

中外学者在探讨东亚金融危机的原因时，大都只局限在战后的经济和政治方面，而很少追根溯源到战前的历史中去。东亚金融危机与战后建立的不合理的国际经济秩序有非常密切的关系。这种秩序的基础是世界大部分资金、财富掌握在以美国人为首的西方人手中，为什么战后西方富、亚太国家贫，从而使后者在实现现代化的进程中必须依靠前者的资金呢？这是自十五六世纪起亚洲国家的相对落后性与西方国家疯狂的掠夺性相汇合的结果。由于社会发展不平衡规律的支配和东西方两种文明上层建筑和经济基础中各种因素的综合作用，约从十五六世纪始，原与西方国家发展水平不相上下的亚洲国家慢慢呈现出相对落后性，而西方国家则渐渐领先于亚洲国家。西方国家的先进性主要表现为最先出现资本主义萌芽、建成资本主义制度和进行工业革命。先进的制度并不必然具有疯狂的扩

张性和掠夺性。可是新生的资本主义却具有这些性质。掠夺性是不是西方文明中的消极因素呢？是！因为尽管它为西方国家带来了大量财富，但又对西方社会产生了巨大的破坏作用。如，西方列强为相互掠夺对方的财富和为分赃第三世界的财富而引发的两次世界大战，其作用就是如此；亚洲国家的落后性主要表现为社会制度和科学技术落后，结果，落后挨打，沦为殖民地、半殖民地，受西方的剥削和压迫。亚洲国家的落后性与西方国家的掠夺性相汇合的结果是东方的财富逐渐转入西方之手。二战之前约 4 个世纪里，西方对亚太的掠夺主要通过三种途径：一是以行政手段对殖民地进行直接搜刮，例如，荷兰在 1831 年至 1860 年的 30 年间通过强迫种植制就从印尼获利 6.72 亿盾。① 荷兰对印尼的直接搜刮远不止此一项，且对印尼统治达 3 个多世纪。法国在越南的南圻一地，仅 1887 年就征收赌场税 250 万法郎，而同年南圻的全部预算不过 300 万法郎。② 西方其他国家对其在亚太的殖民地的直接搜刮也是如此，只不过方式、程度有所差别。二是通过不平等条约进行掠夺。中国是一个被掠夺的典型。西方列强威迫中国共签订 1000 多个不平等条约（含日本迫我签订的条约），从中国攫取了广泛的侵略权益。仅勒索赔款一项，1842 年至 1901 年中国对外 8 次主要赔款总额就约达 19.53 亿银元，等于清政府 1901 年收入总额的 16 倍。③ 列强在不同时期利用不平等条约对泰国等其他亚太国家也进行广泛的压榨。三是通过不等价交换进行剥削。英属东印度公司 1798 年至 1854 年以非法的鸦片贸易从中国获得约 7 亿卢比。④ 荷兰东印度公司以仅 7.5 分 1 磅香料的

---

① ［印尼］萨努西·巴尼撰、吴世璜译：《印度尼西亚史》下册，商务印书馆 1972 年版，第 477 页。
② 周一良、吴于廑：《世界通史》近代部分下册，人民出版社 1980 年版，第 130 页。
③ 梁为楫等：《中国近代不平等条约》，中国广播电视出版社 1993 年版，第 9、10 页。
④ 李康华：《中国对外贸易史简论》，对外贸易出版社 1981 年版，第 382 页。

低价在印尼购货,运回国后,卖价为 3 盾(300 分)。[①] 美国和菲律宾之间的贸易向来是在不平等基础上进行的。在菲律宾独立后的 8 年(1946—1954)里,美菲"贸易协定"就给菲造成 12 亿以上的损失。[②] 在菲律宾独立之前,美国通过"自由贸易"对菲律宾的掠夺就更多了。战前约 4 个世纪里,西方从亚太国家掠夺的财富之巨是难以估量的,一方面是欧美殖民者的钱袋越鼓越大;另一方面是亚太国家越来越穷。前者促进了西方经济的进一步发展,后者使亚太国家甚至连简单再生产也难以维持。结果东西方的贫富差距更为悬殊。亚太地区的殖民财富除了美国和日本直接"沾"去一部分外,大部分为欧洲列强所获。而后者又主要通过两种渠道流入美国人手中。一是亚洲、美国和欧洲构成的三角贸易。日本学者的一项研究表明,在战前存在着一个三角贸易模式:东南亚国家对美国为顺差,美国对欧洲为顺差,欧洲对东南亚又是顺差。[③] 这样,欧洲通过不等价交换所获得的东南亚国家以廉价初级产品所得的财富又流入了美国。二是两次世界大战。1914 年前,欧洲人将从亚太和其他地方掠夺的大量钱财用于购买美国的股票和债券。由于战前欧洲的出口本来就小于进口,一战中,其出口更是少得可怜。为了购买美国的军用物资,英、法等国不得不从美国获得巨额贷款。同时,原来持有美国股票和债券的欧洲人在本国政府的压力之下,被迫将持有物卖给美国人,而从本国政府处得到本国货币,如英镑、法郎等。政府则利用美国买主所付的美元在美国采购。这样,美国由欧洲的

---

① [印尼] 萨努西·巴尼撰、吴世璜译:《印度尼西亚史》上册,商务印书馆 1972 年版,第 355 页。
② 林启森:《六十多年美帝国主义对菲律宾的经济掠夺》,《东南亚研究资料》1965 年第 3 期,第 105—106 页。
③ See Akira Iriye and Warren I. Cohen, *The United States & Japan in the Postwar World*, Kentucky: University Press of Kentucky, 1989, p. 81.

债务国而变成了欧洲的债权国,1914年美国欠欧洲人约40亿美元,1919年欧洲人反欠美国约100亿美元。[1] 在第二次世界大战中,美国掏空了欧洲国家的钱罐子,使自己拥有的黄金储备占世界的2/3以上。世界财富这种不均衡分布的重要原因之一就是亚洲国家的落后性和西方国家的掠夺性汇合的结果。这种分布是战后不合理的国际经济秩序赖以建立的基础。

以上所述就是为何亚太国家和地区在进行现代化的进程中不得不依赖以美国为首的西方国家的资金的历史渊源。

裙带关系与金融投机的"配合"

金融危机爆发后,东方和西方相互指责。马来西亚总理马哈蒂尔和当时的印尼总统苏哈托都将危机的责任归咎于以索罗斯为首的西方金融投机商。[2] 美国《时代周刊》则认为:以裙带关系为主要内容的东亚模式是导致危机的罪魁。[3] 笔者认为,仅裙带关系或金融投机一个方面的因素还不致导致金融危机的爆发,而两者的"配合"才是危机的一个重要原因。

讲感情、重人情是东方文明中的优点,以家族为中心的企业曾是促使经济奇迹出现的积极因素。然而,由这种人际间的感情和家族关系演化而成的裙带关系则成了东方文明中的消极因素。裙带关系有各种表现。其一,银行给企业贷款,不是根据对工程的风险分析,而是通过裙带关系将资金贷给自己的亲戚朋友,或者通过他们贷给第三者。特别是泰国和印尼,银行的贷款对象就是政客们的亲

---

[1] R. R. Palmer and Joel Colton, *A History of the Modern World*, New York: Alfred A. Knopf, Inc., 1984, pp. 684—685.

[2] [英] 卡拉姆·亨德森撰,朱宝宪、王桂琴等译:《亚洲在衰落?》,机械工业出版社1998年版,前言Ⅶ;程超泽:《亚洲怎么了?》,上海人民出版社1998年版,第69—70页。

[3] 陈文鸿等:《东亚经济何处去》,经济管理出版社1997年版,第197页。

朋好友。韩国银行贷款的去向则由政府高级官员和大企业之间的幕后作业决定，而银行对这种官商勾结无能为力，因为所有银行行长和经理皆由政府任命。美国《纽约时报》专栏作家大卫·山格指出：不管是韩国、印尼或泰国，亚洲价值的黑暗面导致政客把银行当成私人金库，企业界靠着政客友人穿针引线取得银行贷款。[1] 其中许多都被投资在房地产和股市。由于"泡沫经济"的破灭，这些贷款就成了银行的呆账或坏账，东南亚各国银行的坏账占放款总额的10%—20%。更为严重的是裙带关系又阻碍这种糟糕状况的被及时纠正。因政府官员在竞选时曾私下接受过这些金融机构的赞助，使两者间有着千丝万缕的联系。因此连政府也无意整顿这些不循规蹈矩的机构。[2] 其二是国家首脑、政界要人以权谋私，搞"商业家天下"。印尼前总统苏哈托是个典型。他在30年的任职期间，逐步建立起了由他和6个子女组成的苏哈托家族的"商业王国"。大女儿控制着价值24亿美元的铁路计划，次子任银行董事长，幼子主持国产车计划。多年来，想顺利进入印尼市场的外国大企业大多走捷径，求助于苏哈托的6个子女及其亲友和代理人等。他们安排的交易和合作计划占印尼外资的一大部分，协助印尼取得了所需的资金、技术和经验。在过去的合作中，外国合资者只管办事，苏哈托这边的合资人则负责打通政治关系。通过职权和裙带关系网，苏哈托家族聚集了巨额财富。在印尼，富有人士的身价有400亿美元，其中苏哈托家族有净资产160亿美元，是排名世界第6。[3] 印尼反对党领袖梅加瓦蒂说："最悲惨的是，我国已被国际投资者认为患上了'慢性裙带

---

[1] 转引自程超泽：《亚洲怎么了?》，第77页。
[2] 同上，第109—110、77页。
[3] 陈文鸿等：《1998年东亚经济何处去》，经济管理出版社1998年版，第17、25、27、37页。

关系病',这反映了我们的情况很不健康。"①裙带关系导致政府贪污、金融腐败,使市场对政府、货币丧失信心。其三是寻租活动。寻租活动,或称"寻找门路"的现象,指的是个人或企业通过各种途径和手段贿赂政府和政府官员,以扩大产品或服务价格与真实成本之间的差额,增大自己的利润收入,并寻求对他们的保护。在东南亚,寻租活动十分普遍。例如在泰国,通过行贿受贿,作为寻租者的许多房地产投机商与作为供租者的政府官员之间建立起了裙带关系,前者靠后者获大利,后者因保护和纵容投机活动而从前者那里获厚报。这种寻租活动加速了泰国因房地产市场过热而陷入泡沫经济的过程。②裙带关系的表现还不少,不能一一列举。标准普尔公司的国际知名货币分析权威卡拉姆·亨德森忠告:亚洲的"'裙带资本主义'不能再继续下去",因为"当行业网、政府、商务活动合而为一时就会出问题。这时决定商品与服务价格与价值的依据就不再是行业网和商业,而是联系本身。因为有效的经济发展都需要这两者间有一中介。就好像常春藤长在树上,树的营养乃至生命最终会被吸收掉"。③总之,裙带关系造成的一系列严重的金融、经济问题为金融危机的爆发埋下了祸根。

金融投机是西方物质文明中的消极因素。近年来随着全球经济一体化的发展,国际游资总额估计已达 1 万亿美元以上,其流动性强,善于钻营,通过左右外汇、期货、股票市场的行情获利。且投机者身份隐蔽,手法诡秘,行踪无定,各受害政府对其毫无办法。毫无监管的对冲基金就是其中的典型。所谓对冲基金,即一家通过将客户限定于少数十分老练而富裕个体的组织安排以避开管制,并

---

① 陈文鸿等:《1998 年东亚经济何处去》,第 17 页。
② 刘渝梅:《东南亚经济危机的政治思考》,《世界经济与政治》1998 年第 1 期,第 46 页。
③ 卡拉姆·亨德森撰,朱宝宪、王桂琴等译:《亚洲在衰落?》,第 156—157 页。

追求大量金融工具投资和交易运用下的高回报率的共同基金。[1] 国际经济界对对冲基金的作用存在很大的争议，如有的学者认为由于对冲基金更倾向于进行负反馈交易（即在价格上涨时抛出，在价格下跌时买入）而在一定程度上可以起到稳定市场的作用，等等。尽管如此，但"越来越多的人认为，对冲基金是国际金融市场动荡的根源"，因为"对冲基金往往盯住宏观经济不稳定的国家和地区，大量运用投资杠杆，在极短的时间内借入巨额资金进行复杂的金融衍生工具交易，并带动更多的金融机构'跟风'，如此迅速、巨额的资本流动很容易造成国际金融市场动荡不安，大大增加了金融风险"。[2] 1992年索罗斯的量子基金击溃了意大利和英国的中央银行，造成里拉、英镑一夜之间崩盘的局面。在几天内创造了数十亿美元的利润。意、英两国因此而被迫退出欧洲货币机制。1994年至1995年墨西哥金融危机与金融投机也不无关系。理论与事实皆证明：以毫无监管的对冲基金为代表的金融投机的确是西方文明中的消极因素。

国际金融投资者像绿头苍蝇早就盯住了东亚这块金融混乱、短期资本充斥、经济泡沫化、内外投资信心动摇的"腐肉"。乘这些国家和地区资本市场洞开之机，对冲基金从最薄弱的环节泰国下手。得逞后又迅速辗转菲律宾、马来西亚、印尼、新加坡、台湾地区、韩国和香港地区等货币和资本市场，使一场骇人听闻的金融大危机席卷整个东亚（中国内地除外）。而索罗斯的量子基金和罗伯特森的老虎基金则从东南亚危机中获得了巨额利润。

亚洲金融危机爆发的根本原因在于裙带关系和其他一些内部因素造成的金融、经济问题。然而，美国的投机基金对它也起了十分

---

[1] 美联储主席格林斯潘所下定义，转引自《国际经济评论》1999年第1、2期，第16页。
[2] 王信：《对冲基金的监管：争论及评价》，《国际经济评论》1994年第1、2期，第25页。

重要的作用。对这场危机颇有研究的香港学者陈文鸿等认为："这次危机的开端是个别国家的经济困难，如果没有美国投机基金的冲击，不会酿成全面的区域性危机。"[①]

裙带关系和腐败现象越严重、对冲基金越大肆炒作的国家如泰国、印尼，危机就越严重。而在腐败现象少有、对冲基金炒作不大的地方，如新加坡等，"灾情"则轻得多，这进一步说明，裙带关系、腐败现象与国际金融投机的合流是造成亚洲金融危机的罪魁。

三、结论

无论是亚洲经济奇迹还是金融危机都是东西方文明合力作用的结果。对文明都要一分为二，它们既包括积极因素，也包括消极因素。两种文明中积极因素的融合才是亚洲经济奇迹的真正原因，其消极因素的合流则是亚洲金融危机的缘由。

作为东方文明的主要组成部分的儒家文化是促成亚洲经济奇迹的一个非常重要的因素，没有儒家文化中积极因素的作用，亚洲经济即使发展起来了，恐怕也难在短期内取得举世瞩目的成就。但不能过分夸大其作用，甚至将它说成是亚洲资本主义之母。而且儒家文化只有在东西文明的融合中它对经济发展的重要作用才能发挥出来。否则，则不能。儒家文化未能导致资本主义和工业革命的及时产生就是明证。儒家文化也应该对亚洲金融危机承担一定的责任，因为它的消极因素对危机的爆发起了作用。西方文明对亚洲经济奇迹的产生也是至关重要的，因为亚洲资本主义和市场经济本身就是

[①] 陈文鸿等：《东亚经济何处去》，第67页。

从西方移植过来的，若无西方文明中积极因素的作用，20世纪的亚洲经济奇迹也可能无从谈起。但在评价其作用时也要实事求是，如果没有东方文明中的积极因素与之合作，奇迹也难出现。西方资本主义在其他后进地区并未结出如同在亚洲的经济硕果就雄辩地说明了这一点。当然，西方文明的消极因素同样应对亚洲金融危机负责。总之，东方文明和西方文明的"基因"之结合是亚洲经济奇迹和金融危机产生的根本原因，如同男女基因的结合是胎儿形成的根本原因一样。在探讨这一问题时，本文最为强调的是两种文明的"融合"。若将两种文明的作用割裂开来，只单独强调某一方面，是根本不符合客观实际的，是完全没有意义的。

经过一场金融危机的考验，东西方文明中的积极因素受到珍惜，消极因素受到唾弃，在这场金融风暴中破落的并不是儒学价值观，而是东西方文明中的消极、阴暗面。儒学和西方价值观中的优秀成分将会得以保存并对今后亚太经济的发展起更重要的作用。

为了促使亚洲经济奇迹的再现和避免亚洲金融危机的重演，在发扬东方文明和吸收西方文明时，关键在于弄清什么是其精华，什么是其糟粕，然后进行取舍。在发挥东方文明中积极因素的作用时，不能有悖于客观经济规律；要注意把握一个"度"的问题，真理向前迈进一步就成了谬误；积极因素在一定条件下也可能变成消极因素。西方文明的某些因素（如资金）具有积极和消极两面作用，在利用时要充分发挥前者，严格限制后者。只有这样才能使两种文明在融合的过程中最大限度地达到优化组合。认真总结过去东西文明融合的经验教训，对保证亚太经济在21世纪持续稳定的发展大有裨益。

（原载《世界历史》2001年第6期）

亚太历史研究

论 16 世纪葡萄牙在亚太地区扩张活动的性质

对 16 世纪葡萄牙在亚太扩张活动——寻求香料贸易垄断权和传播基督教——的性质,国内史学界还未见有专文探讨过。[①]西方有影响的学者则称之为"西欧的扩张"[②],但未说明扩张的性质,不过将其描述为葡萄牙基督徒与东方穆斯林之间的斗争。本文旨在以新发现的、较为翔实的史实论述葡萄牙人在宗教斗争的形式下对亚太进行殖民侵略的性质。现从下面三方面论述。

东征亚太

16 世纪葡萄牙在亚太的扩张活动可以说在一定程度上是历史上基督教和伊斯兰教之斗争的继续。基督教和伊斯兰教是两个极具扩张性的宗教。自 7 世纪伊斯兰教诞生不久,为争夺权力、灵魂和财富,[③]两教狭路相逢,逐渐结成了不解之仇。从 7 世纪阿拉伯人打败拜占庭帝国到 15 世纪奥斯曼帝国的军队占领君士坦丁堡,两种文明

---

① 本文的"亚太地区"(简称"亚太")大致包括印度洋的亚洲地区和太平洋的亚洲地区。
② L. S. Stavrianos, *The World since 1500: A Global History*, Englewood Cliffs, N. J.: Prentice-Hall, Inc., 1971, p. 87.
③ 西方用语,指争夺信徒和争夺对人们思想控制权的传教活动。

冲突了 800 年。其中包括伊比利亚半岛伊斯兰教的征服与基督教的再征服。正是在两教长期冲突中形成的西班牙和葡萄牙王国成为基督教反对伊斯兰教的急先锋。"对欧洲其他民族来说，伊斯兰教是一个遥远的威胁，但对伊比利亚人而言，则是一个传统的甚至眼前的敌人。"① 葡萄牙亨利王子是反对伊斯兰教先锋中的先锋。他因在1415年攻克穆斯林重要据点北非的休达时表现勇敢而出名。寻找神秘的祭司王约翰的基督教王国作为盟国而进行一次反伊斯兰教的新十字军东征，和寻求香料即探寻一条通往亚洲之路以取代以地中海的威尼斯为出口、垄断欧洲香料进口的穆斯林商人，这两个目的使他成为葡萄牙探寻通向亚洲新航路的奠基人。

1497 年达·伽马成功地航抵印度使基督教与伊斯兰教的斗争进入了一个新阶段。这场新十字军东征的主要代表有达·伽马、葡驻印度第一任总督弗朗西斯科·阿尔梅达（1505—1509 年在任），葡印度洋舰队司令佩德罗·阿尔瓦雷斯·卡布拉尔和第二任总督阿丰索·德·阿尔布克尔克（1509—1515 年在任）等。他们的言行和政策都是蓄意针对东方穆斯林的。1497 年达·伽马的船队首抵印度西海岸的卡利卡特时，葡萄牙人对该地的突尼斯商人所提问题的著名答复是："葡萄牙人来东印度群岛的目的是寻找基督徒和香料。"② 葡萄牙人对穆斯林实行恐怖主义。达·伽马在后一次航行中发现几艘非武装的船只从麦加返航，便劫取了这些船只，"将船上的货物搬运一空后，禁止任何人将船中的任何'摩尔人'带出，然后命令葡萄牙人点火烧船"③。1500 年卡布拉尔"受命告知卡利卡特的王公关于基督徒和穆斯林之间的世仇。这种世仇使每个天主教国王都负有对神圣信仰的

---

① L. S. Stavrianos, *The World since 1500: A Global History*, pp. 87—88.
② Tapan Raychaudhuri and Irfan Habib, *The Cambridge Economic History of India*, Volume 1, London: Cambridge University Press, 1982, p. 382.
③ L. S. Stavrianos, *The World since 1500: A Global History*, p. 95.

敌人进行战争的责任。居住在卡利卡特和与卡利卡特贸易的'摩尔'商人显然不能幸免于这一责任。国王（陛下）必须明白：如果葡萄牙人在海上遇到他们的船只，就要夺取该船只、其中的商品和财产以及船只中的'摩尔人'"①。当1502年达·伽马再抵印度时，他截获了几艘穆斯林的船只，将船上约800名"摩尔"海员的手、耳、鼻砍割下来，送到卡利卡特王公的宫殿作为殿下的"咖喱食品"。②阿尔梅达则建立了一支由其子洛伦佐·阿尔梅达指挥的海军分队永久驻扎在马拉巴尔海岸，不断巡游，查禁阿拉伯贸易，以致年轻的小阿尔梅达成了麦加商人最感恐惧的人。亚太葡萄牙商业帝国的缔造者阿尔布克尔克"是个具有非凡眼光和宗教狂热的战略家，他对穆斯林的憎恨程度几乎与他对印度洋的了解一样深"③。1508年他攻霍尔木兹时，对战败的1.5万个穆斯林进行血腥屠杀。大屠杀使葡萄牙官兵如此疲劳以致轮班休息的船员以及炊事员等也被要求参加大屠杀。1510年11月，当他最后攻克果阿时，经过三天屠城，他向葡萄牙国王报告："6000个穆罕默德的男人、女人和儿童被杀"，并且"他希望果阿岛上不剩一个穆斯林。"④在围攻马六甲时，他激励将士："我们将为上帝效大力，将摩尔人从这个国家驱逐出去，扑灭穆罕默德教派之火，使其今后永不复燃。"⑤马六甲陷落后，大批异乡穆斯林被无情地斩尽杀绝。葡萄牙人的作战对象主要有亚太的麦加人、印度人、埃及人、土耳其人和马来人等，尽管这些人的种族和民族各异，但大部分都是穆斯林或其同盟军。葡萄牙

---

① Tapan Raychaudhuri and Irfan Habib, *The Cambridge Economic History of India*, Volume 1, p. 382.
② Stanley Wolpert, *A New History of India*, New York: Oxford University Press, 1982, p. 136.
③ *Ibid.*, p. 137.
④ G. A. Ballard, C. B., *Rulers of the Indian Ocean*, Boston: Houghton Miffin Company, 1928, pp. 65、94.
⑤ L. S. Stavrianos, *The World since 1500: A Global History*, p. 88.

人打的是基督教的旗帜，入侵的是东方民族的领土，屠杀的是亚太国家的人民。哪里有侵略，哪里就有反侵略。亚太穆斯林和非穆斯林对葡萄牙人以眼还眼，以牙还牙。当首次抵印度的达·伽马一行通过印度街道时，围观人群中一个阿拉伯声音厉声问道："你们以撒旦的名义在此何干？"卡利卡特的王公（印度婆罗门）在麦加商人的提醒下，逮捕和拘留了达·伽马（后来出于别的动机又将他释放）。1500年卡布拉尔来到卡利卡特，在王公的同意下建立了商站，60个葡萄牙人驻扎下来经商。该地的麦加商人一个不留地血洗了商站，只有几个住在海边的葡萄牙人逃到船上才保住了性命。1509年在阿拉伯商人的鼓励下，马六甲苏丹设计在"欢迎"宴会上将首次抵马六甲的葡萄牙海军中队的将士杀死了许多，逮捕了一些，剩下的少许逃走。而印度洋西岸的穆斯林卡菲尔人则干掉了刚刚卸任、正值凯旋中的阿尔梅达。

从上述史实可见，尽管葡萄牙人在亚太的扩张活动与16世纪之前基督教与伊斯兰教之冲突有着密切而直接的联系，但它与伊比利亚半岛的征服与再征服之斗争有着质的区别。后者是两教争夺伊比利亚半岛的灵魂和财富的斗争，而前者则是葡萄牙人对以穆斯林为首的亚太国家和人民的殖民侵略，只不过打的是新的十字军东征的旗号。

财富的争夺

争夺财富是基督教和伊斯兰教冲突的传统内容之一。1095年教皇乌尔班二世号召基督徒参加十字军时说："不要因为有财产而拒绝前往，因为更大的财富在等待着你们。……"威尼斯、热那亚等城的商人给十字军运送给养，交换条件是在十字军占领的地区得到商业特权。[①] 16世纪葡人与穆斯林在亚太的冲突仍然继承了这一传统内容，冲突的核心是财富，即香料贸易垄断权。香料贸易是利润惊人的生意。达·伽马首次从印度带回的一船胡椒和桂皮的价值相当于他这次远征总花费的60倍。[②] 香料贸易为什么如此生财呢？一是因为中世纪大量食肉的西欧由于肉的保存和调味而对香料有极大的需求，而它本身又不产香料。二是因为从亚洲运到欧洲，辗转艰难、危险，[③] 使香料成为稀有之物。

达·伽马首航印度后葡萄牙人才明白：在东方控制香料贸易的是宿敌穆斯林。在葡萄牙人到来之前，阿拉伯人已在从苏伊士湾到印度支那诸港口的亚太海域建立了霸权。[④] 穆斯林致富有两个途径：控制海上运输，获取运费[⑤]；在海陆码头和商站征税和收通关费[⑥]。

[①] 吴于廑、齐世荣：《世界史 古代史编》，下卷，高等教育出版社1999年版，第220页。
[②] L. S. Stavrianos, *The World since 1500：A Global History*, p. 94.
[③] 香料主要出产在亚洲的热带地方如马来、印尼群岛等，由商队通过中国、印度运到地中海诸港口或者波斯湾，再从那里转运到雅典、罗马和其他城市的市场，运输线遥远、危险。当陆上商路被蒙古人和土耳其人截断之后，流入欧洲的香料就更少，的确成为"珍品"了。
[④] G. A. Ballard, C. B., *Rulers of the Indian Ocean*, pp. 15-16.
[⑤] 北印度洋上的主要商路是东自南中国海西至红海和波斯湾的香料运输线。以印度为中点，该航线的东段始终是一条线，西段则分叉成两条。卡利卡特是亚太海上交通的总结合处和中心。在将香料运往目的地中海市场的过程中，穆斯林先在马六甲或者其附近装载丁香、豆蔻等，经过卡利卡特时装上印度的胡椒等产品，最后在红海或波斯湾卸货。有些穆斯林的船只不到马六甲，而以印度为起点，在卡利卡特或果阿装满香料西航至红海和波斯湾卸货。上述各路海上运费都落入穆斯林囊中。
[⑥] 到15世纪中期，通过波斯到里海再到君士坦丁堡的陆路香料运输线由于在13世纪和14世纪晚期先后受到成吉思汗和帖木儿的骚扰，而失去安全，到1453年君士坦丁堡又被土耳其人占领。这样，唯一进入欧洲的陆上香料通道就是经过埃及的一条运输线。这就使得这条陆路上的关卡税更加攀升。香料从印尼群岛运到卡利卡特，在那里卖给阿拉伯商人，然后送到红海的吉打，在那里埃及征收1/3的从价税，又装入小船运到苏伊士，从那里用骆驼运往开罗，再装船顺尼罗河而下，又用骆驼运往亚历山大港。每到一地都必须付从价税，其中开罗的从价税特别高，为1/3。每过境一处，还要付5%的过境税。在上述一切税之上，还要加了为顺利过关而交的贿赂和礼品。(Thomas George Percival Spear, *India：A Modern History*, Ann Arbor：University of Michigan Press, 1961, p. 161.)

穆斯林社会就是靠控制香料贸易权，即包括海上运输和水陆转运征收关税而富裕的。阿尔布克尔克深深懂得控制香料贸易是穆斯林的致富源泉。他在写给葡王的信中说："我并不相信，在整个基督教世界将会有哪位国王像您陛下一样的富有。因此，我敦促您，陛下，以人力和武器不断的支持印度的事业，强化您对它的占有，安全地建立您的商业关系和您的商站；从'摩尔人'手中将印度财富和商业夺过来。"[1] 为达此目的，他在任总督之前就不赞同其前任将葡萄牙人的行为限制在印度沿岸的小打小闹的政策，设计了控制整个亚太贸易航线的宏伟计划：在东自马六甲西至红海和波斯湾相距近 3500 英里的印度洋面排斥穆斯林出香料运输业；控制香料来源的马六甲海峡和香料经红海和波斯湾从陆路流入欧洲的霍尔木兹海峡和曼德海峡，使香料完全经葡萄牙人之手绕好望角入里斯本，然后分售到欧洲各地。为实现该计划，他在亚太各战略要地建立以海上武力为支持的要塞，控制印度洋和西太平洋上的运输干线和交通要道。1510 年他攻占了比贾普尔苏丹的主要港口果阿岛，将它作为葡萄牙东方商业帝国的司令部。他之所以把司令部设在印度西海岸而不设在香料产地西太平洋是因为该地是控制马拉巴尔香料贸易，以及控制该地区与埃及和波斯湾之间香料贸易的最适宜的地点。1511 年他从马六甲苏丹手中夺取了马六甲这个香料贸易中心。他说："如果我们将马六甲的商业从开罗和麦加手中夺过来，那么它们（开罗和麦加）将完全被毁掉。"[2] 他又在香料群岛建立了若干贸易站。为扼住红海的入口，他于 1513 年进攻亚丁，尽管失败，但他不断袭击穆斯林的商船以及由于埃及的马穆路克全力对付奥斯曼土耳其人使

---

[1] Stanley Wolpert, *A New History of India*, p. 137.
[2] The Late Vincent A. Smith, C. I. E., *The Oxford History of India*, London: Oxford University Press, 1958, p. 329.

得葡萄牙人控制红海入口若干年。1515年在他死之前，占领了霍尔木兹岛。为使穆斯林在商业上遭灭顶之灾，他曾计划挖一条从上尼罗河到红海的运河，以改变尼罗河流向的方式毁灭埃及。[1] 阿尔布克尔克计划的成功实施使葡萄牙人在整个16世纪控制了亚太香料贸易的绝大部分，将穆斯林的作用排斥到了最低限度。

香料贸易垄断权是麦加、开罗和印度穆斯林的摇钱树，他们岂肯拱手让给基督徒？自达·伽马登上印度海岸之日起，为保住或夺回这一垄断权，穆斯林一直与葡萄牙人进行殊死的搏斗。其中大规模决定性的海战有两次。第一次是葡萄牙国王在达·伽马发现印度返回葡之后派武装到牙齿的商船出征东方之时，穆斯林企图在葡萄牙人还未站稳脚跟时将其赶出印度洋。1502年由阿拉伯海军和马拉巴尔海军组成的包括170只大小帆船的红海舰队与达·伽马等率领的有16艘舰船的舰队在马拉巴尔附近海域开展激战。[2] 战术高超、火炮先进的葡萄牙舰队彻底击败了数量上占绝对优势的红海舰队。在这场海战中穆斯林将基督徒赶回欧洲的企图失败。第二次发生于阿尔布克尔克制订计划之后。若该计划得以实施，所有的香料将由海路进入里斯本，原来的陆路贸易就会萧条。这将直接损害位于印度洋与地中海之间穆斯林国家阿拉伯、叙利亚、埃及，以及在较小程度上波斯和土耳其的利益。且该计划正在开始付诸实施。面对此情，埃及强大的苏丹和印度古吉拉特的穆斯林王公合谋，并联合卡利卡特的王公，计划采取行动，一举结束葡萄牙人在印度洋的商业活动。[3] 穆斯林的联合行动计划被精心地选在最有利于自己的季风时节进行。1508年秋天装备可与葡萄牙舰媲美的埃及—古吉拉特联合

---

[1] Thomas George Percival Spear, *India: A Modern History*, p. 163.
[2] G. A. Ballard, C. B., *Rulers of the Indian Ocean*, pp. 45—46.
[3] *Ibid.*, p. 67.

舰队从第乌出发南下出其不意地将从柯钦出发北上的小阿尔梅达所率舰队包围在乔尔港。两军激战三天。葡萄牙舰队除两艘逃跑之外其余连其统帅都葬身海底。穆斯林联合舰队虽然获胜，但伤亡惨重，无力追击葡之逃舰，更不想按原计划围剿柯钦等地的葡萄牙人，只好收兵回第乌。①这场事关全局的关键性战役决定了亚太香料贸易垄断权的归属。穆斯林阻止阿尔布克尔克计划实施的战略彻底泡汤。尽管大势已去，穆斯林继续顽强地阻止阿尔布克尔克计划的推行直至16世纪70年代。②

由此可见，葡萄牙基督徒与亚太穆斯林争夺财富——香料贸易垄断权的斗争是残酷和激烈的。结果葡萄牙人控制了亚太香料贸易的绝大部分。现在，从马六甲经印度绕好望角入葡萄牙是香料从东方到西方的主要通道。经波斯湾和红海再由陆路入欧洲的香料只是股涓涓细流。

阿尔布克尔克计划的成功实现使葡萄牙人不仅以牺牲位于印度洋与地中海之间穆斯林国家的利益为代价使得香料能够主要经基督徒之手由海路进入欧洲，而且还使葡萄牙人从穆斯林手中夺取了收税和收通行费等的权力——这是香料贸易所产生的另一项重要财源。

在葡萄牙人东来之前，穆斯林统治者除从事香料贸易和运输之外，还靠对其他商人征税获取大量财富。对于普通商人而言，向政治当局交税和通行费是必要的开销，以此换得保护。这一惯例的实施被称为"再分配事业"（redistributive enterprises）。麦加、埃及和印度的穆斯林统治者几个世纪以来通过对香料贸易的控制一直对经过

---

① G. A. Ballard, C. B., *Rulers of the Indian Ocean*, pp. 70—74.
② 这主要表现为他们对阿尔布克尔克占领香料贸易的三个战略要地——果阿、马六甲和亚丁——的行为的顽强抵抗。果阿在葡萄牙人和穆斯林之间几次易手。争夺马六甲的战斗持续了十昼夜。为夺回马六甲，穆斯林马来人于1514—1575年向葡萄牙守军发动七次大规模进攻。阿尔布克尔克攻占亚丁的企图也始终未得逞。

其领土的商人征收名目繁多的税。葡萄牙人通过对海路和对以陆地为基础的亚洲土邦和帝国的独家控制而使穆斯林统治者的收税权转归已有。他们吸收了"再分配事业"结构,并对它作了发展。但有两个方面与穆斯林统治者以政治保护换取财富的方法不同:一是对亚洲商人及其货船收取贡金。二是以陆路贸易获得保护所需付出的代价来影响亚洲商人与欧洲的直接贸易。前者采取的是"卡泰兹"(Cartaze)制度的形式:每艘驶往不是葡萄牙人为自己的贸易所预定的目的地的东方船只若其货物想避免被截获和被没收的话就必须从果阿总督处购买相应的通行证。完全不必承认罗马教皇宗教权力的穆斯林由于被剥夺了香料贸易垄断权,现在是"人在屋檐下,不得不低头"。例如,从1548年起比贾普尔诸苏丹遵循葡萄牙人的"卡泰兹"制度,购买了通行证,其货船才被允许从达博霍尔(Dabhol)发往穆哈。甚至莫卧儿帝国的几个皇帝也购得许可证使其船只从苏拉特驶往穆哈。[1]可见穆斯林商人已成为基督徒控制和剥削的对象。买通行证后还必须交其他费用。例如,古吉拉特货船被迫停靠第乌向该港的葡萄牙人付关税。这一举措在16、17世纪之交使果阿从第乌的盈余中得到它整个收入的1/6。根据1523年一项协定,霍尔木兹每年应向葡萄牙人交9万卢比。香料改道经好望角入里斯本的流向更使葡萄牙人获巨利。到1600年前后,果阿仅与古吉拉特的贸易值年均就达400万卢比,由此得到的巨额香料和其他东方商品则被发往欧洲。[2]总之,由于香料贸易垄断权的易手,越来越多的财富从穆斯林手中转到葡萄牙人的腰包。马六甲成了"葡萄牙王冠上的珍珠"。果阿以"东方的金巴比伦"闻名于世,葡萄牙国王则成了欧洲

---

[1] Tapan Raychaudhuri and Irfan Habib, *The Cambridge Economic History of India*, Volume 1, pp. 384, 385.
[2] *Ibid.*, pp. 427, 428.

最富的国王。"通过出售直接由海路而带回的胡椒和丁香使葡萄牙人如此繁荣以致他们的国家财富与远比其大和其人口多的王国的财富相比也毫不逊色。""对东方商业安然无恙的垄断时期是葡萄牙历史上富裕的顶峰。"① 相反,阿拉伯、印度和印尼群岛的穆斯林、王公和商人由于香料垄断权的丧失则越来越穷了。到后来荷兰人、英国人侵略亚太时,阿拉伯人已完全被排斥出香料贸易,直到 20 世纪初中东发现石油,他们才又慢慢地富裕起来。

灵魂的争夺

　　争夺灵魂是基督教与伊斯兰教冲突的另一主要传统内容。在以葡萄牙人为代表的基督徒和亚太穆斯林整整一个世纪的利害冲突中,争夺财富和争夺灵魂是相辅相成、两位一体的。15 世纪罗马教皇既命令葡萄牙人征服穆斯林的国家又给予葡萄牙国王在传播福音和教会管理上的圣职授予权。使之成为经济扩张和基督教传播的急先锋。一西方学者指出:"对在东方的葡萄牙帝国的特点的解释是葡萄牙人既是十字军又是商人,他们不可能只是其中之一。"②

　　事实正是如此,在士兵和商人之后接踵而来的是神父。争夺灵魂的表现之一是在穆斯林的主要活动中心建立基督教教区以取而代之。果阿 1534 年和 1558 年先后升级为主教区和大主教区,并在科钦和马六甲分设副主教区。果阿、马六甲本是穆斯林重要根据地,现在成了基督教的传教中心。表现之二是皈依基督教和坚持伊斯兰教

---

① G. A. Ballard, C. B., *Rulers of the Indian Ocean*, p.126.
② Percival Speak, *India: A Modern History*, p.162.

的斗争十分激烈。这一斗争首先表现在对普通教徒的争夺上。马六甲一被征服,葡萄牙人就开始在印尼群岛一带传教。1522 年葡萄牙人与德那地结成同盟,但由于葡萄牙人使穆斯林皈依基督教的企图导致穆斯林奋起反抗,德那地的穆斯林将葡萄牙人围困 5 年后将其驱逐出德那地。① 在印度,受葡王派遣,耶稣会创建者之一的方济各·沙勿略于 1542 年率首批耶稣会传教士抵果阿,但其传教活动遭到穆斯林和其他异教徒的强烈抵制。这从 1548 年沙勿略写给耶稣会的另一创始人的信中可以看出:"所有的印度土邦都很野蛮、凶恶和不修德行、性格变化无常、狡猾。"沙勿略还发现,即使是皈依者其主要兴趣在于免费大米而不在于《圣经》的指示和"精神食粮"。② 这种令人悲观的情况使沙勿略离开了印度而赴他乡传教。但耶稣会在印度还是取得些成绩。如使马拉巴尔的渔民皈依基督教。1546 年沙勿略抵达印尼群岛使葡萄牙在此地的传教活动达到高潮。他在马鲁古赢得了 2000 个皈依者。到 1555 年安汶的 30 个村被认为皈依了基督教。然而,在传教士积极进行皈依活动时,穆斯林进行着坚决的反皈依和"逆皈依"的斗争。例如,巴坎(Bacan)的国王于 1557 年受洗礼被命名为多姆·乔奥(Dom Joao,"Dom"是尊称),巴坎因此而受到穆斯林国德那地的进攻。在德那地的压力下,多姆·乔奥背弃基督教,复归于伊斯兰教。这种情况在其他地方不断发生。据估计,1595 年在大约 4 万安汶基督教徒中,只有 3000 人坚持基督教,其余的都重新成为穆斯林。"对于自 16 世纪 40 年代起就一直在马鲁古地区传教的耶稣会士而言,形势是如此无希望以致他们甚至考虑

---

① M. C. Ricklefs, *A History of Modern Indonesia*, Bloomington: Indiana University Press, 1981, p. 22.
② Stanley Wolpert, *A New History of India*, p. 138.

放弃在此地的传教活动。"① 其次表现在对皇帝和国王的争夺上。1579—1594年间受印度莫卧儿帝国皇帝阿克巴的邀请，果阿的传教士先后三次入宫传播福音，三次都企图使阿克巴皈依基督教。这激起了穆斯林强烈的敌对情绪。尽管一神父一直陪伴并影响阿克巴至后者逝世（1605年），阿克巴也未皈依基督教。② 在印尼群岛，葡萄牙人于1535年废黜了德那地的国王塔巴里吉（Tabariji），并将他送到果阿，在那里他皈依基督教，被命名为多姆·曼纽尔（Dom Manuel）。然后又将他送回德那地，恢复其王位，但在返回途中死于马六甲。③ 上述巴坎的国王的情况则是两教争夺国王的典型例子。锡兰和马尔代夫的国王及印度马拉巴尔的土邦王公则皈依了基督教。两教争夺教徒的斗争还表现在基督教传教团在伊斯兰教影响的边缘地区和之外的地区发展新教徒。1549年沙勿略从马六甲起程前往伊斯兰教影响未及的日本。到1592年，已有几百个耶稣会士在日本、有的甚至在首都工作。到1596年日本可能有30万人皈依基督教。④ 1552年回到果阿的沙勿略又动身前往中国这个伊斯兰教影响的边缘区去传教，但死于中国广东上川岛。

为吸引穆斯林等异教徒皈依基督教和巩固业已取得的皈依成果。基督教会采取了软硬兼施的两手。在生活和教育上，建造许多房屋，开办若干医院，孤儿院和学校。在政治和经济上，向皈依者授予低级官职和给予财政特惠待遇。⑤ 在思想上，向皈依者灌输西方

---

① Nicholas, Tarling, *The Cambridge History of Southeast Asia*, Volume II, Cambridge, UK: Cambridge University Press, 1999, p.184.
② R.B. Wernham, *The New Cambridge Modern History*, Volume III, London: Cambridge University Press, 1968, pp.549—550.
③ M.C. Ricklefs, *A History of Modern Indonesia*, p.22.
④ R.B. Wernham, *The New Cambridge Modern History*, Volume III, pp.549, 550, 552.
⑤ *Ibid.*, p.548.

文化以"增强已被他改变信仰的人们的信念"。以音乐为例：果阿的穆斯林舞女歌曲和印度教歌曲被宗教裁判所禁止时，教区学校和教团的神学院就教葡萄牙音乐，"以便在每次行教区弥撒时，可以在管风琴等乐器的伴奏下歌唱、赞美基督之伟大，教诲新基督徒"[①]。另一方面，以非常手段对异教和异教徒进行摧残，诸如摧毁葡萄牙人占领区的偶像，取缔异教节日、驱逐穆斯林教和婆罗门教教长以及没收用于供养清真寺和庙宇的财产。最为无情的手段是：对刚刚死去父亲的未成年者，即使其母亲还健在仍被从其亲属处带走以被培养成为基督徒。[②] 1560 年在果阿成立的宗教裁判所就是执行上述非常手段的法定机构。

总之，两教在亚太争夺灵魂的斗争异常激烈。传教团使用各种手段在从伊斯兰教影响的中心地区到其影响的边缘地区和未及地区，在从平民到统治者的各个阶层，竭力使穆斯林和其他异教徒皈依基督教。而穆斯林，从皇帝、国王、土邦邦主到一般教徒对基督教的皈依行为进行坚决的抵制，并使大量皈依基督教者重新皈依伊斯兰教。与争夺财富相比，基督教争夺灵魂的成果大为逊色。这除了穆斯林自身坚定的宗教信念外还由于基督教残酷的宗教迫害和葡萄牙人"普遍的不轨行为"[③] 所致。

综上所述，16 世纪葡萄牙在亚太扩张的性质是对亚太的殖民侵略。这是由于：（一）尽管葡萄牙人进入亚太在形式上是 16 世纪以前基督教与伊斯兰教斗争的继续，但两者有着质的不同。16 世纪之前是两教在伊比利亚半岛争夺灵魂和财富的斗争。16 世纪之中是葡

---

① [澳] A. L. 巴沙姆撰、闵光沛等译：《印度文化史》，商务印书馆1997 年版，第 506 页。
② R. B. Wernham, The New Cambridge Modern History, Volume III, p. 548.
③ M. C. Ricklefs, A History of Modern Indonesia, p. 22.

萄牙人在宗教斗争的形式下对东方的侵略。(二)两教争夺财富的斗争是葡萄牙人对亚太的经济侵略。因为香料贸易权理应为以穆斯林为首的亚太诸民族所有。香料贸易的财富也应归他们所有。因为他们是亚太的原住民和主人翁。葡萄牙人则剥夺了东方民族香料贸易权并将其财富转移到亚太以外的西方。(三)两教争夺灵魂的斗争实际上是葡萄牙人对亚太的精神文化侵略。他们以种种手段将基督教强加于亚太人民,对异教徒进行残酷的宗教迫害,以宗教为名行压迫剥削之实。总之,16世纪亚太国际政治、经济和文化关系的主要矛盾是葡萄牙殖民者与东方诸民族之间的矛盾。这一矛盾表现为侵略与反侵略、征服与反征服、剥削与反剥削、压迫与反压迫、精神控制与反精神控制的斗争。只不过这一斗争蒙上了一层宗教的面纱。

一个值得注意的问题是尽管在16世纪之前和之中基督教与伊斯兰教争夺的主要内容是灵魂和财富,但在两个时期这两者的位置是不一样的。16世纪以前争夺灵魂是第一位、争夺财富是第二位,或者说两者并驾齐驱。16世纪中,争夺财富即争夺香料贸易垄断权的斗争明显处于第一位;争夺灵魂即皈依基督教与坚持伊斯兰教的斗争则处于第二位。即物质利益重于宗教利益。因此可以说,16世纪亚太基督教与伊斯兰教的冲突是这两教斗争日趋世俗化的转折。

(原载《世界历史》2003年第4期)

论 17 世纪中国的开放倾向
—— 中西文明在北太平洋首次较量之初探

16、17 世纪，欧洲殖民者纷纷闯入北太平洋地区，将侵略矛头指向该地区几乎所有的民族或国家。17 世纪，中国已在军事、经济、宗教和文化等方面首次受到西方文明的全面挑战。军事上，中国对殖民侵略胜利地进行了抵抗。在其余方面，中国的反应如何呢？探讨此问题不仅是中国史本身的需要，而且也是正确评价中国 17 世纪在北太平洋地区的地位和作用的需要。国内史学界的传统观点是：中国的反应是闭关自守的[①]。笔者认为，中国的反应呈现闭关和开放两种倾向，但开放倾向占主导地位。

一

17 世纪初，荷兰船只出现在西北太平洋，骚扰中国沿海、占领台湾，控制了南洋到日本的航线，企图垄断西太平洋的海上贸易。腐朽的明朝政府采取消极的防御政策，从 17 世纪 20 年代起，重施海

---

① 戴逸："中国政府却闭关自守。"《简明清史》第二册，人民出版社 1984 年版，第 521 页。这种传统观点在其他学者的著述中也不少见。

禁。与此相反，东南沿海的民间势力坚决反对闭关自守，以实际行动冲破了朝廷的海禁，粉碎了荷兰人垄断贸易的企图，推动了海上贸易事业的发展。

这股民间势力主要由东南沿海的商人、手工业者、受雇于海商的贫民、南洋的中国移民和后来的反清复明人士组成。随着商品经济的发展，海商的队伍日益壮大。从隆庆到万历，"通番者十倍于昔"[1]。为冲破明廷的海禁，对付倭寇和西方殖民者的劫掠，海商组成许多武装走私集团，大者有数以百计的船舰、万人以上的兵力，"市通则寇转为商，市禁则商转为寇"[2]。到17世纪初，他们已积累了相当雄厚的资本，取得了沿海海上贸易的支配地位。由于中国某些传统手工业产品如丝、绸、瓷器、茶以及棉织品、砖瓦甚至"小巧技艺以及女红针黹"[3]等都是海外的畅销货，"输中华之产，驰异域之邦，易其方物，利可十倍"[4]。因而出现了与海上贸易休戚相关的大量手工业者。海上贸易的发展为沿海贫民提供了一条生路。"闽广人稠地狭，田园不足于耕，望海谋生十居五六。"[5]他们"视波涛为阡陌，倚帆樯为耒耜"[6]，受雇于商人。沿海地区的另一些穷人则被迫移居海外，到17世纪初，南洋群岛的中国移民"至低亦当在十万人以上"[7]。其中多数成为当地的商人和业主，他们与祖国有千丝万缕的联系，中国的开放是他们在海外人身安全和事业兴隆的必要条件。此外，清初出现的反清复明人士也与海上贸易有密切联系。

---

[1] 《中国史稿》编写组：《中国史稿》第六册，人民出版社1987年版，第244页。
[2] 转引自厦门大学历史系编：《郑成功研究论文选》，福建人民出版社1982年版，第244页。
[3] 王锡祺：《小方壶斋舆地丛钞》第13卷，杭州古籍书店1985年版影印本，第502页。
[4] 转引自厦门大学历史系编：《郑成功研究论文选》，第244页。
[5] 王锡祺：《小方壶斋舆地丛钞》第13卷，第502页。
[6] 转引自厦门大学历史系编：《郑成功研究论文选》，第244页。
[7] 张维华：《明代海外贸易简论》，学习生活出版社1955年版，第48页。

此类人成分复杂，有明朝的遗老遗少，也有遭清军蹂躏的广大南方人民。清朝控制沿海诸省后，海上贸易是其反清复明事业的唯一经济来源。总之，以上几类人的命运都在海上，他们聚集在郑芝龙和郑成功的旗帜之下，形成了一股积极向海上发展的强大势力。

以郑氏父子为首的沿海民间势力推动中国向海上发展的历史作用主要表现在如下三方面。

（一）冲破明朝和清朝的海禁。郑芝龙由于与巨商、武装走私集团的头目李旦的亲密关系而成为拥有相当武装力量的富商。1624年，李、郑集团在台湾开辟根据地，在台湾海峡进行走私活动，并且有政治目的地骚扰大陆沿海，最终迫使朝廷让步。1628年明廷承认郑走私贸易的合法性，郑则接受招抚。此后，郑芝龙以合法身份大刀阔斧地发展海上贸易，明朝的海禁政策寿终正寝。

清初，为了从经济上打击郑成功的反清复明势力，清政府于1656年发布禁海令，违者"处斩，货物入官"①。1661年施行更严厉的措施——将沿海居民内迁50里。②郑成功则以种种手段破坏海禁。据清朝公文记载："郑成功贼党于滨海各地方，私通商贩，如此类者，实繁有徒子。"③由于有郑成功做靠山，海商无视海禁政策，仍积极从事海上贸易：有的"结党联，更番出没，或载番货，如胡椒、苏木、铜、锡、象牙"，有的"贩纱、缎、丝、绵并药料、瓷、油等货，为数不赀"，等等。④清人郁永河就指出海禁政策的失败："我朝严禁通洋，片板不得入海，而商贾垄断，厚赂守口官兵，潜通郑氏，于是海洋之利，惟郑氏独操之。"⑤

---

① 《明清史料》丁编第二本，第155页。
② 萧一山：《清代通史》，上卷，中华书局1985年版影印本，第372页。
③ 《明清史料》丁编第三本，第257页。
④ 转引自厦门大学历史系编：《郑成功研究论文选》，141—142页。
⑤ 同上，第143页。

(二) 打击并驱逐了危害中国海上贸易的荷兰殖民者。盘踞台湾地区的荷兰人是中国向海上发展的主要障碍。因为。荷兰人的海盗行为严重地破坏着中国的海上贸易；他们由于霸占台湾而窃取了部分中国的海上贸易权益：其在台湾地区贸易所得纯利在亚洲所有商馆中仅次于日本而居第二位[1]，他们残酷剥削台湾居民，肆意掠夺台湾资源。

郑芝龙与殖民者进行了多次殊死的武装斗争和激烈的贸易竞争。《鞑靼侵略中国史》证实："这个强盗（郑芝龙）烧毁他们（荷兰人）八艘最好的海船。"[2] 郑芝龙还以各种方式破坏荷兰人垄断中国海域内贸易的企图，如利用荷兰与西、葡的矛盾，将货物运售台湾以外的其他地方等等。结果，1642—1646 年间，"华船进入日本的数目为荷船的五至九倍。在郑氏的有力竞争下，荷兰东印度公司的商业利益损失严重"[3]。

更为重要的是，郑成功继承父业，驱逐了殖民者，收复了台湾。此举有着双重重大意义：政治上，使宝岛回归祖国；经济上，铲除了阻止中国向海上发展的严重障碍。

(三) 发展海上贸易事业。郑芝龙首先发展了与日本的贸易。"樟脑为台湾特产。当郑芝龙居台时，其徒入山开垦，伐樟熬脑……配售日本。"[4] 入仕后，他把贸易中心移到家乡——福建泉州安平，开辟了一条由泉州安海直达日本长崎的航道，"往返于日本、漳泉之间货船，月不停舶"[5]。然后，他恢复了与南洋的贸易，"芝龙驻安

---

[1] 陈碧笙：《台湾地方史》，中国社会科学出版社 1982 年版，第 66 页。
[2] 同上，第 64 页。
[3] 同上，第 65 页。
[4] 连横：《台湾通史》下册，商务印书馆 1983 年版，第 354 页。
[5] 转引自东北地区中日关系史研究会编：《中日关系史论文集》，黑龙江人民出版社 1984 年版，第 71 页。

平,自为坚舰,贸易于南洋群岛"①。同时,他扩大了贸易规模,郑自"秉政以来,增置庄仓五百余所,楼船五六百艘"②。最后,郑芝龙几乎垄断了大陆沿海的海上贸易:"凡海舶不得郑氏令旗者,不能来往,每舶例入二千金,岁入以千万计,以此富敌国。"③海上贸易使郑氏成为明末清初东南沿海最大的商业集团。

海商和反清复明势力的总代表郑成功在台湾海峡建立了与清廷对峙的地方政权,独立自主地发展海上贸易。1650—1661年,中国到长崎的商船计607艘,每年平均51艘,它们大多数是郑成功的。④荷兰热兰遮城日志1655年3月9日条载:"属于国姓爷的船只二十四艘,自中国沿岸开去各地贸易。内开:向巴达维亚去七艘,向东京去二艘,向暹罗去十艘,向广南去四艘,向马尼拉去一艘。"⑤驱逐荷兰人后,郑氏在西北太平洋的贸易网络最终形成。以台湾为中心,北至日本,南通南洋,西南达中南半岛,西抵中国大陆。这时,郑成功还设想更加宏伟的贸易蓝图。他准备以台湾为基地,联合南洋中国移民,进一步驱逐西方殖民势力,在日本以南的整个西太平洋发展海上贸易。例如,他在收复台湾的第二年就派人赴吕宋,"阴檄华侨起事,将以舟师援也","华人闻者,勃勃欲动"。⑥只因他早逝,未能如愿以偿。

一个国家是闭关还是开放,当然主要取决于该国政府的政策,但民间势力的作用不可忽视,因为它的动向对政府的政策会产生重大影响。在郑芝龙的压力下,明廷被迫放弃了海禁政策,郑芝龙实

---

① 连横:《台湾通史》,第442页。
② 转引自东北地区中日关系史研究会编:《中日关系史论文集》,第71页。
③ 连横:《台湾通史》,第442页。
④ 转引自东北地区中日关系史研究会编:《中日关系史论文集》,第72页。
⑤ 转引自郑成功研究学术讨论会学术组编:《台湾郑成功研究论文选》,第358页。
⑥ 连横:《台湾通史》,第274—275页。

际上是代表朝廷执行着海上贸易开放政策。郑成功的斗争使清廷的海禁收效甚微，并从荷兰人手中收复了中国海域的制海权。总之，以郑氏父子为首的民间势力克服了国内外的阻力，使中国与外界的经济联系得以保持，使海上贸易获得发展。他们在东南沿海猛跃近40年（1624—1662），从一个方面表明了17世纪中国的开放倾向和进取精神。

探讨17世纪的中国是否开放，政府的政策是一个不可回避的重要问题。明廷的海禁政策属闭关自守性质，这是毫无疑问的。清廷从1656年至1683年执行的也是海禁政策，但不能因此而说清朝在经济上也是闭关自守的。笔者认为，明廷和清廷的海禁政策表面似乎一样，其实根本不同。前者是对荷兰入侵所作出的消极反应，是地地道道的闭关自守。后者则是为了打击郑成功的反清复明势力，是内战的需要而不是对西方殖民入侵所作出的反应，并不具备闭关自守的性质。之所以这么说，是因为清朝在占领沿海之初并未关闭海上之门，只是下令（1652年）："凡浙闽广东海寇俱责成防剿，其往来洋船，俱著管理，稽查奸宄，输纳税课。"[1]到郑成功海上威胁越来越大时，清廷才于1656年下禁海令。1661年的迁界令仍出于同一目的，使"岛上穷寇，内援既断，来无所掠，如婴儿绝乳，立可饿毙"[2]。而当台湾一被统一，清廷就立即废除了海禁。这就雄辩地说明清廷海禁是对内的。

17世纪清朝政府在经济上不仅不是闭关自守，而且还有一定的开放倾向：1.开放商港。1684年，康熙主动开放广州、漳州、宁波和云台山四个口岸，供外国人经商。开港政策使海上贸易在17世纪

---

[1] 《清实录》第5册，中华书局1985年版影印本，第543页。
[2] 萧一山：《清代通史》上卷，第372页。

最后16年和18世纪初获得迅速发展。1684年大陆口岸赴日本商船为26艘，1688年增至194艘。①1685年从大陆开往巴达维亚的中国商船才"十余艘"②，1703年增至"二十艘左右"③。西方国家来华商船也日益增多，"岁不下十余舶"④。结果，日本白银大量流入中国⑤，"岁收诸岛（南洋群岛）银钱货物百十万，入我中土"⑥。2.与俄国建立平等贸易关系。在北疆，雅克萨战争后，中俄《尼布楚条约》（1689）除划定两国东段边界之外，正式建立了两国间的贸易关系："两国民持有旅行免状时，无论于何地之领内，得交通以营其贸易。"⑦这种两国间的平等贸易关系，对于中国来说，还是破天荒的第一次。此前，中国与别国的贸易都是在"朝贡"的形式下进行的。实际上，清政府早允许俄国人来华贸易了。《尼布楚条约》签订后，两国贸易额猛增。从俄国输入中国的商品价值，1691年为7563卢布，1696年增至49300卢布。从中国输往俄国的商品价值，1689年为14437卢布，1693年增至24万卢布。⑧康熙南开海禁，北与俄互市，打开了面向西方的经济窗口，使清朝的外贸在海上、陆上都同时发展起来。

反观北太平洋地区另一强国日本，也有一股向海上发展的民间势力。1613—1614年，一支日本贸易探险队横渡太平洋抵墨西哥⑨；17

---

① 转引自杨余练：《试论康熙从"开海"到"禁海"的政策演变》，《光明日报》1981年1月13日。
② 同上。
③ 同上。
④ 同上。
⑤ 同上。
⑥ 王锡祺：《小方壶斋舆地丛钞》，第502页。
⑦ 萧一山：《清代通史》上卷，第762页。
⑧ 北京师范大学清史研究小组编：《一六八九年的中俄尼布楚条约》，人民出版社1977年版，第364页。
⑨ [日]井上清：《日本历史》上册，天津人民出版社1974年版，第327页。

世纪头30年,已有7万人出国经商;到17世纪中期前夕,移居海外的日本人已达1万①。然而,这股很有希望的民间势力由于奈何不了幕府的锁国政策在17世纪30年代就夭折了。幕府慑于西方势力的威胁,从17世纪初起逐步闭关锁国,1635年终于严禁一切日本人出入国境,违者处死。②1640年以后,幕府只允许中国人和荷兰人在与日本社会隔绝的特定地点——出岛与日本人贸易。通观17世纪,日本政府是逐步走向锁国,中国政府则是逐步走向开放;日本向海上发展的民间势力夭亡于政府的锁国政策之下,中国的民间势力则冲破了政府的海禁政策。两国之比较,使我们对中国在经济领域里对西方挑战的反应有一个更清晰的认识。

二

对外来宗教和文化的态度如何,是衡量一个国家是否开放的另一个重要标志。1601年利玛窦进京向万历帝请求准予在京传教一事,实质上是西方对中国的传统思想和文化提出的正式挑战。

对利玛窦的上述请求,有的朝臣抵制③,但"帝嘉其远来,假馆授粲,给赐优厚"④,"次年复给天主堂"⑤。这等于答应了利玛窦的请求。然而保守派对此并不甘休。1616年佛教势力的代表、南京礼部侍郎沈㴶连上三疏,攻击天主教教人"无君臣父子",是"儒术之

---

① [日]井上清:《日本历史》上册,第325页。
② 同上,第331页。
③ 萧一山:《清代通史》上卷,第674页。
④ 张廷玉:《明史》第28册,中华书局1974年版,第8460页。
⑤ 萧一山:《清代通史》上卷,第674页。

大贼"①，逮捕传教士和教徒20余人，没收教会财产，挑起了有名的"南京教案"。起初，万历置之不理，最后出于保守派的压力，才允许将在北京和南京的共4名传教士押解出境（其中两名不久重返内地继续传教）②，但其余传教士未被涉及。1641年崇祯帝御题"钦褒天学"匾额，赐予各省天主堂。③

清朝皇帝对天主教的态度比明朝更开明。顺治帝对传教士宠信之极。1651年至1657年间将汤若望从五级正品"通议大夫"一直加封到一级正品"光禄大夫"④。汤每月薪俸为12两纹银，高过各部尚书2/3。⑤1653年顺治赐予汤所设计的教堂"钦崇天道"匾额，致使北京居民"潮水似的涌来，专为瞻仰这座教堂"⑥。

康熙亲书"敬天"之匾，表示敬天主。⑦他甚至写信给教皇克莱孟特，提出要与教皇侄女结为秦晋，以便加强中国与欧洲的关系。⑧1692年他下达著名敕令，正式准许天主教在中国自由传播。敕令指出：天主教的教理大致与中国礼教相符。中国政府既容许人民信奉喇嘛教、佛教、回教等诸外来宗教，且准其在境内建立寺院，自无禁绝基督教的理由。⑨

从上述史事可见，17世纪明、清两朝皇帝在宗教问题上并非保守排外。他们对耶稣会士在政治上高度信任（高官），在生活上特殊照顾（厚禄），在中国历史上，只有忽必烈对马可·波罗是如此。尽

---

① 萧一山：《清代通史》上卷，第680页。
② 江文汉：《明清间在华的天主教耶稣会士》，知识出版社1987年版，第31—33页。
③ 同上，第44页。
④ 同上，第51—52页。
⑤ 同上，第110页。
⑥ 同上，第50页。
⑦ 同上，第55页。
⑧ 后来联姻未果，康熙的信件原本至今还保留在法国外交部的档案里。江文汉书第56页。
⑨ 《明清间在华的天主教耶稣会士》，知识出版社1987年版，第56页。

管保守派攻击传教士教人"无君臣父子",皇帝仍持宽容态度。对于基督教的传播,从万历默许,经顺治支持,最后发展到康熙正式批准其自由传播,终于达到了利玛窦的遗愿。他们为教堂题词赠匾无疑对提高天主教的身价、促进其传播起了重要作用。在这些皇帝中,康熙尤其开明。他的敕令充分表明了中国政府对外来宗教的开放性政策。难怪17世纪法国哲学家、史学家"皮埃尔·贝勒没有忘记将路易十四的褊狭与康熙的宽容进行比较"[1]。康熙向教皇提亲一事更是耐人寻味,这是中国封建传统中所没有过的,说明他对西方的高度重视。在这一方面,康熙思想的开放程度几乎可与俄国彼得大帝媲美了。从此还可看出,康熙在经济上的开放倾向并非偶然,而是有一定思想基础的。

封建士大夫阶层是儒家思想的一个堡垒,其对外来宗教的态度如何也是测量中国是否开放的一支晴雨表。在此阶层里固然有像沈㴶那样的顽固派,但也有接受天主教的开明者,其典型人物有徐光启、李之藻和杨廷筠。徐说:"余尝谓其教必可以补儒易佛。"[2]李将天主教说成是"天学",致力于所谓"天儒合一"[3]。杨认为天主教与儒学"脉脉同符","吾人不必疑为异端"。[4]三人受洗礼,成为中国天主教的"三大柱石"。

徐光启、李之藻和杨廷筠都是浸透儒学的典型士大夫。尽管基督教与儒学是大相径庭的两种思想体系,但他们并不把前者当作异端加以排斥,而是企图将两者合二为一,可以说这是中国吸收西方思想的最早尝试。

---

[1] F. L. Carsten, *The New Cambridge Modern History*, Volume V, London: Cambridge University Press, 1980, p.416.
[2] 梁家勉:《徐光启年谱》,上海古籍出版社1981年版,第95页。
[3] 《方豪六十自定稿》,台湾学生出版社1969年版,第216页。
[4] 同上,第217页。

中国上层社会对基督教的豁达态度，利玛窦也有亲笔记载：凡是受过教育的中国人"最能普遍接受的观点是：这些……宗教崇拜真正结合成一种信仰，所有这些宗教崇拜都能够、都应该受信奉。……他们误信：探讨宗教问题的途径越多，宗教就越有益于公益"[1]。

民间对待基督教的态度与朝廷无二。郑芝龙在澳门受洗礼，取名尼各劳，他称赞毕方济神甫是"伏天心来救世"的。[2] 李自成占据北京时从未侵扰耶稣会，"教堂周围的房屋均遭火焚，但教堂无恙"[3]。张献忠在成都赐传教士利类思、安文思徽号"天学国师"，许诺二人："将来吾当为尔建筑教堂，奉祀天地大主。"[4] 中国有位民妇，教名甘第大，慷慨捐助，帮助建立了44座教堂、印刷130种天主教书籍……是一位名扬欧洲的中国天主教徒。[5] 当时天主教在民间传播并不广泛，但仅就与传教士有交往的民间代表——商人首领、农民起义领袖和妇女——的态度来看，民间是欢迎天主教的。

由于从皇帝到庶民对天主教宽容，天主教获得了较快的发展。16世纪末至18世纪20年代，来华传教的西方教士达500人[6]，1585年中国信徒仅20人[7]，1610年利玛窦死时为2000人，1700年为30万人[8]，全国教堂近300座[9]。本文对此问题不能作详细讨论，只以基督教的发展来说明中国社会对外来思想不是盲目排斥的。中国社会对基督教的态度在北太平洋地区是少有的。16世纪中期基督教几

---

[1] L. S. Stavrianos, *The World Since 1500: A Global History*, Englewood Cliffs, New Jersey: Prentice-Hall, Inc., 1971, p. 12.
[2] 方豪：《中国天主教人物传》上册，中华书局1988年版，第202页。
[3] 江文汉：《明清间在华的天主教耶稣会士》，第46页。
[4] 古洛东：《圣教入川记》，四川人民出版社1981年版，第23页。
[5] 方豪：《中国天主教人物传》中册，中华书局1988年版，第69页。
[6] 江文汉：《明清间在华的天主教耶稣会士》，第112页。
[7] 同上，第13页。
[8] 同上，第105页。
[9] 戴逸：《简明清史》第二册，第130页。

乎同时进入日本和中国，但到1587年丰臣秀吉就下令将外国教士驱逐出境。①1613年，德川家康下令全国禁止天主教，禁令"认为天主教宣传邪道"，"责难天主教排斥神道和佛法"②。反教势力对天主教徒采用"装进草袋、火烤、吊在深穴"等手段强迫其改变信仰。1614—1635年，有28万天主教信徒因拒绝改宗而被杀。③可见，基督教在日本和在中国的处境真是不可同日而语。

耶稣会士来华传教的重要副产品是给中国带来了先进的科技和文化。在吸收与排斥西方科技、文化的斗争中，开放倾向占优势。其表现为：

第一，大胆使用传教士中的科技人才。明崇祯最先批准传教士参与修订历法的工作。清顺治任命汤若望为钦天监监正。康熙在使用西方人才上表现格外突出。顺治逝世后，以鳌拜为首的守旧排外势力乘康熙年幼而控制朝政，死守旧历法的杨光先认为："宁可使中国无好历法，不可使中国有西洋人。"④他们对实施新历法的传教士栽赃陷害，将汤若望判处死刑。将其他参与新历法的传教士驱逐出境。杨光先取代汤若望出任钦天监监正。这就是有名的杨光先反教运动。康熙亲政后，重审并纠正了这一冤案，革除了杨光先的职务，启用南怀仁为钦天监监副，为汤若望平反昭雪。⑤

第二，学习西方科技、文化。对西方的先进科技，保守派竭力诋毁，开明派则如饥似渴地学习。杨光先否定"地圆说"⑥，攻击徐

---

① [日]井上清：《日本历史》上册，第295页。
② 同上，第330页。
③ 同上，第332—333页。
④ 萧一山：《清代通史》上卷，第680页。
⑤ 江文汉：《明清间在华的天主教耶稣会士》，第55页。
⑥ 转引自顾长声：《传教士与近代中国》，上海人民出版社1981年版，第11页。

光启借鉴西方科技是"贪其奇巧器物……假行修历之名,阴行邪教"①。而徐光启则主张"镕西洋之巧算,入大统之模型"②,认为"一物不知,儒者之耻"③,于是"从西洋人利玛窦学天文、历算、火器,尽其术"④。康熙请传教士轮番入宫向自己传授西学,他天文、数学、地理、医学等无所不学。李之藻、杨廷筠、王徵等也是学习西方科技、文化的带头人。在西方文化的影响下,明末清初出现了一批科学家和学者。据萧一山《清代通史》所列,受西学之影响和能融贯中西学而有著作留于后世的文人近50位⑤。

第三,利用西方科技、文化。17世纪,西方科技、文化不少已为中国所利用。例如,在天文历法方面,在中国科学家的协助下,传教士先后编出了《崇祯历书》、《大清时宪历》和《康熙永年历法》等,取代了原来不精确的《大统历》和《回回历》,使中国的天文历法水平大为提高。在武器方面,明朝派人到澳门学"佛郎机铳"和"红夷炮"。郑成功收复台湾所用的船舰和火炮采用了西方的先进技术。南怀仁奉康熙之命所造的新式火炮在抵抗俄国人的雅克萨之战中发挥了巨大作用。19世纪魏源提出的"师夷长技以制夷"的思想在17世纪就有实践了。

17世纪中国吸收的西方科技、文化还有数学、物理、地理、测绘、医药、美术、音乐、语言、论理、伦理、哲学、教育等。17世纪前后,传教士撰写和翻译介绍西方文化的书籍有420种,其中宗教301种,占总数的75%;哲学(主要是神学)、社会政治理论和文艺

---

① 转引自左步青:《康雍乾三帝评议》,紫禁城出版社1986年版,第162页。
② 萧一山:《清代通史》上卷,第697页。
③ 梁家勉:《徐光启年谱》,第81页。
④ 张廷玉:《明史》第21册,中华书局1974年版,第6493页。
⑤ 萧一山:《清代通史》上卷,第699—700页。

39 种，占 10%；科技 62 种，占 15%。[1]

17 世纪，不只是西方文化单向流入中国，中国文化也传播到西方。《大学》、《中庸》、《论语》、《孟子》被合订为《四书直解》，于 1687 年在巴黎出版。[2] 从 17 世纪中期起，耶稣会士在中国的传教方法所引起的"礼仪问题"的旷日持久的激烈争论，使中国文化受到全欧的关注。仅柏应理 1682 年呈递给教皇的耶稣会士所译的中国书籍就有 400 多部。[3] 中国文化对 17 世纪欧洲的著名学者和 18 世纪的启蒙思想家都产生巨大影响。

17 世纪中国对西方文明的挑战所作出的积极反应并非偶然，其内在原因有：1. 古代中国文明并非是封闭保守的，相反，它有一定的开放性历史传统，佛教的传入和唐、宋、元代积极的对外贸易就是明证。2. 清朝最高统治者出身满族，而满族就是由于不断地吸收兄弟民族、尤其是汉族的先进文化而进步、发展起来的。因此，处于上升时期的清朝最高统治者对西方文明能有选择性地接受。当时西方与中国在力量的对比上还无明显的差别，清朝并不惧怕西方的挑战，无闭关自守之必要。3. 经过大规模农民战争后，在明朝废墟上建立起来的清朝，力图摒弃明末的腐败制度，大振国威，于是出现了顺治、康熙这样有开拓进取之心的皇帝。康熙尤其抛弃了明末遗留下来的闭关意识，开始向开放的方向迈步。4. 中国东南沿海地带随着手工业和商业的发展、对外移民规模的扩大、商人势力的壮大，因而要求积极发展对外贸易、开展对外交流的社会基础广泛、社会势力强大。

---

[1] 江文汉：《明清间在华的天主教耶稣会士》，第 98 页。
[2] 萧一山：《清代通史》上卷，第 707 页。
[3] Immanuel C. Y. Hsu, *The Rise of Modern China*, New York: Oxford University Press, 1983, p. 105.

三

通过对17世纪中国文明同西方文明在北太平洋地区的接触和首次较量之初探，我们可以得出结论：对于西方的挑战，中国的反应是一种开放倾向，即积极与外界交往的倾向——发展对外贸易，进行商业竞争、宽容西方宗教、吸收外来先进文化。

这种开放倾向的主要形式是"走出去"和"迎进来"。所谓"走出去"就是打开海、陆之门，大力向海上发展、积极开展陆地上的对外贸易。所谓"迎进来"就是对传入中国的西方宗教、文化宽容、吸收和利用。在"走出去"方面，民间势力扮演了主要角色，它克服了国内和国外的障碍，顽强地向海上发展，取得了卓越的成就。在其影响和推动下，朝廷，尤其是清朝也逐步转向同一方向，在统一台湾之后，废止海禁，打开了海、陆贸易之门，使中国的对外贸易在17世纪末和18世纪初获得迅猛发展。在"迎进来"方面，朝廷的作用较为突出。朝廷对以利玛窦为首的耶稣会士持欢迎态度，大胆利用其科技、文化为封建统治服务。民间势力对基督教也持亲善态度。正是由于民间和朝廷中开明派这两股积极势力的努力，中国才呈现出开放倾向。

诚然，中国也存在着闭关倾向，但开放倾向在与闭关倾向的斗争中占了上风。认为17世纪中国是闭关自守的传统观点的毛病在于：它只看到了中国自我封闭的一面，而没有看到开放进取的一面。具体说来，它只注意到朝廷方面，而忽视了另一个极为重要的方面——强大的民间势力的作用和成就。对于朝廷方面，它又只注意到政府的海禁政策，而忽视了其在宗教、文化方面的开放态度。对于海禁，又没有区别明朝与清朝海禁政策的性质。还有，它只注意到清政府对出海商船所作的某些限制性规定，而忽视了政府从

"禁海"转向"开海"这一主流。

17世纪中国存在着朝廷和民间两股开放势力,这与欧洲国家的情况颇为相似。但是这两股势力之间的关系与欧洲国家内两股积极势力之间的关系完全不同。荷兰、英国等国,王室和商人势力汇合一起,形成了一股对外扩张的合力。而中国,朝廷和民间两种积极力量却势不两立。郑芝龙降清似乎可以扭转这种局面,然而清朝与以郑成功为首的反清复明势力之间的斗争愈演愈烈。新兴的清朝取代腐朽的明朝本是历史的必然,可是清朝统治者入关后对汉族人民、尤其对华南人民血腥屠杀,又杀害了已经归顺的郑芝龙,使两股势力之间的矛盾高度激化。反清复明势力出于反抗清朝的压迫和挽救明朝的亡灵的双重动机,又将清朝统治者看成无资格统治中国的"夷狄",立志要推翻清朝。两者相互残杀,无法形成一股与外部世界竞争的合力。1683年郑塽降清后,两者的斗争并未结束。后者以"天地会"等秘密组织之形式继续抗清,前者则对后者残酷镇压。这就为中国在下个世纪逐步走向闭关埋下了隐患。康熙正是担心南部反清复明势力可能与海外华侨勾结,威胁爱新觉罗氏江山的长治久安而在18世纪初开始转向闭关的。耶稣会士在"礼仪问题"争论中的失势以及罗马教廷干涉中国内政的企图也推动了康熙的对外政策向消极的方向转变。经雍正到乾隆,清政府终于完成了向闭关自守转变的过程(1757)。中国实行闭关自守的根本原因固然在于封建的自然经济,但是假若没有国内矛盾阻碍两股积极势力的合流,那么康熙就可能不会向闭关的方向转变。只要中国将经济、文化上的窗口继续向西方打开,则17—19世纪西方所发生的资产阶级革命和工业革命必然会对中国产生巨大影响,促进中国资本主义幼芽健康地成长和封建自然经济的解体,使中国跟上时代的步伐。若果真如此,则中国的近代史和北太平洋地区史就可能是另一番模样了。一句话，笔者认为：中华民族的两股积极力量不能团结一致共同对外，是中国不能坚持17世纪的正确发展趋向，在18世纪转向闭关的重要原因。

环视17世纪的北太平洋地区，在欧洲文明的挑战面前，印第安、马来、通古斯等落后民族被征服，强盛的日本闭关锁国，只有中国作出了积极的反应。在经济，宗教、文化方面，她呈开放倾向。在军事上，她挡住了俄国的继续南侵，击退了荷兰对大陆的侵扰，并将它驱退到印尼海域，使外兴安岭以南的西太平洋大陆国家的殖民地、半殖民地化的时间推迟了一个多世纪。因此对17世纪中国在北太平洋地区的地位和作用应该予以充分肯定。

(原载《武汉大学学报》[哲学社会科学版]
1992年第2期)

国际机遇的利用与美国向太平洋的领土扩张
——"路易斯安那购买"和"阿拉斯加购买"新探

根据1783年的《巴黎条约》,美国是一个版图在密西西比河中线以东的纯大西洋国家,与太平洋远隔千万里。然而,经过六七十年的领土扩张,到19世纪中期,其领土已抵太平洋滨,成为一个名副其实的太平洋国家。美国向太平洋方向进行领土扩张的手段可用四个字概括:巧取豪夺。所谓"豪夺"就是用武力夺取,如通过美墨战争(1846—1848)吞并了墨西哥领土的一半;所谓"巧取"就是充分利用国际机遇以低廉的价钱购买,"路易斯安那购买"和"阿拉斯加购买"是两个典型案例。本文利用新发现的英文史料,试通过对这两桩交易的探讨,揭示欧洲列强的纷争是如何导致法国和俄国抛售其美洲殖民地和美国是怎样充分利用国际机遇向太平洋进行领土扩张的。[①]

英法争霸与拿破仑的决断

美国向太平洋扩张的关键一步是巨大的路易斯安那领土[②]的获

[①] 国内学术界关于"路易斯安那购买"的研究成果极少,研究"阿拉斯加购买"的文章有几篇,但主是探讨其原因。而美国学术界对这两次购买研究得很深入,成果相当多,其中也涉及国际形势问题,但还没有见到专门从列强的纷争和国际机遇的利用这一角度进行探讨的著述。国内外都没有将这两次购买合在一起作为一个问题进行研究。
[②] 包括现在的路易斯安那、密苏里、堪萨斯、阿肯色、俄克拉荷马、内布拉斯加、南北达科他、爱荷华、明尼苏达10个州的全部和蒙大纳、怀俄明、科罗拉多3个州的一部分。 J. Christopher Herold, *The Age of Napoleon*, U. S. A.: American Heritage Publishing Co., INC., 1963, p.299.

取。1803 年，美国与法国签订《路易斯安那购买条约》，以每英亩 3 美分，总价值 1500 万美元收购了巨大的路易斯安那——东自密西西比河西至落基山脉，北起加拿大边界南到墨西哥湾，面积 827990 平方英里。①

法国出售路易斯安那与英法长期（1688—1815）争夺欧洲霸权和世界殖民霸权密切相连。七年战争（1756—1763）中，英国是最大的赢家，法国是最大的输家。根据 1763 年《巴黎和约》，在北美，法国将整个加拿大、密西西比河以东的北美地区（除新奥尔良外）、西印度群岛的格兰纳达、格林纳丁斯群岛割让给英国，法国的盟友西班牙将佛罗里达割让给英国，法国则将路易斯安那和新奥尔良让给了西班牙作为补偿，收回了被英国占领的瓜德罗普岛和马提尼克岛。在亚洲，法国从整个印度撤出，只保留 5 个市镇，印度基本上为英国所有。总之，七年战争后英国成为海外殖民霸主。1789 年后，法国重新崛起，英法争霸战进入一个新阶段。1798 年，拿破仑远征埃及，意在从英国手中夺取印度。早在 1769 年，路易十五的外交大臣雪塞（Choiseul）公爵就建议：出兵占领埃及，以弥补七年战争中法国在北美的领土损失；法国殖民者可通过引入蓝靛、棉花和甘蔗使埃及的农作物多样化；开凿一条通过苏伊士地峡的运河以引起一场世界贸易革命，并使法国控制通往印度之路上的咽喉。② 拿破仑继承了雪塞公爵的遗志，决定远征埃及。1797 年 4 月，他在给督政府的信中写道："为了真正

---

① The Louisiana Purchase: Treaty Between the United States of America and the French Republic, http://www.earlyamerica.com/earlyamerica/milestones/louisiana/text.html; Thomas L. Purvis, ed., A Dictionary of American History, Cambridge, Massachusetts: Blackwell Publishers Inc., 1995, p.231.
② 这一提议由于雪塞公爵的继任者韦京尼斯（Vergennes）伯爵的反对而未付诸实施，后者坚持原则，认为不能侵害法国最老的盟友奥斯曼土耳其帝国的领土完整，因为埃及是该国的一部分。然而，在随后的几十年里，法国外交部和领事馆的一批官员在继续研究占领埃及的计划，且其备忘录被存档以备后用。J. Christopher Herold, The Age of Napoleon, p.66.

摧毁英国，我们将完全明白我们需要夺取埃及的日子并不远了。"同时拿破仑还有在东方大展殖民梦的宏图。他说："欧洲是个鼹鼠丘，这里的一切消耗殆尽了；我的荣光已成为过去。这个小小的欧洲不能为我的荣光提供足够的空间。我们必须到东方去；一切伟大的荣耀已经在那里等着我们。"① 由于埃及人民的抵抗和英国海军名将纳尔逊的打击，拿破仑远征埃及的冒险失败。

建立东方殖民帝国的迷梦成为一枕黄粱之后，拿破仑又把目光转向美洲，准备在新大陆重建殖民帝国。1800 年，法国和西班牙签订《圣艾尔德方索条约》(Treaty of San Ildefonso)，据此，西班牙将路易斯安那还给法国。② 在《亚眠和约》签订前夕，英国也准备把 1793 年以来英法交恶而占领的马提尼克岛还给法国。这样，有圣多明各、马提尼克岛、瓜德罗普岛和新奥尔良在握，加上路易斯安那，拿破仑打算建立一个以圣多明各（法国最富的殖民地）为基础的墨西哥湾和加勒比海殖民帝国，使路易斯安那成为西印度群岛唯一的大宗产品供应地，以便在商业上与即将完成工业革命的英国竞争。然而，事情并不总是以拿破仑的主观意志为转移：由于法国殖民者的残酷压迫和剥削以及法国大革命的鼓舞，圣多明各黑人发动起义，并于 1801 年获胜，颁布第一部宪法，宣布永远废除奴隶制度，杜桑－卢维图尔任终身总统。拿破仑派其妹夫黎克勒（Leclerc）将军率领精兵 3.5 万前往镇压，但在黑人的打击和黄

---

① J. Christopher Herold, *The Age of Napoleon*, pp. 67, 68.
② 西班牙得到的补偿是法国在意大利托斯卡纳地区建立埃特鲁斯坎王国，该王国将给予西班牙国王查尔斯四世的女婿帕尔玛的公爵，且法国承诺绝不将易斯安那转让给他国。*Treaty of San Ildefonso*; October 1, 1800, http://www.yale.edu/lawweb/avalon/ildefens.htm. 1800 年的《圣艾尔德方索条约》只是一个草案。1802 年西班牙国王查理四世才签署了一道将路易斯安那转让给法国和西班牙在新奥尔良的代理的法令。

热病的折磨下全军覆没。① 面临欧洲英法重新开战的局面，拿破仑再派兵赴圣多明各已不可能，而且需要钱打仗。鉴于上述形势，法国财政部长弗朗索瓦兹·德·巴尔贝－马布瓦（François de Barbé-Marbois）也力劝拿破仑道：没有圣多明各，路易斯安那的价值就大为缩水了。而且，在战争的情况下，该领土将会被加拿大的英国人所夺取。法国无力派遣军队去占领整个密西西比河流域，既然如此，为何不放弃在美洲建立帝国的打算，而将这块领土卖给美国呢？② 于是，拿破仑决定将路易斯安那卖给美国。拿破仑的决定遭到了他弟弟吕西安·波拿巴和哥哥约瑟夫·波拿巴的强烈反对。吕西安是《圣艾尔德方索条约》谈判法方的主要代表，他自夸由于他的努力而使曾经长期是法国王冠上最明亮的一颗宝石的路易斯安那这块巨大领地重归法国。约瑟夫是《亚眠和约》的谈判者，他将该和约看成使法国重新成为重要殖民帝国的第一步。兄弟三人大吵大闹，从杜伊勒里公园的浴池吵到拿破仑秘书的办公室，那种狂暴场景把浴池的服务员吓得晕死在地。尽管兄弟们的拼命反对，也无法动摇拿破仑将路易斯安那卖给美国的决心，拿破仑宣布：无论宪法上有什么限制，他都要按自己的意愿行事。③ 路易斯安那购买条约1803年4月30日签字，到5月18日英国就撕毁《亚眠和约》，正式向法国宣战了。

总而言之，法国将路易斯安那出售给美国是英法争霸的结果和需要。

---

① 三分之二的法军，包括黎克勒本人和他的15名将军，都死于黄热病。William M. Sloane, "The World Aspects of the Louisiana Purchase", *The American Historical Review*, Vol. 9, No. 3 (Apr., 1904), p. 513.

② "Jefferson's West The Louisiana Purchase", http://www.monticello.org/jefferson/lewisandclark/louisiana.html.

③ William M. Sloane, "The World Aspects of the Louisiana Purchase", *The American Historical Review*, Vol. 9, No. 3 (Apr., 1904), p. 515.

二、克里米亚战争与亚历山大二世的兜售

获得阿拉斯加是美国利用国际机遇向太平洋进行土地扩张的另一典型例子。1867年3月30日美国与俄国正式签订购买阿拉斯加的条约,以720万美元(相当于每英亩2美分)购买了总面积达586400平方英里的阿拉斯加。[1]

美国宾夕法尼亚州拉斐特学院历史教授小理查德·E. 韦尔奇(Richard E. Welch, Jr.)在冷战气氛最浓烈的1958年指出:"1867年美国从俄国购买阿拉斯加,现在经常被作为为了美国的国家安全而进行及时干涉的一个例子。时事评论员一设想到苏联在曾经是'俄国的美洲'建有空军基地时就不寒而栗,并赞扬国务卿威廉·苏沃德(William Seward)奇迹般的远见。"[2]假若沙皇亚历山大二世能预见到后来苏美对峙的局面,他是绝对不会将阿拉斯加卖给美国的。为什么当时俄国要将阿拉斯加卖给美国呢?

阿拉斯加的出售首先是欧洲列强纷争的直接结果。为了争夺在奥斯曼土耳其帝国境内的利益,俄国与英法打了一场恶战——克里米亚战争(1853—1856),俄国惨败。战争给俄国带来了严重的经济后果。到1857年春天,俄国深深地陷入克里米亚战争所导致的财政危机之中:国债超过5.66亿卢布;由于银卢布退出流通和纸卢布的显著贬值,国家面临失控的通货膨胀。沙皇亚历山大二世也认为形

---

[1] *Treaty with Russia (Alaska Purchase)*, http://www.bartleby.com/43/43.html; Michael Martin and Leonard Gelber, eds., *Dictionary of American History* (Ames, Iowa: Littlefield, Adams & Co., 1956), p. 11.

[2] Richard E. Welch, Jr., "American Public Opinion and the Purchase of Russian America", *American Slavic and East European Review*, Vol. 17, No. 4 (Dec., 1958), p. 481.

势危急。①面对战争造成的国库空虚，沙皇亚历山大的兄弟、康斯坦丁大公于1857年3月23日写信给外交大臣哥恰科夫（Gorchakov），敦促将阿拉斯加转让给美国，其理由之一就是国家急需钱。他命令几位专家对阿拉斯加进行估价，售价定为7442800银卢布。售后，俄美公司和俄国政府各得一半。②

俄国面临的另一种国际形势就是阿拉斯加受到英国和美国的觊觎。英国想得到阿拉斯加，然后将阿拉斯加与加拿大合并在一起。为了防止英国以武力夺取阿拉斯加，克里米亚战争前夕，俄国作了一个假装出售阿拉斯加的安排：让"俄美公司"将所经营的阿拉斯加假装卖给"美俄商业公司"（美国的公司）。③克里米亚战争中，英国进攻俄国的堪察加半岛之后，对阿拉斯加构成潜在的威胁。④在华盛顿的俄国驻美大使斯托克尔（Stoeckl）在保护俄美公司的利益时遇到了麻烦，感到不安。因为每年都有越来越多的美国人移居邻近阿拉斯加的俄勒冈地区，美国的船只和代理商强烈要求阿拉斯加港口对他们开放。⑤斯托克尔还从美国布坎南总统处得知：美国摩门教徒打算移居阿拉斯加。他说："如果摩门教徒来的话，我们或被迫与

---

① Jacob W. Kipp, "M. Kh. Reutern on the Russian State and Economy: A Liberal Bureaucrat during the Crimean Era, 1854–60", *The Journal of Modern History*, Vol. 47, No. 3 (Sep., 1957), pp. 442–443.
② Frank A. Golder, "The Purchase of Alaska", *The American Historical Review*, Vol. 25, No. 3 (Apr., 1920), p. 413.
③ 这一安排最终未能付诸实施。这一安排的初衷是：一旦战争在俄英两国间爆发，俄国在美洲海域没有舰队保护自己的美洲殖民地，那么，英国就可能夺取俄国的殖民地。若英国知道阿拉斯加被卖给了美国，英国就不会打阿拉斯加的主意。Frank A. Golder, "The Purchase of Alaska", *The American Historical Review*, Vol. 25, No. 3 (Apr., 1920), p. 411.
④ "The Alaska Purchase ПокулкаАляски", http://frontiers.loc.gov/intldl/mtfhtml/mfak/mfaksale.html.
⑤ Frank A. Golder, "The Purchase of Alaska", *The American Historical Review*, Vol. 25, No. 3 (Apr., 1920), pp. 413–414.

之战斗或将领土让给他们。"[1] 当时巡逻在北太平洋的俄国海军少将波波夫（Popov）对美国想占有阿拉斯加的欲望洞若观火。他在1860年2月7日写道："对于欧洲人来说，蔑视门罗主义和'天定命运'是够容易的，但是如果他们对美国人更了解的话他们就会知道这些思想存在于美国人的血液里和他呼吸的空气中。共有2000万美国人，且每个人都是自由人，充满着'美洲是美国人的'思想。他们已经得到了加利福尼亚、俄勒冈，迟早会得到阿拉斯加。这是不可避免的。这是不可阻挡的。"[2]

俄国没有财力资助面临破产的俄美公司。在19世纪50年代之前的一个多世纪里，俄国人在阿拉斯加捕捉海獭，从事毛皮贸易，获利丰厚。但由于长期捕捉，海獭资源大量减少，毛皮生意日趋不景气。俄美公司试图发展新的产业如煤矿、冰和木材等取而代之，但都失败了。因此公司的信誉每况愈下，1854年其股份价值约500卢布，1866年按75卢布的价钱也找不到买主。滑向破产边缘的公司向财政部求救，政府不愿接管，财政部长里尤特恩（Reutern）和康斯坦丁大公只好寄希望于美国购买阿拉斯加。[3]

有鉴如此，1866年沙皇亚历山大二世亲自主持召开有康斯坦丁大公、财政大臣里尤特恩、外交大臣哥恰科夫、海军大臣克拉比（Krabbe）和驻美大使斯托克尔参加的内阁会议。会议一致同意将阿拉斯加卖给美国。兜售的任务交由斯托克尔完成。[4] 斯托克尔在美国

---

[1] Frank A. Golder, "The Purchase of Alaska", *The American Historical Review*, Vol. 25, No. 3 (Apr., 1920), p. 414.
[2] Ibid., p. 416.
[3] Ibid., pp. 417–418.
[4] Ibid., p. 418.

以高价雇用一批院外说客①，从事助销阿拉斯加的工作。斯托克尔与苏沃德经过反复讨价还价，最后双方在买卖协议上签字。亚历山大二世对阿拉斯加的成功兜售感到非常高兴，特奖励哥恰科夫2.5万卢布。②

可是，俄国人高兴得太早了，麻烦的事情还在后面。当1867年和1868年之交美国国会开会审批付给俄国的拨款，一部分国会议员支持所谓的"珀金斯要求"而反对向俄国付款。此事闹遍了美国参众两院，也搞得俄国政府寝食不安。最后，斯托克尔与苏沃德商量了一个办法，由俄国出钱买通了美国国会，拨款才于1868年7月14日通过。③这一事件的实质是一部分美国人由于当时不了解阿拉斯加的战略和资源价值以及专心于内战后的重建，以该事件为借口而反对苏沃德购买阿拉斯加。他们称阿拉斯加购买为"苏沃德的蠢事"，称阿拉斯加为"苏沃德的冰箱"、"安德鲁·约翰逊的北极熊公园"，等等。这说明俄国为了出售阿拉斯加而不惜向美国国会议员行贿。

俄国为何那么迫不及待，甚至以行贿的方式抛售阿拉斯加呢？答案只能从当时的国际形势中去找：克里米亚战争使俄国消耗巨

---

① Thomas G. Paterson, et al., American Foreign Policy, Lexington, Massachusetts: D. C. Heath and Company, 1983, p.169.
② Frank A. Golder, "The Purchase of Alaska", The American Historical Review, Vol.25, No.3 (Apr., 1920), p.421.
③ "珀金斯要求"：1855年一名叫本杰明·珀金斯（Benjamin Perkins）的美国人声称他在当年与斯托克尔、在后来的一两年里与冒充俄国公使馆代理人的拉基克勒维克兹（Rakiclevicz）签订了一份将若干数量的火药运往俄国的合同。斯托克尔否认有此事，并否认与拉基克勒维克兹这个不讲信用的俄国间谍有任何关系。该案件被提交纽约最高法院，被拒绝受理。珀金斯得到200美元钱，承诺放弃此事。但他没有，又将此事上诉苏沃德等人，未得到支持。在1855—1867年，珀金斯和拉基克勒维克兹都逝世了，斯托克尔也忘了此事。珀金斯的继承人得知阿拉斯加交易之事后，要求俄国政府支付珀金斯的火药款80万美元。Frank A. Golder, "The Purchase of Alaska", The American Historical Review, Vol.25, No.3 (Apr., 1920), pp.421-424.

大，国库空虚，俄国最需要的是钱。因而也就无力资助经营阿拉斯加、面临破产的俄美公司。英国和美国又时刻觊觎着阿拉斯加，俄国对之无力守卫。

三、美国的政策、策略与两地的购买

拿破仑、亚历山大二世都积极主动地将本国在美洲的殖民地卖给美国，除了当时的国际形势所致之外，美国的政策和策略更是至关重要的。美国的开国元勋从一开始就主张领土扩张，杰斐逊的扩张目标是包括太平洋沿岸的整个北美大陆。他就职总统不久就说："不管现在我们的利益会怎样把我们限制在我们的疆界内，但不可能不展望未来。那时，我们的迅速发展壮大会把我们的利益扩大到该疆界以外，囊括整个北美，即使不包括南美的话。"① 美国外交政策史专家托马斯·帕特森指出："杰斐逊最初着眼于密西西比河流域，但他的眼界也包括太平洋沿岸、佛罗里达、古巴和中美洲运河。至于西班牙占据的美国边界地区，用亨利·亚当斯的话来说，像一头'巨大的、孤立无援的、有利可图的鲸鱼'那样停滞不动，杰斐逊是不用着忙的。"② 为达到上述目的，美国建国以来，对欧洲列强长期推行的是"鹬蚌相争，渔翁得利"的中立外交政策和充分利用国际机遇的策略。

对于法国大革命和拿破仑战争时期的英法对抗，美国保持中立。1793年4月22日，总统华盛顿就发布了《中立宣言》："在以奥

---

① Thomas G. Paterson, et al., *American Foreign Policy*, p.58.
② *Ibid.*, p.58.

地利、普鲁士、撒丁、英国和荷兰为一方,法国为另一方的战争中,美国的责任和利益要求他们(美国人——引者)应该以诚心诚意的态度对交战列强采取友好和不偏不倚的行动。任何美国公民,如果由于参加、帮助或煽动对上述任何国家的敌对行为,或是向上述任何一国运送被现代国家法惯例所规定为禁运品的物资,而依照国家法遭到惩处或物资被罚没,美国政府对此将不予保护。"[①] 尽管以汉密尔顿为首的联邦党人是亲英的,以杰斐逊为代表的共和党人是亲法的,但这都没有影响美国的中立。

美国中立的外交政策的目的是:将欧洲国家间的敌对与战争作为美国进行商业扩张和领土扩张的好机会。托马斯·帕特森指出:1789年以后席卷欧洲的一系列战争起初对美国有利,"年轻的共和国的经济繁荣依赖于以优惠的条件在国外出售剩余农产品,欧洲的战争自然而然地为中立国船运业者创造了贸易机会。……就北美领土争端而言,欧洲的战争也给美国以更多的外交力量。既然英国和西班牙卷入了同法国的纠纷以及交战国双方都希望同美国进行贸易,乔治·华盛顿的政府便可以更有力地就密西西比河和佛罗里达问题同西班牙进行谈判,就仍然被英国占领的西部要塞问题同英国进行谈判"[②]。史实证明:美国正是施展充分利用欧洲列强纷争的机遇的策略,导致有利于自己的美洲殖民地所有权的变更。

1800年《圣艾尔德方索条约》签订之前,路易斯安那在西班牙手中,美国并不担忧,因为西班牙承认美国使用密西西比河和在新奥尔良存放货物的权利。[③] 更重要的是西班牙是个正在走下坡路的弱

[①] George Washington, *The Proclamation of Neutrality* (1793), http://www.zprc.org/histdocs/neutrality.html.
[②] Thomas G. Paterson, et al., *American Foreign Policy*, pp. 42—43.
[③] 在1802年西班牙国王查理四世签署的那道转让路易斯安那的法令中,美国在新奥尔良存放货物的权利被取消。

国,它所拥有的路易斯安那迟早会成为美国的囊中物。但当路易斯安那重归法国后,美国忧心忡忡、惊恐不安。1802年4月,杰斐逊在给美国驻法大使罗伯特·利文斯通(Robert Livingston)的信中指出:"西班牙将路易斯安那和佛罗里达转让给法国使美国极端痛苦。……地球上有一个地方,该地方的占领者是我们天生的和永久的敌人,该地方就是新奥尔良。我们国土上3/8的产品必须通过新奥尔良进入市场。新奥尔良肥沃土地的产出不久将超过我们总产品的一半,该地区不久将包含我们一半以上的居民。法国置身于此通道口是对我们的挑衅。"[1] 由于拿破仑当政的法国是个强国,而美国是个弱国,路易斯安那被控制在法国之手,美国不仅无望吞并它,而且连使用密西西比河和新奥尔良的权利也丧失了。一些美国人叫嚣,为了这些权利,不惜与法国一战。可是杰斐逊决定利用英法争霸的国际机遇和美国与法国在独立战争中结下的且至今尚未破裂的友好关系,通过外交途径解决问题。一方面,1802年4月他在写给罗伯特·利文斯顿的信中警告法国:法国占领路易斯安那和新奥尔良之日,就是"我们就必须与英国舰队和英国相结合之时"[2]。总统确信这一警告在法国已众所周知。[3] 另一方面,派詹姆斯·门罗为特使赴法协助利文斯顿与法方谈判,欲以1000万美元的代价从法国购买新奥尔良和佛罗里达的全部或部分,最低限度也要购得密西西比河和新奥尔良港的使用权。在谈判桌上,拿破仑起初假装不肯松口,利文斯顿没有忘记利用法英争斗的局势,对拿破仑重复了杰斐逊信中的话:"如果我们(美国——引者)的要求被持续拒绝,我们(美国——引者)将与英

---

[1] The Letters of Thomas Jefferson: 1743−1826, THE AFFAIR OF LOUISIANA, http://odur.let.rug.nl/~usa/P/tj3/writings/brf/jefl146.htm.
[2] Ibid.
[3] Thomas G. Paterson, et al., American Foreign Policy, p.59.

国联合。"①正值此时，拿破仑收到英国正在准备海陆全面开战的情报。于是，全盘托出早已预想好的方案：将整个路易斯安那以1500万美元卖给美国。拿破仑的方案与门罗所持的美国政府的指令是大相径庭的。为了国家的利益而绝不放弃良机，门罗和利文斯顿也不管是否违背本国政府的指令，欣然同意，当即敲定了这笔交易。如此重要的买卖在门罗抵达巴黎后两个星期多一点的时间内就达成了，这种谈判速度在历史上是罕见的。然而，路易斯安那购买还存在着宪法问题，因为美国宪法没有授权总统获取这块新领土并将它并入美国的权力。杰斐逊曾考虑要求国会通过一条允许购买路易斯安那的宪法修正案，但担心拿破仑变卦（利文斯通的报告中暗示过此点），就立即批准了对路易斯安那的购买。②路易斯安那在法国手里仅仅待了20天就转为美国所有。③这些都充分说明了美国抓紧机遇实现领土扩张的高超的外交策略。

苏沃德继承和发展了杰斐逊的领土扩张理念，是个典型的帝国主义者。他预言：拉丁美洲、太平洋诸岛屿、亚洲和加拿大，由于被美国的伟大所感染，以及由于上帝的某些无限的意志，最终将会被吸引到美国一边来。征服战争是不必要的；商业会把遥远的地区结合在一起。墨西哥将是这个新帝国首都合适的地点。④为实现领土扩张的理念，苏沃德继承和发扬了其前辈的对欧中立政策和利用国际机遇的策略。

对苏沃德任国务卿之前的克里米亚战争，美国就持中立立场。

---

① William M. Sloane, "The World Aspects of the Louisiana Purchase", *The American Historical Review*, Vol. 9, No. 3 (Apr., 1904), pp. 516—517.

② "Louisiana Purchase", William Bridgwater and Seymour Kurtz, *The Columbia Encyclopedia*, New York: Columbia University Press, 1968, p. 1248.

③ 西班牙于1803年11月30日将路易斯安那正式还给了法国。12月20日法国将该领土正式移交给美国。12月30日美国正式占领该地。"Jefferson's West: The Louisiana Purchase", http://www.monticello.org/jefferson/lewisandclark/louisiana.html.

④ Thomas G. Paterson, *et al.*, *American Foreign Policy*, p. 166.

一方面，美国的船只被雇用，运送英法同盟的弹药和军队到克里米亚；另一方面，美国又将一艘汽艇卖给俄国，派 15 名技术人员赴圣彼得堡帮助俄国修铁路。①

苏沃德的中立政策在对波兰起义的问题上表现得淋漓尽致。让我们稍微详细地讨论一下这个问题。1863 年 1 月俄国统治下的波兰发生反俄殖民统治民族大起义。法国拿破仑三世立即打着为了波兰人民利益的旗号开始策划对该事件的干涉，并试探美国是否愿意与法国合作，共同对付俄国。4 月 9 日，法国外交部长爱德华·德鲁英·德伊于伊斯（Edouard Drouyn de I' Huys）向美国驻法大使威廉·刘易斯·代顿（William Lewis Dayton）通报波兰情况时宣布："法国、英国和奥地利马上就要向俄国表明它们的观点，并对它们对俄国抗议的性质已大体上取得一致。"他向代顿保证："一切将以最温和的形式进行，没有施压的企图。"代顿回答说："这是一个欧洲人的政策问题，虽然其中我们可能有一般的利益，但这个问题完全从属于我们在我们本国和我们大陆事务中的利益。"②表明美国不愿同法国一道干涉波兰事件。法国虽然碰壁，但继续努力拉美国与其一起对抗俄国。4 月 23 日，德伊于伊斯告诉法国驻美大使梅西埃（Mercier）：法国、英国和奥地利为了对同时提交给俄国的声明达成一致之目的而正在商量，他希望法国的观点能被其他政府所接受。梅西埃受命将此消息转告苏沃德，信以邀请结尾，邀请美国加入欧洲列强抗议俄国："现存于美国政府和俄国宫廷之间的友好关系不得不让位于以友好形式代表的忠告；而且我们完全相信美国政府能理解这是一种向俄国政

---

① Eufrosina Dvoichenko-Markov, "Americans in the Crimean War", *Russian Review*, Vol. 13, No. 2 (Apr., 1954), pp. 138, 139, 140.
② Harold E. Blinn, "Notes and Suggestions: Seward and the Polish Rebellion of 1863", *The American Historical Review*, Vol. 45, No. 4 (Jul., 1940), p. 829.

府表明观点的最满意的方式。"①5月11日苏沃德对法国的上述邀请给予了非常巧妙地回答。在表示对拿破仑三世对波兰问题的关切和动机予以欣赏之后,苏沃德宣布:他相信沙皇开明和人道的特性会导致他(沙皇)"尽一切可能接受建议,只要这种可能与他以杰出的智慧与自控所领导的伟大国家的总体福祉是一致的"。他接着指出:尽管我们(美国——引者)以赞许的态度考虑拿破仑的建议,但是在我们与法国、奥地利和大不列颠合作的路上有着不可克服的困难。他声称:我们(美国——引者)采用宪法后不久就必须考虑"我们在多大程度上能以适当、安全和仁慈的方式,通过与友好的列强同盟或齐心协力的行动或其他方式干预外国的政治事务";帮助和同情(波兰)的紧急呼吁起初是代表法国提出来的,并如此深深地打动了美国人民的心,以致只有"他们(指美国人)所怀有的对我国国父——他当时伟大的德行是高不可及的——之忠告的遵循才能使他们服从那严格的决定。该决定就是:考虑到本共和国的地理位置,及其构成部分的特征、习惯和感情,特别是它复杂、独特以及颇得人心的宪法,美国人民对以他们能实施自治权、避免在任何时候以任何方式与外国结盟、进行对外干预和对外干涉的智慧促成人类进步事业肯定是满意的"。②他宣布:政府的每次决定都经过美国人民深思熟虑的裁判而获批准,"我们的不干涉政策——正如它对于其他国家而言仿佛是真正的、绝对的和奇怪的——这样已经变成了一项传统的政策,除非有最紧急的情况,该政策不会被放弃,它

---

① "Drouyn de l' Huys to Henry Mercier, April 23, 1863", quoted from Harold E. Blinn, "Notes and Suggestions: Seward and the Polish Rebellion of 1863", *The American Historical Review*, Vol. 45, No. 4 (Jul., 1940), pp. 829–830.

② "Seward to Dayton, May 11, 1863", quoted from Harold E. Blinn, "Notes and Suggestions: Seward and the Polish Rebellion of 1863", *The American Historical Review*, Vol. 45, No. 4 (Jul., 1940), pp. 830–831.

无异于一种明显的需要。的确该政策不能被自作聪明地违背于这个时候，即一次地方的骚动（尽管我们相信只是一次短暂的骚动）的发生使政府不听一部分美国人民的忠告，对他们而言如此大幅度地偏离国家的既定政策，在任何情况下都肯定会引起深切的关注"。苏沃德的上述声明被抄送给美国驻英大使查尔斯·弗朗西斯·亚当斯（Charles Francis Adams）和美国驻俄大使卡休斯·马塞勒斯·克莱（Cassius Marcellus Clay）。并且克莱得到如下通知："你以非正式的方式让哥恰科夫亲王知道该声明的内容将不是不可以的。"①

苏沃德回答法国外交部长的声明完全坚持和继承了 1796 年乔治·华盛顿的《告别演说》的精神：只谋求美国的发展，不卷入欧洲的任何政治纠纷。这一声明是俄国求之不得的，因为所谓"不干涉"波兰问题就意味着放手让沙皇去任意屠杀波兰起义者。拿破仑三世虽然公开表示支持波兰人的意愿，但完全没有军事支持，也只不过是做做样子罢了。因此，苏沃德"两面光"的回答也未使法国丢失面子。德伊于伊斯向代顿宣布：他对"他们（指法国人）对我们（指美国人）的恳求所产生的结果一点也不失望……他说，的确，这种对我们的恳求已成为一种'崇敬'和尊重而不是其他什么"②。不言而喻，俄国对美国的立场打心眼里感到高兴。当哥恰科夫要求允许发表苏沃德的声明时，克莱马上同意，为了证明自己同苏沃德是一致的，他说："你们（指俄国人）的立场是正确的，因而对我们强大的对手——他们正在积极地反对俄国——而言不可能触犯了正义。无论苏沃德的声明估计对英国和法国产生何种影响，这种影响已经形成

---

① Harold E. Blinn, "Notes and Suggestions: Seward and the Polish Rebellion of 1863", *The American Historical Review*, Vol. 45, No. 4 (Jul., 1940), p. 831.
② 这段话是美国转述的法国外长德伊于伊斯的话，实际上是美国人说的，因此，说话的法国外长和法国人都变成了第三人称"他"和"他们"，而美国人则变成了"我们"。

了。由于我们国内外的道义支持，该声明的发表帮助了俄国。"[1] 苏沃德显然接受了克莱曾经向他表达过的这一观点，因为他完全赞同克莱的行为。[2] 哥恰科夫在5月22日的一封信中表达了沙皇对美国的感激之情："皇帝陛下为美国政府对他关于俄帝国总体福祉的观点和计划的信任之情而深受感动。……对于皇帝陛下来说，一个真正满意的原因是：他看到他以秩序和安宁为宗旨指导他的帝国的所有部分走稳定发展之路的不懈努力理所当然地受到了皇帝陛下和俄国人民对之满怀友情的一个国家的欣赏。……皇帝陛下高度地欣赏美国执行不干涉原则的坚定性……"[3]

美国是一个反抗和推翻英国的殖民统治而独立的国家，按道义它是应该支持波兰的反俄民族大起义的。但是，它没有这样做，而是在严守中立政策、坚持不干涉原则的幌子下听任沙皇镇压波兰起义。一方面，这是美国的传统政策，另一方面可以这说是苏沃德为了日后获取阿拉斯加而埋下的"伏笔"。因为早在1859年和1860年之交，俄美两国之间就在谈论阿拉斯加的交易问题了[4]，1861年就任国务卿的苏沃德不会不知晓此事。美国处理波兰问题的态度对阿拉斯加交易的重要影响在以前的研究中由于资料的缺乏往往被忽视，或者被轻描淡写地随便提一提。实际上美国处理波兰问题的态度对俄国决定是否将阿拉斯加卖给美国至关重要，因为俄国非常介意别国对波兰起义的态度。拿破仑三世由于公开支持波兰起义而招致了

---

[1] Harold E. Blinn, "Notes and Suggestions: Seward and the Polish Rebellion of 1863", *The American Historical Review*, Vol. 45, No. 4 (Jul., 1940), p. 831.

[2] *Ibid.*, No. 4 (Jul., 1940), p. 831.

[3] *Ibid.*, p. 832.

[4] 1860年1月4日斯托克尔向俄国政府报告：美国加利福尼亚参议员格温（Gwin）就阿拉斯加购买问题与他接触，并言布坎南（Buchanan）总统打算购买。Frank A. Golder, "The Purchase of Alaska", *The American Historical Review*, Vol. 25, No. 3 (Apr., 1920), p. 415.

俄国的愤恨。相反,普鲁士由于明确支持沙皇镇压波兰起义而赢得了俄国的好感。对德国的统一问题,俄国的传统政策是维持德意志的分裂状态。可是,当俾斯麦几次以王朝战争完成统一大业时,俄国都未加干涉。俄国以此报答普鲁士1863年对沙皇镇压波兰起义的支持。由此可见,美国对波兰起义的中立和不干涉对阿拉斯加购买有着非常重要的积极作用。

为什么美国的中立政策和策略会导致"鹬蚌相争,渔翁得利"的效果呢?一方面,美国可以通过推行中立政策为自己牟私利。另一方面,欧洲列强想拉拢和利用中立的美国去削弱自己的对手。史实正是如此。1800年《圣艾尔德方索条约》中规定,法国不能将路易斯安转让给他国,拿破仑明却知故犯,将路易斯安转让给美国。他为何要这样做呢?他在谈到美国获得路易斯安那时说:"领土的增加将使美国的力量得到永久性的加强,我正是要给英国树立一个海上竞争者,这个竞争者迟早会挫败它的傲气。"[1] 俄国将阿拉斯加卖给美国,其中的一个目的是使英国陷入极大困窘的境地:"美国人对加利福尼亚的征服是对大不列颠在太平洋的野心的第一个有效的打击。他们对阿拉斯加的获得将使英国在太平洋的野心寿终正寝。夹在俄勒冈与阿拉斯加中间的英属哥伦比亚不可能有很大的前途。"[2]

四、结论与推论

路易斯安购买和阿拉斯加购买是不同历史时期的两桩领土交

---

[1] J. Christopher Herold, *The Age of Napoleon*, p. 303.
[2] Frank A. Golder, "The Purchase of Alaska", *The American Historical Review*, Vol. 25, No. 3 (Apr., 1920), p. 415.

易。从中我们可以得出的结论是：这两桩交易都是欧洲列强纷争和美国充分利用国际机遇的结果。英法争霸、法国远征圣多明各的惨败以及为英国树立未来的竞争者之动机，使拿破仑决定将路易斯安卖给美国。克里米亚战争所导致的国库空虚、阿拉斯加的无利可图和俄国对它无力防卫以及出于加强美国打击英国在太平洋的野心之目的，使亚历山大二世主动将向美国兜售阿拉斯加。美国则全力推行中立的外交政策和巧妙施展外交策略，以极为低廉的价钱将两地收入囊中。

路易斯安和阿拉斯加对美国的崛起至关重要。路易斯安购买是关键性的一步，这次购买，不仅使美国获得了新奥尔良和密西西比河这些对其商业发展至关重要的地方，使它的版图和资源扩大了一倍，而且为它将领土扩张到太平洋沿岸铺平了道路。美国外交史专家诺曼·A.格雷比勒指出："路易斯安那购买不仅保证了美国对密西西比河流域的控制，而且给美国以对太平洋沿岸地区的要求权。它将美国与欧洲强国在北美大陆有争议的地区西推至与遥远的海洋毗邻的地方。"[1] 路易斯安那的获取是美国夺取墨西哥位于太平洋岸领土和迫使英国与之瓜分俄勒冈地区以及购买阿拉斯加的先决条件。可见，路易斯安那的获取是美国由一个纯大西洋国家变成一个太平洋国家的最重要的一步。阿拉斯加位于美洲大陆西北角，隔白令海峡与亚洲大陆相望，濒临太平洋靠近东亚。对阿拉斯加及阿留申群岛的拥有，使美国掌握了控制北太平洋的战略要地。更不用提阿拉斯加丰富的自然资源了。无论从战略还是资源的角度来看，阿拉斯加购买对美国的强盛都有相当重要的作用。"苏沃德在回答什么是他

---

[1] Norman A. Graebner, *Ideas and Diplomacy: Readings in the Intellectual Tradition of American Foreign Policy*, New York: Oxford University Press, 1964, p.82.

政治生涯中最重要的时刻时,毫不犹豫地说是购买阿拉斯加——'但人们需要一代人的时间才会认识它。'"①

美国推行这种外交政策和策略不只这两个时期,坐收渔人之利也不止这两块领土。但是,一斑可窥全豹,从美国对这两地的购买中,可得出一个推论,即:推行适合本国国情和世界形势的中立的外交政策和充分利用国际机遇的策略,是美国崛起的一个重要原因。

立国之初的美国是一个位于北美密西西比河以东的小国,国家税收和支出都远少于当时的菲律宾群岛。②而大西洋对岸的英国、法国、俄国、奥地利和普鲁士都是历史悠久、国力雄厚的强国。面对这样的国内外形势,美国的缔造者为该国确立了明智的外交政策和策略。1796年美国国父乔治·华盛顿在其《告别演说》中总结了处理与欧洲关系的经验:"涉及外国时就我们而言,重要的行动规则是在扩大与它们的商业关系时尽量不要与之发生政治瓜葛。""欧洲有一系列重要利益,这些利益与我们无关或只有微乎其微的关系。因此欧洲必然陷入经常不断的纠纷之中。这些纠纷的原因实质上与我们的事情不相干。所以,由于人为的关系而使我们自己卷入欧洲政治的通常的变化之中或者欧洲的友谊或仇恨的通常联盟和冲突中,这对我们而言是不明智的。"③从当时美国所处的地理位置、国力和国际形势来看,上述外交政策和策略是美国唯一可行的选择。在这条中立政策的指导下,美国人集中精力谋求商业扩张和领土扩张,

---

① [美]托马斯·帕特森等撰、李庆余译:《美国外交政策》,中国社会科学出版社1989年版,第216页。
② William M. Sloane, "The World Aspects of the Louisiana Purchase", *The American Historical Review*, Vol. 9, No. 3 (Apr., 1904), p. 513.
③ "Washington's Farewell Address: The National Interest in Diplomatic Freedom, September 17, 1796", Norman A. Graebner, *Ideas and Diplomacy: Readings in the Intellectual Tradition of American Foreign Policy*, p. 75.

尤其是向太平洋方向的领土扩张。

美国推行中立的外交政策和充分利用国际机遇的策略不是一种短期行为，而是一种长远的政策和策略。从立国初期英法开战的1793年一直到参加第一次世界大战之前的1916年的123年间，美国对欧洲都是坚持中立政策，或称"孤立主义"政策。[①] 在对欧洲事务执行中立政策的同时，在北美洲和太平洋地区进行领土扩张。除了购买了上述两地之外，还吞并了得克萨斯、俄勒冈、加利福尼亚等地。在完成北美大陆上的"天定命运"（Manifest Destiny）后，进而扩展到太平洋：吞并萨摩亚、夏威夷和菲律宾。美国中立政策的实质一方面是避免与英、法等欧洲强国争斗，抓住机遇，大占便宜。另一方面则聚焦北美，向太平洋扩张，向逐步衰落的西班牙和弱小的墨西哥等国开刀，占领它们的殖民地或领土。广阔的领土、丰富的资源和由于中立政策而导致美国相对和平安定的社会环境吸引越来越多的世界移民。以充足的自然资源和人力资源为基础，美国迅速地发展和强大起来。

美国的崛起有着多方面的原因，它长期推行中立的外交政策和充分利用国际机遇的策略是其中非常重要的一条。

（原载《史学集刊》2009年第5期）

[①] 美国1800年废除了独立战争期间缔结的美法同盟，实际上自1793年美颁布《中立宣言》，美法同盟就失效了。在由于捍卫作为中立国的海上贸易权利等原因而引发的1812年美英战争中，美国也未与法国结盟。

论经济关系在民族国家统一中的作用

经济关系在民族国家统一中的作用这个问题听起来并不陌生，但是至今还没有见到探讨这一问题的文章。该问题无论从历史还是现实的角度看都十分重要，因此，笔者想谈谈几点肤浅的认识。

首先，发展经济关系是重建统一民族市场的一个重要步骤。何为民族国家？《韦伯斯特英语词典》里的定义是："民族国家，即一个稳定的、历史上发展起来的有共同地域、共同经济生活、共同特有文化和共同语言的共同体。"[①] 大家最熟悉的斯大林对民族的定义与此大致相同，只不过其中多了一个"共同心理素质"。这说明，不管是在西方还是东方，无论是学者还是政治家，对民族国家的定义基本上是一致的。民族国家的各部分是靠地缘、政治、经济、文化和风俗习惯等网线连在一起的。而经济关系是其中的一条最基本的纽带。然而，在历史的进程中，由于内力或者外力作用的结果，原先统一的国家可能分裂为几部分。它们之间的具有民族国家性质的经济、政治纽带暂时中断了（有时这个"暂时"可能长达几个世纪），共同的经济、政治生活就不存在了。例如，"意大利"这个词，1860年之前只是一个半岛而非一个国家的名称。梅特涅以贬低的笔调将"意大

---

① *Webster's Dictionary of the English Language*, New York: Publishers International Press, 1977, p.1196.

利"描述为"地理概念"。① 到 19 世纪 20 年代，从帕尔玛向 37 公里外的莫得纳运货，途中须缴 6 次关税；从都灵运粮到热那亚，竟比从黑海海岸的敖德萨所花的运费还多。② 1525 年至"关税同盟"之前的德意志，1895 年至 1945 年和冷战时期中国的台湾海峡两岸就不存在共同的经济生活和统一的民族市场。欲使分裂之国重归一统，该国自己得有一种足以克服内外阻止统一的障碍的强大力量。在此力量形成之前，必须首先将经济关系这条处于中断状态的最基本的纽带联结起来。经济关系的建立首先从贸易开始，接着是取消关税、统一货币等，于是统一的民族市场得到了重建，分裂的各部分遂有了共同的经济生活。1834 年德意志关税同盟的建立、铁路的修建（1835 年始）等就起到了这种作用。19 世纪 40 年代，工业革命的浪潮开始席卷意大利，经济的发展有力的冲击着意大利的分裂局面，贸易关系穿过政治阻力开始将各部分联结起来，铁路线也把各邦串在一起。在统一完成前夕，各邦间的经济关系已基本建立起来，尽管没有德意志那么完善。经济关系在美国的作用则显示出另一番情景。最初，经济关系将英属十三殖民地联系起来，逐渐形成了美利坚民族国家。然而，由于南部奴隶制种植园经济的发展使得北部和南部出现了完全不同的两个经济体系。南部与英法的经济关系越来越强，而与本国北部的经济关系却日趋弱化：在原料、劳力和关税等问题上矛盾不断。经济上的矛盾演变为政治上的冲突，最后导致美国的一度分裂。这从反面说明了经济关系在民族国家统一中的重要作用。

其次，发展经济关系使主张统一的阵营扩大、拥护统一的势力

---

① Denis Mack Smith, *Italy: A Modern History*, Ann Arbor: The University of Michigan Press, 1959, p.1.
② 辛益：《意大利统一大业完成的历史经验》，《史学月刊》1989 年第 2 期。

增强。经济关系的发展不仅使各方有了共同的经济利益,而且市场的扩大为更多的人提供了从事企业和发财致富的机会。这些新受益于经济关系发展的人群和力量自然与赞成统一者的利益是一致的,与分裂势力的利益是背道而驰的,从而扩大了主张统一的阵营,增强拥护统一的势力。关税同盟的建立和工业革命的蓬勃开展使德意志各邦的资产阶级有了共同的利益,因此资产阶级成为主张建立统一的德国的主要力量。更为重要的是关税同盟、工业革命,再加上农奴制改革这些因素使大部分容克地主采用资本主义方式经营,经济活动超出了本邦的范围,卷入了整个德意志的市场甚至国际市场。这部分人原本对德意志的统一是漠不关心的,有的甚至是坚持德意志分裂的顽固势力。现在,切身经济利益,崭新的经济关系使其民族意识觉悟,政治观点发生了根本性的变化:从漠不关心或坚持分裂转变为拥护统一的中坚力量。以俾斯麦为代表的一批容克地主就是这样一股力量。俾斯麦的邻居,与俾斯麦之父和俾斯麦本人关系异常密切的恩斯特·冯·比洛-库莫洛夫是位颇具影响的容克大地主、农业政治家和政论家,1848年革命期间,为了维护容克地主的共同利益,在其周围聚集着一群容克地主。然而,正是这位比洛"通过农业的近代化和通过发展农村工业、信贷事业和交通事业,而促进了使庄园经济进入资本主义市场的一切"[①]。在此基础上,他在其著作《普鲁士,它的宪法,它的行政管理,它对德国的关系》中最先提出了小德意志的主张。按照这一"方向的思考是与关税协会(即关税同盟——引者)结合在一起的观念的逻辑结果:德意志

[①] [德]恩斯特·恩格尔贝格撰、陆世澄等译:《俾斯麦》上册,世界知识出版社1992年版,第154页。

各邦内部的障碍应当拆除"①。俾斯麦曾经是个顽固的保守派，反对德意志统一的"宫廷党"人，1848年革命期间，他在普鲁士议会中公开宣扬："德国的统一是一种妄想。"②"他的政治主张是亲奥、亲俄、亲法……亲那些保持德国分裂的势力。"③可是，正是这个俾斯麦却成了实现德国统一的铁血宰相。俾斯麦的政治态度为何会发生一百八十度的大转变呢！归根到底得从当时德意志经济关系的发展中找原因。俾斯麦采取资本主义方式经营自己的农场，筹建庄园工厂，从事木材交易。其"产品已越出本地范围，而同国内外市场联系在一起"④。到19世纪50年代初，俾斯麦主张普鲁士必须及早同德国发展着的"物质关系"打交道，"采取主动"。⑤当时德意志的"物质关系"又是谁发展起来的呢？是关税同盟。《俾斯麦》一书的作者恩斯特·恩格尔贝格指出："站在经济——社会发展新时代开端的是由普鲁士倡导的关税协会（关税同盟），它参与了工商业的蓬勃发展，例如在生铁生产、一批正在运转的蒸汽机、输入棉花和几乎轰动一时的扩建铁路等方面。"⑥同时，与这些"物质关系"有着千丝万缕联系的新型容克地主的代表人物也对俾斯麦产生重要影响。在俾斯麦经营庄园期间与他经常交往的许多重要人物中间，有一位阿尔布雷希特·冯·阿尔文斯勒伯爵，是1835年至1842年的普鲁士财政大臣，在任期间为促进德意志关税同盟做出了许多贡献。⑦此人

---

① 恩斯特·冯·比洛－库莫洛夫：《普鲁士》第一卷，第300页，转引自恩斯特·恩格尔贝格撰、陆世澄等译：《俾斯麦》上册，第156页。
② [德]恩格尔曼：《我们是仆从》，1974年德文版，第248页，转引自丁建弘：《论俾斯麦在德国统一中的作用》，《历史研究》1982年第2期。
③ 丁建弘：《论俾斯麦在德国统一中的作用》。
④ 同上。
⑤ 《俾斯麦集》第14卷第1分册，1924—1934年德文版，第223页，转引自丁建弘：《论俾斯麦在德国统一中的作用》。
⑥ [德]恩斯特·恩格尔贝格撰、陆世澄等译：《俾斯麦》上册，第158页。
⑦ 同上，第201页。

关税同盟的理念和行为不可能不对俾斯麦的思想产生潜移默化的作用。另一位就是冯·比洛－库莫洛夫,俾斯麦基本上读完了他的著作《普鲁士,它的宪法,它的行政管理,它对德国的关系》,继承和发展了该书中提出的小德意志的思想。① 德意志各邦间经济关系的发展是使俾斯麦由坚持德意志分裂的铁杆人物转变成实现德意志统一的铁血宰相的极重要的因素。在德意志各邦中,从漠不关心或坚持分裂转变为拥护统一的人,远不只比洛和俾斯麦两人,而是一大批人,一股强大的势力。意大利的情况也类似。在烧炭党人、意大利青年党的革命活动和1848年至1849年反奥战争对其分裂局面冲击的基础上,工业革命从19世纪40年代开始席卷意大利,贸易关系、铁路等逐步在各邦之间建立起来。经济关系的发展对西西里岛的政治态度产生重要影响。由于历史上种种复杂的原因和其地理位置孤悬于海上,岛上的上层人士曾有相当强烈的"分立主义"情绪。但海岛与大陆日益增强的经济关系表明:岛上的工业原料和农产品需要大陆这块广阔的市场,而大陆也需要西西里岛这块原料产地。岛上的资产阶级不管是民主派还是自由派都认识到只有与大陆统一才有出路。于是,他们的"分立主义"情绪转变为与撒丁王国合并的意愿。

再次,经济关系的发展促进了政治关系的密切和民族认同感的增强,有利于遏制内部顽固的分离势力和对支持分裂的外部势力造成威慑。这一点在德国统一的过程中表现得淋漓尽致。1834年关税同盟建立后,在经济关系的带动下,以普鲁士为首的北德意志诸邦之间的政治关系日益加强。发展到在1866年的普奥战争中它们同仇敌忾一举击败了奥地利,建立了北德意志联邦。可是南德几个邦在普奥战争居然站在奥地利一边与普鲁士为敌。为了早日实现德国的

---

① [德]恩斯特·恩格尔贝格撰、陆世澄等译:《俾斯麦》上册,第155—156页。

统一,俾斯麦充分发挥了关税同盟的作用。他以解散关税同盟相威胁要求改革关税同盟的机构,迫使南德诸邦的民选代表与北德的民选代表平等地坐在一起共商大事,以便将关税同盟变成全德的代议制机构。尽管会议上南德的代表反对这一企图。但这种使两方代表已经坐在一起的做法对德国的统一的确起到了作用:"使分立主义者现在所强调的是对全德的忠诚而非对地区的忠诚。"①这尽管是俾斯麦为了实现德意志的政治统一而耍的一种瞒天过海的手段,但说明关税同盟的极端重要性:即使独立意识很强的南德诸邦须臾也离不开它。这种对德意志民族的认同"在1871年7月已变成席卷德意志所有部分的爱国洪流,分立主义和对普鲁士的不信任暂时被一扫而光"。德国政论家阿诺德·卢格(Arnold Ruge,1802—1880)描述了当时的情景:"任何一个德意志人,无论他是谁,如果现在不站在他的民族一边,就是一个叛徒。"②在法国向普鲁士宣战的两三天前,巴伐利亚、巴登和符腾堡就开始动员,其军队加入了普鲁士皇太子指挥的"第三军"。③北德、南德同心协力彻底击败了阻碍德意志统一的法国。尽管战争初期南德民族激情高涨,但德国的统一仍有阻力。色当之战后,南德的主要邦巴伐利亚虽然同意加入北德意志联邦,但交换条件是获取特权,而这些特权将会弱化该联邦亲和力。对此,俾斯麦毫不犹豫以使巴伐利亚在经济、政治上孤立相威胁。他暗示:将单方面废除关税同盟条约和邀请南德其他邦到凡尔赛商讨统一问题。最终迫使巴伐利亚就范。④上述史实充分说明了经济关系在增强民族情感、遏制分离势力和击败支持分裂的外部势力等方

---

① D. G. Williamson, *Bismarck and Germany 1862—1890*, London: Addison Wesley Longman Limited, 1998, p.35.
② Gordon A. Craig, *German 1866—1945*, New York: Oxford University Press, 1980, p.27.
③ *Ibid.*, p.27.
④ D. G. Williamson, *Bismarck and Germany 1862—1890*, p.41.

面的重要作用。关税同盟内的自由贸易和铁路网将工业中心与分布在不同邦的铁、煤等资源紧紧连在一起,从而将整个德意志连在了一起。因此,英国著名经济学家凯恩斯说:"德意志帝国与其说是建立在血和铁上,倒不如说是建立在煤和铁上更为真实。"① 意大利史学家说铁路是缝好意大利这只大皮靴的丝线。② 其实,应该说包括铁路在内的整个经济关系才是缝好意大利这件"百衲衣"的丝线。

最后,国家主体部分的经济发展是促进各部分之间经济关系良性发展、带动全民族经济增长、为国家的最终统一准备经济前提的关键。主体部分的经济发展快,其他部分的向心力则强,经济关系就能持续,甚至加强。主体部分的经济发展滞后,其他部分的向心力则会减弱,甚至会转变为离心力。德国统一中的普鲁士和意大利统一中的撒丁王国是前者的典型例子。苏联解体之前的俄罗斯则是后者典型例子。众所周知,普鲁士是小德意志中间最大的邦,其农奴制改革和工业革命都走在其他邦的前面,又是德意志关税同盟的组织者和控制者,经济发展速度最快,经济实力最强。其他邦的经济发展都少不了它,都有赖于它。也就是说普鲁士由于经济的快速发展和经济实力的雄厚而对其他邦产生了强大的吸引力,反过来其他邦则对普鲁士产生了不可克服的向心力。实际上,在德国实行政治统一之前,德意志已经实行了经济上的统一,③ 其核心就是普鲁士。撒丁王国也是意大利诸邦中经济发展最快,经济实力最强的实体。加里波第可能正是认识到这一点才打着撒丁王国国王"埃曼努伊尔万岁"的旗帜率志愿军远征西西里的,最后将南部半壁河山合并于撒丁王国。从 1480 年莫斯科大公国摆脱蒙古的统治获得独立到 1991 年

---

① John Maynard Keynes, *The Economic Consequences of the Peace*, New York: Harcourt, Brace and Howe, 1920, p. 81.
② 转引自辛益:《意大利统一大业完成的历史经验》,《史学月刊》1989 年第 2 期。
③ Geoffrey Barraclough, *The Times Atlas of World History*, Maplewood, New Jersey, 1979, p. 217.

苏联解体，俄国的历史长达511年。经过5个世纪发展起来的大国居然一朝分崩离析。其原因是多方面的、错综复杂的，但其主要的原因之一是俄国的主体——俄罗斯的经济在苏联的后期严重滞后，导致其他部分对俄罗斯的向心力减弱，离心力增强。最终，乌克兰、白俄罗斯等14个苏联的加盟共和国宣布独立。俄罗斯不仅不阻止这种分裂国家的活动，反而乐见其成，认为这些加盟共和国拖了俄罗斯的后腿，是俄罗斯经济发展的负担。这是斯大林的计划经济模式使经济发展缓慢和苏美争霸消耗了大量的人力、物力和财力所造成的悲剧。这又从反面说明了国家主体部分的经济发展对民族统一的极端重要性。

综上所述，经济关系在民族国家统一中所起的作用是：恢复和发展一国分离部分之间的经济关系是重建统一的民族市场不可或缺的一个重要步骤；经济关系的发展可以扩大主张统一的阵营、增强拥护统一的势力；经济关系的发展能够促进政治关系的密切和民族认同感的增强，进而有利于遏制内部分离势力和抗衡外部的干涉势力；国家主体部分的经济发展是促进各部分之间经济关系良性发展、带动全民族经济增长、为国家的最终统一准备经济前提的关键。

我们强调经济关系在民族国家统一中所起的作用并不是忽视或否定政治关系、军事力量、文化因素和外交策略等的重要作用。只是说经济关系是一个重要方面，一个基本前提。而且经济关系的作用与其他几种因素的作用是辩证统一的、相互促进的。只有充分发挥这几个因素的综合作用，一个民族国家的统一大业才能最终完成。"他山之石，可以攻玉"，认真、科学地总结和吸取世界史上其他国家统一与分裂的经验和教训对正处于完成统一进程之中的中华民族是非常必要的和十分有益的。

（原载《武汉大学学报》［人文科学版］2007年第2期）

太平洋外交与中国的统一

中国内地和台湾地区在分裂、敌视整整40年之后出现了令人高兴的缓和与渴望统一的气氛。早日实现民族的统一已成为台湾海峡两岸人民的共同心愿。本文试图从战后太平洋外交关系的变化与中国统一进程之间的关系方面进行探讨。

冷战外交：分裂的起因

二战结束时，国际形势和国际关系发生了根本的变化。德、意、日彻底失败，英、法国力大为削弱，而太平洋两岸的美、苏却上升为超级大国。战前的多极格局转变为战后两极对峙。围绕欧洲和亚洲的重建，两国进行激烈的争斗，展开了一场从抢占势力范围到争夺世界霸权的冷战。在战略重点所在地欧洲，首先形成了以苏联为首的社会主义阵营和以美国为首的资本主义阵营。两大营垒的对立使美苏间的角逐比一般的争霸复杂、激烈得多。

西太平洋是冷战的另一重要战场。日本投降前后，两霸争先恐后攻占和接管日占区。苏联占领千岛群岛、库页岛南半部、朝鲜北部，它还想占领日本本土北海道，遭到美国拒绝。美国占领菲律宾、西太平洋诸岛、朝鲜南部以及整个日本本土。

中国是两霸争夺的重点。中国人民打败了日本侵略者,正着手收复失地,准备重建家园。美苏冷战使中国的光明前途面临新的危机。苏联的目标是恢复在中国东北的特权,设法平衡美国在华的影响。美国的计划是变中国为自己的势力范围。通过1945年2月雅尔塔会议上与美国的政治交易和同年8月14日同国民党签订的所谓《中苏同盟友好条约》,苏联以许诺支持蒋介石为"代价",换取了40年前丢失给日本的沙俄在中国东北的全部特权。[1] 对于中国的政局,苏联担心一场内战和共产党的过分胜利会使蒋介石投入美国的怀抱,希望国共妥协,使自己对两党都有影响力,抵消或至少降低美国在华影响。一方面它支持以国民党为主组织联合政府,要共产党与国民党合作;另一方面又给共产党有限的支持。这既增加了对共产党的影响,又迫使国民党不得不有求于莫斯科。

战后,为了遏制苏联向太平洋扩张,华盛顿打算使中国"成为抗衡苏联的力量和向美国资本开放的市场"。它认为,"一个共产党统治的中国或一个虚弱的中国会招致俄国的渗透,都不能达此目的"[2]。一言以蔽之,美国希望重建一个依附于自己的中国。为此,美国积极帮助国民党在全国建立政权。起初以和平方式尝试,失败后全力支持国民党打内战,耗资30亿美元[3],结果"丢失了中国"。

国民党退到台湾后,华盛顿开始重新考虑对华政策,在是否继续支持国民党和承认内地政府的问题上美国统治集团内发生严重分歧,但一度占上风的倾向是,美国政府准备听任中国大陆征服台

---

[1] Immanuel C. Y. Hsu, *The Rise of Modern China*, New York: Oxford University Press, 1983, pp. 609, 684.
[2] Ibid., p. 636.
[3] Mary Beth Norton, et al., *A People and a Nation: A History of the United States*, Boston: Houghton Mifflin Company, 1988, p. 494.

湾，考虑承认中华人民共和国。①1950年1月杜鲁门总统宣布："美国没有掠夺台湾和任何其他中国领土的计划，现在美国无意在台湾获取特惠或特权或建立军事基地。它也没有任何意向以其武装力量干涉目前的局势。美国不会执行一项导致卷入中国内部冲突的方针，同样不会为台湾的中国军队提供军援和顾问。"②美国决策者觉得，"共产党中国的兴起虽不合心意但可以被接受，因为它并不构成对美国安全和霸权的军事威胁"③。不过美国取观望态度，看中国共产党是否执行独立的外交政策。④

中国共产党在对外交往中早就力图执行独立自主的方针。1945年1月和3月，毛泽东先后向白宫提出访美要求，有意与在延安的美国迪克西使团官员约翰·S.塞维斯谈论战后中美经济合作前景。⑤1949年共产党又多次试探过美国对中国的承认和经援的可能性，均遭冷遇。新中国诞生前后，苏联政策发生明显变化。它以无产阶级国际主义态度对待新中国，新中国成立的第二天就予以承认，并许诺经济援助。在这种种情况下，新中国采取了"一边倒"的外交政策。毛泽东1949年底访苏，两国于1950年2月签订为期30年的《中苏同盟友好互助条约》，取代了1945年的《中苏友好同盟条约》，苏联完全放弃了在东北的特权。1950年的条约标志着中苏建立了政治、经济、军事同盟，⑥中国正式加入了社会主义阵营。美国外交史专家亚历山大·德孔德指出：毛泽东访问莫斯科和中苏同盟条约的签订使

---

① Immanuel C. Y. Hsu, *The Rise of Modern China*, p. 713.
② *Ibid.*, p. 760.
③ *Ibid.*, p. 731.
④ C. J. Bartlett, *The Global Conflict*, London: Longman, p. 293.
⑤ Immanuel C. Y. Hsu, *The Rise of Modern China*, pp. 674—675.
⑥ J. A. S. Grenville, *The Major International Treaties, 1914—1973*, New York: Stein and Day / Publishers, 1974, pp. 371—373.

美国对中国共产党的敌视加深。莫斯科——北京同盟在均势的一边增添了有利于共产党世界的新砝码。美国因此求助于昨天的敌人——日本，将它作为美国亚洲政策的支撑点。①如果说中苏条约给中美关系蒙上一层阴影，朝鲜战争则使之极度恶化。

朝鲜战争对中美关系带来严重后果，开始了大陆与台湾的分裂局面。美国伤亡惨重、威信大损，消灭朝鲜民主主义人民共和国的幻想破灭，称霸太平洋的野心受到沉重打击，故对中国切齿痛恨。它进而得出结论：中国和俄国是决心摧毁西方民主制度，铁板一块的国际共产主义阴谋的基本成分②；中国比苏联更危险。从此，美国一直推行危害中国的国家安全、经济和外交地位的政策。③它对台湾的态度发生了一百八十度的大转弯。华盛顿认为中国大陆统一台湾再也不是中国内战的必然结果，而是共产主义在亚洲扩张庞大计划的组成部分。④杜鲁门说，在朝鲜战争的情况下"共产党的军队占领台湾对太平洋地区的安全和该地区的美军是一种直接威胁"⑤。台湾成为美国太平洋战略中的"一艘坐落理想、不沉的航空母舰和潜水艇供应船"⑥。为阻止中国政府统一台湾地区，美在各方面全力扶持"台湾当局"。1950 年 7 月美代办处在台建立，1953 年初升级为大使馆。1950 年至 1951 年的会计年度里，美给台经援为 9800 万美元。1950 年 6 月 29 日第七舰队进驻台湾海峡。翌年美军事顾问团成立。1953 年 2 月，新总统艾森豪威尔解除限制，允许国民党反

---

① Alexander Deconde, *A History of American Foreign Policy*, Volume 2, New York：Scribner, 1978, p. 239.
② Immanuel C. Y. Hsu, *The Rise of Modern China*, p. 732.
③ Rosemary Foot, *The Wrong War*：*American Policy and the Dimensions of the Korean Conflict*, Ithaca：Cornell University Press, 1985, p. 28.
④ Immanuel C. Y. Hsu, *The Rise of Modern China*, p. 732.
⑤ *Ibid.*, p. 761.
⑥ *Ibid.*

攻大陆。1954年美台签订"共同防御条约"。在美国的影响下,1952年4月日本与台湾地区签订"和平条约"。该条约特别指出,它适用于国民党已控制的全部领土以及今后可能控制的领土。① 这样,回归祖国不久的台湾地区成为美国敌视中国内地的桥头堡、美苏冷战的前沿阵地。

美国的支持挽救了山穷水尽的国民党政权。起初,由于美国的抛弃态度,蒋家父子"睡眠不安",国民党上下"人心惶惑"。1950年6月1日,蒋经国派李次白回大陆商议合作。朝鲜战争一爆发,李立即被召回。"台湾当局"有了靠山,腰杆越来越硬,遂提出以台湾为"复兴基地"、"武力反攻大陆"的政策。中央政府要统一台湾地区,"台湾当局"要"光复大陆",中国重新陷入分裂之苦。

解冻外交:统一的曙光

美苏冷战并未随朝鲜战争的结束而结束,而且一直延续到20世纪80年代后期。但是朝鲜战争后,美苏在西太平洋的对抗在很大程度上为中美敌视所代替。第七舰队进入台湾海峡20年之后,中美关系才出现新的转机。1971年4月举世瞩目的中国乒乓球外交使长期敌对、僵化的中美关系开始解冻,太平洋形势转向缓和。

中美关系的缓和不是偶然的,是国际关系变化发展的结果。中苏关系的破裂和中国奉行独立自主的外交政策,两极对峙的瓦解和多极格局的再现,以及美苏争霸日趋激烈和美国在越南的困境是促成缓和的主要因素。

---

① Immanuel C. Y. Hsu, *The Rise of Modern China*, p.762.

面对中苏关系的破裂和美国的敌视，中国慢慢离弃了"一边倒"的旧政策，开始奉行独立自主的新外交。1964 年被称为"外交核爆炸"的中法建交是中国对西方国家外交上的重大突破，是两国独立自主外交政策的共同胜利。与此同时，中国人民自力更生，打破了超级大国的核垄断。1964 年至 1970 年成功地试验了原子弹、氢弹和将地球卫星送入太空。外交政策的更弦和国防力量的增强使中国的国际地位日益提高。1971 年，尽管美国千方百计阻挠，中华人民共和国在联合国的合法地位得到恢复。中苏交恶和中国的强大不能不对美国的对外政策产生重大影响。

中苏关系的巨变使华盛顿认识到：中苏并非铁板一块，西太平洋的社会主义阵营不复存在；中国已作为一支独立的、不结盟的、强大的政治力量出现于国际舞台；美国必须重新调整对苏对华政策。基于这种认识，尼克松、基辛格推行一种新的均衡政策。他们认为：取代两极而起的是五强中心：美、苏、中、日和西欧。其中只有中国还被孤立于国际社会之外，现在刻不容缓的是将它纳入国际社会。美国同日本和西欧友好，而中苏相互敌对，主动权就留给了华盛顿。一个能在国际关系中发挥积极作用的中国使对俄国的遏制较为容易。一个经济强大的日本又能平衡中国的力量。在此外交模式中，美国将能操纵一切，发挥世界领导作用。①

中苏关系极度恶化的时期正是美国在越南战争中最难受的日子。印度支那是西太平洋美苏冷战的又一热点。美国从 1950 年支持法国恢复对越南的殖民统治而卷入越战，到 1969 年时已达 20 年之久。在苏联和中国的支持下，越南人民给 50 余万美军以沉重的打击。截至约翰逊总统卸任止，美军阵亡 5.4 万余人，受伤 29.6 万余

---

① Immanuel C. Y. Hsu, *The Rise of Modern China*, p.736.

人,战费超过 1200 亿美元。[①] 美国国防部长克拉克·克利福德对约翰逊总统说:"即使再向越南增兵 20.6 万,我们也不能赢得战争。"[②] 美国国内反战情绪如此之强烈,致使约翰逊不得不放弃竞选连任。为摆脱困境,1969 年上任的尼克松总统一方面决定通过战争"越南化"从越撤军,另一方面在外交上希望莫斯科或北京能限制河内,帮美脱离困境。当时美苏正处于"限制战略武器谈判"中,若能与中国改善关系,美国可一箭双雕:苏联也许更愿意与美国达成各项政治协定和军备限制协定,以防中美结成反苏同盟;为争取美远苏亲华,北京可能愿意在使河内与美国达成一项体面的越战解决办法方面予美以协助。[③] 1972 年 2 月尼克松对中国进行"改变世界的一周"的访问。双方联合发表的"上海公报"是中美关系的转折点。中美关系的缓和为中国的统一带来了曙光。主要表现在两个方面:一是美国承认了中国关于台湾问题的一贯立场;二是导致了中日关系正常化,结束了日本与台湾地区的政治瓜葛。台湾问题是改善中美关系的关键。美国在"上海公报"中关于台湾问题的声明可归纳为三点:(一)只有一个中国,台湾是中国的一部分;(二)台湾问题应由中国人自己和平解决;(三)许诺从台湾撤走全部军队和军事设施。它还接受了中国的"和平共处五项原则"。美之声明对中国的统一是至关重要的:它彻底否定了 1950 年杜鲁门提出的"台湾地位未定"论以及由此繁衍的"两个中国"、"一中一台"和"台独"等谬论;它承认了它多年不愿承认的客观事实——台湾是中国的一部分。"上海公报"对中国统一的作用集中到一点就是解决了台

[①] 傅启学:《三十年来中美中俄关系的演变》,台湾商务印书馆 1985 年版,第 83 页。

[②] Rosemary Foot, *The Wrong War: American Policy and the Dimensions of the Korean Conflict*, p. 548.

[③] [美]迈克尔·谢勒撰、徐泽荣译:《二十世纪的美国与中国》,三联书店 1985 年版,第 236 页。

湾地区的法律地位问题。尼克松访华后，美国对解决台湾问题做了一些实事。早在1970年，第七舰队就按照尼克松的命令停止了在台湾海峡的巡逻。① 1974年10月福特总统签署了国会通过的一项法案："终止总统使用美军保卫台湾和澎湖列岛的权力。"② 1975年5月美18架F-4鬼怪式战斗机和450名地勤人员撤离台湾。③

中美关系的缓和促进了中日关系的解冻和发展。日本早有逐步发展日中关系的打算，因美所阻，未能如愿。美国背着日本在美中关系方面先走了一步，使日决心以比美更明朗的态度和更快的速度同中国改善关系。1972年9月首相田中角荣和外相大平正芳访华，两国发表联合声明，实现邦交正常化。从而结束了自中日甲午战争以来两国间近80年不愉快的历史，消除了另一个不利于中国统一的国际因素。其表现为：（一）日本承认中华人民共和国为中国唯一合法政府，接受和平共处五项基本原则；（二）日本充分理解和尊重中国政府关于"台湾是中华人民共和国领土不可分割的一部分"的立场，并坚持遵循《波茨坦公告》第八条（该条款重申1943年《开罗宣言》的精神，即战后台湾归还中国）；（三）日本废除了1952年《日台和平条约》，否认了《美日安全条约》中关于"台湾条款"的有效性。④ 中日关系正常化终止了日台之间阻碍中国统一的政治瓜葛。

"上海公报"和"中日声明"使"台湾当局"的"法统"地位受到强烈震撼。靠山不可靠，"武力反攻"大陆已成为"政治神话"，

---

① 茅家琦：《台湾30年 1949—1979》，河南人民出版社1988年版，第216页。
② 同上，第312页。
③ 同上。
④ Immanuel C. Y. Hsu, *The Rise of Modern China*, p. 750. 《美日安全条约》订于1951年，1960年续订。条约允许美以安全的名义调驻日美军用于亚洲其他地方。1969年尼克松和佐藤发表包含"台湾条款"的联合公告，称台湾地区的安全对日本的安全是重要的，故1960年《美日安全条约》适用于台湾。

它声明今后要实践"庄敬自强"、"操之在我则存"的精神。①

尽管中美关系缓和,台湾问题的解决取得原则性进展,但美还未正式承认中华人民共和国为中国唯一合法政府,美台防御条约还没提及,两国关系正常化道路上还有不少困难和障碍需要克服。

和平外交:成功前景在望

1978年8月至1989年5月的11年,相对而言是战后太平洋外交最和谐的时期。它可分为二个阶段:1978—1985年,1986—1989年。前一阶段,和平外交主要体现在中、日、美三国之间。1978年8月《中日和平友好条约》签字。1979年1月中美建交。1985年3月戈尔巴乔夫执政后,苏联对外政策发生重大变化,使太平洋国际关系发展到一个新阶段。苏美首脑互访和多次会晤,在一些问题上取得不少实质性进展,苏日关系也开始缓和。1989年5月戈尔巴乔夫访华,中苏两国两党关系恢复正常,太平洋和平外交达到高潮。这些说明,太平洋地区的冷战已基本结束。和平的外交气氛为中国的统一提供了良好的国际环境。

1972年上海公报发表后到1978年5月这段时期,中美关系进展不大。在美国,尼克松陷入"水门事件",无力继续发展两国关系;国会中的保守势力反对邦交正常化使政府迟迟不肯接受中国提出邦交正常化的三个条件。它们是:1.断绝与台湾的"外交关系";2.废除1954年《美台共同防御条约》;3.从台湾撤走全部美军。②

---

① 《蒋帮就中美联合公报发表声明》,载《参考消息》1972年3月1日第4版。
② Immanuel C. Y. Hsu, *The Rise of Modern China*, p. 811.

1978年前后苏联对中国的新威胁和它与美国的激烈争夺为中美关系正常化的最终实现起了催化作用。越南和苏联于1978年11月签订了为期25年的《越苏友好合作条约》，其第六条规定："一旦双方之中一方成为进攻的目标或受到进攻威胁的目标，缔约双方将立即进行相互协商，以清除这种威胁和采取相应的措施，保障两国的和平与安全。"① 不言而喻，该条约是针对中国的。1978年中共十一届三中全会后，中国推行更为积极灵活的外交政策。同一时期，美国面临苏联的激烈争夺：两国正进行第二项"限制战略武器谈判"；受苏联支持的古巴军队进入安哥拉，苏联正酝酿着在西南太平洋寻求霸权，苏军政人员进入阿富汗。为把改善中美关系作为与苏进行"限制战略武器谈判"的强有力的武器②，为加强在与苏争夺中的地位和遏制苏在亚洲的扩张，华盛顿加速了实现美中关系正常化的步伐。1978年5月，美国国家安全助理布热津斯基访华时表达了卡特总统的决心。美决定对华让步，接受其三个条件。同时美方也提出三个条件：1.继续保持与台湾的商业文化联系；2.台湾问题必须以和平方式解决；3.关系正常化后继续向台湾出售武器。10月，卡特决心结束美对台义务，将1979年1月1日定为给予中国外交承认的最后期限。③ 对美方三个条件，邓小平说："我们绝不同意你们向台湾出售武器，但是为了实现关系正常化，我们把它搁置一边。"④ 邓小平高瞻远瞩，从中国的国际战略和统一大业着眼，采取了原则性和灵活性高度结合的外交策略，为中美关系正常化作出了重要贡献，在执行灵活机动的外交政策方面树立了光辉的典范。1978年12月16

---

① 何春超等：《国际关系史纲》（1917—1985），法律出版社1986年版，第389页。
② Immanuel C. Y. Hsu, *The Rise of Modern China*, p. 813.
③ *Ibid.*, p. 814.
④ *Ibid.*, p. 815.

日，两国发表联合公报，宣布从 1979 年元旦起建交。同时美国对台湾发表声明。公报和声明的内容可概括为：（一）美国承认中华人民共和国政府为中国唯一合法政府，台湾是中国的一部分。（二）1979 年 1 月 1 日，美台断绝"外交关系"，终止《美台共同防御条约》，四个月内撤走在台剩余的全部美军；美台保持商业、文化和其他非官方关系。（三）美国希望台湾问题由中国人民自己以和平方式解决。1978 年 12 月 31 日，美台双方大使馆关闭。翌年 4 月 26 日美国留驻台湾的 150 多名军人，包括"军事援助顾问团"全部撤离台湾。由于美国承认台湾是中华人民共和国的一部分，正式割断了与台湾的政治、军事联系，以致结束了对台湾的义务。至此，中国统一的外部障碍基本上得以消除。

建交后，由于华盛顿制定和执行《与台湾关系法》，把台湾当作一个"独立"的政治实体看待，使美国向台湾出售武器的问题更为突出。美国这样做是想在美、苏、中三角外交中利用台湾问题牵制中国。经过多次会谈，1982 年 8 月 1 7 日中美发表联合公报。美重申："它无意侵犯中国的主权和领土完整，无意干涉中国的内政，也无意执行'两个中国'或'一中一台'的政策。"它声明："它不寻求执行一项长期向台湾出售武器的政策，它向台湾地区出售的武器在性能和数量上将不超过中美建交时和近几年供应的水平。它准备逐步减少对台湾的武器出售，并经过一段时间导致最后的解决。"[①]

太平洋外交中的其他事件也有利于中国的统一。1984 年根据"一国两制"的构想，中英解决了香港问题。随之中葡解决了澳门问题。港澳问题不仅本身就是中国统一问题的一部分，而且它们的解决为解决台湾问题提供了经验，造成了有利的气氛。西太平洋地

[①] 何春超等：《国际关系史纲》，第 414 页。

区冷战的基本结束产生了一种新的民族主义和爱国主义,其表现为三八线两边的朝鲜人和台湾海峡两岸的中国人对民族统一的渴望。

由于统一的外部障碍的基本排除和上述有利因素的影响,炎黄子孙朝着统一的目标已经起步。我中央政府对统一从大政方针到具体措施制定了一整套切实可行的计划,诸如对等谈判、一国两制、高度自治;停止炮击、停止对国军起义官兵的奖励、促进三通等等。在国际大气候和中共政策的感召下,国民党在观念和做法上也在慢慢发生变化。"台湾当局"认识到:"偏安不能自保,分裂必然灭亡","和平统一确是全中国人民的共同愿望"。[①]他们逐步在文化、经济和政治方面放宽了对两岸民间来往的限制。近年来,海峡间形势缓和的发展是很明显的,甚至有官方间的接触。由此可见,在无外来干涉的情况下,中国人经过一定时期的努力是完全能够解决自己的问题的。统一大业前景在望!

通过对太平洋外交关系的变化与中国统一进程之间关系的初步考查,我们至少可以明确以下三点:第一,中国的统一虽然是中国的内部问题,但是与太平洋国际关系有着千丝万缕的联系,甚至在某种程度上受其制约。若无外来干涉,中国内战的结果必然是祖国统一的完成,不论其方式是武力的还是和平的。但在两极对峙的冷战状态下,中国倒向苏联,美国则出兵台湾,分裂了中国。六七十年代之交太平洋外交发生重大转折:中苏分离、中美和解,遂有美国承认台湾是中国领土的一部分和日本承认新中国。20 世纪 70 年代末,由于中美分别面临苏联的新威胁和激烈争夺,两国建交最终实现,美结束了对台湾的义务,才有海峡两岸的缓和与接触。一句话,国际障碍的排除和太平洋和平外交的出现是中国统一的前提。

[①] 郭相枝等:《国共关系近四十年演变之探讨》,《台湾研究》1988 年第 4 期,第 6 页。

要使统一早日实现，今后必须坚决维护和进一步发展太平洋地区的和平环境。

第二，中国的统一问题受太平洋国际关系的制约，同时中国的政策反过来又能对它产生重大影响。1950年始的"一边倒"政策客观上加剧了西太平洋的冷战，使两霸的争夺演变成两大阵营在该地区的尖锐对立。我们在这种对立中吃了大亏：先是受到美国的敌视，祖国被分；后是受苏联的欺负，国家安全受威胁。一个时期，腹背受敌，"一边倒"政策的采取有多方面的客观原因，但主观认识上的缺陷是最根本的。主要有两点：一是由于美国的反苏反共立场，我们把美苏斗争看作纯粹是资本主义同社会主义的斗争；二是，因美统治集团内顽固派和非顽固派在对华政策上分歧严重，美国总的态度是"等等看"。对此我们认识不足，故未能看到在对美政策上仍有回旋的余地，以致不仅没有利用两霸的矛盾执行独立的政策，反而倒向苏联，为美国反共顽固派武力干涉中国内政提供了口实。吃一堑，长一智，从20世纪60年代中期起，我们推行独立自主新外交，注意利用美苏间的争夺，导致了60年代末70年代初战后太平洋外交的重大变化。不仅摆脱了孤立的处境，而且使祖国的统一有了新的希望。1978年十一届三中全会后，我们的对外政策和策略更为成熟、灵活，不仅使中美、中苏关系产生了积极的效果，而且对美苏、苏日关系也有相当影响，促成了太平洋冷战的基本结束，为祖国的统一创造了一个和平的国际环境。今后不管太平洋外交如何变，但有一点不能变，即根据社会主义祖国的利益，坚持独立自主的外交政策，采取灵活机动的外交策略。

第三，推行正确的外交政策和实现祖国的统一，一定要有强大的实力为坚强后盾。至今中国还有几块领土仍为他人所占，或在他人的势力范围之内，这实际上是旧中国国力衰微所留下的后遗症。

要使分裂之国重归统一，最根本的一条是国家的强盛。只有国力强大才有外交桌上的平等地位，才能真正实现独立自主的外交政策。"一边倒"的政策的执行，部分原因也是当时经济实力所致。我们能恢复在联合国的席位，能同其他几个主要国家建交，能在太平洋与美苏形成鼎足之势，其根本原因是中国共产党领导下的社会主义中国经济、军事力量的日益强大。美国、日本等不得不承认这一客观事实。

祖国的统一还未实现，还需进行艰苦的外交斗争。太平洋外交发展的总趋势是好的，不过很难断言今后不会出现曲折和反复。美苏关系出现前所未有的缓和，可是前途难以预料。中美建交10年来，两国关系取得可喜的成就，但美国统治集团中少数人并未完全放弃敌视中国的立场，时而违背中美建交原则，一遇机会就兴风作浪，干涉中国内政，严重损害来之不易的两国正常关系。在中国内部，"台湾当局"近年来虽在政策和策略上有些改变，但它并未放弃反共立场，认为中央政府提出的和平统一、"一国两制"的战略方针是"统战诡计"，以"三民主义统一中国"相对抗。在国际上搞什么"弹性外交"、"银弹外交"，争取"双重承认"。这些国际国内的消极因素对中国的统一是极为有害的。我们必须与损害太平洋和平外交、损害中美关系以及不利于祖国统一的行为作坚决的、有理有利有节的斗争，以维护太平洋外交关系的健康发展，保卫和巩固祖国统一进程中业已取得的成就，使统一事业顺利进行。

(原载《世界历史》1990年第3期，
转载于中国人民大学复印报刊资料
《中国现代史》1990年第3期)

论美国坚持"一个中国"政策的原因

世界历史进程中,一个分裂之国实现统一的历史经验告诉我们:国家的统一有赖于两个条件:有利的内因和有利的外因。今天,有待统一的中国,其有利的内因就是台湾海峡的中国人除极少数"台独分子"外都渴望早日实现民族的统一,以及中国有足够的实力维护国家的主权和领土完整。其有利的外因是全世界绝大多数国家都支持中国的和平统一大业。其中,美国自1972年以来始终不渝地坚持"一个中国"(以下简称"一中")的政策。美国是个有影响的大国,它的对华政策对世界,尤其对西方世界有着重要影响。因此,探讨它坚持"一中"政策的原因,对于进一步发展中美友好关系、巩固其"一中"的立场、遏止"台独"、扩大两国的共同利益和保持亚太地区的和平与稳定以及其经济的繁荣,具有至关重要的意义。有鉴于目前还未见到专门研究该问题的著述,故本文试图抛砖引玉。

美国的"一中"政策的内容是:"美利坚合众国承认中华人民共和国政府是中国的唯一合法政府。在此范围内,美国人民将同台湾人民保持文化、商务和其他非官方关系。……中华人民共和国和美利坚合众国重申上海公报中双方一致同意的各项原则,并再次强调:……美利坚合众国政府承认中国的立场,即只有一个中国,台湾是中国的一部分。"①30余年来，美国之所以能坚持这一政策，笔者认为有如下诸方面的原因：

一、理性的回归

台湾自古以来就是中国的神圣领土。甲午战争中日本以武力强迫清政府割让台湾地区。1943年12月1日的《开罗宣言》中庄严宣告：美、英、中"三国之宗旨，在剥夺日本自1914年第一次世界大战开始以后在太平洋所夺得或占领之一切岛屿，在使日本所窃取于中国之领土，例如满洲、台湾、澎湖列岛等，归还中华民国"②。1945年7月26日，美、英、中三国发布的《波茨坦公告》第八项重申："《开罗宣言》之条件必将实施，而日本之主权必将限于本州、北海道、九州、四国及吾人所决定其他小岛之内。"③民国三十四年（1945）十月二十五日"由台湾行政长官兼警备总司令陈仪对日本台湾总督安藤利吉大将所签署的《受降令》，明白说明陈仪将接收台湾、澎湖列岛之领土、人民治权、军政设施资产"。"这份文件头尾分别以'中国'陈仪与'日本'安藤利吉两人署名，显示当年日本

---

① "Joint Communique on the Establishment of Diplomatic Relations between the People's Republic of China and the United States of America" (January 1, 1979), *East Asian Studies Documents*, http://www.isop.ucla.edu/eas/documents/Jnt-Com2.htm;《中华人民共和国和美利坚合众国关于建立外交关系的联合公报（1979年1月1日）》，《人民日报》1978年12月17日。

② United States Department of State, *Foreign Relations of the United States Diplomatic Papers, The Conferences at Cairo and Tehran, 1943*, pp. 448–449.

③ "Potsdam Declaration", July 26, 1945, East Asian Studies Documents, http://www.international.ucla.edu/eas/documents/potsdam.htm.

投降之后，台湾与澎湖列岛之领土与治权的确是归回中国。"① 在《开罗宣言》和《波茨坦公告》两个具有国际法性质的重要文件中，美国政府明确承认客观历史事实：台湾地区是被日本窃取的中国领土，战后必须归还给中国。《受降令》的实施则说明台湾归还中国的行为已经完成。

可是，冷战开始，尤其是朝鲜战争爆发后，美国将新中国视为敌人，在台湾的归属问题上，由理性转向非理性，否认它原来已承认的事实，鼓吹"台湾地位未定论"。在1950年6月25日高度机密的对朝鲜形势的讨论会上，国务卿艾奇逊认为："台湾的未来地位应由联合国决定。"杜鲁门总统插话道："或由对日和约决定。"② 关于领土问题，《旧金山和约》第二章第二条中规定："日本放弃对台湾及澎湖列岛的一切权利、权利根据与要求"③，而不提台湾及澎湖列岛应归还中国。从而以多边国际条约的形式确立了"台湾地位未定论"。美国政府以此为"法理依据"，在此后的很长一个时期里，策划和从事"两个中国"、"一中一台"、"一个中国、两个政府"、"台湾独立"、"台湾国际化"等活动，在非理性的道路上越走越远。由于海峡两岸中国人的坚决反对，美国的图谋未能得逞。

星移斗转，时过境迁，20世纪70年代初，中美关系解冻，美国对台湾问题的态度发生了实质性的变化。在1972年2月28日中美发表的《上海公报》中，美国明确表示了对台湾问题的立场："美国认识到，在台湾海峡两边的中国人都认为只有一个中国，台湾是中国

---

① 《受降令》在2007年3月1日台湾"行政院"研考会所举办的"二二八事件档案展"中展出。《解密文件推翻"台湾地位未定论"》，http://www.cqzg.cn/html/85/t-556585.html。
② FRUS 1950, Vol. VII, p.158.
③ San Francisco Peace Treaty, http://www.uni-erfurt.de/ostasiatische_geschichte/texte/japan/dokumente/19/19510908_treaty.htm.

的一部分。美国政府对这一立场不提出异议。"[1]这说明美国政府在长期进行分裂中国的活动失败后,又不得不承认客观事实,从非理性的立场回到了理性的立场。这既是美国理性回归的开始,也是其理性回归的表现之一。

美国理性回归的表现之二是其对台湾问题的立场更加明确、坚定。继在1972年的《上海公报》之后,中美两国于1979年1月1日发表了《中美建交公报》,其中,"美利坚合众国承认中华人民共和国政府是中国的唯一合法政府。在此范围内,美国人民将同台湾人民保持文化、商务和其他非官方关系"。美国重申:"美利坚合众国政府承认中国的立场,即只有一个中国,台湾是中国的一部分。"[2]该公报彻底地解决了台湾的归属问题:美国首次正式"承认中华人民共和国政府是中国的唯一合法政府";重申"只有一个中国,台湾是中国的一部分";宣布它与台湾的关系为"非官方关系"。进而在中美两国于1982年8月17日发表的《中美就解决美国向台出售武器问题的公告》(《八·一七公报》)中,美方再次重申:"美利坚合众国承认中华人民共和国政府是中国的唯一合法政府,并承认中国的立场,即只有一个中国,台湾是中国的一部分。""美国政府声明,它不寻求执行一项长期向台湾出售武器的政策,它向台湾出售的武器在性能和数量上将不超过中美建交后近几年供应的水平,它准备逐步减少它对台湾的武器出售,并经过一段时间导

---

[1] 《中美联合公报》,《人民日报》1972年2月28日;"Joint Communique of the United States of America and the People's Republic of China (Shanghai Communique)"(February 28, 1972),http://www.china.org.cn/english/china-us/26012.htm。
[2] 《中华人民共和国和美利坚合众国关于建立外交关系的联合公报(1979年1月1日)》,《人民日报》1978年12月17日;"Joint Communique on the Establishment of Diplomatic Relations between the People's Republic of China and the United States of America"(January 1, 1979),http://www.china.org.cn/english/china-us/26243.htm。

致最后的解决。"[①]在《八·一七公报》中，美国政府还认识到向台湾出售武器是不对的，并承诺"逐步减少"和"最后解决"。由上述三个公报可以看出，美国对台湾问题的政策是顺着积极的方向不断向前发展的。

美国理性回归的表现之三是它对"一中"政策的坚持。从1989年起，尽管国际形势发生了重大变化，如冷战结束、两极格局的解体；中美关系出现一些磕磕碰碰，如因天安门事件美国对华制裁、中国驻南使馆被炸事件和中美撞机事件；台湾岛内1988年后"台独"势力逐渐猖獗，如李登辉的"两国"论、陈水扁的'一边一国'论，等等，美国政府仍多次、反复表态：其"一个中国"的政策不变，反对"台独"。尤其是对陈水扁的"公投入联"，美国政府的批评和警告逐步升级，直接点明陈水扁当局的"公投入联"是个"错误"，是"朝向宣布台湾独立，和改变（台海）现状的一步"。美国根据中美三项联合公报的原则，长期坚持"一中"的政策，反对"台独"，是值得充分肯定的、是十分难能可贵的。

总之，美国在台湾问题上的理性回归包括三项内容：1972年，从之前的非理性向理性的转变；1972年至1988年，理性的发展；1988年至今，理性的坚持。以理性的态度处理对华关系是美国恪守"一中"政策的原因之一。进一步追究之，为什么美国能以理性的态度处理台湾问题？答案是：国际形势的变化、中美关系的改善和中美两国力量的长消。

---

① 《中美就解决美国向台出售武器问题的公告（1982年8月17日）》，《人民日报》1982年8月18日；"Joint Communique between the People's Republic of China and the United States of America （China-US August 17 Communique）", http://www.china.org.cn/english/china-us/26244.htm。

二、中国的强大和友好

美国坚持"一中"政策的原因之二是中国的强大和友好。

美国回归"一中"的政策是中国与之进行长期外交斗争（1950—1972）的结果。中国的外交斗争之所以取得如此成效是由于中国的强大。常言道："弱国无外交"，国家的强大是一国外交获胜不可或缺的条件。在国际政治中，西方国家不讲什么仁义道德，只认实力。中国的强大，改革开放前主要表现在军事上。战后，在第三世界，恐怕中国是最强大的国家。刚刚诞生的新中国在朝鲜战争中就打败了美国，使美国的国力从它的顶峰开始回落。即使按照西方人的说法，美中在朝鲜战争中打了个平手，也显示了中国的强大，因为当时美国是世界上的超级大国。1962年，在中印边境自卫反击战中，中国又击败了印度。在旷日持久的越南战争中，中国虽然没有与美国直接作战，但中国给越南以重要的物资支援，中国是越南人民抗美的大后方。中国是美国在越战中惨败的重要因素之一。1964年第一颗原子弹成功爆炸，打破了美苏的核垄断。1967年又成功地爆炸了第一颗氢弹，1970年地球卫星发射成功。这些都使世界对中国刮目相看。中国的强大不能不对美国的决策层以强烈的震撼，不能不对美国的对华政策产生重大的影响。1970年2月美国总统的对外政策报告中指出："中国人民是伟大的生气勃勃的民族，不应该继续孤立于国际社会之外，从长远来说，如没有这个拥有七亿多人民的国家出力量，要建立稳定和持久的国际秩序是不可设想的。"[①] 于是，美国向中国伸出了橄榄枝，导致了《上海公报》的发表。

改革开放后中国的强大不仅表现在军事上而且表现在经济上乃

[①] [美]基辛格撰、陈瑶华等绎：《白宫岁月——基辛格回忆录》（中译本）第二册，世界知识出版社1980年版，第339页。

至整个综合国力上。中国国民经济核算与经济增长研究中心发布的《中国经济增长报告 2005》指出：1978 年至 2004 年间，中国经济平均年增长率在 9.3% 左右，①2007 年 9 月 18 日中国国家统计局发布的消息，2003 年至 2006 年，中国经济连续 4 年以 10% 以上的速度增长，而今年上半年，增速则为 11.5%。国内生产总值占世界份额：2002 年为 4.4%，2006 年升至 5.5%。2003 年至 2006 年 GDP 年均增速较同期世界年均增速高出 5.5 个百分点。而在此期间，坐上世界经济第四把"交椅"的中国与前三位的美国、日本和德国的差距亦在缩小。2006 年进出口贸易总额已连升三位居世界第三，外汇储备亦已跃居世界第一。按照官方公布的数据，扣除价格因素，城镇居民人均可支配收入连续 4 年均保持在 7% 以上的速度增长。至 2006 年底，城乡居民人民币储蓄存款余额达 16.2 万亿元人民币，较 2002 年底增加 7.5 万亿元。经济总量从居世界第六跃至第四，人均国民总收入步入了中等收入国家行列。②

中国在强大的同时又是一个和平友好的国家。建国之初，共和国第一任总理周恩来就提出和平共处五项基本原则：互相尊重领土主权；互不侵犯；互不干涉内政；平等互利；和平共处。经印度和缅甸政府先后同意，五项基本原则于 1954 年 4 月 29 日和 6 月 29 日先后写入《中印关于中国西藏地方和印度之间的通商及交通协定》和《中缅两国总理联合声明》之中。③ 中印、中缅共同倡导的和平共处五项原则，立即受到国际舆论的重视和赞扬，得到许多国家特别

---

① 《今年中国经济增长 8% 至 9% 属正常波动范围》，http://news.xinhuanet.com/fortune/2005-03/13/content_2690099.htm。
② 中国国家统计局：《中国人均国民总收入已步入中等收入国家行列》（2007 年 9 月 18 日），http://business.sohu.com/20070918/n252225871.shtml。
③ 《和平共处五项原则的诞生过程》（2004/06/11），http://www.fmprc.gov.cn/chn/ziliao/wzzt/hpgcwxyzgjyth/t139380.htm。

是亚非拉国家的支持和赞同,后逐渐成为处理国际关系的准则。接着是邓小平同志指示中国"永不称霸"。在改革开放开始的1978年,邓小平同志就告诫我们:"到实现了四个现代化,国民经济发展了,我们对人类特别是对第三世界的贡献可能会多一点。作为一个社会主义国家,中国永远属于第三世界,永远不能称霸。这个思想现在人们可以理解,因为中国现在还很穷,是不折不扣的第三世界国家。问题是将来我们发展了,搞不搞霸权主义。……到那个时候,如果中国还是社会主义国家,就不能实行霸权主义,仍然属于第三世界。如果那时中国翘起尾巴来了,在世界上称王称霸,指手画脚,那就会把自己开除出第三世界的'界籍',肯定就不再是社会主义国家了。……这是毛泽东主席、周恩来总理制定的对外政策,我们要用来教育子孙后代。"① 邓小平同志告诫永不称霸的时候中国还很穷,当时说不称霸是很容易兑现的。现在,中国比那时富强得多,但她"永不称霸"的政策仍然不变。2003年11月,国务院总理温家宝在博鳌亚洲论坛上强调中国永不称霸,他说:"完全可以相信、一个充满活力、繁荣富强、致力于世界和平与发展、永不称霸的中国,将为亚洲的崛起和振兴作出新的贡献。"② 以胡锦涛总书记为首的新一代中央领导集体继承了新中国外交的传统,并结合国际形势与我国国际地位和影响的变化,对新时期我国外交政策目标作了新概括,进行了重大理论创新,提出了"和谐世界"新理念。2005年9月15日,国家主席胡锦涛在联合国成立60周年首脑会议举行第二次全体会议,发表了题为《努力建设持久和平、共同繁荣的和谐世界》的重要讲话。"和谐世界"的构想是中国国内建立

---

① 《邓小平文选》第2卷,人民出版社1994年版,第112页。
② 《温家宝:中国永不称霸》(华翼网新闻中心——中国新闻),2003-11-02,http://news.chinesewings.com/cgi-bin/site/c.cgi?id=20031102181165463。

"和谐社会"的理念的对外延伸和发展,是指导我国对外工作和处理国际关系的新方针。从"和平共处五项原则"到"永不称霸"的承诺,再到"和谐世界"理念,充分说了中国和平友好的对外政策是一贯的。

强大与友好是一个中国的两个方面。中国的强大不是为了侵略别国而是为了保卫自己,保卫自己的主权和领土完整。从朝鲜战争到越南战争,中国向全世界,尤其向美国充分展示她保卫自己的主权和领土完整和捍卫自己安全的决心、信心和能力。朝鲜战争时,美国入侵朝鲜,跨过"三八线",打到鸭绿江,严重威胁中国的安全。越南战争时,美国侵略越南,以从南面包围中国。然而,由于中国的直接参战和间接助战,美国在两次战争中都遭到可耻失败。中国的友好表现在她从未在国外驻一兵一卒,从未侵占别人一寸领土。不仅与社会制度相同的国家,而且与社会制度不同的国家友好相处。推行睦邻政策,在"与邻为善、以邻为伴"思想的指导下,到2006年中国已与12个邻国签订陆地边界条约或协定,解决了历史遗留的边界问题。[①]以原则性与灵活性相结合,本着求同存异的态度与美国一起共同不断克服两国间的问题与摩擦,使中美关系不断发展。有些美国人最担心中国将强大的经济实力转化成军事实力,担心中国成为20世纪初的日本和一次世界大战之前的德国。[②]然而,中国的对外和平友好战略的长期实践,雄辩地证明日益强大的中国与20世纪初的日本和一战之前的德国有着本质的不同。因此,"中国威胁论"在美国、在世界其他地方市场已经越来越小了。

对于这样一个强大到足以保卫自己主权和领土的完整、和平友

[①] 《中国和平边界大扫描:已与12邻国解决边界问题》,http://mil.news.sohu.com/20071003/n252470004.shtml。

[②] Nicholas D. Kristof, "The Rise of China", *Foreign Affairs*, November/December 1993, p. 60.

好到不威胁美国在全球的利益和其他国家利益的中国，美国首选和坚持的只能是"一中"政策。

三、全球战略所需

美国政府从其全球战略考虑，推行"一中"政策也是最佳方案。美国全球战略的主要任务是：在冷战结束之前，是反苏；之后，是反恐。

整个冷战时期，美国全球战略中的主要对手是苏联。由于新中国推行"一边倒"的政策以及朝鲜战争，美国将中国看成敌人。冷战初期，在与苏联的争霸中，美国处于优势，但由于进入20世纪60年代后，它在侵越战争中越陷越深，以至在与苏联的全球争夺中，优势逐渐丧失。到1968年，美国的军事预算为750亿美元，而用于越战的开支就达250亿—270亿美元，占支出的1/3以上。1959年至1975年，损失累计达3520亿美元。1969年美驻亚洲总兵力达90万，为驻欧美军的3倍。[1]巨大的财力、人力损失打乱了美国的全球战略，削弱了美国的实力和驻欧洲和其他地方的兵力。

趁美国陷入越战不能自拔之机，苏联大大地加快了发展经济和扩充军力和扩大在世界影响的步伐。在经济上，1950年，苏联的产出只相当美国的33%，到70年代中期，相当于美国的60%，苏联成为世界第二大工业强国。[2]在军事上，苏美战略力量对比发生重大变化。1962年导弹危机前夕，苏联的洲际导弹以1:5的劣势落后于美

---

[1] 转引自朱成虎：《中美关系的发展变化及其趋势》，江苏人民出版社1998年版，第64页。
[2] "Command Economy", Encyclopedia Article, http://uk.encarta.msn.com/encyclopedia_781529703/command_Economy.html.

国，1964年时仍为1∶4的劣势。① 但是勃列日涅夫上台后，苏联战略核力量发展大大加速。1967年年中，苏联洲际导弹为570枚，1968年年中增至900枚，1969年年中达1060枚，在数量上赶上美国②，从而使苏美战略力量接近平衡。除战略核力量以外，苏联挑战战后美国长期垄断的制海权。当美国因越战重负放慢海军造舰速度时，苏联正好摒弃了近海防御的海军战略，迅速加强远洋进攻力量。至于常规地面部队，尽管美国由于扩大侵越战争把兵员在1968年扩大到350万人，但是受人力开支增大和通货膨胀的影响，装备费用不足，武器更新困难。加之越战困住了约50万美军，美国全球的常规兵力分布也失去平衡。③ 在国际政治关系方面，美国的影响已大为削弱。侵越战争不仅遭到世界舆论严厉谴责，而且牵制了美国在世界其他地区的活动，使它在苏联的进攻性战略面前疲于应付。在中东，苏联在1967年"六天战争"④后扩大了对阿拉伯国家的影响；在南亚，苏联在1965年印巴冲突中支持印度，促成印度、巴基斯坦和苏联塔什干三国首脑会议；在欧洲，苏联与法国、西德加强来往，力图瓦解大西洋联盟；在加勒比海地区，苏联继续支持古巴，对美国在拉丁美洲的地位提出挑战。⑤ 在国内，由于连年征战，美国出现空前政治、经济和社会总危机。财政赤字激增，失业率直线上升，通货膨胀加剧，阶级矛盾进一步激化，反战呼声高涨。美国为越战所拖累，在推行全球战略时捉襟见肘，美国政府陷入内外交困的境地。为了摆脱越战困境，腾出手来对付主要的敌人苏联，美国

---

① 刘绪贻：《战后美国史 1945—2000》，人民出版社 2002 年版，第 303 页。
② 《1976 财政年度美国参谋长联席会议主席布朗军事态势报告》（中译本），第 12 页，转引自时殷弘：《美国在越南的干涉和战争》，世界知识出版社 1993 年版，第 268 页。
③ 刘绪贻：《战后美国史 1945—2000》，第 304 页。
④ 以色列对埃及的闪电战（1967 年 6 月 5 日始），以阿拉伯国家的战败而告结束。
⑤ 刘绪贻：《战后美国史 1945—2000》，第 304 页。

将与苏联处于剑拔弩张关系的中国看成"潜在的盟友",努力与之改善关系。导致了美国承认"一个中国"的《上海公报》。

中美关系正常化的实现也是美出于反苏全球战略的需要。尼克松访华后,两国关系正常化进程进展缓慢。一是因为1974年8月尼克松因"水门事件"而下台的影响;二是由于继任的美国行政当局将其外交政策的重点放在美苏限制军备谈判上。可是,由于美苏各打自己的算盘,制造缓和假象,尤其是苏联加快了军事扩张步伐,在全球战略争夺中开始出现苏攻美守的态势。美国政府企图以"缓和"为幌子,抽出手来调整其部署的策略不仅没有使苏联放慢军事扩张的步伐,反而使自己在苏联日益增长的实力面前越来越被动。此时的美国政府不得不重寄希望于美中关系的改善,以继续借重中国的力量实现其战略上的"均衡"。

1978年5月20日,卡特总统的国家安全事务助理布热津斯基与中国外长黄华举行会谈时指出:"卡特总统和我认为,美国和中国具有某些共同的根本战略利益,以及相似的长期战略目标。其中最重要的是我们双方对全球以及地区霸权主义的态度。因此,我们对同中华人民共和国发展关系的兴趣,绝不是策略性的,而是基于某些长期的战略目标的……我们从前曾经是盟友。我们应该再度合作以对付共同的威胁。"而使中美接近的关键因素"就是苏联作为一个全球强国的崛起"。布热津斯基将苏联的战略归结为:"企图占有战略优势,在西欧获得政治上的统治地位,在中东地区挑起动乱,在南亚地区制造不稳定,在印度地区进行渗透,包围中国。"[①]

卡特政府正是从反苏这一美国全球战略的高度出发,同中国一

[①] [美]兹比格涅夫·布热津斯基撰、邱应觉等译:《实力与原则:1977—1981年国家安全顾问回忆录》,世界知识出版社1985年版,第244—245页。

起共同发表了《中美建交公报》,其中重申了《上海公报》中的"一中"原则,实现了两国人民的共同愿望——中美建交。

中美建交的第二年即1980年为美国第40任总统大选年。总统候选人共和党保守派代表、一贯反共亲台的里根打"台湾牌"攻击卡特的对华政策,指责他严重背叛了在台湾的"老朋友",并扬言一旦他当选,将恢复与台湾的"官方关系"。他还对国会制定的直接干涉中国内政的《与台湾关系法》大加赞扬。果然,1981年12月28日的消息证实,里根一上台,其政府已决定向台湾地区出售一批武器零件,并已提交国会。1982年1月11日,里根政府正式宣布向中国台湾提供包括战斗机在内的所谓"防御物品"的决定。4月13日,美国国务院发言人宣布:美国政府已通知国会,向台湾地区出售价值6000万美元的军用零配件。① 里根政府这些公然干涉中国内政的行径遭到了中国政府的强烈抗议。正当中美关系开始向下滑时,又是美国的全球战略因素匡正了里根政府的政策。

在里根总统第一任期间,美苏关系十分紧张。在限制战略武器方面,美苏于1981年11月开始了关于欧洲中程导弹的谈判,但美国提出的"零点方案",② 使谈判一开始就陷入困境。由于双方均缺乏诚意,谈判的任何一方都力图借机加强自己和削弱对方,经过反复谈判,到1983年11月,美苏中导谈判以失败告终。③ 在经济方面,美国反对向苏联出口粮食,并极力加强同西欧和日本的战略联盟,

---

① 转引自朱成虎:《中美关系的发展变化及其趋势》,第80、81页。
② 1981年11月。在一个重要政策演说中,美国总统里根提出了"零点方案"——美方撤销计划的中程导弹部署,换取苏联消除它在欧洲和亚洲的SS-4、SS-5和SS-20中程导弹。即苏联以销毁1100枚导弹的代价,来换取美国承诺不部署还未建造、不存在的导弹。http://www.zaobao.com/special/china/sino_us/pages2/sino_us270201a.html.
③ [美]托马斯.帕特森撰、李庆余译:《美国外交政策》,中国社会科学出版社1989年版,第881—882页。

限制盟国对苏联的贸易和技术出口。在地区争夺上，美国力图稳住土耳其、以色列、埃及、沙特和巴基斯坦的一条防线，利用阿富汗和柬埔寨两场战争消耗苏联实力，拖住苏联后腿，使之不能施展面向中东的南下战略。此外，美国还加紧军事和外交部署，在非洲遏制苏联支持的古巴军事力量；在拉美，防止苏联势力的进一步渗透。在这种美苏激烈博弈的情况下，中美关系的倒退对美国抗苏斗争只会有害而不会有利。全球战略的考虑又将里根政府的政策拉回到了中美关系发展的正确轨道，导致了《八·一七公报》的发表。在该公报中，美国政府重申"一中"政策，并且声明："它不寻求执行一项长期向台湾出售武器的政策，台湾出售的武器在性能和数量上将不超过中美建交后近几年的水平，它准备逐步减少对台湾的武器出售，并经过一段时间导致最后的解决。"

总之，美国以反苏为主要目的全球战略是美国政府签署中美三个联合公报和坚持"一中"政策至关重要的原因。

1991年苏联解体，冷战结束，中美共同的战略对手消失了。但美国领导层中的有些人想的不是如何加强美中合作，进一步为世界和平作贡献，而是延续其冷战思维，在没有战略对手的情况下硬要假设一个战略对手，于是将中国当成假想敌人。小布什上台伊始，就信口开河地叫喊美国要"不惜一切代价保卫台湾"。接着是2001年4月1日，美国一架海军EP-3侦察机在中国海南岛东南海域上空对中国进行侦察活动，引发了中美撞机事件。美国的"中国威胁论"也一波接一波，达到登峰造极的地步。然而，"9·11"事件使美国决策者的头脑开始清醒了：对美国安全的真正威胁不是中国，而是一个非传统的敌人——国际恐怖组织。后冷战时期，美国全球战略中的首要任务就是反恐。美国的反恐斗争需要得到中国的支持。而中国对待恐怖主义的态度是反对一切形式的恐怖主义，而且中国境内也存在着本·拉登支持的恐怖组织，威胁着中国的安全。因此，中国和美国在反恐问题上有共同的利益。此外，在其他国际问题上，如核不扩散、朝核问题等，美国都需要中国的支持。既然美国有求于中国，美国当然就不会改变其"一中"政策。

四、切身利益所系

最后，从自己的切身利益着想，美国更需要坚持"一中"政策。与中国问题相连的美国切身利益主要表现在两个方面：中国的市场和在亚太的利益。

美国对广阔的中国市场的渴求至晚可以追溯到19世纪末期，当欧洲列强和日本在中国划分势力范围时，迟到的美国提出了"门户开放"的对华政策，其目的就是为了与其他列强共享中国市场。太平洋战争爆发的原因之一也是美日对中国市场乃至整个亚太市场的争夺。二战结束后的第二年即1946年，美国迫使国民党政府与之签订了《中美友好通商条约》，该条约是美国新殖民主义政策的典范。通过该约，美国打开了中国的全部门户，垄断了世界上最具潜力的大市场。但是好景不长，在中国内战中，中国人民在中国共产党的领导下获得了解放，美国扶持的国民党败退台湾。于是美国人认为他们"丢失了中国"，这从某种意义上讲意味着美国掉失了中国市场。1970年前后中美关系解冻的一个原因就是在与日本激烈经济竞争中处于不利地位的美国需要打开中国内地的市场。《上海公报》可以说是美国进入中国市场的"入场券"。

1978年中国开始推行改革开放政策后，中国的市场越来越大，商机愈来愈多。美国商人凭着其雄厚的资本、先进的科技和高超的管理，越来越深地卷入了中国市场。

1979年7月，两国政府签订《中美贸易关系协定》，相互给予最惠国待遇。中美经济贸易从此进入迅速发展时期。据美国方面的统计，1979年双边贸易额为23.7亿美元，1996年达到635亿美元，18年累计3760亿美元；1980年中国是美国第24位贸易伙伴，1995年上升为第五位。在过去18年中，两国贸易年均增长18%以上。[1]到2006年，中美都已成为对方的第二大贸易伙伴。根据中国的统计，从1979年两国建立外交关系开始到2006年，双边贸易额增加了106倍，相当于每年增长18.9%。美方的统计显示，双边贸易额增加了144倍，相当于每年增长20.2%。自加入世界贸易组织以来，中国已成为美国的第四大出口市场，增速更是保持在第一位。同期美国对中国的出口增速是对其他国家出口增速的3.7倍。[2]

美国对华投资也有很大发展。从1979年中国实行改革开放政策到2007年3月末，美国在中国的投资项目达到了52887个，实际投资为547亿美元。中国现在已成为美国企业获取海外利润的主要来源之一。美国企业通过投资不断扩大在中国的市场占有率，2004年在中国的销售额超过了750亿美元。[3]

与中国的经贸关系为创造了更多就业机会，使美国的消费者有了更多选择。摩根士丹利（Morgan Stanley，一家成立于美国纽约的国际金融服务公司）估计，有400万至800万美国人的工作同对华贸易密切相关，其中许多职位都是因美国零售商销售中国产品而产生的。物美价廉的中国商品既满足了美国消费者的需求，也降低了他

---

[1] 中华人民共和国国务院新闻办公室编：《关于中美贸易平衡问题》（1997年3月），http://www.gov.cn/zwgk/2005-05/26/content_1033.htm。
[2] 《吴仪〈华尔街日报〉撰文：推进中美贸易互利共赢》（2007年5月18日），http://news.xinhuanet.com/fortune/2007-05/18/content_6117572.htm。
[3] 同上。

们的支出。在过去 10 年间,中国出口产品共为美国消费者节约了6000 亿美元,仅在 2004 年一年就节约了近 1000 亿美元。①

与中国的经贸关系也推动了美国经济的增长和转型。劳动密集型的中国出口产品使美国能够将重点放在开发资本密集型产业和先进的科技产品上。美中贸易委员会在 2006 年初发表的一份报告显示,与中国贸易的增加和在华投资的增长导致美国制造业就业岗位减少,却带来了更多的金融、经销和服务业就业岗位。美国的就业数据也显示,尽管美国在 1996 年至 2005 年间共减少 300 万个制造业岗位,但同期服务业共创造了 1500 万个新职位。②

中美经贸关系令人欣慰地快速发展,美国在中国内地市场获得巨大的利益,其基石就是美国的"一中"政策。如果"一中"政策被动摇,美国就可能再次"丢失了中国",在中国内地市场获得巨大的利益将化为乌有。同时,"一中"政策也保证了美国对中国台湾市场的享有。因为中美建交公报中阐明:在美国承认中华人民共和国为中国唯一合法政府的范围内,"美国人民将同台湾人民保持文化、商务和其他非官方关系"。可见,美国的"一中"政策保证了美国对台湾海峡两岸即全中国市场的占有。

美国除了在中国的利益之外,在亚太其他地方也有着广泛的利益。在东南亚,2006 年 5 月 22 日美国负责东亚和太平洋事务的助理国务卿克里斯托弗·希尔(Christopher Hill)指出,东南亚是美国最重要的贸易伙伴之一。东盟地区是美国的第五大出口市场。2005 年,美国对东盟地区的出口额接近 500 亿美元,而从该地区的进口额接近 1000 亿美元。美国对东盟国家的直接投资超过对中国及其香港

---

① 《吴仪〈华尔街日报〉撰文:推进中美贸易互利共赢》(2007 年 5 月 18 日)。
② 同上。

地区的直接投资。① 在日本，2006 年之前，美国一直是日本第一大贸易伙伴，2006 年之后（含 2006 年），则是仅次于中国的日本的第二大贸易伙伴。2006 财年日本与美国的总贸易额为 25.1608 万亿日元（约合 1.63 万亿元人民币），日美贸易额年增 10.3%。② 倘若美国的"一中"政策发生变故，台海一旦有事，那就会产生"城门起火殃及鱼池"的负面效应，直接影响到东南亚和日本的经济发展。因为：其一，从地理角度来讲，这两地都是中国的南、北近邻，其安全和经济发展不可能不受到影响，如台海地区是中东石油进入日本的必经之路。其二，从经济关系方面来看，日本和东盟诸国都有与中国内地和中国台湾有着千丝万缕的内在联系，如投资、贸易等。受台海事件负面影响的东南亚和日本的经济进而必然影响美国在两地的利益。

为了确保美国在中国、日本和东南亚这些地方利益的安全，就需要有一个和平与稳定的亚太地区。而美国的"一中"政策则是亚太地区局势的稳定器。倘若美国走回头路，放弃"一中"政策，"台独"势力就会兴风作浪，直接威胁到台海两岸以及整个亚太地区的和平。那么，美国在中国乃至整个亚太地区的利益就会受到严重威胁。甚至有可能把美国又一次拖入中国内战。有鉴于此，坚持"一中"政策，维持两岸现状，是美国最大得益之所在，是其最明智的政策。

综上所述，美国能长期恪守"一中"政策的原因是：其理性的回归；中国的强大和友好；其全球战略所需以及其切身利益所系。这些原因有的属内因，有的是外因，有的则是内外因的混合。唯物

---

① 《美中关系 (2006)》, chinese.hongkong.usconsulate.gov/uscn_state_2006052201.html。
② 《中国首次超越美国成日本最大贸易伙伴》, http://finance.sina.com.cn/roll/20070426/00001365147.s html。

辩证法认为：外因是变化的条件，内因是变化的根据，外因通过内因而起作用。美国的对华政策是由美国的利益这个内因所决定的。但国际上的诸多因素，其中尤其是中国因素，对美国的利益这一内因有着至关重要的影响，进而影响到美国对华政策的制定。为了促进美国不断沿着正确之路走下去，继续坚持"一中"政策，我们必须在如下几方面继续努力：加强中美友好，巩固和发展两国战略伙伴关系；增强我国的经济、军事实力和综合国力；大力实践"和谐世界"新理念；加强中美两国在反恐、核不扩散、生态环境保护等方面的国际合作；不断扩大两国的共同利益，互相尊重彼此的合法权益。唯有如此，中美在台湾问题上才能长期坚持共识：台海两岸同属一个中国。中国人民既有实现国家统一的强烈愿望和强大的综合国力，又有包括美国在内的世界绝大多数国家政府和人民的支持，中国的统一大业就一定会实现。

（原载《武汉大学学报》[人文科学版] 2008 年第 1 期）

作者主要著述列表

一、历史方面

1.《东亚经济中的美日关系研究（1945—2000）》，人民出版社2003年版。（其中少数几节收入本文集，略有修改）

2.《欧洲人是怎样解决人口问题的》，《湖北教育学院学报》1989年第2期。

3.《太平洋外交与中国的统一》，《世界历史》1990年第3期。（收入本文集）

4.《论17世纪中国的开放倾向》，《武汉大学学报》1992年第2期。（收入本文集）

5.《法国殖民统治对"太平洋阳台"经济的影响》，《法国研究》1992年第2期。（收入本文集）

6.《金银与太平洋世界的演变》，《武汉大学学报》1993年第1期。（收入本文集）

7.《浅谈环太平洋经济网络的产生》，《世界历史》1996年第1期。（收入本文集）

8.《冷战前期美国亚太政策对海峡两岸经济发展的影响》，《武汉大学学报》1999年第1期。（收入本文集）

9.《略谈亚太经济中的美日竞争（1965—1985）》，《武汉大学学报》2000年第6期。（收入本文集）

10.《创新性、现实感与科学性的统一——喜读夏诚的〈世界现代化史纲〉》,《武汉大学学报》2000年第6期。

11.《亚太经济中美日"蜜月"初探》,《武汉大学学报》2001年第3期。(收入本文集)

12.《东西文明的融合与亚太经济的发展》,《世界历史》2001年第6期。(收入本文集)

13.《亚太经济中的美日关系影响因素》,《武汉大学学报》2002年第3期。(收入本文集)

14.《论16世纪葡萄牙在亚太地区扩张活动的性质》,《世界历史》2003年第4期。(收入本文集)

15.《从保护主义到自由贸易》,《武汉大学学报》2003年第5期。(收入本文集)

16.《美国在亚洲的石油扩张(1860—1960)》,《世界历史》2006年第4期。(收入本文集)

17.《论经济关系在民族国家统一中的作用》《武汉大学学报》2007年第2期。(收入本文集)

18.《论美国坚持"一个中国"政策的原因》,《武汉大学学报》2008年第1期。(收入本文集)

19.《国际机遇的利用与美国向太平洋的领土扩张》,《史学集刊》2009年第5期。(收入本文集)

二、译作、英文编著等

1. 参加翻译《世界历史词典》,商务印书馆1988年版。

2. 校订(两校订者之一)*The Figures' Photos and Biographies of the Revolution of 1911*(《辛亥革命人物像传》)的英译本,武汉大学出版社1993年版。

3.《辛亥武昌首义见闻录》（译文），《湖北文史资料》1996年第1辑。

4.《在历史专业英语教学中进行素质教育的初步尝试》，《外语教学》2002年专刊第3期。

5.《现代化和现代性——韩国现代化的另一种观点》（译文），《世界历史》2005年第5期。

6.《历史专业英语》，武汉大学出版社2007年版。

后 记

今年是中华人民共和国60华诞、改革开放30周年，恰巧也是笔者花甲之年。在这个具有重要纪念意义的年份，编辑出版本论文集，作为"珞珈史学文库"的一个小小的组成部分，甚感荣幸！

笔者之所以对亚太经济史感兴趣是受如下几个因素的影响：在美国西东大学（Seton Hall University）学习期间（1986—1988），发现美国学术界对亚太经济史十分重视，西东大学亚洲系的学者们除了研究东亚的历史与文化之外，还探讨东亚的经济，该系专门开设了关于东亚市场的课程；尤其是我国政府在改革开放10年后，以经济建设为中心的信念更加坚定不移，对外开放的步伐迈得更大；国内学术界当时从宏观上研究整个亚太地区经济史的学者和研究成果都很少，尽管从微观上对亚太地区单个国家经济史研究的不乏其人以及研究成果不少。因此，笔者选择了这个领域作为自己的研究方向。

无疑，亚太经济史是个具有重要学术价值和现实意义的研究方向，但它对笔者来说也是一个巨大的挑战。因为一方面，该方向的研究需要按照世界整体观的要求去做，即既要探讨该地区经济纵向发展的进程、规律和特点，也要考查该地区各国经济横向联系及其演进。而且，该地区范围广，国家众，历史悠久。可见，这是一项艰巨的学术工程。另一方面，它需要研究者具备良好的主、客观条件。可是，从主观因素来讲，笔者历史学天赋平庸，经济学基础贫乏，理论素养浅薄，专业起步颇晚（因学业在"文化大革命"中被耽误，仅补学外语就花了好几年的时间）。就客观条件而言，也有不小的困难：外文资料，尤其是足够的第一手外文资料不易弄到手（只是近几年来出现数据库，该问题才有所缓解）。由于研究客体与主体之间的反差大，以致后者所做的工作只不过才刚刚接触到前者的皮毛。

尽管如此，出于敝帚自珍之情感，自觉得本论文集也是自己多年耕耘的成果。然而，它的取得多亏武汉大学和历史学院（系）长期以来对笔者的培养和老师们的指导。帮助和支持笔者的老师既有老一辈学者，也有年轻的同仁；既有世界史专业的，也有中国史专业的；既有院（系）内的，也有院（系）外的；既有校内的，也有校外的；既有国内的，也有国外的。学术的经历使笔者深深体会到："人"的确是"社会"的"人"，一个人，无论有多大能耐，如果离开了单位的培养、老师的指导、同仁的支持和朋友的帮助，则一事无成。在此，谨向上述各方表示衷心的感谢！谨向为本书出版付出辛勤劳动的商务印书馆著作室主任常绍民编审和编辑先生们表示由衷的谢意！

资料是学术研究最基本的条件之一，如果没有资料，科研工作就等于是无米之炊，无从谈起。因此，对本论文集所用资料的来源处即下列藏书单位表示诚挚的感谢！它们是：中国国家图书馆、中国社会科学院图书馆、教育部武汉大学文科文献信息中心、武汉大学图书馆、美国新泽西州西东大学图书馆、中南财经政法大学图书馆、武汉大学历史学院资料室、武汉大学经济管理学院资料室等。

张德明
2009年1月20日于武昌珞珈山